汽车专业技能型教育“十二五”创新规划教材

汽车电学基础

组　编　东莞市凌凯教学设备有限公司

主　编　谭本忠

参　编　胡波勇　谭敦才　于海东　陈　波　李士军
陈海波　王世根　皮　军　邓冬梅　蔡晓兵
胡　波　曾　伟　张　青　张国林　谭玉芳

机 械 工 业 出 版 社

本书讨论了与汽车电子、电气系统相关的电学基础知识和基本原理，然后进一步讲解了典型汽车电子与电气系统的原理和结构。全书具体内容包括：基础元件、半导体器件、磁路及电磁器件、交流电路发电机和电动机、集成运算放大器、数字电路、汽车微机基础、汽车电路图识读。本书详略得当、安排合理，全书以培养学生的实践操作技能为重点，每一章后都安排了相应的实验，使学生尽快提高实际动手能力。

本书可作为汽车维修职业教育的教材，也可供汽车修理工自学之用。

图书在版编目(CIP)数据

汽车电学基础/谭本忠主编. —北京：机械工业出版社，2012.6(2014.8 重印)
汽车专业技能型教育“十二五”创新规划教材
ISBN 978-7-111-37597-5

Ⅰ.①汽… Ⅱ.①谭… Ⅲ.①汽车—电气设备—技术培训—教材 Ⅳ.①U463.6

中国版本图书馆 CIP 数据核字(2012)第 034020 号

机械工业出版社(北京市百万庄大街 22 号 邮政编码 100037)
策划编辑：徐 巍 责任编辑：徐 巍 刘 煊
版式设计：石 冉 责任校对：张玉琴
封面设计：马精明 责任印制:李 洋
中国农业出版社印刷厂印刷
2014 年 8 月第 1 版第 4 次印刷
184mm×260mm · 15 印张 · 371 千字
8 001—10 000 册
标准书号：ISBN 978-7-111-37597-5
定价：39.80 元

凡购本书，如有缺页、倒页、脱页，由本社发行部调换

电话服务
社服务中心：(010)88361066
销售一部：(010)68326294
销售二部：(010)88379649
读者购书热线：(010)88379203

网络服务
门户网：http://www.cmpbook.com
教材网：http://www.cmpedu.com

丛 书 序

当今正值国家大力推广职业教育之际，各地教育机构紧抓机遇，大胆革新，积极推行新的职业教育方法与思路。

本套创新规划教材根据职业需求和岗位要求而设置教学项目，同时将知识系统和技能系统化整为零，合而为一，使学员能做到学一样精一样，同时在细化深入的前提下掌握解决问题的途径和思路。

本套教材强化职业实践的实用性教学，对理论教学的要求是将抽象深奥的知识简单化、形象化和感性化，使学员能够轻松掌握，并联系实际，融入实践，同时在实践教学中结合理论知识能将实践认知与经验总结为理论。这样，在学中做，在做中学，巩固知识，强化技能。

综合上述特点和要求，创新规划教材应该具有系统分块，知识点与技能点结合，理论描述简明，实践叙述符合职业规范，能直接感知并参照操作的特点。

很多汽车相关职业院校与职训中心在进行教学改革的同时也在进行教材更新，但大多数是在传统教学教材的基础上改编而来的，无法摆脱原有的形式和限制，编写出来的教材往往难以普及并发挥其实效。

我们综合汽车运用与维修、汽车检测与维护技术等专业课程设置的要求，同时考虑到职业需求和岗位的设置，将本套创新教材分为汽车机修技术，汽车电子技术，汽车故障诊断技术，汽车车身修复技术，汽车美容与装饰技术，汽车保养与维护技术六大块，为保证专业课程有理论和技术基础，同时设置了汽车机械基础、汽车电学基础、汽车维修专业英语以及汽车文化等四门基础课。各个专业分类下是核心与主干课程，如机修之下包括汽车发动机与汽车底盘，电子之下包括汽车电器、汽车空调、汽车发动机电控系统、汽车自动变速器、汽车安全舒适系统等。

这套教材作为学生课本，主要突出实图、实例及原理、检测、维修与案例四结合。配套开发的还有教学课件，我们力图通过这种方式使本套创新规划教材成为一种立体化的、学员易学、教师易教、效果独到的专门化教材。

编　者

目 录 Contents

第一章

基 础 元 件

课题向导：

掌握汽车电学基本的概念，电阻、电容、电感基本元件的识别与检测，直流电路的基本定律，并能运用这些理论和定律对电路进行分析，能正确使用测量仪器和焊接工具。

第一节 基 本 概 念

任务导向

- 了解电流、电压、电动势的概念。
- 了解负载、通路、断路、短路的概念。
- 了解串联、并联的概念。
- 了解直流电、交流电的概念。

学习要求

应知：电流、电位、电压、电动势的概念；电位与电压的关系；电压与电动势的关系。

应会：用万用表测量电路中的电位、电压、电流。

一、电流

电荷的定向运动称为电流，用字母 I 表示。在金属导体中，电流是电子在外电场力作用下的定向运动而形成的。

通常规定正电荷运动的方向为电路中电流的实际方向。在实际电路中可选定参考方向，若实际方向与参考方向相同，电流为正值；若实际方向与参考方向相反，电流为负值。电流是矢量，它的单位是安培(A)，图 1-1 所示为电流与电子移动方向。

● **提示：**汽油发动机起动电流为 200～600A，有些柴油机的起动电流达 1000A。

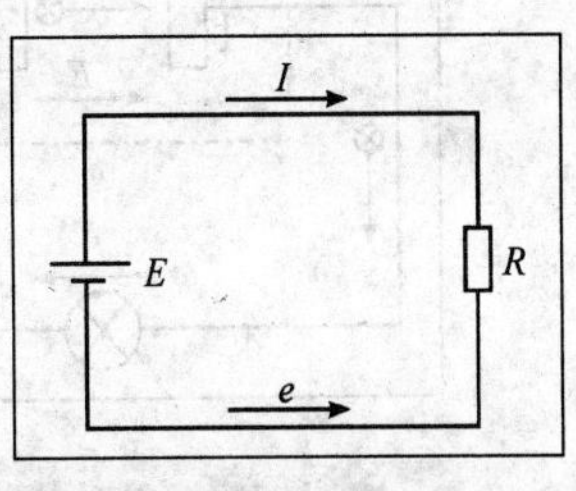

图 1-1 电流与电子移动方向

二、电位

如果在电路中任选一点为参考点，那么电路中某点的电位等于电场力将单位正电荷从该点移动到参考点所做的功，用字母 E 表示。电位是相对值，大小取决于参考点的选择。

在汽车电路中，通常用汽车底盘、车架和发动机等金属件作为公用导线，也就是常说的“接地”，并视其为电路中的参考零点。

电位没有方向性，是标量，单位是伏特(V)。通常用字母 V 表示某点的电位，如：$V_A = 4V$。

● **提示：**汽车蓄电池每单格的电位是2V。

三、电压

电压就是电路中两点间的电位差，用字母 U 表示。通常规定电压的参考方向为高电位(“+”极性)端指向低电位(“-”极性)端，即电压的方向为电位降低的方向。在电路图中所标电压的方向一般都是参考方向，它们的实际值为正值还是负值，视选定的参考方向而定。电压的参考方向有两种表示方法，如图1-2所示。第一种表示方法用箭头表示，由假定的高电位端指向低电位端。第二种表示是用双下标字母表示，如 U_{ab} 中，前一个下标字母 a 表示假定的高电位点，后一个下标字母 b 表示假定的低电位点。当 U_{ab} 为正值时，说明 a 点比 b 点电位高；当 U_{ab} 为负值时，说明 a 点比 b 点电位低。电压是矢量(有大小也有方向的量)，它的大小取决于电路中两点的选择。电压的单位为伏特(V)。

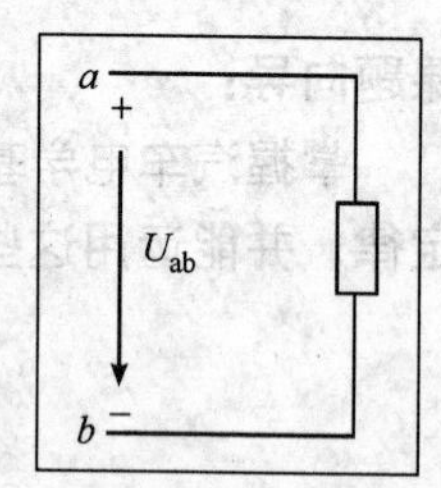

图1-2　电压的参考方向

● **提示：**汽车电气系统的额定电压有12V和24V两种。

四、电动势

电动势也是电路中两点的电位差，不过电动势通常是对电源内部而言，是表示其他形式的能量转换成电能的能力。它的参考方向规定为电源内部低电位(“-”极性)端指向高电位(“+”极性)端，即电动势的方向为电位升高的方向。如图1-3所示，电动势是矢量，表示电源本身的性质。电动势的单位为伏特(V)，通常用字母 E 来表示。

● **提示：**汽车蓄电池的电动势通常为12V。

五、负载

负载是将电能转换成其他形式能量的装置。电灯泡、电炉、电动机等都是负载，如图1-4所示。电灯泡是将电能转变成光能，电炉是将电能转变成热能，电动机是将电能转变成机械能。

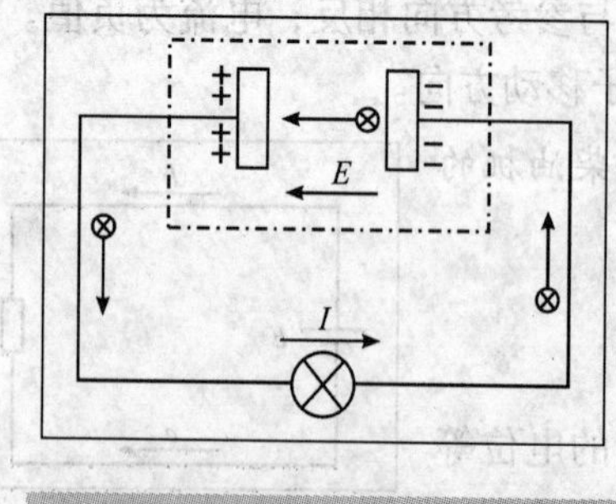

图1-3　电动势的方向

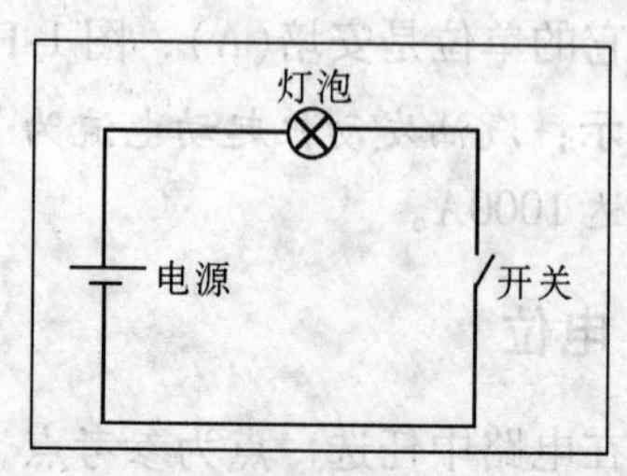

图1-4　电路中的负载

六、通路

通路也叫回路，是指从电源的一端沿着导线经过负载最终回到电源另一端的闭合电路。图 1-5 所示的为一个通路。

七、断路

断路也叫开路。断开开关，电源构不成回路，此时电路中的电流为零。图 1-6 所示的状态为断路。

八、短路

负载被导线直接短接或负载内部击穿损坏，电荷没有经过负载，直接从正极到达负极，此时流过电路的电流很大。图 1-7 所示为短路。

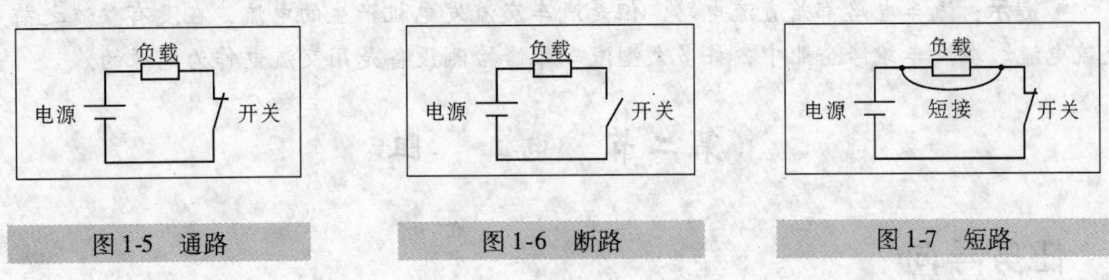

图 1-5 通路　图 1-6 断路　图 1-7 短路

九、串联

两个或多个元件首尾相接在电路中，使电流只有一条通路，这种连接方式叫串联，图 1-8所示为电阻 R_1、R_2 的串联电路。

十、并联

若干个元件首与首连接，尾与尾连接，接到一个电源上，这种连接方法叫并联，图 1-9 所示为电阻 R_1、R_2 的并联电路。

十一、直流电

方向和大小均不随时间变化的电流或电压称为直流电。图 1-10 所示为直流电压。

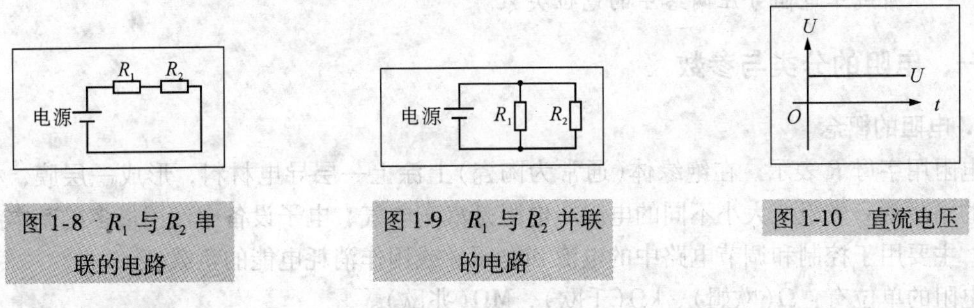

图 1-8 R_1 与 R_2 串联的电路　图 1-9 R_1 与 R_2 并联的电路　图 1-10 直流电压

十二、交流电

大小和方向随时间改变的电压、电动势或电流统称为交流电，其波形如图 1-11 所示。

如果电压、电动势和电流的方向是按照正弦规律周期性变化的，就称为正弦交流电。在电路图上所标的方向是指它们的参考方向。

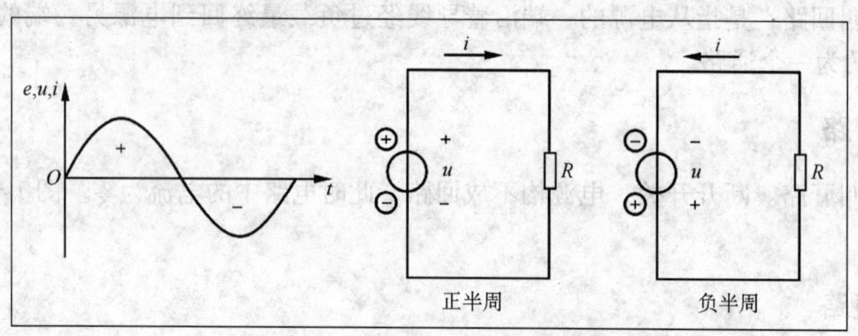

图 1-11　正弦交流电压和电流

● **提示：**汽车电路都是直流电路，但是汽车交流发电机产生的电流，在没有整流之前是交流电流。在汽车维修企业中，许多大型汽车维修检测设备是用交流电作为电源的。

第二节　电　　阻

任务导向

- 了解电阻的分类与参数。
- 掌握电阻的检测。
- 了解电阻的串联与并联。
- 掌握分压网络在汽车电路中的应用。
- 了解特殊电阻在汽车上的应用。

学习要求

应知：电阻阻值的识别方法；电阻的检测方法；串联与并联电路中电压、电流及电阻的关系。

应会：判别电路中电阻的连接方式；根据标记分辨电阻；用万用表检测电阻和电位；分析汽车电阻分压网络中的电位关系。

一、电阻的分类与参数

1. 电阻的概念

电阻用字母 R 表示。在绝缘体（通常为陶瓷）上涂上一层导电材料，形成一层膜，根据涂层的厚薄就形成阻值大小不同的电阻。电阻是汽车电气、电子设备中使用最多的基本元件之一，主要用于控制和调节电路中的电流和电压，或用作消耗电能的负载。

电阻的单位有：Ω（欧姆）、kΩ（千欧）、MΩ（兆欧）。

$$1\text{k}\Omega = 1000\Omega \qquad 1\text{M}\Omega = 1000\text{k}\Omega$$

2. 电阻的分类

电阻有不同的分类方法。按阻值是否可变，电阻有固定电阻和可变电阻(可变电阻常称为电位器)之分；按材料分有碳膜电阻、金属膜电阻和绕线电阻等；按安装方式来分有插件式电阻和贴片式电阻。在汽车电路板中，较多采用贴片电阻，其外观大多两端为银色，中间为黑色，个别也有蓝色。各种电阻外形如图 1-12 所示。

图 1-12 各种电阻实物图

3. 电阻的标识

(1) 电阻值的标识

① 直标法。所谓直标法，就是在电阻器上直接印出阻值。

对于插件式电阻器可直接读数，如：

3Ω3 Ⅰ表示电阻值为 3.3Ω，允许误差为 ±5%。

1k8 Ⅲ表示电阻值为 1.8kΩ，允许误差为 ±20%；电阻器上印有“2.2k”或“2k2”字样，表示电阻值为 2.2kΩ。

5M1 Ⅱ表示电阻值为 5.1MΩ，允许误差为 ±10%。

对于贴片电阻，其读数原则为：前两位是有效数字，第三位表示 0 的个数，例如：452 即阻值为 $45\times10^2\Omega=4500\Omega$；若阻值小于 10Ω，则用“R”表示，且 R 代表小数点，如 2R2 即阻值为 2.2Ω；R22 即阻值为 0.22Ω。

② 色标法。将不同颜色的色环涂在电阻上来表示电阻的标称值及允许误差，各种颜色所对应的数值见表 1-1。固定电阻色环标志读数识别规则如图 1-13 所示。

表 1-1 电阻色环符号意义

颜 色	有效数字第一位数	有效数字第二位数	倍乘数	允许误差(%)
棕	1	1	10^1	±1
红	2	2	10^2	±2
橙	3	3	10^3	
黄	4	4	10^4	
绿	5	5	10^5	±0.5
蓝	6	6	10^6	±0.2
紫	7	7	10^7	±0.1
灰	8	8	10^8	
白	9	9	10^9	
黑	0	0	10^0	
金			10^{-1}	±5
银			10^{-2}	±10
无色				±20

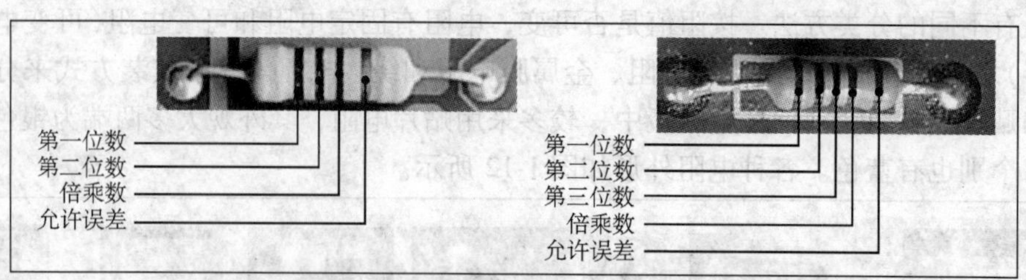

图 1-13　固定电阻色环标志读数识别规则

● **操作**：电阻的四环颜色为棕、黑、棕、金表示电阻的大小 100Ω，误差为 ±5%；电阻的四环颜色为绿、蓝、橙、银表示电阻的大小为 56kΩ，误差为 ±10%；电阻的五环颜色为棕、黑、黑、棕、棕表示电阻的大小为 1kΩ，误差为 ±1%。

● **提示**：在识读色环电阻时应注意正确区分哪一端为第一环。如前所述，四色环电阻的前三环用来表示阻值，第四环表示误差；对于五色环电阻，则前四环用来表示阻值，第五环表示误差。常见表示不同误差的颜色有两种，即金色（±5%）和银色（±10%）。目前市场上出售的色环电阻主要是误差为 ±5% 和 ±10% 的，没有误差环的电阻已不多见。所以识别时，可先找到金色（±5%）或银色（±10%）的第四环（即误差环），依次向前推算，就是第三环、第二环、第一环。如果只标有三个色环，因色环少所以靠最边上的一环就是第一环。

（2）电阻额定功率的识别

电阻的额定功率指电阻在直流或交流电路中，长期连续工作所允许消耗的最大功率，有两种标识方法：2W 以上的电阻，直接用数字印在电阻体上；2W 以下的电阻，以自身体积大小来表示功率。在电路图上表示电阻功率时，采用如图 1-14 所示的符号。

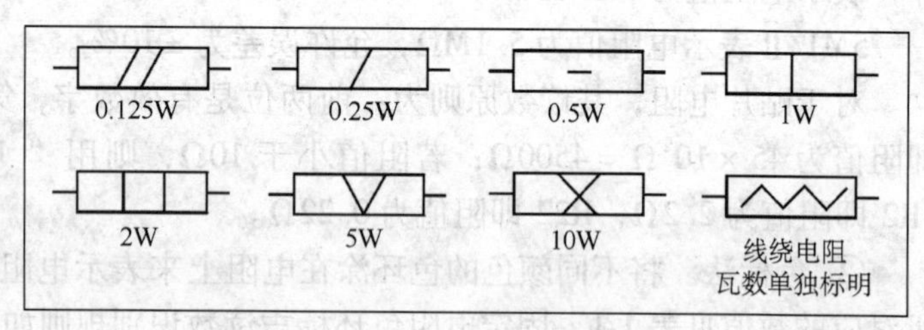

图 1-14　电阻额定功率电路符号

二、电阻的检测

1. 量程的选择

为提高测量精度，应根据被测电阻标称值的大小来选择量程。一般数字万用表有 6 个电阻档位：200Ω、2kΩ、20kΩ、200kΩ、2MΩ 和 20MΩ。R_X 为被测电阻，选取档位的原则为 $R_X<200\Omega$ 的选择 200Ω 档位，$200\Omega<R_X<2k\Omega$ 的选择 2kΩ 档位，依此类推。若所选量程小于被测量电阻的阻值，则仪表会显示“1”，此时应改用更大的量程进行测量。

2. 测量方法

用指针式万用表，测量前先将表笔短路，万用表调零，才能保证测量的精度。实际检修时，如怀疑某电阻损坏失效，则不能直接在电路板上测量电阻值，因被测电阻两端存在其他电路的等效电阻，正确的方法是先将电阻拆下（或焊开一个头），再选择合适的量程测量。如果所测电阻阻值为无穷大，则表明电阻内部已断路。

● **提示**：一般情况下，电阻的失效率比较低，电阻失效的主要原因为：阻值变大或内部

开路、温度特性变差、脱焊等。

三、电阻的串联与并联

1. 电阻的串联

在电路中有两个或更多个电阻一个一个地顺序相连，并且在这些电阻中流过同一电流，这种连接方法称为电阻的串联，如图 1-15a 所示。

串联的几个电阻可用一个等效电阻(图 1-15b)来替代，等效电阻的阻值等于各个串联电阻之和，即：

$$R = R_1 + R_2 + \cdots + R_N$$

由于这些串联电阻流过同一电流，所以每个电阻上的电压只取决于电阻本身的阻值(符合欧姆定律)。

● **提示：** 串联电路中，流过每点的电流都是相同的；总电阻大于各段电阻；总电压大于各段电压。

● **进一步：** 串联电阻具有分压作用，如需调节电路中的电流时，一般可在电路中串联一个变阻器来调节。改变电阻的大小，可得到不同的电压。

● **操作规范：** 应用电阻时要注意不但应考虑电阻的阻值，还要考虑电阻的耐压、耐流和功率特性。

● **操作：** 用蓄电池和两只电阻连成如图 1-15 所示的串联电路。用万用表电压档分别测量该电路中各元件上的电压，你会发现总电压大于各段电压，各段电压的和等于总电压；用万用表的电流档测量该串联电路的电流，你会发现流过每个元件的电流都是相同的。

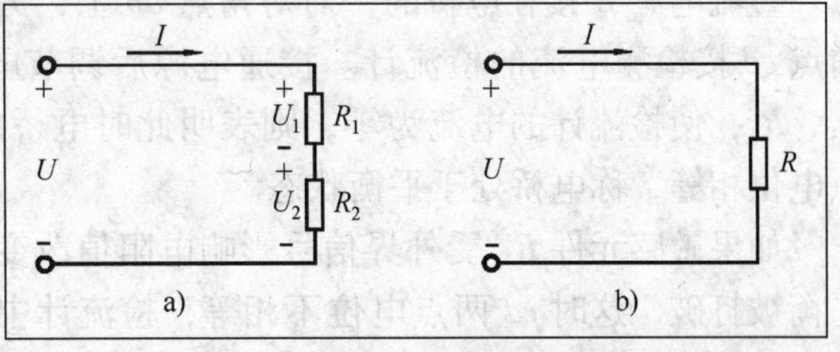

图 1-15 电阻的串联及等效电阻

2. 电阻的并联

电路中有两个或多个电阻连接在两个公共的节点之间，承受同一个端电压，这些电阻的连接关系称为并联，如图 1-16a 所示。

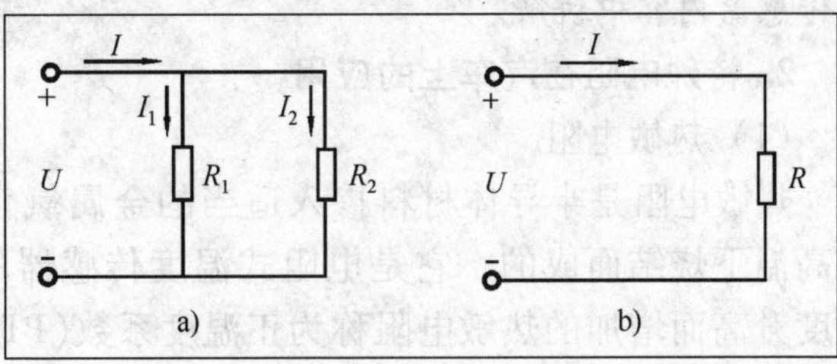

图 1-16 电阻的并联以及等效电阻

两个并联电阻可用一个等效电阻来代替，如图 1-16b 所示。等效电阻的倒数等于各个并联电阻的倒数和，即：

$$\frac{1}{R} = \frac{1}{R_1} + \frac{1}{R_2} + \cdots + \frac{1}{R_N}$$

因为并联电阻承受同一端电压，所以流过某个电阻的电流与其电阻成反比。由此可知，并联电路中并联电阻愈多，总电阻愈小。

● **提示：** 并联电路的总电阻小于最小的电阻；如果电阻值不同，流过每条支路的电流也就不同；每条支路的电流之和等于电路的总电流。

● **进一步：** 电路中并联变阻器可以起到分流或调节电流的作用；汽车蓄电池并联时，是

把正极与正极相连，负极与负极相连。不论并联的个数是多少，电压均保持不变，但容量增加，是各蓄电池容量之和。

● **操作：** 用蓄电池和两只电阻连成如图 1-16a 所示并联电路。用万用表电压档分别测量该电路中各元件上的电压，你会发现每个元件的电压都是相同的。用万用表的电流档测量该并联电路的各个电流，你会发现每条支路的电流之和等于电路的总电流。

四、电阻在汽车中的典型运用

1. 电阻分压网络在汽车电路中的应用

在汽车传感器电路中，为了提高信号的检测灵敏度和准确度，经常使用电阻分压网络将敏感元件连接成电桥的形式。电桥的形式很多，汽车传感器电路中常用的是直流单臂电桥，又称惠斯顿电桥。单臂电桥的电路原理图如图 1-17 所示。

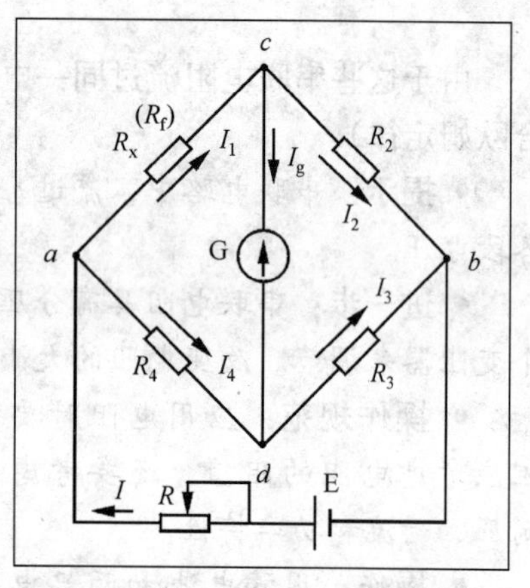

图 1-17 惠斯顿电桥原理图

电桥共有四个桥臂，其中一个桥臂 ac 接敏感元件 R_X，其余三个臂 cb、bd、da 分别接标准电阻 R_2、R_3、R_4。直流电源 E 接在电桥的一对对角点 ab 上，另一对对角点 cd 接检测电流的检流计。接通电源后调节电阻 R_2、R_3、R_4，使检流计的电流为零，则表明此时电桥的 cd 两点电位相等，称电桥处于平衡状态。

如果敏感元件 R_X 受外界信号影响电阻值改变，电桥平衡被打破，这时 cd 两点电位不相等，检流计中将有电流 I_g 流过。

● **提示：** 单臂电桥电路经常应用在电阻类的汽车传感器电路中。具体实例在后续压敏电阻传感器内容中讲解。

2. 特殊电阻在汽车上的应用

（1）热敏电阻

热敏电阻是半导体材料掺入适当的金属氧化物，根据所要求的形状，在 1000℃以上的高温下烧结而成的，它是电阻式温度传感器的一种。在工作温度范围内，其电阻值随温度升高而增加的热敏电阻称为正温度系数(PTC)热敏电阻；其电阻值随温度升高而减少的热敏电阻称为负温度系数(NTC)热敏电阻。在临界温度时，其阻值发生跃变的称为临界温度热敏电阻(CTR)。一般来说，工作温度范围为 -20 ~ 130℃的热敏电阻可用于冷却液温度和进气温度的检测，工作温度范围为 600 ~ 1000℃的高温检测电阻，用于排气温度的检测。

热敏电阻式湿度传感器可用于汽车风窗玻璃的防霜、发动机上化油器进气部位空气湿度的测定以及电控自动空调车的车内相对湿度检测。

下面介绍热敏电阻式冷却液温度传感器的工作原理。热敏电阻式冷却液温度传感器一般安装在发动机缸体、缸盖的水套或节温器壳内并伸入水套中，与冷却液接触，用来检测发动机的冷却液温度。冷却液温度传感器内部是一个半导体热敏电阻(如图 1-18 所示)。

热敏电阻式冷却液温度传感器的外观与结构如图 1-18a 所示。这种传感器是利用热敏电

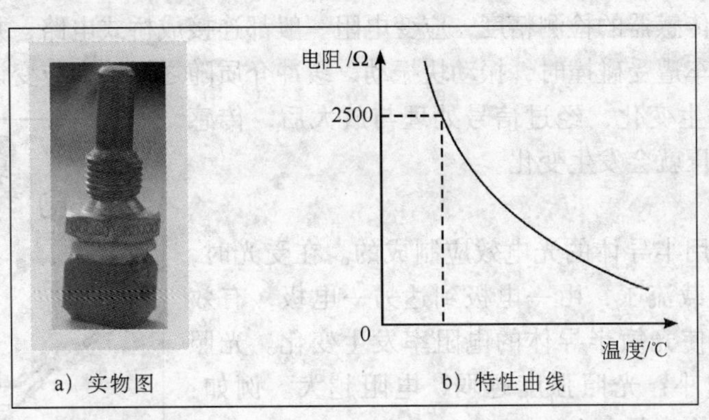

图 1-18 热敏电阻式冷却液温度传感器的外观与特性曲线

阻阻值随温度的变化而变化这一特性来检测温度的。传感器的温度特性如图 1-18b 所示。当温度较低时，传感器的阻值很大；反之，当温度升高时，其阻值减小。在汽车上装有很多热敏电阻式温度传感器，常用于检测冷却液、机油的温度，其中用得最多的是温度表以及电喷发动机的冷却液温度传感器。

热敏电阻式进气温度传感器与热敏电阻式冷却液温度传感器结构和特性极其相似，检测方式也基本一样。

（2）压敏电阻

进气歧管绝对压力传感器是在采用进气歧管压力方式计量进气量的电控汽油喷射系统中最重要的传感器。依据进气歧管绝对压力传感器信号的产生原理可分为半导体压敏电阻式、电容式、膜盒传动的可变电感式和表面弹性波式等。

图 1-19 压力传感器实物图

1）半导体压敏电阻式进气压力传感器。压力转换元件是利用半导体的压阻效应制成的硅膜片，其变形与压力成正比，利用电桥将硅膜片的变形转换成电信号，半导体压敏电阻式进气歧管绝对压力传感器是由压力转换元件（硅片）、把转换元件输出信号进行放大的混合集成电路和真空室组成，实物如图 1-19 所示。

2）电阻应变计式碰撞传感器。德国博世公司研制生产的电阻应变计式碰撞传感器的结构如图 1-20 所示，当膜片产生变形时，应变电阻的阻值就会发

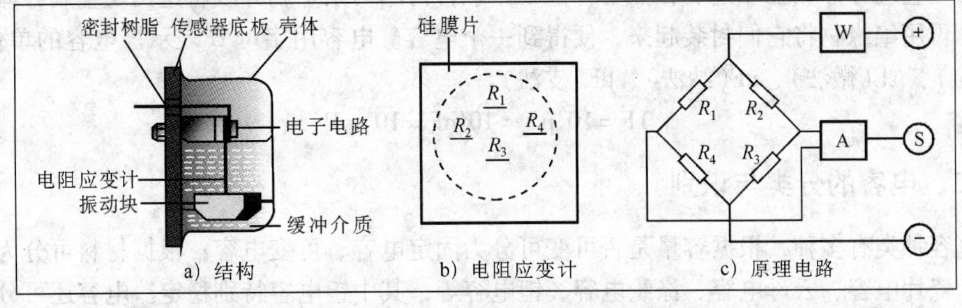

图 1-20 电阻应变计式碰撞传感器

生变化。为了提高传感器的检测精度，应变电阻一般都连接成桥式电路，并设计有稳压和温度补偿电路。当汽车遭受碰撞时，振动块振动，缓冲介质随之振动，应变计的应变电阻产生变形，阻值随之发生变化，经过信号处理与放大后，传感器输出端的信号电压就会发生变化。

(3) 光敏电阻

光敏电阻是利用半导体的光电效应制成的。在受光时，半导体受光照产生载流子，由一电极到达另一电极，有效地参与导电，从而使光敏半导体的电阻率发生变化。光照强度越强，电阻越小；光照强度越弱，电阻越大。例如：自动空调上的阳光传感器。

阳光传感器的检测：在强光下测量，电阻为 4kΩ 左右，用布遮住阳光传感器，电阻为∞，如图 1-21 所示。

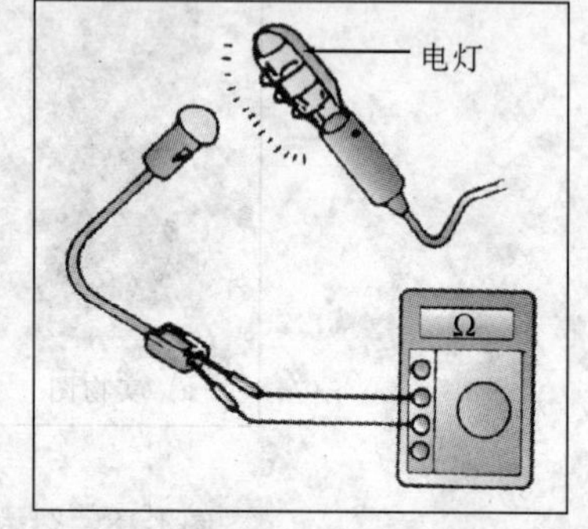

图 1-21　阳光传感器检测

第三节　电　容

任务导向

- 了解电容的构成。
- 了解电容的类型及识别。
- 了解电容的主要参数。
- 掌握电容的检测方法。
- 了解电容的串联与并联。
- 掌握电容在汽车电路中的典型应用。

学习要求

应知：电容的概念和基本特性；电容的通交流、隔直流作用；电容的主要参数。
应会：电容的选择方法，电容的检测方法。

一、电容的构成

两块金属导体相互靠近、相互平行但不接触，再用两条金属导线将这两块金属导体分别引出，再用绝缘物将它们封装起来，便得到一个电容。电容用字母 C 表示。电容的单位有：F(法拉)、μF(微法)、nF(纳法)、pF(皮法)。

$$1\text{F} = 10^6\mu\text{F} = 10^9\text{nF} = 10^{12}\text{pF}$$

二、电容的分类与识别

电容种类有多种，根据容量是否可变可分为固定电容、可变电容；根据材料可分为电解电容、瓷片电容、云母电容、涤纶电容、钽电容等，其中钽电容特别稳定。电容还可分为无极性电容与有极性电容，电解电容是有极性的，其正负极通常有明显的标志，更换该类型元件时，应注意极性，如极性错误会导致元件损坏。

目前，汽车电路板中也大量地采用贴片电容，其外观与贴片电阻有一点相似，两端为银白色，但中间部分通常为灰色或黄色，各种电容实物如图1-22所示。

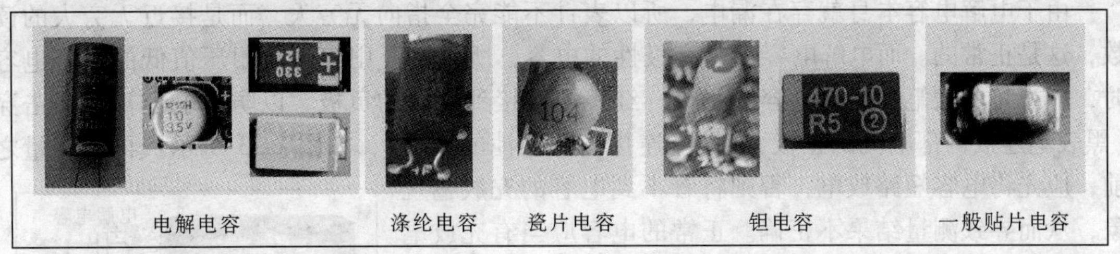

图1-22 各种电容实物图

三、电容的主要参数

固定电容器的参数很多，但在实际使用时，一般只考虑工作电压、绝缘电阻和电容量。

工作电压：也称耐压值，是指电容器在连续使用中所能承受的最高电压。耐压值一般直接印在电容器上。注意，电容器上标明的耐压值，都是指直流电压，用在交流电路中，则应使所加的交流电压的最大值(峰值)不能超过电容器上所标明的电压值。

绝缘电阻：任何介质都不是绝对的绝缘体，所以电容的电阻不可能是∞，一般在百兆欧以上，这个电阻就称作电容器的绝缘电阻或称漏电阻。绝缘电阻越大，表明电容器的质量越好。

电容量：电容器储存电荷的能力叫做电容量，简称容量。容量在电路图中的标示方法是，数值为纯小数的微法级容量值，只标出纯小数，单位μF略去不写，例如：0.01μF的电容，在电路图中标为0.01；数值为整数的皮法级容量值，只标出该整数，单位pF略去不写，例如：1000pF标为1000；除以上情况外，则需要标出单位，例如1.5pF标为1.5p。在电容器上一般按以上法则直接印出电容量值。也有采用数码表示法的，数码一般为三位，前两个是有效数字，第三个是倍数(第三个数中0~8分别表示10^0~10^8,9表示10^{-1})。例如：103表示10×10^3pF=10000pF=0.01μF；229表示22×10^{-1}μF=2.2μF。

四、电容的检测

测量电容器的电容量要用电容表，有的万用表也带有电容档。在通常情况下，电容用作滤波或隔直，电路中对电容量的精确度要求不高，故不需测量实际电容量。但是，使用中应掌握电容的一般检测方法。

1. 测试漏电阻(适用于0.1μF以上容量的电容)

将万用表的电阻档调到R×1k或R×10k档，用表笔接触电容器的两端，表针先向0Ω方向摆动，当达到一个很小的电阻读数后便开始反向摆动，最后慢慢停留在某一个大阻值读数上，静电容量越大，表针偏转的角度应当越大，指针返回的也应当越慢。

① 如果指针不摆动，则说明电容内部已开路。

② 如果指针摆向0Ω或靠近0Ω的数值，并且不向无穷大的方向回摆，则表明电容内部已击穿。

③ 如果指针指向 0Ω 后能慢慢返回，但不能回摆到接近无穷大的读数，则表明电容存在较大的漏电，且回摆指示的电阻越小，漏电就越大。

由于电解电容本身就存在漏电，所以表针不能完全指向无穷大，而是接近无穷大的读数，这是正常的。而电解电容都是有极性的电容，所以用万用表测量耐压值低的电解电容时，应当将黑表笔连接到电容的正极，红表笔连接到电容的负极，以防止电容被反向击穿（黑表笔连接内部电池的正极，红表笔连接内部电池的正极），如图 1-23 所示。再次测量之前，应先将电容短路放电，否则将看不到电容的充放电现象，从而导致测量结果不正确。正常的电容应当有充放电现象，最终表针指向电阻值大多在数百千欧以上（如图 1-23 所示）。如果没有充放电现象，或终值电阻很小，或表针的偏转角度很小，则都表明电容已不能正常工作。用此法检查电解电容时，表针的偏转角度随着电容容量的不同有差异，电容的容量越大，表针偏转的角度也越大；容量越小，表针偏转的角度也越小。

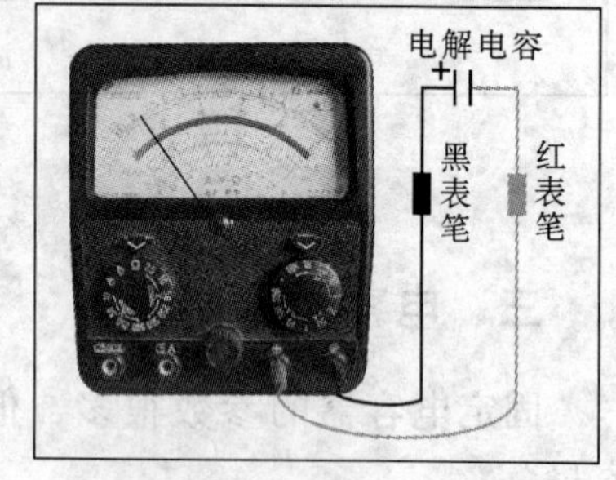

图 1-23　电解电容的测试

对于容量在 0.01μF 以下的电容器，用万用表只能判断是否发生短路。因为容量太小，所以表针还没有来得及反应，充放电过程就已经结束了。由于表针不摆动，无法判断电容是否断路，所以在维修时，如果怀疑某电容有问题，最好的办法还是用一个新电容进行替换，若故障现象消失，则可确定原电容有问题。

2. 电解电容器的极性检测

电解电容器的正、负极性不允许接错，当极性接反时，可能因电解液的反向极化引起电解电容器的爆裂。当极性标记无法辨认时，可根据正向连接时漏电阻大、反向连接时漏电阻相对小的特点判断极性。交换表笔前后两次测量漏电阻，阻值大的一次，黑表笔接触的是正极，因为黑表笔与万用表内电池正极相接（采用数字万用表时，红表笔接电池正极）。但用这种办法有时并不能明显地区分正、反向电阻，所以使用电解电容时，要注意保护极性标记。

五、电容的串联与并联

1. 电容的串联

参见图 1-24a，电容串联后的效果，等于增加了绝缘介质的厚度（即增接了两块金属电极之间的距离），因而总容量减小，并小于其中最小的一只电容的容量。总容量的倒数等于各电容量倒数之和，即：

$$\frac{1}{C}=\frac{1}{C_1}+\frac{1}{C_2}+\frac{1}{C_3}+\cdots$$

如果是两只电容串联，其总容量为：

$$C=\frac{C_1C_2}{C_1+C_2}$$

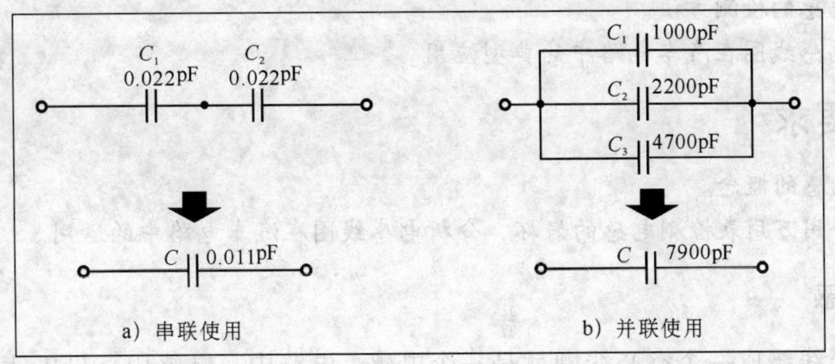

图 1-24 电容器的串并联使用

串联后电容(C)的工作电压，在电容量相等的情况下，等于每个电容(C_1、C_2)的工作电压之和，故串联后电容的工作电压升高。如工作电压为 25V 的两个电容量相等的电容串联，就相当于得到工作电压为 50V 的一只电容。

2. 电容的并联

参见图 1-24b。将电容并联起来就等于两块金属电极的面积加大，因此，并联后的总电容量增大，并等于各个电容器的容量之和。例如：需要电容量为 470μF 的电容，但是手头只有 220μF 和 47μF 的，这时候就可以取两个 220μF，一只 47μF 的电容器，将此三个电容并联，总容量为：

$$C = C_1 + C_2 = C_3 = (220 + 220 + 47)\mu F = 487\mu F$$

在应急时此方法较为常用。

电容并联时，每个电容上所承受的电压相等，因此，如果工作电压不相同的几只电容并联，必须把其中最低的工作电压作为并联后的工作电压。

六、电容在汽车中的典型运用

电容器作为基本电子元件在汽车电路中应用很广，作为单个元件应用的典型例子就是传统点火系统中分电器上的电容器。在点火过程中，与分电器触点并联的电容器具有重要作用。这是因为触点打开、磁场消失时，在点火线圈初级绕组中产生 200～300V 的自感电动势，若无电容器，该自感电动势就会在触点间形成火花使触点烧坏，该电容器安装在分电器上，其外观如图 1-25 所示。

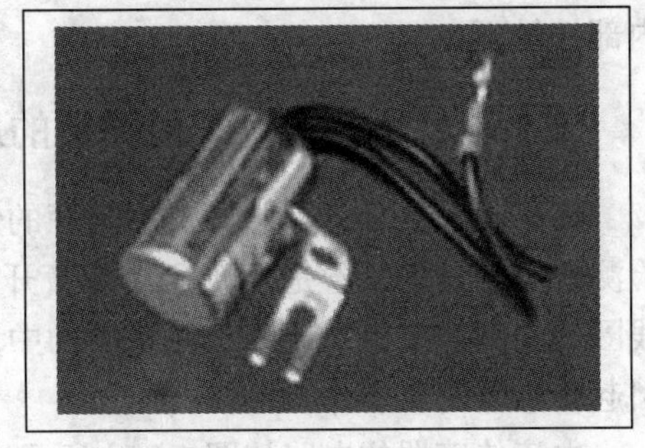

图 1-25 分电器上的电容器

第四节 电 感

任务导向

- 了解电感的概念。

● 掌握电感的检测方法。

● 掌握电感线圈在汽车电路中的典型应用。

学习要求

应知： 电感的概念。

应会： 会用万用表检测电感的好坏，分析电感线圈在汽车电路中的运用。

一、电感

将一根导线绕成一个空心线圈就是一个电感。电路中，电感用字母 L 表示，符号为“⌒⌒⌒”。电感的单位有：H（亨）、mH（毫亨）、μH（微亨）。

$1\text{H} = 10^3\text{mH} = 10^6\mu\text{H}$

二、电感的检测

用万用表无法直接测量电感器的电感量和品质因数，只能定性判断电感线圈的好坏。因为大多数电感线圈的直流电阻不会超过 1Ω，所以可用指针式万用表测试，如图 1-26 所示，R × 1Ω 档测量电感线圈两端的电阻应近似为零，如指针不动或指向较大的电阻读数，则表明电感线圈已断路或损坏。大多数电感发生故障均是断路，而电感线圈内部发生短路的情况极少见，所以在实际检修中主要测量它们是否断路就行了，也可用一个新电感进行替换来判断。如果指示不稳定，说明内部接触不良。

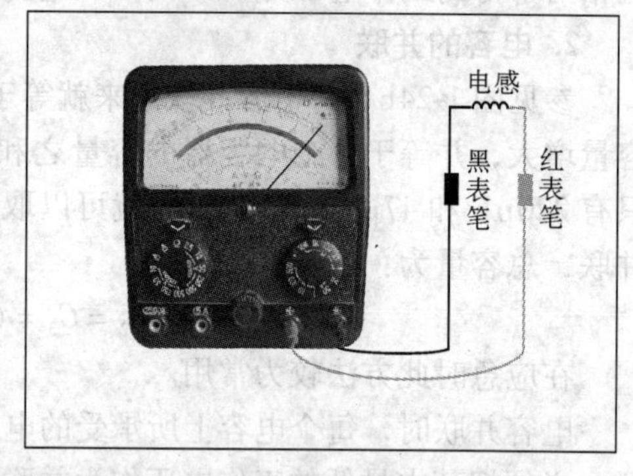

图 1-26　电感的测试

三、电感线圈在汽车电路中的应用

在车内，尾灯、牌照灯及停车灯的灯丝是否断开是无法确认的，而电流传感器就可用于检测这类灯具的灯丝是否断开。笛簧开关式电流传感器的结构原理如图 1-27 所示，在电流线圈的周围绕有电压线圈，在线圈的中央设置笛簧开关，电压线圈的功能是防止电压变化时引起传感器的误动作。

电流传感器的电路如图 1-27c 所示，当图中所示开关闭合时，若白炽灯都正常的话，因为电流线圈中有规定的电流通过，所以在电流线圈所形成的电磁力的作用下，笛簧开关闭合；当有一个灯丝断开时电流线圈中的电流减少，电磁力减弱，笛簧开关打开，报警异常状态。这样，利用笛簧开关的通、断，就可以发出灯丝是否正常的信号。

● **操作：** 按照图 1-27c 所示电路连接好电流传感器和白炽灯，用万用表测量至计算机端子的电压值。对比当白炽灯都正常和出现白炽灯断路两种情况下的电压值。

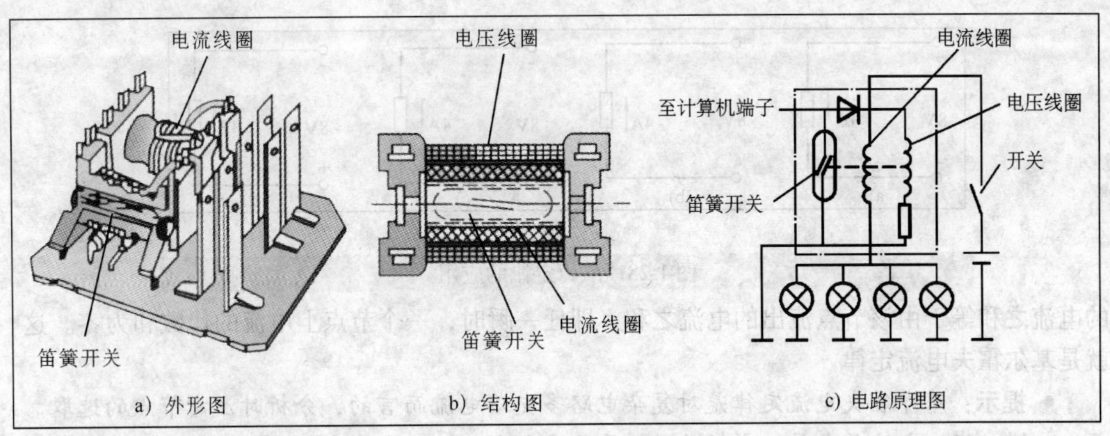

图 1-27 笛簧开关电流传感器

第五节 直流电路的基本定律

任务导向

- 掌握欧姆定律。
- 掌握基尔霍夫定律。
- 了解电压源和电流源的概念以及它们之间的等效变换。

学习要求

应知：欧姆定律的内容；基尔霍夫电流定律和基尔霍夫电压定律。

应会：用欧姆定律和基尔霍夫定律分析电路中元件的电压、电流及电阻的关系。

一、欧姆定律

在纯电阻电路中，元件的端电压与流过该元件的电流的比是一个定值，即 $R=\frac{U}{I}$，这就是欧姆定律。此比值就是该元件的电阻，通常用字母 R 来表示。它的单位是欧姆(Ω)。

- **提示**：应用欧姆定律要注意电压、电流的参考方向，如果二者方向一致，$U=IR$；如果二者参考方向不一致，$U=-IR$。
- **进一步**：纯电阻直流电路中的任意元件都适用欧姆定律。
- **操作**：计算图 1-28 中的电阻值，并用万用表验证欧姆定律。注意断电后才能用万用表测电阻。

二、基尔霍夫定律

1. 基尔霍夫电流定律

电路中流过同一电流的每一电路分支叫支路，支路中流过的电流叫支路电流；电路中，三个或三个以上的支路相交的点称为节点。由于电流的连续性，在任一瞬时，流向某一节点

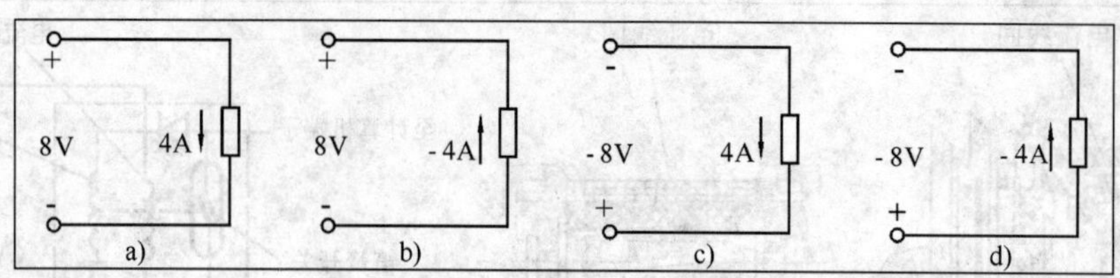

图 1-28　欧姆定律的应用

的电流之和等于由该节点流出的电流之和，即任一瞬时，一个节点上电流的代数和为零。这就是基尔霍夫电流定律。

● **提示**：基尔霍夫电流定律是对复杂电路多支路电流而言的，分析时注意节点的选取。

● **进一步**：电流是矢量，分析时不但要注意大小，而且要注意方向，一般规定流入节点电流为正值，流出节点电流为负值。

例题：在图 1-29 中，$I_1=1\text{A}$，$I_2=5\text{A}$，$I_3=8\text{A}$，计算 I_4。

解：由基尔霍夫电流定律可列出

$$I_1+I_3=I_2+I_4$$

代入数值计算出 $$I_4=4\text{A}$$

2. 基尔霍夫电压定律

电路中，根据能量守恒定律，在任一瞬时，沿任一回路循环(顺时针或逆时针方向)，回路中各段电压的代数和为零，这就是基尔霍夫电压定律。

● **提示**：基尔霍夫电压定律是对复杂电路中单一回路电压而言，分析时注意回路的选取。同一回路中不同电路分支的电流可以不同。

● **进一步**：电压是矢量，分析时不但要注意大小，而且要注意方向，一般规定沿回路电压降为正值，沿回路电压升为负值。

例题：有一闭合回路如图 1-30 所示，各支路的元件是任意的，但已知：$U_{AB}=6\text{V}$，$U_{BC}=-3\text{V}$，$U_{DA}=-8\text{V}$。试求：(1) U_{CD}；(2) U_{CA}。

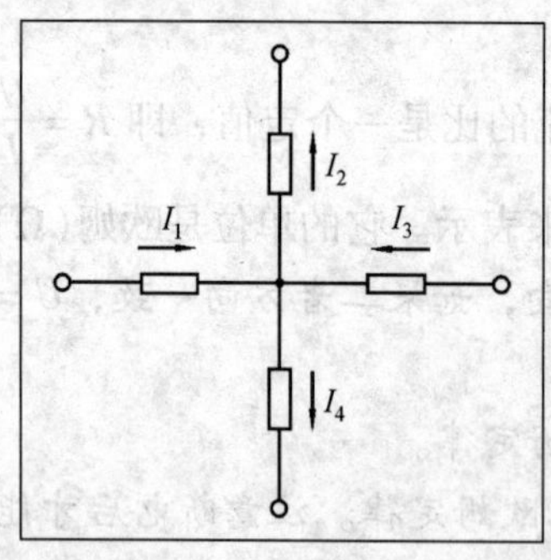

图 1-29　基尔霍夫电流定律实例

图 1-30　基尔霍夫电压定律实例

解：(1) 由基尔霍夫电压定律可列出

$$U_{AB}+U_{BC}+U_{CD}+U_{DA}=0$$

即 $$6\text{V}+(-3\text{V})+U_{CD}+(-8\text{V})=0$$

得 $$U_{CD}=5\text{V}$$

（2）ABCA 不是闭合回路，也可应用基尔霍夫电压定律列出

$$U_{AB}+U_{BC}+U_{CA}=0$$

即

$$6V+(-3V)+U_{CA}=0$$

得

$$U_{CA}=-3V$$

三、有源电路的等效变换

掌握电压源和电流源的概念以及它们之间的等效变换，能使某些复杂电路的分析计算大为简化。

1. 电压源

用一个恒定电动势与内阻 r 串联表示的电源称为电压源。电压源的符号如图 1-31a 或图 1-31b所示。大多数电源，如干电池、蓄电池、发电机等都可以这样表示。当电压源向负载 R 输出电压时，如图 1-31c 所示，电源的端电压 U 总是小于它的恒定电动势 E。端电压 U 与输出电流 I 之间有如下关系：

$$U=E-Ir$$

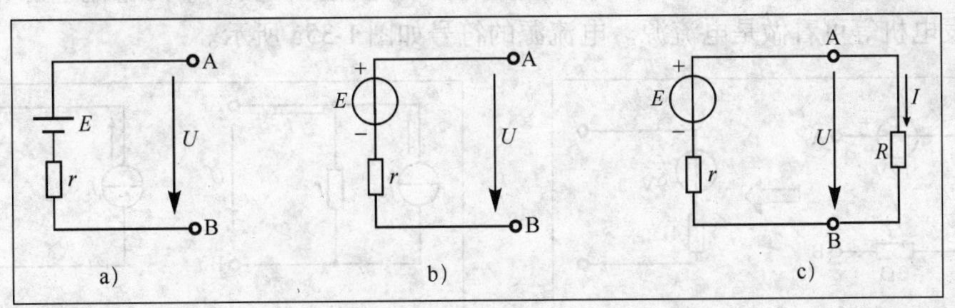

图 1-31 电压源的符号及输出

式中，E、r 均为常数。所以，随着 I 的增加，内阻 r 上的电压降增大，输出电压就降低，因此要求电压源的内阻越小越好。

如果内阻 $r=0$，那么，不管负载变动时输出电流 I 如何变化，电源始终输出恒定的电压 E（见图 1-32a）。内阻 $r=0$ 的电压源称为理想电压源，其符号如图 1-32b 所示。在应用中，稳压电源、新电池或内阻 r 远小于负载电阻 R 的电源，都可看作是理想电压源。理想电压源的输出电压不随负载 R 变化，也不受输出电流的影响。实际上理想电压源是不存在的，因为电源总是存在着内阻。

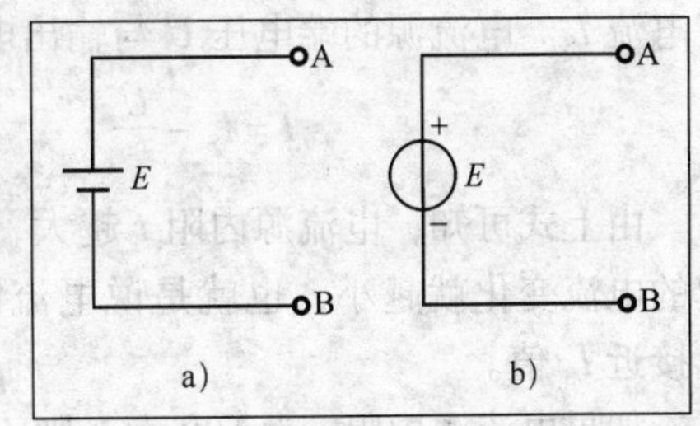

图 1-32 理想电压源符号

当 n 个电压源串联时，可以合并为一个等效电压源，如图 1-33 所示。等效电压源的 E，等于各个电压源的电压的代数和，即：

$$E=\sum_{k=1}^{n}E_k \tag{1-1}$$

在式(1-1)中，凡方向与 E 相同的取正号，反之取负号。等效电压源的内阻等于各串联电压源内阻之和，即：

$$r = r_1 + r_2 + \cdots + r_n \tag{1-2}$$

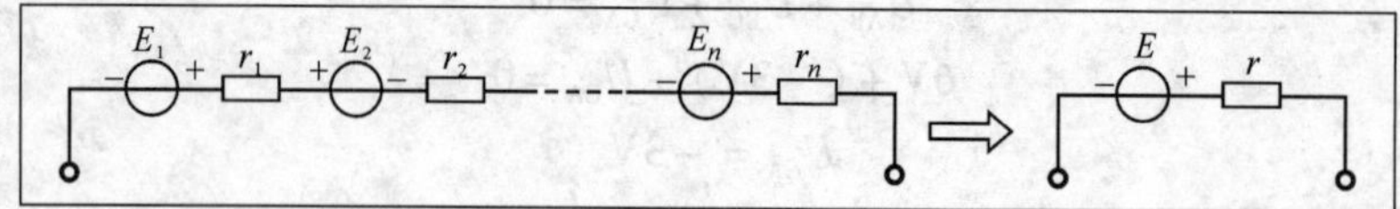

图 1-33　串联电压源合并

例题：电路如图 1-34a 所示，求其等效电压源。

解：根据式(1-1)得：

$$E = E_1 - E_2 = 12\text{V} - 4\text{V} = 8\text{V}$$

根据式(1-2)得：

$$R = r_1 + r_2 = (2+2)\Omega = 4\Omega$$

等效电压源如图 1-34b 所示。

2. 电流源

用一个恒定电流 I_S 与内阻 r 并联表示的电源称为电流源。实际中的稳流电源、光电池、串励直流发电机等可看做是电流源。电流源的符号如图 1-35a 所示。

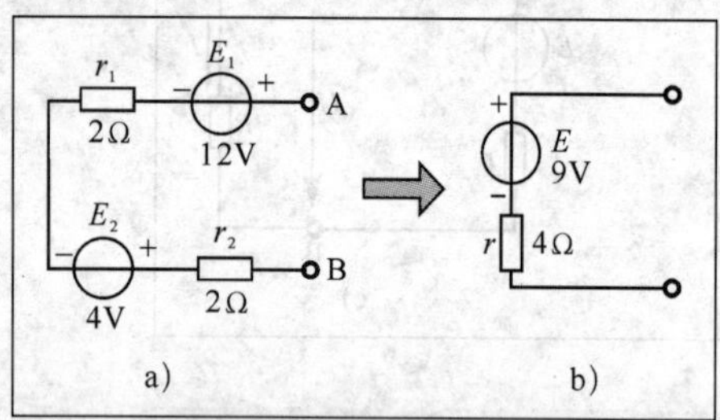

图 1-34　等效电压源实例

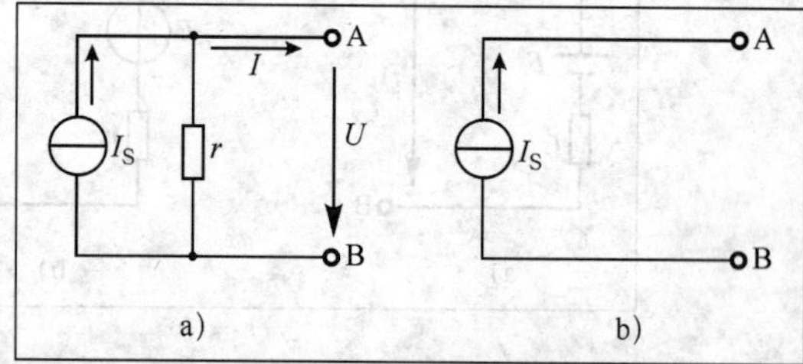

图 1-35　电流源符号

当电流源向负载 R 输出电流时，如图 1-36 所示。它所输出的电流 I 总是小于电流源恒定电流 I_S。电流源的端电压 U 与输出电流 I 的关系为：

$$I = I_S - \frac{U}{r}$$

由上式可知，电流源内阻 r 越大，则负载变化而引起的电流变化就越小，也就是说电流源输出越稳定，I 越接近 I_S 值。

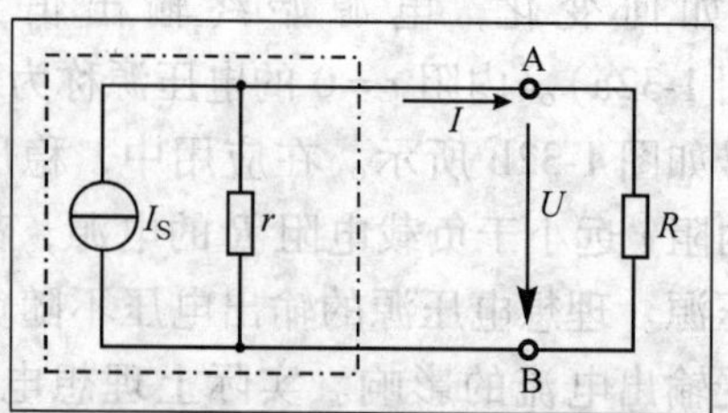

图 1-36　电流源的输出

如果电流源内阻 r 为无穷大，则不论由负载变化引起的端电压如何变化，它所输出的电流恒定不变，而且等于电流源的恒定电流 I_S，即 $I = I_S$。所以，内阻 $r \to \infty$ 的电流源称为理想电流源，其符号如图 1-35b 所示。

理想电流源的端电压与负载电阻 R 的大小有关，即：

$$U = IR = I_S R$$

可见，负载电阻 R 越大，U 也越大。实际上理想电流源是不存在的，因为电源内阻不可能为无穷大。

当 n 个电流源并联时，可以合并为一个等效电流源。如图 1-37 所示，等效电流源的电流 I_S 等于各个电流源的电流的代数和，即：

$$I_S = \sum_{k=1}^{n} I_{Sk} \tag{1-3}$$

式中，凡参考方向与 I_S 相同的电流取正号，反之取负号。等效内阻 r 的倒数等于各并联电流源内阻的倒数之和，即：

$$\frac{1}{r} = \frac{1}{r_1} + \frac{1}{r_2} + \cdots + \frac{1}{r_n} \tag{1-4}$$

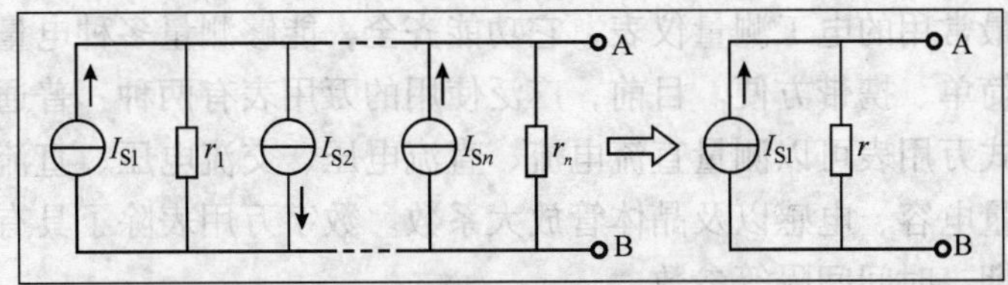

图 1-37 并联电流源的等效电流源

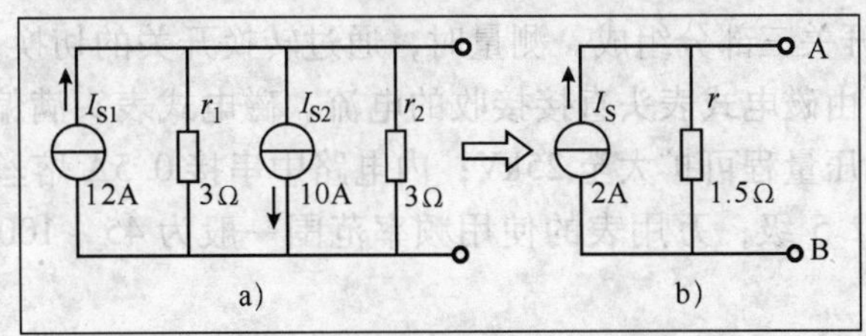

图 1-38 等效电流源实例

例题：电路如图 1-38a 所示，求出其等效电流源。

解：根据式(1-3)得：

$$I_S = I_{S1} - I_{S2} = 12A - 10A = 2A$$

根据式(1-4)得：

$$r = \frac{r_1 r_2}{r_1 + r_2} = \frac{3 \times 3}{3 + 3}\Omega = 1.5\Omega$$

等效电流源如图 1-38b 所示。

第六节 测量仪器与焊接工具的使用

任务导向

- 掌握指针式万用表、数字万用表的使用方法。
- 掌握汽车专用万用表的使用方法。
- 掌握示波器的使用方法。
- 了解电烙铁的分类及选择掌握用电烙铁、热风枪焊接电子元件的基本方法。
- 了解凌凯汽车电学基础实验箱。

学习要求

应知：万用表、汽车专用万用表、示波器的使用；如何选用电烙铁，用电烙铁、热风枪焊接电子元件的工艺及基本焊接方法。

应会：掌握万用表、示波器在汽车电路检测中的应用方法，会用电烙铁、热风枪焊接电子元件。

一、万用表的基本使用方法

万用表是一种最常用的电工测量仪表，它功能齐全，能够测量多种电量和电参数，并且测量量程多、操作简单、携带方便。目前，广泛使用的万用表有两种：普通指针式万用表和数字万用表。指针式万用表可以测量直流电流、直流电压、交流电压、直流电阻以及音频电平，有的还可以测量电容、电感以及晶体管放大系数。数字万用表除了具有以上功能外，还可以测量频率、周期、时间间隔等参数。

1. 指针式万用表

指针式万用表以指针的偏转来指示被测量的大小。它主要由磁电式测量机构（俗称表头）、测量线路和转换开关三部分组成。测量时，通过转换开关的切换，选择相应的测量线路，将被测量转换成可由磁电式表头直接接收的电流。磁电式表头满偏电流小、灵敏度高；仪表外配高压探头，电压量程可扩大至25kV；内电路中串接0.5A熔丝进行保护，国产MF型万用表一般为1.5～2.5级；万用表的使用频率范围一般为45～1000Hz，有的可以更宽一些。

如图1-39所示为MF47型万用表面板图。

（1）直流电流和电压的测量

测量0.05～500mA的直流电流或0.25～1000 V的直流电压时，先将转换开关旋至相应被测量的范围内，选好量程，再将测试表笔串入（测电流）或并入（测电压）被测电路中进行测量。注意插在“+”孔中的红表笔应接在被测电路的正极，插在“-”孔中的黑表笔应接在被测电路的负极。

图1-39　MF47型万用表面板图

● **提示：**测量时的量程选择要合适，应使指针偏转在2/3量程左右的范围内。5A和2500V量程为单独插孔，在使用5A直流电流插孔测直流电流时，转换开关应置于500mA电流量程位置，使用2500V电压插孔测直流电压时，转换开关应置于直流1000V电压量程位置。

（2）交流电压的测量

交流电压的测量方法与直流电压的测量方法相同。

● **提示：**在使用2500V电压插孔测交流电压时，转换开关需置于交流1000V量程位置。为扩大交流电压的量程，在测量电路中需要串联附加电阻，万用表的交流电压档附加电阻与直流电压档共用。

（3）电阻的测量

MF47型万用表电阻档具有五个量程。它们共用一条刻度线。由于量程之间是10倍关

系，为保证测量准确，每次测量前首先选好量程，然后必须调零，其方法是：将红、黑表笔短接，旋动调零旋钮，直到指针指示“0”为止。万用表的指针转角与被测电阻一一对应，电阻刻度为非均匀刻度。

● **提示：**为保证在不同量程下测量机构满偏电流不变，需要电池电压不变；万用表干电池的端电压会随时间的延长而下降，导致工作电流变小，使测量结果偏大，所以在测量线路中设有调零电路。面板上的调零旋钮对应于并联在测量机构上的调零电位器，利用该调零电位器，可调整测量机构的工作电流，使调零时的指针满偏；由于万用表电阻刻度不均匀，使电阻档的有效测量范围仅局限于误差较小的0.1～10倍中值电阻范围内。测量时，若被测量超出这个范围，应转换量程档，调零后重新测量。

（4）晶体管直流放大系数的测量

先将转换开关置于晶体管调节“ADJ”位置，短接红黑表笔，调节电阻调零旋钮，使指针指示在绿色晶体管刻度线的300刻度值上，然后再将转换开关转到“h_{FE}”位置，将待测晶体管管脚分别插入晶体管测试座的E、B、C管座内，就可根据指针位置从绿色刻度线上读取该晶体管的直流放大系数。

● **提示：**NPN型晶体管应插入NPN型管孔内，PNP型晶体管应插入PNP型管孔内。

2. 数字万用表

数字式万用表主要由数字电压表、测量电路、量程转换开关等组成。其中测量电路能将待测电量和电参量转换为毫伏级的直流电压，供数字电压表显示待测量。当量程转换开关置于不同的位置时，可组成不同的测量电路。图1-40为DT-9208A型数字万用表面板。前面板装有液晶显示屏、量程转换开关、输入插口、h_{FE}插口及电源开关。后面板附有电池盆。

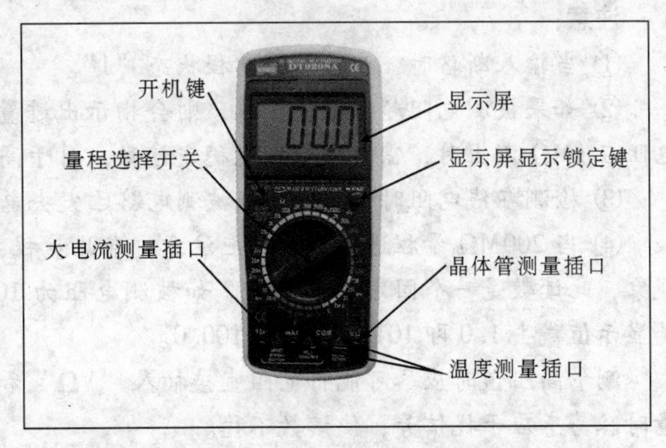

图1-40 DT-9208A型数字万用表

DT-9208A型数字万用表的使用操作，首先请注意检查9V电池，将ON-OFF按钮按下，如果电池电量不足，则显示屏左上方会出现符号，还要注意测试笔插孔旁边的符号，这是警告要留意测试电压和电流不要超出指示数字。此外在使用前要先将量程放置在你想测量的档位上。

（1）电压测量

1）将黑表笔插入COM插孔，红表笔插入VΩ插孔。

2）测直流电压(DCV)时，将功能开关置于DCV量程范围(测交流电压(ACV)时则应置于ACV量程范围)并将测试表笔并接到被测负载或信号源上，在显示电压读数时，同时会指示出红表笔的极性。见图1-41。

（2）电流测量

1）将黑表笔插入COM插孔，当被测电流在200mA以下时红表笔插A插孔；如被测电流在200mA～2A之间，则红表笔移至10A插孔。

2）将功能开关置于直流电流（DCA）或交流电流（ACA）量程范围，测试笔串入被测电路中。

（3）电阻测量

1）将黑表笔插入 COM 插孔，红表笔插入 VΩ 插孔（注意红表笔极性为“+”）。

2）将功能开关置于所需 Ω 量程上，将测试笔跨接在被测电阻上。见图 1-42。

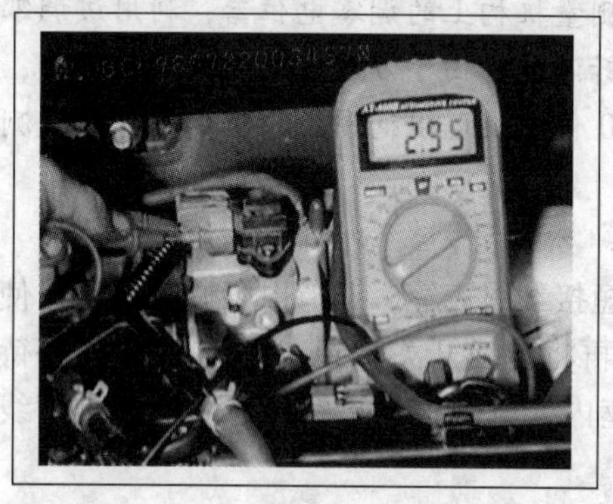

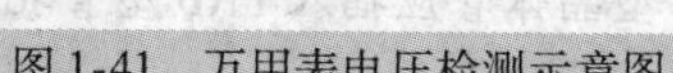
图 1-41　万用表电压检测示意图

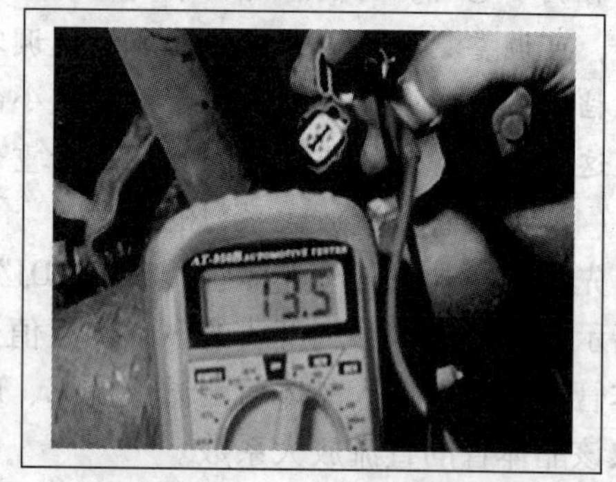

图 1-42　用万用表测量电阻

注意：

① 当输入断路时，会显示过量程状态“1”。

② 如果被测电阻超过所用量程，则会指示出过量程“1”，必须换用高档量程。当被测电阻在 1MΩ 以上时，需数秒后方能稳定读数，对于高电阻测量这是正常的。

③ 检测在线电阻时，必须确认被测电路已失去电源后，方能进行测量。

④ 当 200MΩ 量程进行测量时应注意，在此量程，二表笔短接时读数为 1.0，这是正常现象，此读数是一个固定的偏移值。如被测电阻为 100MΩ 时，读数为 101.0，正确的阻值是显示值减去 1.0 即 101.0－1.0＝100.0。

测量高阻值时应尽可能将电阻直接插入“VΩ”和“COM”插孔中，长导线在高阻值测量时容易感应干扰信号，使读数不稳。

（4）电容测量

1）接上电容器以前，显示可以缓慢地自动校零，但在 2nF 量程上剩余 10 位数以内无效是正常的。

2）把测量电容连接到电容输入插孔（不用试棒）时，有必要注意极性连接。

注意：

① 测试单个电容器时，把管脚插进位于面板左下边的两个插孔中（插进测试孔之前电容器务必放尽电，以免损坏仪表）。

② 测试大电容时，注意在最后指示之前会存在一定的滞后时间。

③ 单位：1μF＝1000nF；1nF＝1000pf。

④ 不要把一个外部电压或已充好电的电容器（特别是大电容器）连接到测试端。

（5）温度测量

测量温度时，将热电偶传感器的冷端（自由端）插入温度测试孔中，热电偶的工作端（测量端）置于待测物上面或内部，可直接通过表笔插座测量。见图 1-43。

注意：

此表设计为当热电偶插入温度测试孔后，自动显示被测温度，当热电偶传感器开路时，显示常温。

本表随机所附 WRNM-010 裸露式接点热电偶极限温度为 250℃（短期内为 300℃）。

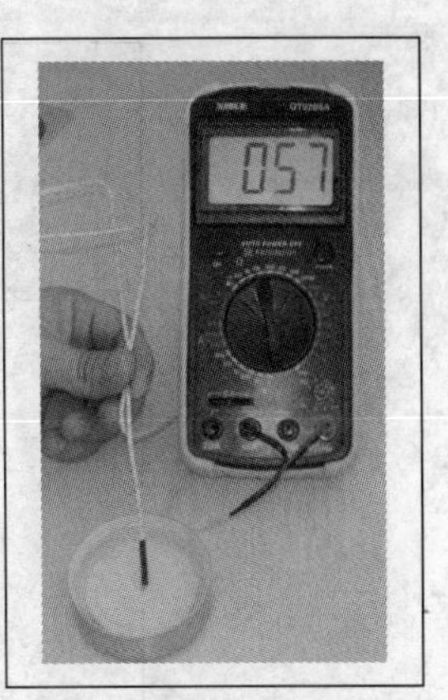

图 1-43　万用表测量温度示意图

（6）音频电信号测量

1）将黑表笔插入 COM 插孔，红表笔插入 VΩ 插孔。

2）将功能开关置于音频（Hz）量程，将测试笔接入被测电路，读取显示值。

注意：不得有大于250V 的有效值供给输入端，电压高于100V 有效值虽可显示出来，但会影响准确度。

（7）测试数据保持

按下保持开关，显示“H”符号，显示数字保持测量数据，恢复保持开关符号“H”消失，显示数字为测量状态。

（8）二极管测量

1）将黑表笔插入 COM 插孔，红表笔插入 VΩ 插孔。

2）将功能开关置于“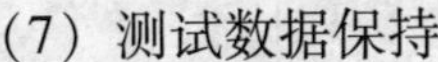”档，将测试笔跨接在被测二极管上，显示为正向电压降伏特值，当二极管反接时，显示为过量程状态。输入端开路时，显示为过量程状态即最高位显示“1”。

注意：正向直流电流约 1mA，反向直流电压约 3V。

（9）晶体管的测量

1）将功能开关置于 h_{FE} 档上。

2）确认晶体管是 NPN 型还是 PNP 型，然后将晶体管三管脚分别插入测试插座 E、B、C 插孔中。

3）显示读数为晶体管的 h_{FE} 近似值，测试条件：基极电流 10μA，电压 V_{CC} 约 3V。

（10）蜂鸣通断测试

1）将黑表笔插入 COM 插孔，红表笔插入 VΩ 插孔。

2）将量程开关置于“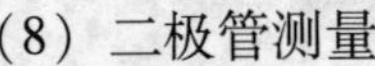”档位。

3）将表笔跨接在欲测线路之两端，当两点之间的电阻值小于 50Ω 时蜂鸣器便会发出声响。

注意：当输入端开路时，仪表会显示过量程状态。

被测电路必须在切断电源状态下检查通断。因为任何负载信号都可能会使蜂鸣器发声，导致错误判断。

二、汽车专用万用表的使用

1. 汽车专用万用表的功能

汽车专用万用表是一个具有特殊用途的专用型数字万用表，如图 1-44 所示，它除了具备普通数字万用表所有的功能外，还具有汽车专用项目的测试功能，是检测汽车计算机控制系统的智能化专业仪表，其功能如下：

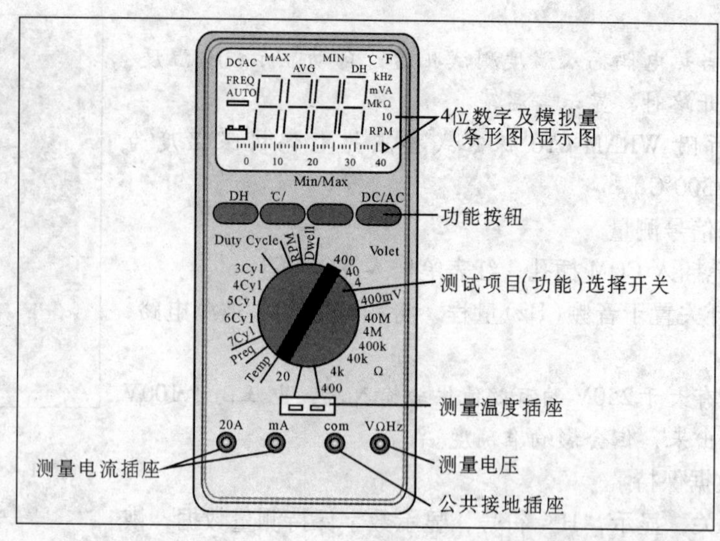

图 1-44 汽车专用数字式万用表

① 检测交/直流电压、频率、百分比(占空比)。

② 发电机最大、最小输出电压、电流(配合 ±400A 电流钳)。

③ 电器元件消耗电流检测。

④ 检测各类传感器：节气门位置传感器(TPS)、进气歧管绝对压力传感器(MAP)、空气流量传感器(MAF)、冷却液温度传感器(CTS)、车速传感器(VSS)、曲轴位置传感器(CKP)、爆燃传感器、氧传感器、凸轮轴位置传感器、ABS 轮速传感器等。

⑤ 各类液、气体温度测量：空调空气出口温度、发动机排气温度、发动机进气温度、发动机冷却液温度、发动机机油温度、自动变速器油温度等。

⑥ 点火触发脉冲信号检测。

⑦ 喷油器触发信号，喷油时间(ms)的测试。

⑧ 发动机转速测试。

⑨ 检测各控制元件的动作频率、占空比(百分比)、动作时间(ms)。如：点火功率放大器、怠速控制电动机、自动变速器压力电磁阀、ABS 控制电磁阀、电动汽油泵、冷起动喷油器、电液压力调节器、喷油器、废气再循环电磁阀、点火系统触发器等。

⑩ 检测起动机起动电压、电流(配合 ±400A 电流钳)。

⑪ 点火闭合角测试。

⑫ 电阻、电容测试。

⑬ 真空/压力测试(配合真空/压力转换器)。如：发动机进气真空度、燃油压力、自动变速器油压、发动机机油压力、气缸压力、空调制冷剂高/低压力、排气压力、各真空控制元件的真空度等。

⑭ 逻辑电平测试。

⑮ 二极管及其通断测试。

⑯ 其他功能：如最大、最小和平均值显示，背光显示，数据保持，自动关机，相对值测试等。

EDA-230型智能汽车专用万用表不仅可以对汽车常规电气系统，如发电机、起动机、灯光仪表电路、空调电路、音响电路进行检测，还可以对汽车计算机控制系统的各个部分进行测量。比如：发动机计算机控制燃油喷射系统、点火系统、ABS防抱死制动系统、计算机控制自动变速器等。对这些系统的电路参数、元件性能、工作状况进行分析和测试，它能够方便快捷地判断和排除汽车计算机控制电路故障。选择合适的附件，还可以将它的测试功能扩大，直接对汽车上的压力、真空、温度等物理量进行测试，这对判断、分析汽车计算机控制系统的故障十分有利。

EDA-230型智能汽车专用万用表，还备有条形图显示功能，它可以模拟指针式万用表的显示，使测量过程得心应手，同时还具有智能化的多重显示和对各种测量数据的最大、最小和平均值记忆显示，使得EDA-230型智能汽车专用万用表不仅能反映各种数据的瞬时值，还可以动态记录在一段时间内数据变化的最大值、最小值和平均值。该功能可以用来检查：怠速的游车和变化范围、充电过程的电压变化、喷油器在加速过程中的最大喷油量、冷却液温度在风扇开启前后的温度变化等。背光显示使EDA-230型智能汽车专用万用表在光线不良的情况下仍然可以清晰地看到仪表的显示数据，为在野外和夜间修车提供了方便。

2. 汽车专用万用表使用方法

① **信号频率的检测**：将功能选择开关转至频率档(Freq)，公用插座(COM)的测试线接地，VΩHz插座的测试线接被测的信号线，此时在显示器上即可读取被测信号的频率。

② **温度的检测**：将功能选择开关置于温度档(Temp)，把温度探针插入温度检测插座，按动温度测量单位选择钮℃/℉，再把温度探针接触所测物体的表面，显示器即显示出所测的温度。

③ **闭合角的检测**：将功能选择开关转至相应发动机气缸数的闭合角测量位置(DWell)，公用插座(COM)的测试线接地，VΩHz插座的测试线接点火线圈负极“-”接线柱，在发动机运转时显示器即能显示出点火线圈初级电流增长的时间(即闭合角,也叫导通角)。

④ **占空比的检测**：将功能选择开关转至占空比测量位置(Duty Cycle)，公用插座(COM)的测试线接地，VΩHz插座的测试线接被测的信号线，显示器即显示出被测电路一个工作循环(周期)中脉冲信号所保持时间的相对百分数，即占空比。

⑤ **转速的测量**：将功能选择开关置于转速档(RPM)，将转速测量的专用插头插入公用插座和VΩHz插座，再将感应式转速传感器的夹子夹到某一缸的高压分线上，在发动机工作时显示器即显示出发动机的转速。

⑥ **起动机起动电流的检查**：将功能选择开关置于400mV档(1mV对应于1A)，把霍尔效应式电流传感器的夹子夹在蓄电池的电源线上，按动最小/最大按钮(Min/Max)，拆除点火线圈上的低压线插头，并转动发动机曲轴2~3s，显示器即能显示出起动电流。

⑦ **氧传感器的检测**：首先拆下氧传感器线束，将功能选择开关置于4V档，按动DC/AC按钮并置于DC状态；再按Min/Max按钮，使COM插座的测试线接地，VΩHz插座的测试线与氧传感器的跨接线相连，让发动机运转至快怠速(约2000r/min)，此时氧传感器的工作温度可达360℃以上，排气浓时，氧传感器的输出电压约为0.8V；排气稀时，输出电压在0.1~0.2V之间。可是，当氧传感器的工作温度低于360℃时，则无电压信号输出。

⑧ **喷油器喷油脉宽的测量**：先将功能选择开关转至占空比(Duty Cycle)位置。测量出喷油器喷油的占空比后，再将功能选择开关置于频率档(Freq)，测量出喷油器的工作频率。按

照下列公式即可计算出喷油器喷油的脉冲宽度(即喷油时间):

喷油脉宽=占空比(%)/工作频率(s)

三、汽车专用示波器

使用通用的示波器测试汽车电控系统电子设备时，最大的困难是设定示波器(即调整示波器的各个按钮,使显示的波形更为清楚)和分析波形的形状。汽车专用示波器将汽车电子设备的测试设定得非常简单，只要像点菜单一样选择要测试的内容，无需任何设定和调整就可以直接观察波形了，这是因为汽车专用示波器是专门为汽车维修人员设计的示波器，它的设定调整是全自动的，如图1-45所示。

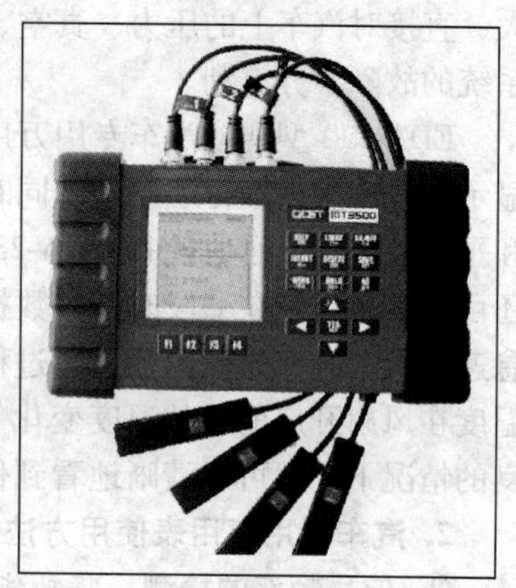

图1-45　MT3500汽车专用示波器

1. 汽车专用示波器的功能

汽车电子设备的信号有些是变化速率非常快的，变化周期达到千分之一秒，通常测试仪器的扫描速度应该是被测信号的5~10倍，许多故障信号是间歇的，时有时无，这就需要仪器的测试速度高于故障信号的速度，汽车专用示波器完全可以胜任这个速度。汽车专用示波器不仅可以快速捕捉电路信号，还可以用较慢的速度来显示这些波形，以便可以一面观察，一面分析。它还可以用储存的方式记录信号波形，可以返回来观察已经发生过的快速信号，这就为分析故障提供了极大方便。无论是高速信号(例如喷油器信号、间歇性故障信号)，还是慢速信号(例如节气门位置变化及氧传感器信号)，用汽车专用示波器来观察都可以得到想要得到的波形结果。

此外，汽车专用示波器能够使你确认故障是否真的被排除了，而不是仅仅知道故障码是否尚未清除，这可以通过对比修理前后从汽车专用示波器中观看到的信号波形来加以判断。

2. 汽车专用示波器检测原理

汽车专用示波器检测汽车电控系统的各部件是否正常，主要是通过对其电子信号具有的五个参数指标的测量来进行对比判断。这五个参数指标分别是：幅值(信号最高电压)、频率(信号的循环时间)、形状(信号的外形)、脉宽(信号的占空比或所占时间)和阵列(信号的重复特性)。

汽车专用示波器可以显示出所有电子信号的这五种参数波形，通过波形分析可进一步检查出电路中的传感器、执行器以及电路和电控单元等各部分的故障，也可以进行修理后的结果分析，最后再做氧反馈平衡检查，确定整个发动机控制系统的运行情况。例如ADC2000专用示波器，其内部配置有十六种重要传感器的标准波形，用户可以将测量波形与标准波形进行比较，分析出传感器的故障。

3. 使用注意事项

目前，汽车维修行业使用的汽车专用示波器一般都具有强大的功能，可测量各类传感器、电控单元和执行器以及点火波形，而且使用方便，可直接根据屏幕提示通过按键或触摸屏操作。在使用汽车专用示波器时应注意以下事项。

1）测试点火波形时，必须使用示波器附件中的专用电容探头，不能将示波器探头直接接入点火次级电路。

2）使用汽车专用示波器时，注意远离热源，例如排气管、催化转化器等，温度过高会损坏仪器。

3）汽车专用示波器在测试时要注意测试线尽量离开风扇叶片、传动带等转动部件。

4）路试中，不要将汽车专用示波器放在仪表台上方，最好是拿在手中测试。

5）测试时确认发动机室盖支撑是否到位，防止发动机室盖自动下降时伤及操作者头部或损坏汽车专用示波器。

四、万用表在汽车电路检测中的应用

在电控燃油喷射系统的维修中常用高阻抗数字万用表，最好用汽车专用万用表。汽车专用万用表主要由4位数字及模拟量显示屏、功能按钮、测试项目选择开关、温度测量插座、公用插孔（用于测量电压、电阻、频率、闭合角、频宽比和转速）、接地插座、电流测量插座等构成。

万用表在汽车电路检测中的用途很广，主要检查电器部件的静态电阻、电压，获得数值后与标准值进行对比，判断电器部件的好坏。能用万用表检测的电器部件很多，下面以使用万用表检测节气门位置传感器进行说明。

● 操作：

1. 用万用表检测开关型节气门位置传感器

首先，关闭点火开关，拔下节气门位置传感器的导线插头，对于开关型节气门位置传感器（如桑塔纳2000型轿车用），用万用表在节气门位置传感器接线插座上测量怠速触点和功率触点的导通情况（如图1-46所示），当节气门全闭时，怠速触点应导通；当节气门全开或接近全开时，功率触点应导通；在其他开度下，两触点均不导通，否则应调整或更换该传感器。

图1-46 开关型节气门位置传感器的检测

2. 用万用表检测可变电阻型节气门

对于线性可变电阻型节气门位置传感器（如奥迪100型轿车V6发动机所用），用万用表测量线性电阻器信号输出端子与接地端子（图1-47中VTA端子与E2端子）之间的电阻，该电阻应能随节气门开度增大而线性增大，否则应更换该传感器。

对带怠速测量触点的综合型节气门位置传感器，在上述基础上还应测量怠速触点的导通性，节气门全关时导通，其他开度不导通。

五、电烙铁、热风枪使用方法

1. 电烙铁的结构和种类

电烙铁是手工焊接的基本工具，常用电烙铁有外热式和内热式两种。

最常用的外热式电烙铁如图1-48所示。它是把电烙铁的铜头插入发热元件内加热的。其结构由烙铁头、外壳、烙铁芯和木柄四部分组成。烙铁头的材料一般为纯铜，它的热导率

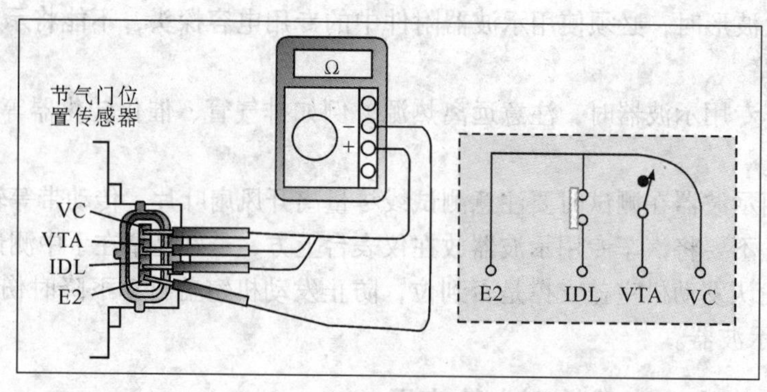

图 1-47　线性可变电阻型节气门位置传感器的检测

高，并且容易沾锡，其外形细长，用螺钉固定在外壳中，调整头部温度较方便。烙铁芯中的电热丝用两根引出线接相应的电源，一般还有第三根引出线（接地线）和外壳相连。外热式电烙铁的缺点是热量利用率较低，传热时间较长。

常用外热式电烙铁的规格按功率分为 25W、45W、75W、100W、200W、300W 等多种，电源电压为 220V。

内热式电烙铁是直接把发热元件（发热丝）插入电烙铁铜头空腔内加热的，这样发热元件可直接把热量完全传到烙铁头上。显然传热速度要快些，热量的损失也小些。其结构是由连接杆、手柄、发热元件和烙铁头四部分组成，外形如图 1-49 所示。由于塑料绝缘的导线易被烙铁烫坏，因此电烙铁使用的电源线宜选用橡胶绝缘导线或带有棉织套的花线。

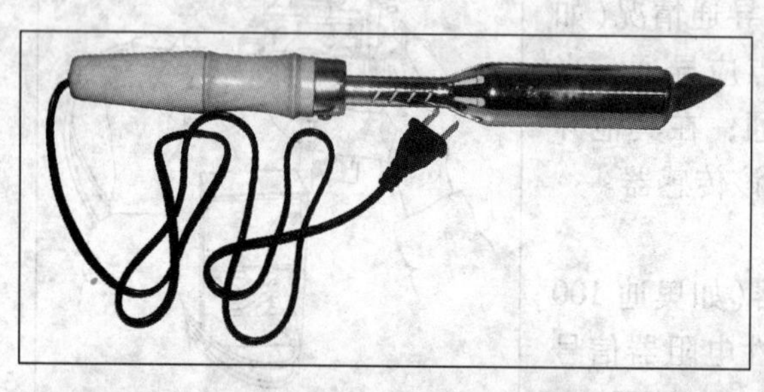

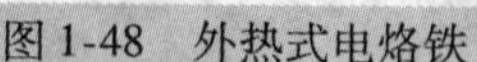

图 1-48　外热式电烙铁

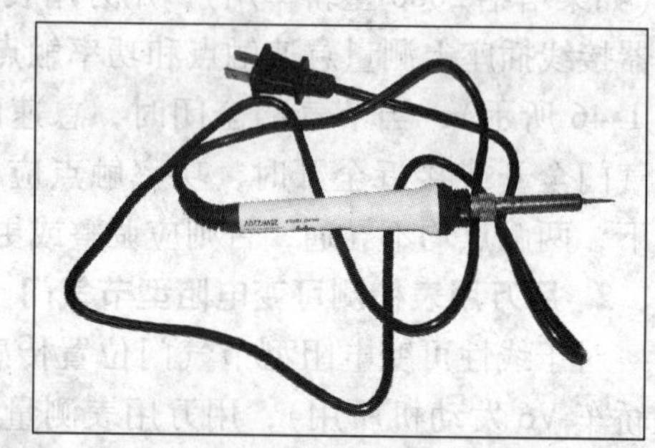

图 1-49　内热式电烙铁

烙铁头一般是由传热快、易上锡的纯铜冷锻制作的。为了适应不同焊件面的需要，通常把烙铁头制成各种不同形状。

2. 热风枪

热风枪是汽车维修中不可缺少的工具，主要用于汽车电路板元器件的拆卸与安装，它由风机和电热机两部分组成，使用时应注意其温度与风力的大小。以凌凯 850 热风枪为例，如图 1-50 所示，AIR 为风速调节旋钮，一般有 8 个气流档，将热风枪电源线插入电源插座，则热风枪通过风机输出空气，但热风枪发热材料仍处于凉态。POWER 为电源开关，当开关置于 ON（开）时，发热材料开始发热。HEATER 为温度调节旋钮，也有 8 个档位。

焊接集成电路对焊接的要求比较高，温度档一般在 3 ~ 4 档，即相应的温度为 300℃ ~

350℃之间；风速一般在 2～3 档左右，不宜过高，否则易把集成电路吹移位或将其元件吹飞；风口不宜离集成电路太近，一般在元件上方 2cm 左右的位置。对集成电路加热时，受热要均匀，小幅度地晃动风枪，不要停在一处不动，热度集中在一点集成电路容易受损，在加热时温度不能调得太高，拆卸时不能用大力，稍有不慎会扯断连线。吹焊时，不可在集成电路上停留太久。

图 1-50　凌凯 850 热风枪

热风枪不用时应先把电源开关置于 OFF(关)，自动喷气功能仍在工作，待发热材料和手柄降温后方可以拔出电源插头。

当然由于热风枪的型号众多，不同的型号的具体温度和风速档位的选择应根据吹焊的元件来调节。

3. 常用焊剂

焊剂分为助焊剂和阻焊剂。

常见的焊油、焊锡膏等无机助焊剂化学作用强，腐蚀作用大，锡焊性非常好，一般用于汽车钣金焊接。但由于腐蚀性强，施焊后必须清洗干净。在电子产品焊接中严禁使用这种焊剂。

松香、松香树脂等腐蚀性很小，在电子产品的焊接中广泛应用。松香助焊剂一般可用 25%～40%（质量分数）的松香加 60%～75%（质量分数）的无水乙醇配制而成。

阻焊剂是一种耐高温的涂料，可使焊锡只在需要焊接的焊点上焊接，而将不需要焊接的部分保护起来。

4. 焊接方式和技术要求

(1) 焊接方式

在电子产品中元件和电路的锡焊方式一般分为四种，即绕焊、钩焊、搭焊和插焊。见图 1-51。

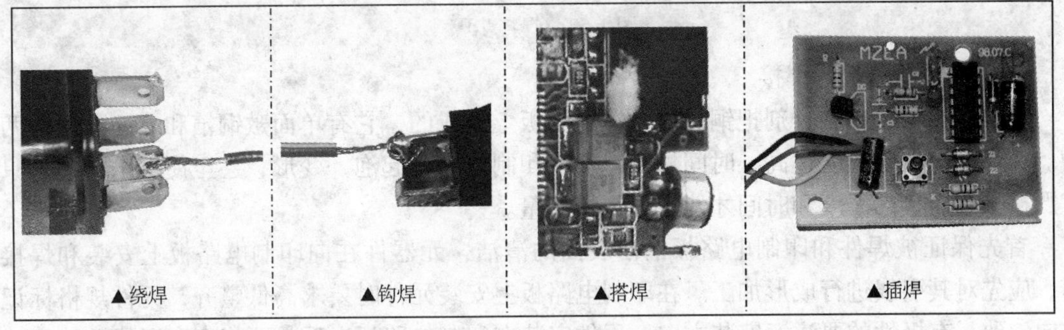

图 1-51　电子元件的四种焊接方式

① **绕焊：**这种焊接方式是将被焊元器件的引线或导线端头等在焊件上缠绕一圈半，以增加接点强度的焊接方法。采用这种方式连接强度最大。

② **钩焊：**这种焊接方式是将被焊元器件的引线或导线端头等插入焊孔改变其方向，形

成钩状的焊接方法。钩焊能使元器件和导线不易脱离，但机械强度不如绕焊。它适用于不便绕焊而要求有一定机械强度的接点上。

③ **搭焊**：搭焊是将元器件引线或导线端头等贴在焊件面上的焊接方法。这种焊接方式适用于要求便于调整和改焊的焊接点上。

④ **插焊**：这种焊接方法是将元器件引线或导线端头等插入焊孔，不改变其方向的焊接方法，它适用于带孔插头座、插针、插孔和印制电路板的焊接。

(2) 焊接技术要求

焊点平滑光亮，浸润良好，焊料适量，能看出引线轮廓；焊点无针孔、挂流、锡尖、桥接等；焊点牢固，引线或导线适当施以拉力时，不应松动、裂缝或脱落；焊点不允许有漏焊、错焊、虚焊和假焊等现象。

(3) 焊接一般工艺流程

焊前准备→工件结合→涂适量助焊剂→施焊→清洗→整理自检→送验。

(4) 结构件的焊接

结构件焊接是指将导线焊接在各种元器件的引脚上或者元件间的悬挂焊接。结构件焊接过程中，最好使用带松香的管形焊锡丝，一手拿电烙铁，一手拿焊锡丝，被焊件稳固地安放在焊件架上，电烙铁要拿稳对准。

具体的焊接步骤(如图1-52所示)：**清洗烙铁头→加热焊点→焊点熔化时加焊锡→焊锡熔化后拿开焊锡→最后移开烙铁。**

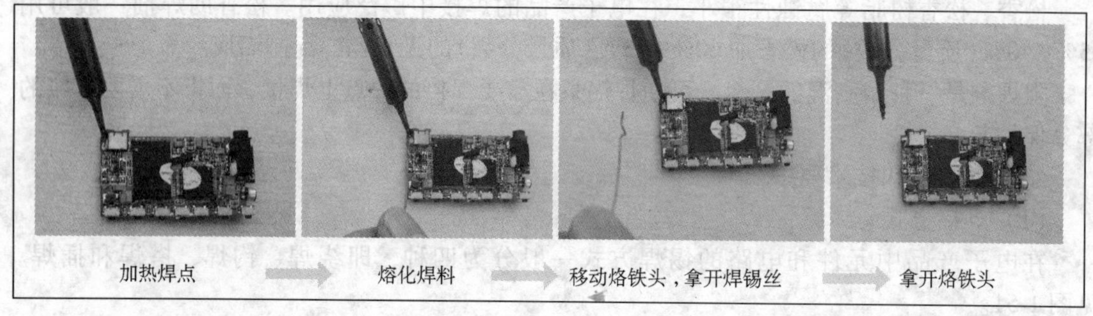

图1-52　焊接步骤

(5) 印制电路板的焊接

印制电路板是用粘合剂把铜箔压粘在绝缘板上制成的，它有单面敷铜箔和双面敷铜箔两种。在焊接中如果温度过高，时间过长，会使印制电路板起泡、变形，甚至使铜箔翘起，只有严格控制焊接的温度和时间才能保证焊接质量。

首先保证被焊件和印制电路板铜箔表面的清洁，元器件在向印制电路板上安装和焊接前，应先对其引线进行成形加工。在印制电路板上安装元件时要求高低整齐，元件规格标记方向一致，有极性的要注意安装方向。元件安装在印制电路板上后，要将多余引线剪掉。一般有两种方法：一种是先焊后剪，采用这种方法时千万不要把焊点头剪去一部分，以免降低焊点的机械强度；另一种是先剪后焊，采用此种方法时，剪后引线长度为1.5～2.5mm，焊接后，引线露出焊点的长度为0.5～1mm。

印制电路板焊接过程是：右手操作电烙铁，左手拿松香焊锡丝，两手对准焊点同时操

作，即将烙铁头和焊锡丝同时接触焊接点，在焊锡熔化到适量和焊点吃锡充分的情况下，要迅速移开焊丝并拿开电烙铁，注意移开焊锡丝的时间不要迟于拿开电烙铁的时间。印制电路板焊接中每点的焊接时间控制在 2～3s 为宜，如果在此时间内没有焊好，烙铁头也应先移开，重新清洁焊点后，可再次焊接。

印制电路板焊接中一般是先焊小型元器件，后焊大型元器件；先焊阻容元件，后焊半导体器件。

（6）焊接后整理

经焊接后元器件的排列位置会发生偏移，有的导线散乱，还有的导线端头套管未套等，这都影响装配质量，因此要进行整理，做到元器件、导线排列整齐，美观大方。依据工艺标准和技术条件，对产品进行全面检查。

为了确定焊点是否合格，习惯上规定在放大一定倍数的情况下来检查焊点，可使用 2～10 倍放大镜进行观察；在通常的情况下，用手或工具轻轻地摇动电路板，也可用橡胶锤轻击焊点，使其产生振动；还可用镊子轻轻拨动器件引线，听其声音，如果某引线声音有异变，则说明此引线的焊点有问题。

六、凌凯汽车电学基础实验箱介绍

1. 特点

本实验箱结合汽车电学的典型基本电路，由浅到深地设计了六个实验项目，提供了一个给学生提高动手能力，深入理解汽车电学基础知识的实验平台。这六个实验项目，分别是：

① 晶体管基本试验。

② 线性集成稳压电源实验。

③ 喷油器驱动实验。

④ 转速信号测量与处理实验。

⑤ 水箱水位过低报警实验。

⑥ 转向闪光器实验。

本实验箱采用优质电子元器件，焊接工艺精良，每个实验都独立成块、布局合理，并有相应文字说明；关键信号点都设立了测试柱，学生只需在测试柱上输入和采集信号，方便直观，思路清晰；试验条件用开关切换，简单耐用。结合附录中提供的实验箱实验指导书，学生能够全面细致地分析实验电路的各个环节，深入理解实验电路中各个电子元器件的作用和特性。

2. 产品规格

本实验箱实物图如图 1-53，外形尺寸为：370mm×260mm×96mm。

3. 使用方法

本实验箱工作时必须外接直流稳压电源，电源插头的红线接正极，黑线接负极。要求直流稳压电源可调输出电压为直流 0～15V，$I\geqslant 1$A，对负载的短路和过电流能及时加以保护并断开电源供给，消除短路或过电流故障后可重新恢复正常工作。

学生在本实验箱做实验时，严禁恶意短接测试柱，以免损坏设备，做喷油器驱动实验时，信号发生器断电后要取掉电流夹，以免使喷油器长时间工作损坏元器件。

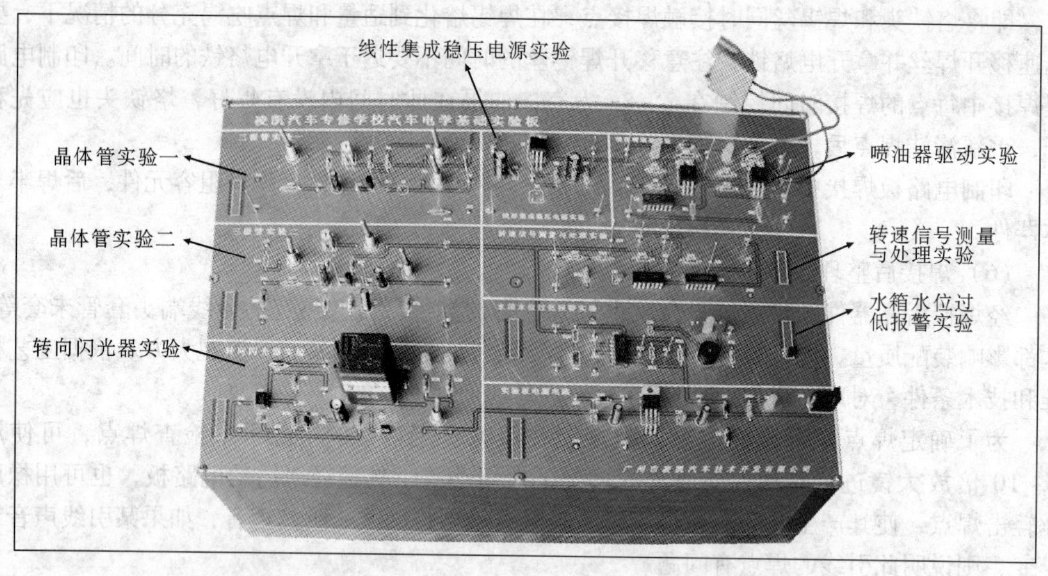

图 1-53　凌凯汽车电学基础实验箱实物图

第七节　课 题 实 验

实验一　测量仪器的使用

一、实验目的

1. 了解常用电子仪器的基本原理。

2. 掌握万用表的使用方法，能对电阻、电流、电压、温度等常规物理量进行测量。

3. 熟悉示波器的面板上各个旋钮和接地线的使用，练习示波器的基本应用，显示被测电压波形，测量频率。

二、实验器材

1. DS5022 型双踪示波器。

2. 科塞尔(EXCEL)的 DT9208A 万用表。

3. 音频信号发生器 TAG-101 一台。

4. 15V 高精度直流稳压电源一台。

三、实验内容及步骤

（一）用万用表测量

1. 测量电压

① 将黑表笔插入 COM 插孔，红表笔插入 VΩ 插孔，将万用表调至直流 20V 档位上，按下“POWER”电源开关键。

② 接好直流稳压电源，按下前面板的“POWER”键，调节电压输出旋钮，使输出电压值最大。

③ 将万用表红表笔接到直流稳压电源的红色端子，黑表笔接到黑色端子，读出万用表读数，并填入表1-2中的电压值栏的第一格。

④ 接上音频信号发生器TAG-101电源，按下其红色电源按钮，并使波形选择按键弹出，使其输出正弦波，按下×10档位的频率选择开关，将衰减器开关调至0dB，将振幅调节器顺时针旋到底。

⑤ 将万用表调至交流20V档位，红表笔接到TAG-101的红色鳄鱼夹，黑表笔接到黑色鳄鱼夹，读出万用表读数，并填入表1-2中的电压值栏的第二格。

2. 电阻测量

① 将黑表笔插入COM插孔，红表笔插入VΩ插孔，按下“POWER”电源开关。

② 将功能开关置于所需Ω量程档位上，将测试笔跨接在被测电阻上。

③ 将两个被测电阻的读数分别填入表1-2中的电阻栏中。

注意事项：

① 当输入开路时，会显示过量程状态“1”。

② 如果被测电阻超过所用量程，则会指示出过量程“1”，需换用更大量程。当被测电阻在1MΩ以上时，万用表需数秒后方能稳定读数，对于高电阻测量这是正常的。

③ 检测在线电阻时，需确认被测电路已断开电源后，方能进行测量。

④ 当200MΩ量程进行测量时需注意。在此量程，二表笔短接时读数为1.0，这是正常现象，此读数是一个固定的偏移值。如被测电阻100MΩ时，读数为101.0，正确的阻值是显示值减去1.0，即101.0－1.0＝100.0。

测量高阻值时应尽可能将电阻直接插入“VΩ”和“COM”插孔中，长导线在高阻抗测量时容易感应干扰信号，使读数不稳。

3. 电流测量

① 将黑表笔插入COM插孔，当被测电流在200mA以下时红表笔插A插孔，如被测电流在200mA～20A之间，则红表笔移至20A插孔，按下“POWER”电源开关。

② 按下直流稳压电源前面板的“POWER”键，调节电压输出旋钮，使输出电压值最大。

③ 将万用表档位调至20mA档位，红表笔接直流电源红色端子，黑表笔接1kΩ电阻一个脚，1kΩ电阻另一个脚接直流电源黑色端子，将万用表读数填至表1-2中的电流值栏的第一栏。

④ 按下音频信号发生器TAG-101的红色电源按钮，并使波形选择按钮弹出，使其输出正弦波，按下×10档位的频率选择开关，将衰减器开关调至0dB，将振幅调节器顺时针旋到底。

⑤ 将万用表调至交流20mA档位，红表笔接到TAG-101的红色鳄鱼夹，黑表笔接1kΩ电阻的一个脚，1kΩ电阻的另一个脚接到TAG-101的黑色鳄鱼夹，将万用表读数填至表1-2中的电流值栏的第二栏。

4. 电容测量

① 按下万用表“POWER”按钮，将档位调至200nF档位，将瓷片电容104插入万用表的电容输入插孔，将其读数填入表1-2电容栏中的第一栏。

② 将万用表调至200μF档位，将电解电容插入电容输入插孔，将读数填入表1-2中的电容栏中的第二栏。

注意事项：

① 测试单个电容器时，把管脚插进位于面板左下边的两个插孔中(插进测试孔之前电容器具务必放尽电，以免管损坏仪表)。

② 测试大电容时，注意在最后指示之前会存在一定的滞后时间。

③ 单位：1μF = 1000nF；1nF = 1000pF。

④ 不要把一个外部电压或已充好电的电容器(特别是大电容器)连接到测试端。

5. 温度测量

① 将热电偶传感器的冷端(自由端)插入温度测试孔中，热电偶的工作端(测量端)置于待测物上面或内部，将万用表档位调至“℃”档，按下电源“POWER”按钮。

② 将此时万用表的读数填至表1-2温度栏中。

③ 用手心握住热电偶的工作端，观察万用表读数变化，并将最终结果填入表1-2中。

6. 二极管的测量

① 将万用表调至“·)) ─▶├─”档，将黑表笔插入COM插孔，红表笔插入VΩ插孔，并按下“POWER”电源开关。

② 将红表笔接入二极管一端，黑表笔接入另一端，如万用表显示过量程时，将表笔调换，直到显示正确读数。此时，红表笔接的二极管一端为正极，将读数填入表1-2中的二极管栏中。

7. 晶体管的测量

① 用测二极管的方法判别被测晶体管是NPN型还是PNP型，因为晶体管的结构可以看做是两个背靠背的PN结，将结果填入表1-2中的晶体管第一栏中。

② 将万用表功能开关置于h_{FE}栏上，按下“POWER”电源开关，根据判别出的晶体管类型，将被测晶体管插入测试插孔，因为在第1步中B极已经判别出来了，E、C极先随便插进去，如有正确读数，则插法正确，如读数为0左右，则调换E、C脚插入。将正确读数填入表1-2晶体管栏中的第二栏。

8. 蜂鸣通断测试

① 将黑表插入COM插孔，红表笔插入插孔。

② 将量程开关置于·)) ─▶├─档位，按下“POWER”电源按钮。

③ 将红黑表笔短接，则蜂鸣器会常响，LED灯常亮，当两点之间的电阻值小于50Ω时蜂鸣器便会发出声响。

注意事项：

① 当输入端开路时，仪表会显示过量程状态。

② 被测电路必须在切断电源状态下检测通断，因为任何负载信号都可能会使蜂鸣器发声，导致错误判断。

表 1-2 实验测量结果

电压	电阻	电流	电容	温度	二极管	晶体管

（二）用示波器测量简单信号

（1）迅速显示

欲迅速显示该信号，请按如下步骤操作：

① 将菜单中探头的扩展系数设定为 10×，并将探头上的衰减开关设定为 10×。

② 将通道 CH1 的探头连接到电路被测点。

③ 按下 AUTO(自动设置)按钮，示波器将自动设置使波形显示达到最佳。在此基础上，可以进一步调节垂直、水平档位，直至波形显示符合要求。

（2）进行自动测量

示波器可对大多数显示信号进行自动测量。欲测量信号的频率、峰-峰值，请按如下步骤操作：

1）测量信号的峰-峰值。

① 按下 MEASURE 按钮以显示自动测量菜单。

② 按下 1 号菜单操作键选择信道：CH1。

③ 按下 2 号菜单操作键选择测量类型：电压测量。

④ 按下 2 号菜单操作键选择测量参数：峰-峰值。

此时，可以在屏幕左下角发现信号峰-峰值的显示。

例如：使信号发生器输出频率为 1kHz，电压输出为 16V(p-p)的正弦波信号，衰减器置于表 1-3 中给出数值的位置，将测量结果填入表 1-3 中。

表 1-3 测量电压表

信号源输出衰减/dB	0	20	40	60
信号源输出电压/V				
测电压峰-峰值/V				
测电压有效值/V				

2）测量信号的频率。

① 按下 3 号菜单操作键选择测量类型：时间测量。

② 按下 2 号菜单操作键选择测量参数：频率。

此时，可以在屏幕下方发现信号频率的显示。

例如：按表 1-4 所示频率由信号发生器输出(16V(p-p))正弦波信号，用 DS5022M 示波器测出周期、频率。将测量结果填入表 1-4 中。

表 1-4 测量频率、时间表

信号源输出频率/kHz	1	5	10	100
测信号周期/ms				
测信号频率/kHz				

注意： 测量结果在屏幕上的显示会因为被测信号的变化而改变。

实验二　用万用表检测汽车温度传感器

一、实验目的

掌握使用万用表检测汽车电子元件的方法。

二、实验器材

1. 万用表 1 只，乙醇灯 1 个，烧杯 1 个，玻璃温度计 1 只。
2. 汽车进气温度传感器 1 只，汽车冷却液温度传感器 1 只。

三、操作步骤及工作要点

1. 冷却液温度传感器的检测

冷却液温度传感器实际上是一个负温度系数热敏电阻，温度越高，阻值越小；温度越低，阻值越大。将冷却液温度传感器置于烧杯的水中，加热杯中的水，同时用电阻表测量在不同温度下传感器两接线端之间的电阻，如图 1-54 所示，将结果填入表 1-5 中，将测得的电阻值与标准值相比较。

表 1-5　检测结果

冷却液温度/℃	20	30	40	50	60	70	80	85	90	100
电阻值/kΩ										

2. 进气温度传感器的检测

进气温度传感器也是一个负温度系数热敏电阻，可以用检测冷却液温度传感器的方法进行检测。另外还可用电热吹风器、红外线灯进行加热，如图 1-55 所示。将测量结果填入表 1-6，将测量值与标准值进行对比。

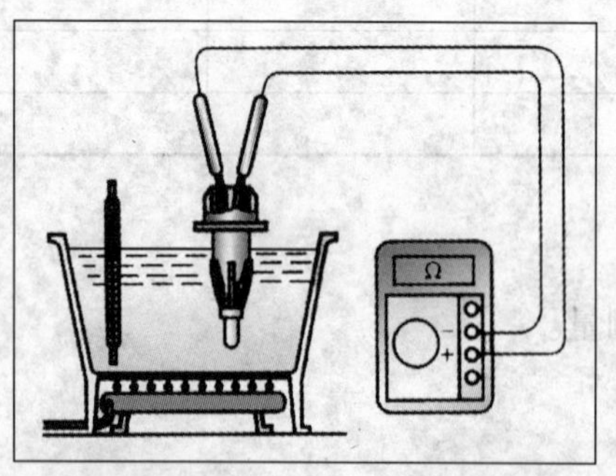

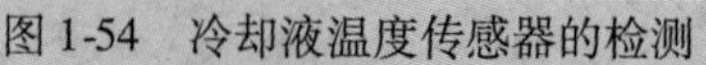
图 1-54　冷却液温度传感器的检测

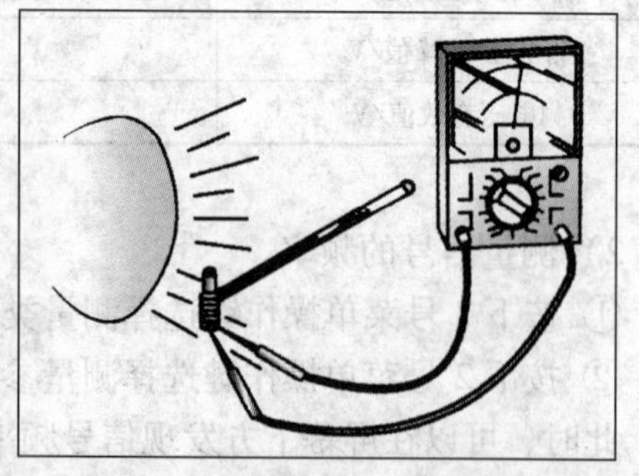

图 1-55　进气温度传感器的加热

表 1-6　检测结果

进气温度/℃	20	25	30	35	40	45	50	60	70	80
电阻值/kΩ										

注意事项：

1. 加热温度传感器时，应将传感器悬于加热水中，不可将传感器放在烧杯底部，否则将损坏传感器。

2. 测量传感器阻值时，可逐渐加热进行测量，然后再随着加热水温度的降低进行测量。对比两次测量的阻值。

第二章

半导体器件

课题向导：

掌握二极管的单向导电性；学会用万用表检测二极管的方法；了解二极管在汽车发电机中的整流应用；了解二极管的续流作用；了解稳压二极管及发光二极管在汽车上的应用；了解三极管的基本结构、主要特性及其主要参数；掌握三极管的放大、开关电路在汽车中的应用；学会用万用表检测三极管的方法；了解特殊三极管——光敏三极管、晶闸管、场效应晶体管的结构。

第一节 二 极 管

任务导向

- 了解半导体和二极管的概念。
- 了解二极管的基本特性。
- 掌握二极管的单向导电性，掌握用万用表检测二极管的方法。
- 掌握二极管在汽车发电机中的整流应用。
- 了解二极管的续流作用。
- 了解稳压二极管和发光二极管在汽车上的应用。

学习要求

应知： 二极管的概念和基本特性；二极管的整流、续流、限幅作用；稳压二极管、发光二极管的基本工作原理。

应会： 判别二极管的正、负极；用万用表检测二极管的好坏；分析二极管在汽车交流发电机中的整流应用；稳压二极管、发光二极管基本应用电路的接法。

一、半导体的概念

自然界中，物质的种类繁多，性质各异。根据物质导电性能不同，可将物质分为三类。一类是导体，即是导电性能良好的物质，如银、金、铜、铁等。另一类是几乎不能导电的物体，叫做绝缘体，如塑料、陶瓷、玻璃、橡胶等。还有一类物质，它的导电能力介于导体和绝缘体之间，这样一类物质叫半导体，如硅、锗、砷化镓及一些金属氧化物等。

常用硅、锗晶体制造电子器件。同时，为了提高它们的电特性，常在其中添加其他元素。根据所加元素及导电特性的不同，半导体材料可分为P型半导体和N型半导体两种。在纯净的半导体中加入五价元素就形成N型半导体，在N型半导体中多数导电微粒是电子，少数导电微粒是空穴；在纯净的半导体中加入三价元素就形成P型半导体，在P型半导体中多数导电微粒是空穴，少数导电微粒是电子。

二、二极管

一块P型半导体和一块N型半导体有机地结合在一起，形成一个PN结，用两块金属导体将这块半导体分别引出，用绝缘物质封装起来便构成一个二极管（如图2-1）。

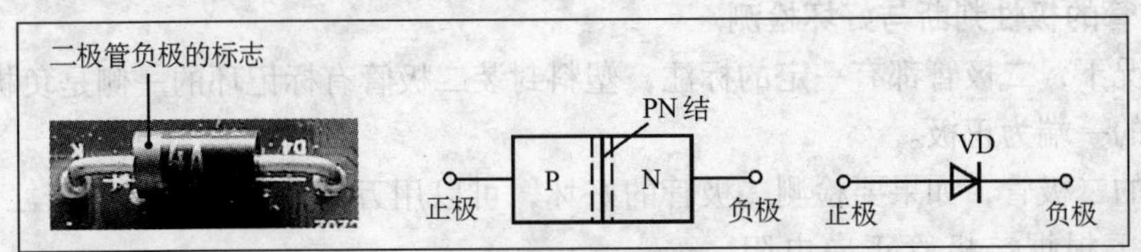

图2-1　二极管的实物、结构及其符号

二极管按制造材料可分为硅二极管、锗二极管。二极管可以看做电流的单向阀，它只允许电流以一个方向流动，即从二极管的正极流向负极，这就是二极管的单向导电性。

1. 二极管的伏安特性

流过二极管的电流随着加在二极管上电压的变化而变化的性质称为二极管的伏安特性。图2-2所示为二极管伏安特性曲线。

（1）正向特性

从图上可看出，当在二极管上加上的正向电压小于某一数值 U_{th} 时，正向电流很小，几乎为零，二极管呈现出较大的电阻，这段区域称为“死区”。U_{th} 叫做死区电压或门槛电压。硅管 $U_{th}=0.5V$，锗管 $U_{th}=0.1V$。当正向电压超过 U_{th} 后，正向电流按指数曲线规律增长，二极管处于导通状态。硅管的导通压降为0.7V，锗管的导通压降为0.3V。

图2-2　二极管伏安特性

（2）反向特性

当二极管被加上反向电压时，流过二极管的电流很小，称为反向饱和电流 I_S，硅管 I_S 为小于0.1μA，锗管 I_S 为几十微安。

（3）反向击穿特性

当反向电压增加到某个数值 U_R 时，流过二极管的反向电流将急剧增大，这种现象叫反向击穿。U_R 叫反向击穿电压。使用二极管时，应避免反向电压超过击穿电压，以防止二极管损坏。

2. 二极管的主要参数

（1）最大电流 I_F

最大电流是指二极管长期运行时，允许通过的最大正向平均电流。实际使用时的工作电流应小于 I_F，如果超过此值，将引起 PN 结过热而烧坏。

（2）最高反向电压 U_{RM}

最高反向电压是指二极管工作时两端所允许加的最大反向电压。通常 U_{RM} 约为反向击穿电压 U_R 的一半，以保证二极管安全工作，防止击穿。

三、二极管的检测与焊接

1. 二极管的极性判断与好坏检测

一般情况下，二极管都有一定的标注，塑料封装二极管有标记环的一侧是负极；国产二极管带色点的一端为正极。

无标记的二极管，如果要检测二极管的好坏，可以用万用表电阻档来判断二极管的正、负极和好坏。根据二极管正向电阻小、反向电阻大的特点，将万用表拨到 R×1k 档(不能用 R×1 和 R×10k 档。R×1 档电流太大，可能烧坏二极管；R×10k 电压太高，可能击穿二极管)。用表笔分别与二极管的两极相接，测出两个电阻值。在所测得阻值较小的一次，与黑表笔相接的一端为二极管正极。同理，在所测得电阻值较大的一次，与黑表笔相接的是二极管负极，如图 2-3 所示。

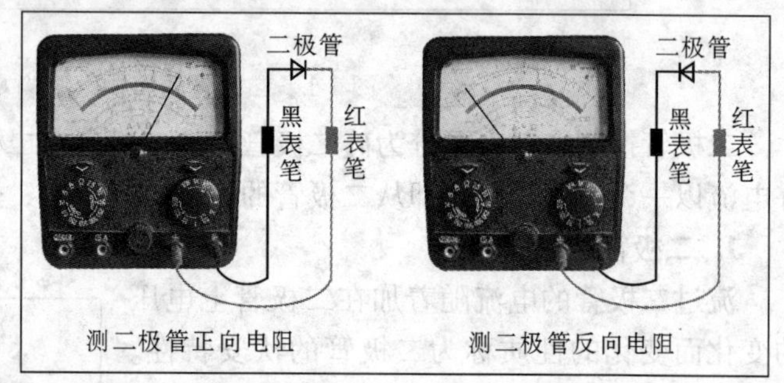

图 2-3　二极管的测试

- **操作：** 按照上述方法，用指针式万用表判断二极管的正、负极。
- **讨论：** 上述内容叙述的是使用指针式万用表的检测方法，如果用数字万用表，表笔情况正好相反，即在所测得阻值较小的一次，与黑表笔相接的一端为二极管负极。同理，在所测得电阻值较大的一次，与黑表笔相接的是二极管正极。

如果测得的正、反向电阻值均很小，说明二极管内部短路；若正、反向电阻值均很大，说明二极管内部开路，这两种情况下，二极管就不能使用了。

以上是普通二极管的检测方法，汽车交流发电机上的整流二极管就可以按照上述方法进行检测。

- **操作：** 用万用表检测汽车交流发电机整流板上的正极管、负极管。

2. 二极管的焊接

二极管的焊接与电子元件焊接类似，但要求焊接时间短。要有协助散热措施等(如吹风)。

- **操作：** 用电烙铁将汽车交流发电机整流板上的二极管拆下，检测后再焊接上。

四、二极管在汽车上的应用

1. 二极管的整流电路

将交流电变成直流电的过程叫做整流。在汽车交流发电机中，就是利用二极管组成的整流电路将发电机发出的三相交流电整流为直流电。为了适应汽车发电机的需要，专门制作了用于汽车的整流二极管，它们分为正极管和负极管。如图 2-4 所示。

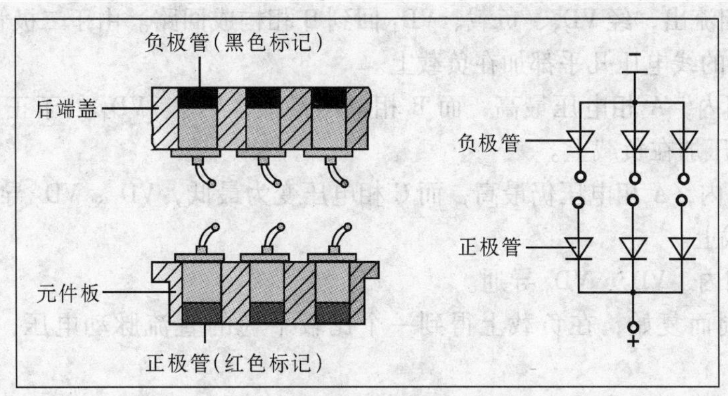

图 2-4　汽车交流发电机整流二极管的安装示意图

正极管的外壳为负极，引出极为正极，在管壳底上一般标有红色标记。在负极接地的硅整流发电机中，三个正极管的外壳压装在散热板的三个座孔内，共同组成发电机的正极，由一个与发电机后端盖绝缘的整流板固定螺栓通至机壳外，作为发电机的火线接线柱“B”(“+”、“A”或“电枢”接线柱)。

负极管的外壳为正极，引出极为负极，在管壳底上一般标有黑色标记。三个负极管的外壳压装在后端盖的三个孔内，和发电机外壳一起成为发电机的负极。

三个正极管和三个负极管构成的整流电路称为三相桥式整流电路，将发电机的交流电变为 12V 的直流电。整流电路如图 2-5 所示。

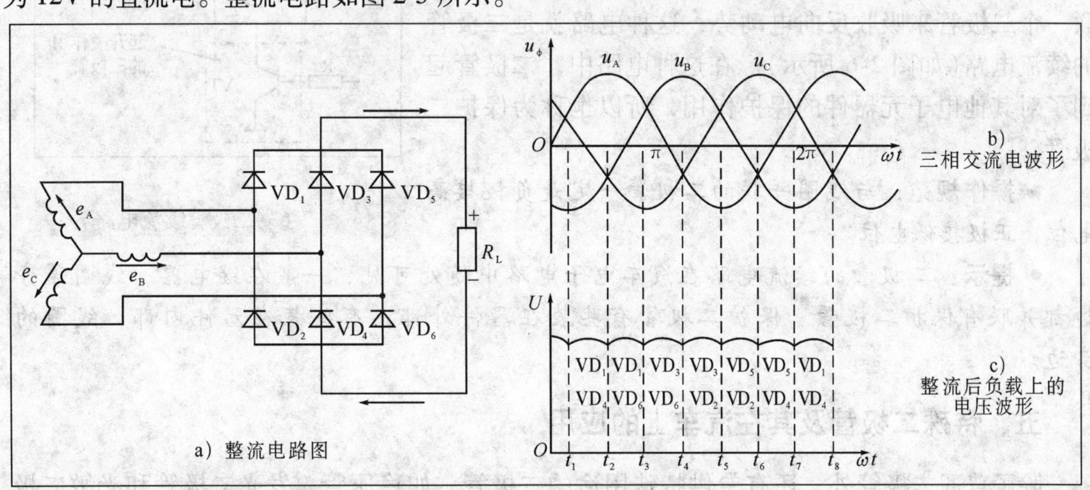

图 2-5　汽车交流发电机的整流电路和电压波形

● **重点**：三相桥式整流工作原理。在电路中，三个正极管的正极引出线分别与三相绕组的首端相连。在某一瞬间，只有与电位最高的一相绕组相连的正极管导通。同样，三个负极管的引出线也分别同三相绕组的首端相连。在某一瞬间，只有与电位最低的一相绕组相连的负极管导通。

其整流过程如下：

在 $t=0$ 时，$u_A=0$，u_B 为负值，u_C 为正值。则二极管 VD_5、VD_4 处于正向电压作用下而导通。电流从 C 相流出，经 VD_5、负载、VD_4 回到 B 相构成回路。由于二极管内阻很小，所以此时 B、C 之间的线电压几乎都加在负载上。

在 $t_1 \sim t_2$ 时间内，A 相电压最高，而 B 相电压最低，VD_1、VD_4 处于正向电压而导通，A、B 之间的线电压加在负载上。

在 $t_2 \sim t_3$ 时间内，A 相电压仍最高，而 C 相电压变为最低，VD_1、VD_6 导通。A、C 之间的线电压加在负载上。

在 $t_3 \sim t_4$ 时间内，VD_3、VD_6 导通。

依次下去，周而复始，在负载上得到一个比较平稳的直流脉动电压，其电压波形见图2-5c。

有些汽车交流发电机为了提高发电功率、提高电压调节精度等功能，采用的整流方式有 8 管电路、9 管电路和 11 管电路等几种，这几种电路将在汽车电器课程中讲授。

● **重要提示**：汽车交流发电机故障经常是整流二极管的损坏而引起的。

● **讨论**：如果汽车交流发电机的整流电路中有二极管损坏会出现什么现象？

● **提示**：除交流发电机三相桥式整流电路外，在汽车电路中还有其他形式的整流电路。

2. 二极管的续流电路

一个通电的线圈，当突然断电时，就会在线圈中产生一个反向电动势，如果这个反向电动势叠加在电路中的其他电子元器件上(一般为三极管)就会引起元器件的损坏。为了避免这种现象的出现，一般都在线圈旁边并联一个二极管来吸收反向电动势，这种电路就是二极管的续流电路(如图 2-6 所示)。在这种电路中，二极管起到了对其他电子元器件的保护作用，所以也称为保护二极管。

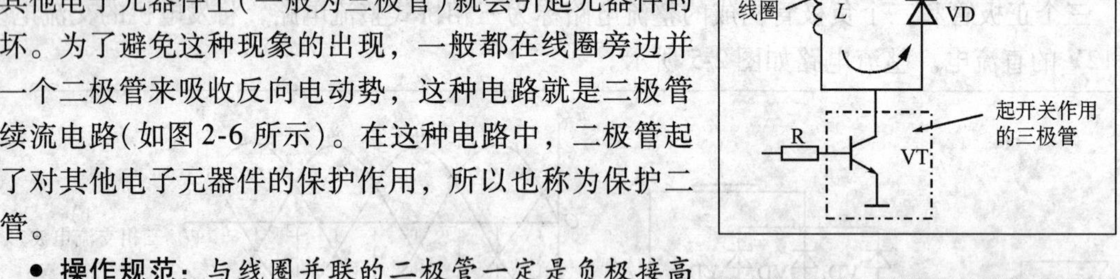

图 2-6　二极管续流电路

● **操作规范**：与线圈并联的二极管一定是负极接高电位，正极接低电位。

● **提示**：二极管的续流电路在汽车电子电路中随处可见，一般在继电器、线圈等旁边都并联有保护二极管。保护二极管有些装在器件外部，有些装在器件内部，线圈的旁边。

五、特殊二极管及其在汽车上的应用

除了普通二极管外，还有专供特殊用途的二极管，如稳压管、发光二极管和光敏二极管等。

1. 稳压管

稳压管是一种经过特殊工艺制造成的二极管，它与电阻配合使用，具有稳定电压的功能。普通二极管加上反向电压不导通，可是当反向电压达到一定程度（大于 U_R）时二极管会反向击穿，普通二极管就会烧毁。但是经过特殊工艺制造的稳压管就能够耐得住反向电压。稳压管的外形与普通二极管区别不大，它的符号和伏安特性如图 2-7 所示。

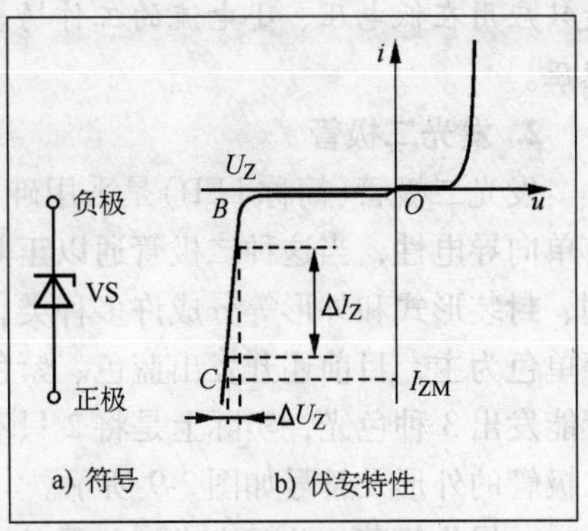

图 2-7 稳压管符号及其伏安特性

稳压管设计成能工作在击穿区（BC 段），当反向电压达到 U_Z 时，大电流反向流过稳压管，阻止电压继续升高。这种特性使稳压管成为调节电压的电子器件。

● **操作：** 用可调直流稳压电源验证二极管的稳压作用。如图 2-8a 所示，限流电阻的阻值为 500Ω，负载电阻阻值为 3kΩ，稳压管的稳压值为 5.3V，调整稳压电源的电压输出值从 4～12V 逐步变化，对应一个输出值，用万用表测量负载电阻两端的电压，观察电压变化。

● **操作规范：** 稳压管在正常工作时必须与一个电阻串联，这个电阻提供了稳压管的稳定工作电流。这个电阻的阻值根据稳压管的参数而有一个取值范围。

● **操作规范：** 稳压管在工作时一定是正极接低电位，负极接高电位。

在汽车电路中由于各个电器总成或元件工作电流比较大，使汽车电源系统的电压会出现波动。在汽车的仪表电路和一部分电子控制电路中，一些需要精确电压值的地方经常利用稳压管来获取所需电压。如图 2-8b 所示，是利用稳压管为汽车仪表提供稳定电源的电路，图中的稳压管与电阻串联而与仪表并联。如果仪表电压必须限定在 7V，便可使用额定电压为 7V 的稳压管。汽车电源电压一部分分压在电阻上，7V 电压分压在稳压管上。即使电源电压发生变化，也只是引起不同大小的电流流过电阻和稳压管，改变分压在电阻上的电压，而稳压管始终维持 7V 电压不变。

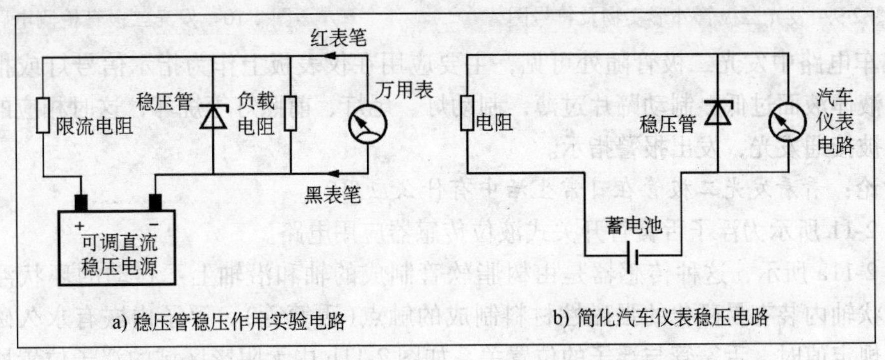

图 2-8 稳压管在汽车上的应用

● **提示：** 稳压管达到反向导通的电压也称为齐纳（Zener）电压，所以稳压管也被称为齐纳二极管。

● **操作规范：** 稳压管虽然能够稳压，但是它毕竟是二极管，所能通过的电流有限，它一

般只应用在低电压、小电流的工作场合，对一些高电压或大电流的工作场合不能选用稳压管稳压。

2. 发光二极管

发光二极管(简称 LED)是采用砷(As)、镓(Ga)、磷(P)材料制成的二极管，它同样具有单向导电性，当这种二极管通以正向电流时会发出光来。发光二管可按制造材料、发光色别、封装形式和外形等分成许多种类，较常用的是圆形及矩形，发光颜色以红、绿、黄、橙等单色为主，目前还开发出蓝色、紫色及白色等多种颜色的发光二极管。还有一种发光二极管能发出 3 种色光，实际上是将 2 只不同颜色的发光二极管封装于同一壳体内制成的。发光二极管的外形及符号如图 2-9 所示。

● **操作规范：**使用发光二极管时，一定要串联一个限流电阻。发光二极管理想正向工作电流一般为 10mA，正向导通压降一般为 2V。在汽车上如果直接将发光二极管接在电源上，应该串联的限流电阻的阻值为

$$R=\frac{(12-2)\,\mathrm{V}}{10\mathrm{mA}}=1000\Omega=1\mathrm{k}\Omega$$

发光二极管的检测：对于发光二极管，用万用表检测时正反向电阻差值很小，不易区分，可以用图 2-10 所示的方法，自制一根测试线，连接到发光二极管上，直接检测是否发光。

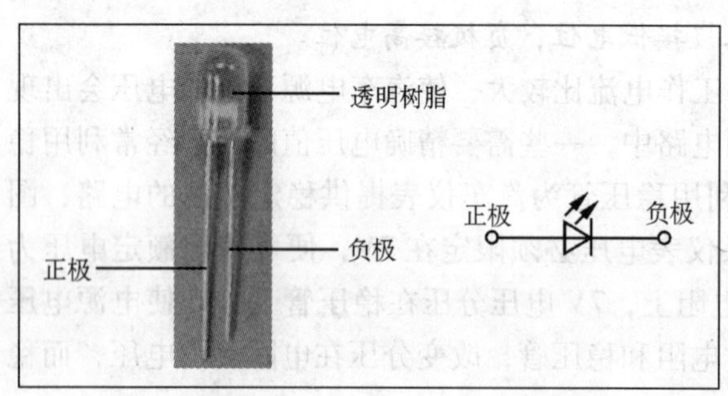

图 2-9　发光二极管外形实物及符号图

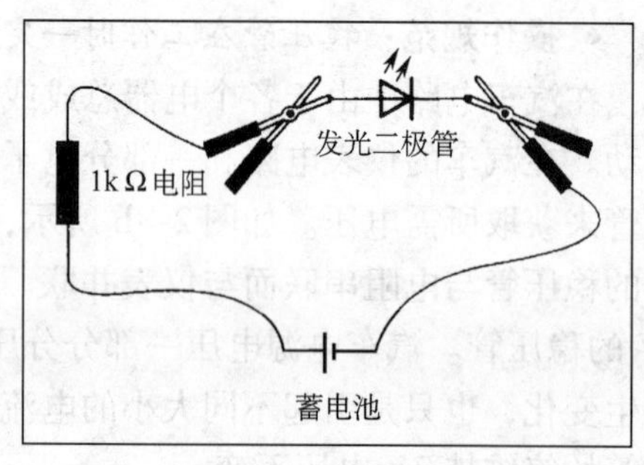

图 2-10　发光二极管检测电路

在汽车电路中发光二极管随处可见，主要应用在仪表板上作为指示信号灯或报警信号灯。比如液体液面过低，制动蹄片过薄，制动灯、尾灯、前照灯等烧坏，这时相应的发光二极管就会被接通发光，发出报警指示。

● **讨论：**看看发光二极管在日常生活中有什么应用?

如图 2-11 所示为浮子舌簧管开关式液位传感器应用电路。

如图 2-11a 所示，这种传感器是由树脂软管制成的轴和沿轴上下移动的环状浮子组成的。圆管状轴内装有易磁化的强磁性材料制成的触点(舌簧管)，浮子内嵌有永久磁铁。当液位低于规定值时，舌簧管与浮子的位置关系如图 2-11b 中无阴影区域的浮子位置所示。当永久磁铁接近舌簧管时，磁感线从舌簧管中通过，舌簧管的触点闭合，报警二极管电路被接通，报警二极管发光，提示驾驶人液位已经低于规定值。当液位达到规定值时，浮子上升到规定位置如图 2-11b 中阴影区域所示，没有磁感线通过舌簧管，在舌簧管本身的弹力作用下，舌簧管触点打开，报警二极管熄灭，表示液位合乎要求。

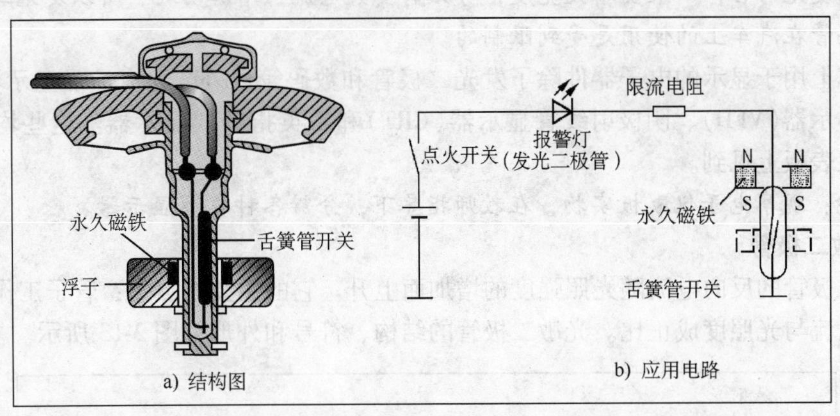

图 2-11　舌簧管开关式液位传感器

● **讨论**：这种传感器可用于检测制动液液位、发动机机油液位、洗涤液液位、散热器冷却液液位以及沉淀物内的含水量。红外发光二极管经常作为光源与光敏三极管(后文叙述)组合在一起组成光电传感器或光耦合器，作为汽车传感器应用到燃油流量检测、曲轴位置检测、车速检测、车高位置检测、转向盘转角检测等方面。

● **提示**：有些高级轿车在仪表板上装有转向盘转角监控仪，利用发光二极管显示转向盘转角、前轮转角、车门的开闭状态。

● **进一步**：由发光二极管构成的数码显示器和点阵显示器。由 8 个发光二极管可以组成 1 位七段数码管来表示 1 位数字和小数点。如图 2-12 所示。

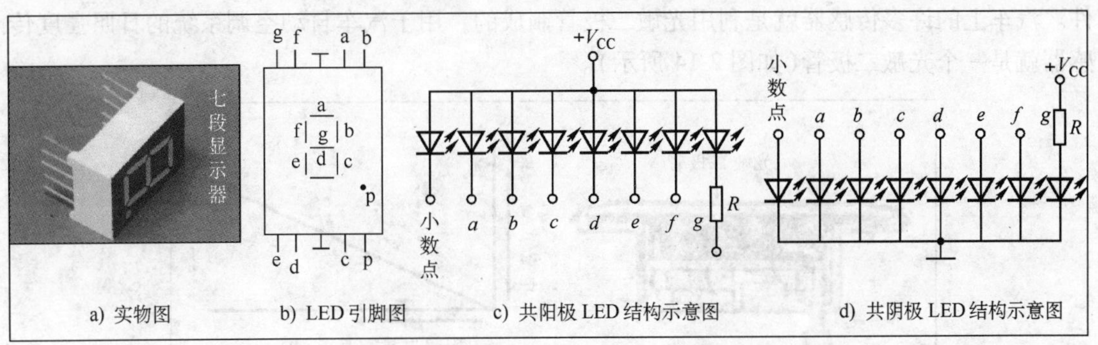

图 2-12　七段数码管结构示意图和引脚图

图 2-12c 中的发光二极管的正极连接在一起，接到电源正极上，所以被称为“共阳极”数码管。按照显示需要，只要把对应的发光二极管的负极通过限流电阻接到电源负极上，就能显示相应的数字。例如显示数字“3”，将 a、b、c、d、g 接到负电源上，相应的发光二极管发光，显示出数字“3”。

图 2-12d 中的数码管是将发光二极管的负极连接在一起并接到电源负极上的数码管，称为“共阴极”数码管，显示原理与共阳极数码管类似。

● **操作**：按照本章节课后实验二的内容进行数码管显示训练。

● **提示**：发光二极管有自身的缺陷，在环境较暗的情况下，显示效果较好，在阳光直射

下很难辨别发光与否；如果要增大亮度，势必需要大电流，增加功耗，所以发光二极管及其构成的数码管在汽车上的使用是受到限制的。

在汽车上用于显示的电子器件除了发光二极管和数码管以外，还有液晶显示器(LCD)、真空荧光显示器(VFD)、阴极射线管显示器(CRT)和石英指针式显示器。这些均可在现代汽车电子仪表板上见到。

• **讨论**：观察电子仪表板实物，在教师指导下，分辨各种类型显示器。

3. 光敏二极管

光敏二极管的反向电流随光照强度的增加而上升。它的主要特点是：管子工作在反向状态，反向电流与光照度成正比。光敏二极管的结构、符号和外形如图 2-13 所示。

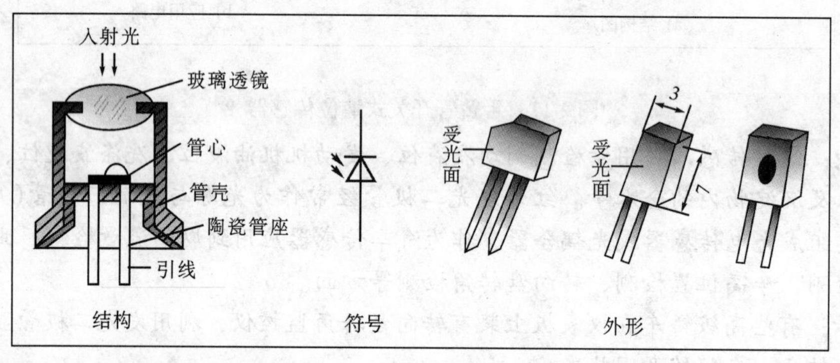

图 2-13　光敏二极管的结构、符号和外形图

利用光敏二极管制成光电传感器，可以把非电信号转变为电信号，以便控制其他电子器件。汽车上的许多传感器就是利用光敏二极管制成的，用于汽车自动空调系统的日照强度传感器就是一个光敏二极管(如图 2-14 所示)。

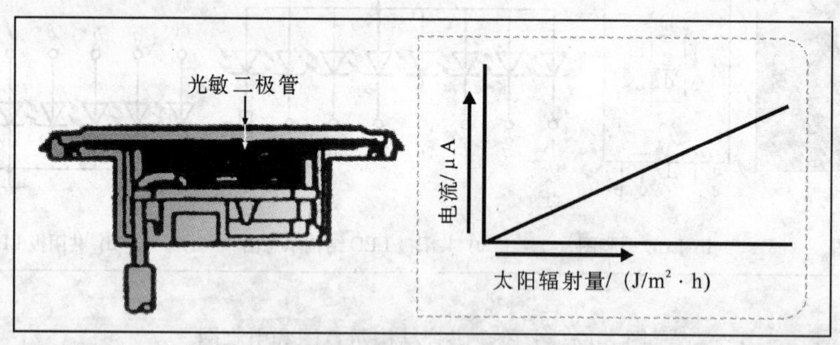

图 2-14　日照强度传感器及其特性图

日照强度传感器可以把太阳的照射情况转换成电流的变化，车内自动空调计算机对这种变化进行检测，来调节排风量和排风口温度。图 2-15 是应用在丰田凌志 LS400UCF20 型轿车上的自动空调系统日照强度传感器电路图。

光敏二极管作为光传感器还被应用到汽车灯光自动控制器中，用来检测车辆周围亮、暗程度。

• **操作规范**：光敏二极管大部分应用场合与稳压管类似，是反向工作，负极接高电位，正极接低电位。但在有些场合采用正向工作。

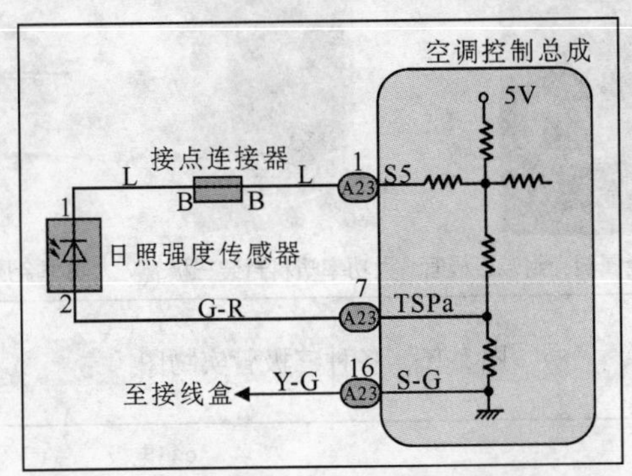

图 2-15 凌志 LS400 UCF20 自动空调系统日照强度传感器电路图

第二节 三 极 管

任务导向

- 了解各种形式的三极管。
- 了解三极管的三种工作状态。
- 掌握用万用表检测三极管的方法。
- 掌握三极管的放大、开关电路在汽车中的应用。
- 了解三极管构成的多谐振荡器在汽车中的应用。

学习要求

应知：三极管的概念和基本结构；三极管的截止、放大、饱和三种工作状态；三极管的放大、开关电路的基本工作原理；多谐振荡器基本工作原理。

应会：判别三极管的b、e、c极；用万用表检测三极管的好坏；分析三极管在汽车电路中的开关作用。

一、三极管的结构与参数

1. 三极管的概念

半导体器件中的三极管是由两个相距很近的PN结组成的，是在一块半导体晶片上制造三个掺杂区，形成两个PN结，再引出三个电极，用管壳封装，实物如图2-16所示。

三极管由P型和N型材料组合的三层材料制成。按照两个PN结的组合方式不同，三极管可分为NPN型如图2-17a、b所示，和PNP型如图2-17c、d所示两种。实际上，一个三极管是拥有共同中间层的两个二极管。

● **操作规范：**NPN型三极管与PNP型三极管不能互相代替。三极管并不是两个PN结的简单组合，不能用两个二极管代替。

小功率塑料封装三极管

小功率金属圆壳封装三极管

大功率塑料封装三极管

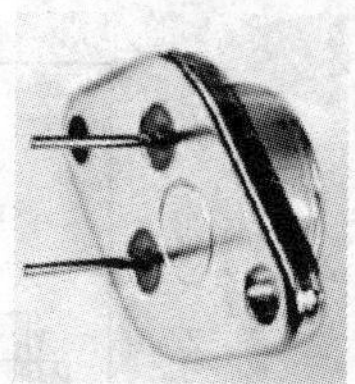
大功率金属壳封装三极管

贴片三极管

图 2-16　各种三极管实物图

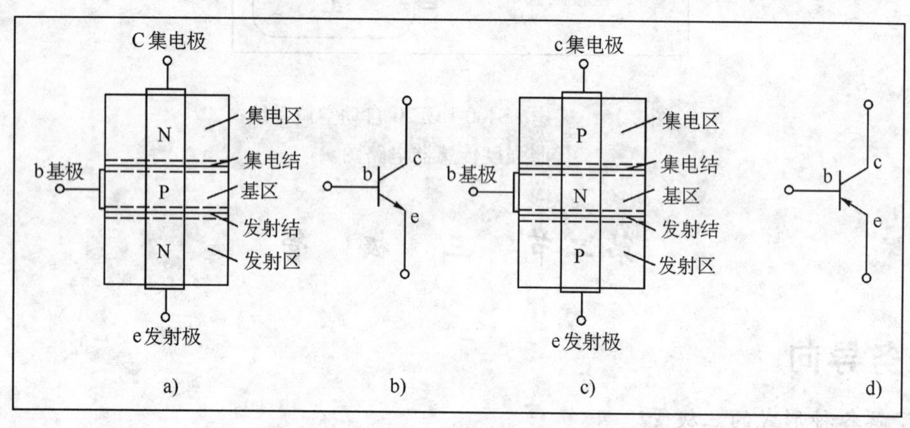

图 2-17　三极管的结构示意图和符号

三极管的三个极分别为发射极 e、集电极 c、基极 b。三极管的基本功能就是利用基极电流控制集电极和发射极之间的电流。三极管可以被看做一个电流的控制阀，集电极和发射极是电流的通路，而基极就是控制这个电流的阀门，只不过这个阀门不是靠旋转来改变通路的大小，而是靠本身流过的电流——基极电流来控制集电极和发射极之间流过电流的大小。三极管符号中的箭头就表示了两种不同类型的三极管集电极和发射极之间电流的方向。NPN 型三极管电流从集电极 c 流向发射极 e；PNP 型三极管电流从发射极 e 流向集电极 c。

2. 三极管的基本参数

三极管的性能可以用参数来进行描述，三极管参数是工程实践中选用管子的主要依据，各种参数均可在三极管手册中查到。

(1) 电流放大倍数 β

三极管在有输入信号的情况下，输出信号的电流变化与输入信号的电流变化之比，称为电流放大倍数，也就是一般简称的三极管放大倍数。电流放大倍数决定了三极管的基本放大能力。

● **提示：** 三极管在不同的集电极电流下，电流放大倍数会有不同，但在实际使用中可认为近似不变。工程中提到的放大倍数均是指 β，但是在讨论输入信号的电压变化时，也可以用 β 作为近似的电压放大倍数。

(2) 穿透电流 I_{CEO}

当基极 b 开路时，集电极 c、发射极 e 之间加上一定电压时，ce 之间并不是没有电流流

过，只是流过的电流很小，称为穿透电流 I_{CEO}。三极管的穿透电流越小，管子的质量越好。

(3) 极限参数

使三极管得到充分利用而又安全可靠工作的参数，叫做极限参数。

1) 集电极最大允许电流 I_{CM}。

集电极电流的上升会引起电流放大倍数的下降，通常将 β 值下降到正常值的三分之二时所对应的集电极电流称为集电极最大允许电流 I_{CM}。i_c 超过 I_{CM}时，三极管不一定损坏，但放大能力会下降。

2) 集电极最大允许耗散功率 P_{CM}。

集电极耗散功率是指集电极流过的电流与加载的电压的乘积。当集电极耗散功率上升时，三极管发热，温度上升，管子性能下降，甚至损坏。P_{CM}是指集电极温度不超过允许值(手册上有规定)时，集电极所允许的最大功耗。

● **提示：** 对于一个三极管，P_{CM}是一个常量。因此，当三极管集电极电流 i_c 增大时，必须将输出电压减小。

3) 反向击穿电压。

三极管工作时，加在任何两个电极之间的反向电压超过一定值时，都会产生很大电流，从而导致管子损坏。$U_{(BR)CEO}$是指基极开路时，集电极与发射极之间的击穿电压值。除此之外，还有 $U_{(BR)EBO}$、$U_{(BR)CEO}$等，均可在手册中查出。

操作规范：I_{CM}、P_{CM}、$U_{(BR)CEO}$是三极管的极限参数，使用时不允许超过它，这三个参数共同确定了三极管的安全工作区域。

● **操作：** 由教师带领学生，查阅三极管参数手册。

● **重要提示：** 温度对三极管的性能影响很大，三极管最怕过电压和过热。如今后遇到发动机预热后电子模块停止工作的问题，不妨试试电子组件是否发热。

二、三极管的三种工作状态

根据三极管连接的外部电路条件，三极管有三种工作状态。

1. 截止

当 NPN 型三极管连接成如图 2-18a 所示电路时，基极 b 与发射极 e 电位差小于 0.7 V，这种情况称为基极加了反向偏压。在这种状态下，三极管不导通，没有电流流动，称为三极管的截止状态。如果把 ce 间看做一个开关的两端，截止状态相当于开关断开。

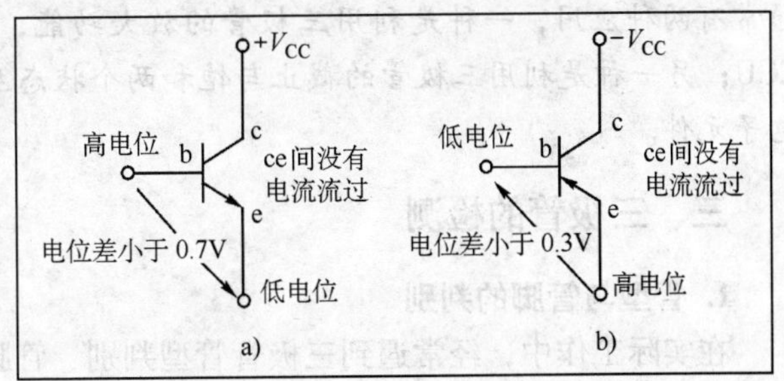

图 2-18　三极管的截止状态

对于 PNP 型三极管，发射极 e 与基极 b 电位差小于 0.3V，如图 2-18b 所示，称为基极加了反向偏压，该三极管截止。

2. 放大

如图 2-19a 所示，当 NPN 型三极管的基极 b 与发射极 e 电位差大于 0.7V，这种情况称为基极加了正向偏压。在这种状态下，三极管导通，集电极 c 向发射极 e 有电流，而且流过的电流的大小与基极 b 流入的电流成正比，称为三极管的放大状态。

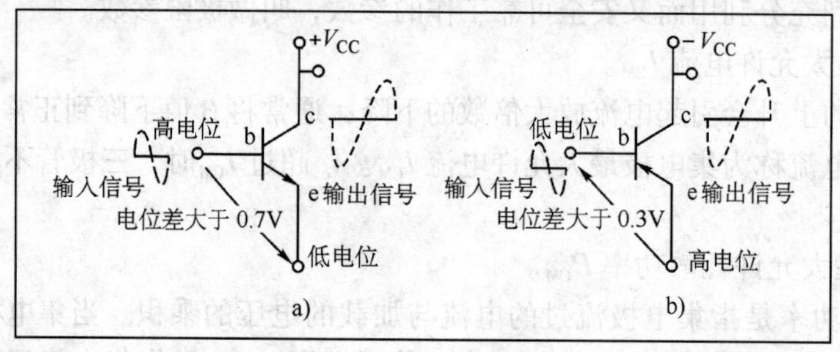

图 2-19　三极管的放大状态

对于 PNP 型三极管，放大状态的条件是基极 b 的电位比发射极 e 的电位低 0.3V 以上，如图 2-19b 所示。

3. 饱和

在放大状态，三极管集电极 c 与发射极 e 之间的电流是随着基极 b 的电流增大而增大的。但是，当三极管的基极电流增加到一定值时，再增大正向偏压，加大基极电流，ce 之间的电流维持在一个最大值而不再增大了，这种状态称为三极管的饱和状态。在饱和状态，三极管 ce 之间电位差很小，几乎为零，相当于一个开关的两端闭合。在分析汽车电路中，如果遇到三极管饱和的状态，可认为 c、e 电位相等。

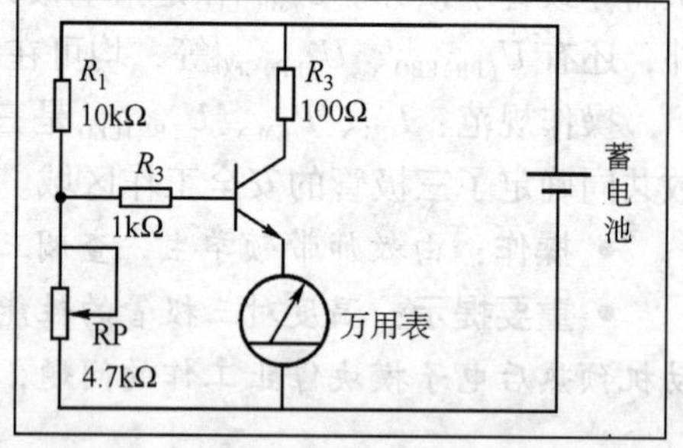

图 2-20　三极管工作状态实验电路

● **操作：**按照图 2-20 所示电路连接，调节电位器 RP，改变基极电位，观察接在发射极上的万用表流过的电流值。体会三极管的三种工作状态。

● **讨论：**总结归纳三极管处于截止、放大、饱和状态的条件。三极管在汽车电子电路中通常有两种应用，一种是利用三极管的放大功能，对微弱的传感器信号进行放大后，传给 ECU；另一种是利用三极管的截止与饱和两个状态互相变换，作为一个电子开关，控制其他电子元件。

三、三极管的检测

1. 管型与管脚的判别

在实际工作中，经常遇到三极管管型判别、管脚极性判别问题，以及检测判断三极管是否损坏的问题。判定的方法主要有目测和万用表检测两种方法，实际工作中经常采用目测法，在目测法不能做出准确判断时，再利用万用表进行检测。

（1）目测法

1）管型的判别。

一般情况下，管型是 NPN 还是 PNP 型应该从管壳上标注的型号来判别。依照部颁标准，三极管型号的第二位(字母)，A、C 表示 PNP 型管；B、D 表示 NPN 型管。例如：

3AX、3CG、3AD、3CA 等均表示 PNP 型三极管。

3BX、3DG、3DD、3DA 等均表示 NPN 型三极管。

● **提示：**三极管型号中的第一位数字3，表示三极管；第三位字母表示三极管的功率及频率特性；第四位数字表示序列号。详细内容请参考三极管手册。

此外国际流行的 9011 ~ 9018 系列三极管，除 9012 为 PNP 管外，其余标号均为 NPN 管。

2）管脚极性的判别。

常用的小功率三极管有金属圆壳封装和塑料封装（半圆柱形）等，管脚排列如图 2-21a所示。大功率三极管的外形有金属壳封装（扁柱形），管脚排列如图 2-21b 所示，以及塑料封装（扁平、管脚直列）等形式。

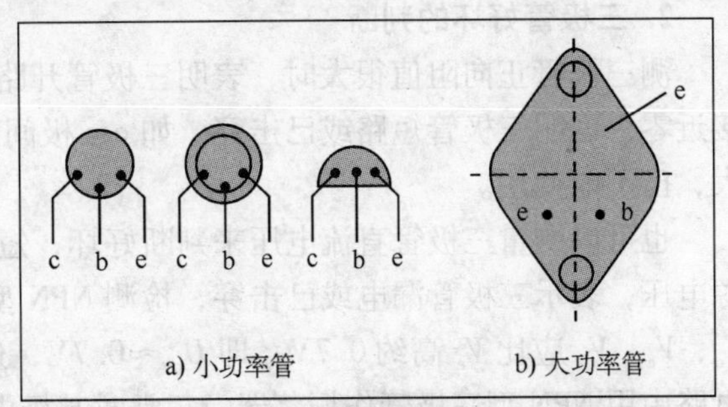

图 2-21 常用三极管的封装形式和管脚排列

对于小功率管，图 2-21a 中列出了管脚排列方式，为便于记忆，总结如下：

金属圆壳封装："头向下，腿向上，大开口朝自己，左发右集电"。

塑料半圆柱封装："头向下，平面向自己，左起 cbe"。

对于大功率管，金属壳扁柱形封装按照图 2-21b 中列出的管脚排列方式判别即可。塑料扁平封装、管脚直列型，没有统一形式，要经过万用表检测判别。

（2）用万用表电阻档判别

三极管内部有两个 PN 结，利用 PN 结的单向导电性，可用万用表电阻档判别管子类型和 c、b、e 三个极。

1）基极的判别。

判别管脚时应首先确认基极。一般情况下，基极排列在三个电极的中间（大功率金属壳扁平形封装除外）。

用指针式万用表的黑表笔接假定的基极，用红表笔分别接触另外两个极。若测得电阻都较小，约为几百欧至几千欧；将红黑表笔对调，测得电阻都较大，约为几百千欧以上，这个管子就是 NPN 管，最初黑表笔接的就是基极。

用指针式万用表的黑表笔接假定的基极，用红表笔分别接触另外两个极。若测得电阻都较大，约为几百千欧以上；将红黑表笔对调，测得电阻都较小，约为几百欧至几千欧。这个管子就是 PNP 管。最初黑表笔接的就是基极。

2）集电极和发射极的判别。

对于 NPN 型管，确定基极后，用指针式万用表的两个表笔分别接触另两个管脚，同时用指尖轻触基极，观察万用表指针摆动情况；将两个表笔对调，重复上述过程。取指针摆动较大一次的表笔接触位置，黑表笔接触的是集电极 c，红表笔接触的是发射极 e。

对于 PNP 型管，确定基极后，用指针式万用表的两个表笔分别接触另两个管脚，同时用指尖轻触基极，观察万用表指针摆动情况；将两个表笔对调，重复上述过程。取指针摆动较大一次的表笔接触位置，黑表笔接触的是发射极 e，红表笔接触的是集电极 c。

● **提示：**在有些万用表（部分指针式和所有数字式）上，具有 h_{FE} 档，利用这一功能，将

三极管的三个管脚插入测试插孔内，当能测试出放大倍数时，插孔边标注的 e、b、c 即是插孔内三极管管脚的名称。

● **操作**：对于各种封装形式的三极管，目测管子型号和极性判别，并用万用表验证是否正确。

2. 三极管好坏的判断

测三极管正向阻值很大时，表明三极管开路，如反向电阻值很小，或 c-e 极间的电阻值接近零，说明三极管短路或已击穿。如 c-e 极间的电阻值很小，则表明三极管的穿透电流过大，已不能使用。

也可以测量三极管直流电压来判断好坏，短接基极与发射极，如集电极不变化或低于电源电压，表示三极管漏电或已击穿，检测 NPN 型硅管放大器的直流工作状态时，可以测 V_b、V_e、V_c。V_b 应比 V_e 高约 0.7V，即 $U_{be} \approx 0.7V$，这可作为判断三极管好坏的依据，另外汽车电路中用 NPN 型三极管作振荡器，正常时基极电压应比发射极电压低。

但上述测量是用指针式万用表在三极管的空脚上进行的，如果三极管是焊在电路上，就要考虑并联处电路的影响，不能仅以电阻值来判断三极管的好坏。

四、三极管放大电路在汽车电子电路中的应用

1. 三极管的基本放大电路

按照三极管处于放大状态的条件构成三极管基本放大电路，如图 2-22 所示。

图 2-22 为 NPN 型管放大电路。放大电路在工作时，NPN 型管的集电极必须接高电位。需要被放大的信号从基极输入，经过三极管放大后，放大了的信号从集电极输出。三极管的放大电路能够将从传感器输出的微弱信号进行放大，然后传输到汽车电控单元（ECU）。另外，对于控制电路，三极管放大电路可以将功率较小的控制信号放大成功率较大的信号用以驱动附件。

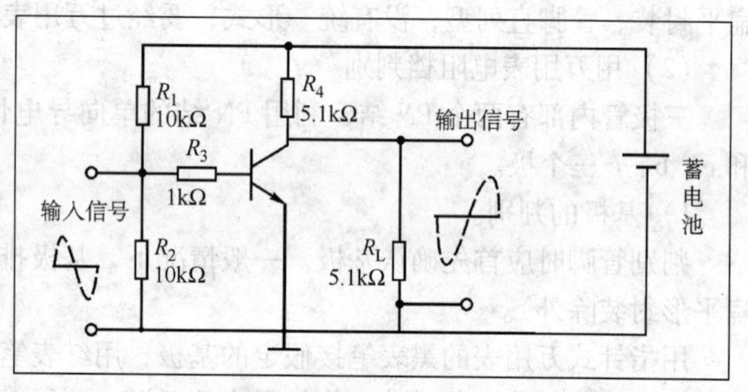

图 2-22　三极管基本放大电路

● **操作**：用信号发生器产生如图 2-23a 所示的电压波形，输入到图 2-22 电路中的基极，在集电极就会得到如图 2-23b 所示的电压波形。用示波器观察对比输入、输出波形。

● **讨论**：信号经过三极管放大，在放大电路中发生了以下三个变化。

① 输入电压信号被放大。

② 输入电流被放大。

③ 输出波形反了 180°。

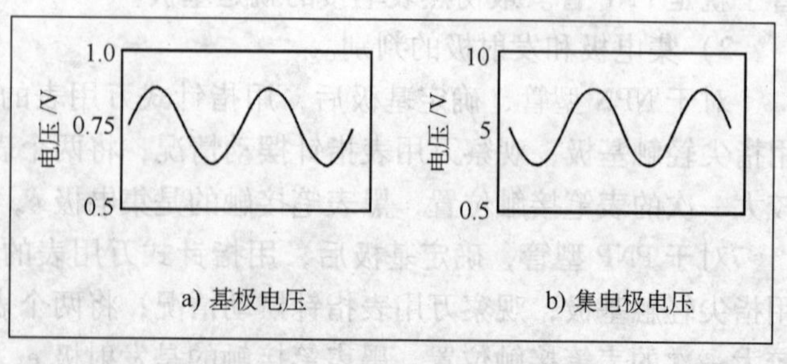

图 2-23　电压波形

● **操作规范**：用三极管进行信

号放大时，信号一定是从基极输入的，放大的信号可以从集电极输出，也可以从发射极输出。

2. 汽车电子电路中的三极管放大电路

三极管最主要的性能是放大。在汽车电子电路中，主要用来对微弱信号进行放大。图2-24所示为利用三极管的放大特性制作的汽车电气线路接地（短路）探测器。

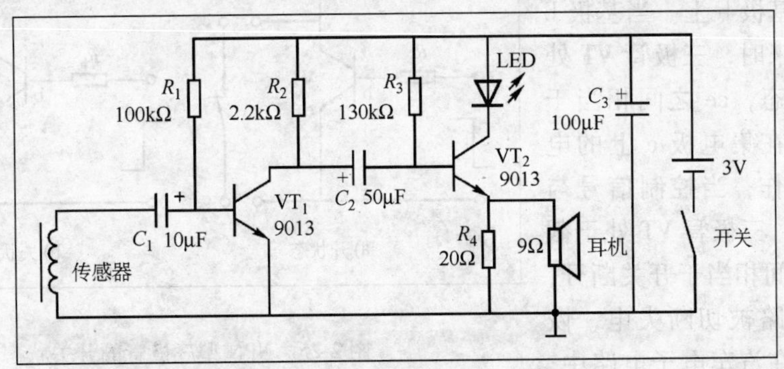

图 2-24　汽车电气线路接地探测电路

汽车在行驶过程中，由于颠簸、振动等原因，电气线路与车体摩擦而损坏绝缘层，发生接地（短路）故障。本探测器就是为了在不拆解导线的情况下，快速查出接地故障所发生的部位而制作的。

探测器工作原理为：当导线接地后，在接地点就会产生短路电流，短路点就会向周围发出高次谐波信号。这个信号就被由线圈和铁心构成的传感器接收到，在传感器中产生交变的电信号。这个信号很微弱，经过三极管 VT_1 放大后，在 VT_1 的集电极就会得到放大了的交变信号，再送入 VT_2 的基极进行放大，使接在 VT_2 集电极的发光二极管闪烁发光，接在 VT_2 发射极的蜂鸣器发出声响。传感器越接近故障点，接收到的信号越强，经过放大后，发光二极管越亮，蜂鸣器发出的声响越强。根据发光二极管亮度变化和蜂鸣器声音变化，就能快速找到故障点。

● **提示：**汽车电子电路中，由一个三极管组成的单管放大电路已经很少用到了。经常是应用由多个三极管和外围元件组成的集成运算放大器来承担信号的放大任务，集成运算放大器在第六章中进行讲解。

五、三极管开关电路在汽车电子电路中的应用

1. 三极管开关电路

（1）NPN 三极管开关电路

当三极管在基极电流控制下，在截止与饱和两种状态中交替变换，就如同一个开关的断开与闭合状态交替变换一样。图 2-25 所示为 NPN 型管的开关状态。

图中，当基极 b 输入一个高电位控制信号时，三极管 VT 进入饱和导通状态，集电极 c 与发射极 e 之间的电位差几乎为零，相当于 ce 之间闭合。当基极 b 高电位控制信号撤离后，三极管 VT 进入截止状态，集电极 c 与发射极 e 之间几乎没有电流流过，相当于 ce 之间断开。利用三极管的这种特性，就构成了三极管的开关电路。如图 2-25 所示，R_b 是基极限流

电阻，防止基极电流过大。R_c 是集电极电阻，在本电路中功用是防止三极管导通时，电源短路。在实际开关电路中，R_c 的位置由被控电子元件取代。

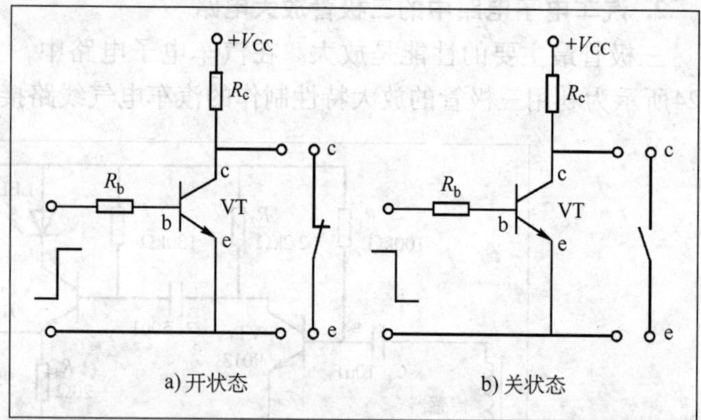

图 2-25　NPN 型三极管的开关状态

图 2-26 为 NPN 型管开关电路。开关电路在工作时，受控制的电子元件一般接在集电极 c 上，控制信号加在基极 b 上。当基极 b 有控制信号到来时，三极管 VT 处于饱和导通状态，ce 之间相当于开关闭合，接在集电极 c 上的电子元件得电工作；当控制信号与基极 b 断开时，三极管 VT 处于截止状态，ce 之间相当于开关断开，电子元件的电路被切断失电，恢复初始状态。在汽车电子电路中，功率较小的控制信号经过三极管开关电路，可以控制喷油器、继电器、指示灯等大功率器件的工作。电阻 R 起到限制基极电流的作用，防止因控制信号过大损坏三极管。二极管 VD 起续流作用，保护三极管免受反向电动势的损坏。

- **操作**：按照图 2-27 所示电路连接。当按下开关后，发光二极管发光；开关断开后，发光二极管熄灭。
- **讨论**：分析图 2-27 电路的工作原理。

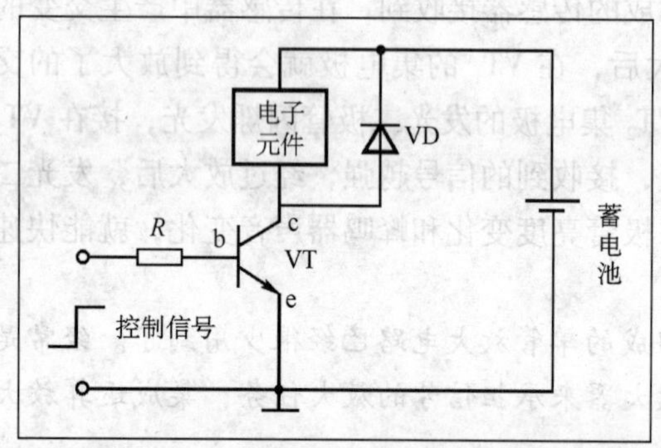

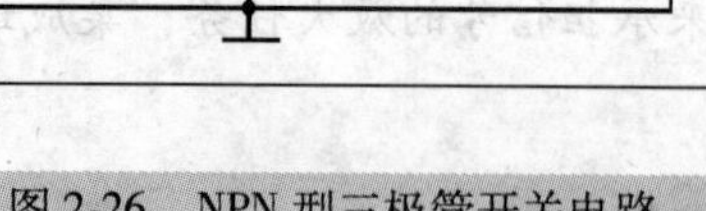

图 2-26　NPN 型三极管开关电路

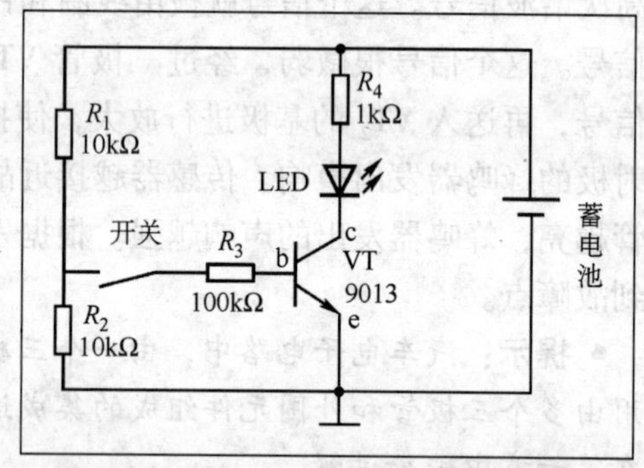

图 2-27　NPN 型管开关电路实验

（2）PNP 型三极管开关电路

PNP 型管的开关电路与 NPN 型管开关电路组成和工作原理类似，只不过加在基极 b 上的控制信号要低于发射极电位。如图 2-28 所示为 PNP 型管的开关状态。

图中，当基极 b 输入一个低电位控制信号时，三极管 VT 进入饱和导通状态，发射极 e 与集电极 c 之间的电位差几乎为零，相当于 ec 之间闭合。当基极 b 低电位控制信号撤离后，三极管 VT 进入截止状态，发射极 e 与集电极 c 之间几乎没有电流，相当于 ec 之间断开。利用三极管的这种特性，可以构成 PNP 型三极管的开关电路。

PNP 型管开关电路的构成和工作原理与 NPN 型管开关电路类似，只不过就是加在基极 b 上的控制信号要低于发射极电位。

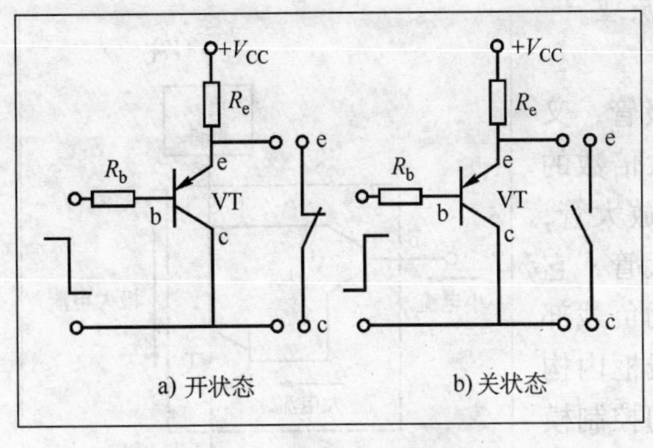

图 2-28　PNP 型三极管的开关状态

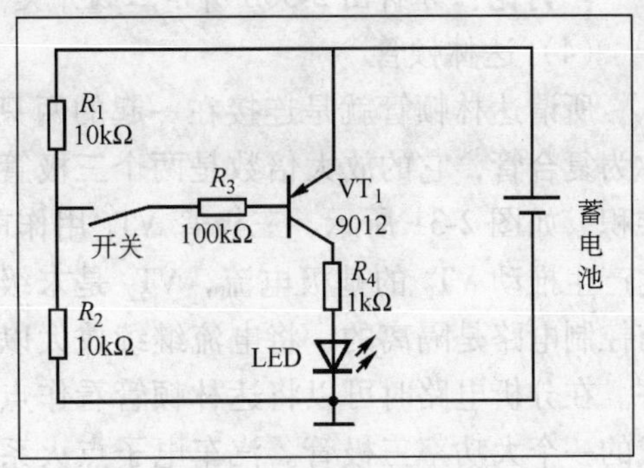

图 2-29　PNP 型管开关电路实验

● **操作：** 按照图 2-29 所示电路连接。当开关闭合后，发光二极管发光；开关断开后，发光二极管熄灭。

● **讨论：** 分析图 2-29 电路的工作原理。

● **术语：** 工程实践中，一些三极管经过特殊工艺制造。只需要很小的基极电流就能够达到饱和导通状态。这种管子几乎就只工作在截止和饱和导通两种状态，即开关状态。一般将经常工作在开关状态，起开关作用的三极管叫做开关管。

● **操作规范：** 在开关管控制的继电器或喷油器等线圈结构的电子器件旁边一定并联一个续流二极管。

(3) 多级开关电路

有时在电路中为了控制的需要，要用到两级或三级开关电路，这些电路在汽车发电机电子电压调节器电路中经常用到。

图 2-30a 所示为两级开关电路，图 2-30b 所示为三级开关电路。

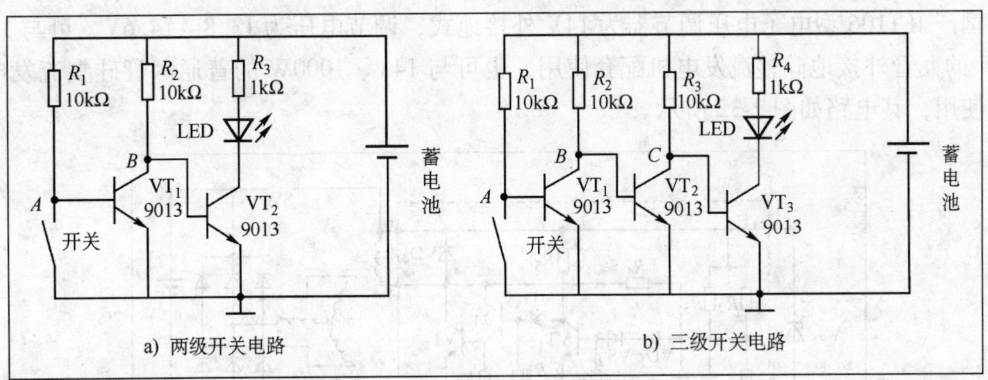

图 2-30　三极管多级开关电路

两级开关电路的工作原理如下：开关断开时，蓄电池电压经过 R_1 加到三极管 VT_1 上，VT_1 基极得到电流，VT_1 导通，B 点电位几乎为零，三极管 VT_2 基极没有电流，VT_2 截止，发光二极管不发光。开关闭合时，A 点电位为零，VT_1 的基极没有电流，VT_1 截止，电源电压 12V 经过 R_2 加到三极管 VT_2 的基极，VT_2 基极得到电流，VT_2 饱和导通，发光二极管发光。这时 B 点电位等于 VT_2 管 be 之间的电压，约为 0.7V。

● **讨论：** 分析图 2-30b 所示三级开关电路原理。

（4）达林顿管

所谓达林顿管就是连接在一起的两只三极管，又称为复合管，它的放大倍数是两个三极管放大倍数的乘积。如图 2-31 所示，三极管 VT_1 用作前置放大管，它产生推动 VT_2 的基极电流，VT_2 是末级放大管，它与控制电路是隔离的，将电流继续放大以驱动负载部件。在分析电路时可以将达林顿管看作点画线框内构成的一个大功率三极管。汽车电子点火系统的控制模块大多采用达林顿管作为控制输出端。

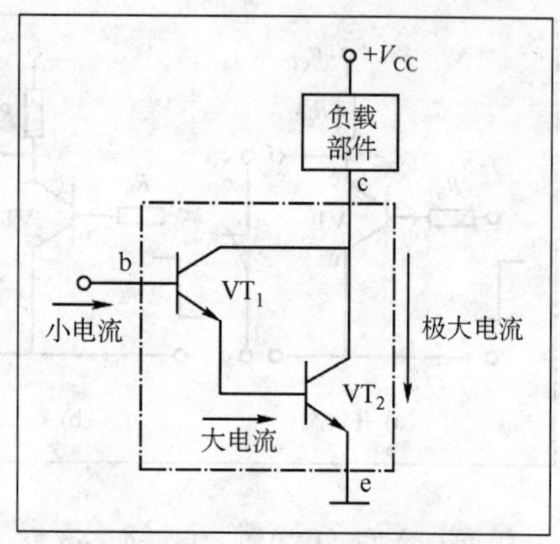

图 2-31　达林顿管结构示意图

● **提示：** 在汽车电路中，有时控制信号不能直接控制开关管的通断，而要经过三极管放大后再去控制开关管，这种电路搭配常见于汽车电子电路中，在分析电路时要注意两个管子的不同作用。

2. 汽车电子电路中的三极管开关电路

三极管开关电路在汽车电路中的应用相当广泛，主要用于电子电压调节器、电子点火器以及各种信号报警电路等。

（1）电子电压调节器

汽车交流发电机发出的电压随着发动机的转速和负荷会产生波动，发电机输出电压与发电机励磁绕组通过的励磁电流成正比，通过控制励磁线圈电路通断就可以控制流过的励磁电流的平均值的大小，从而使发电机输出电压基本稳定在一个定值。电子电压调节器就是利用三极管的开关作用来控制励磁线圈电路的通断，以达到调节电压的目的。

● **提示：** 电子电压调节器虽然内部电路比较复杂，但封装后只引出三个或四个引脚，在外观测试时表现出的就是一个受发电机输出电压控制的电子开关。

国产 JFT106 型电子电压调节器为 14V 外接地式，调节电压为 13. 8 ~ 14. 6V，可与 14V、750W 的九管外接地硅整流发电机配套使用，也可与 14V、1000W 的普通六管硅整流发电机配套使用，其电路如图 2-32 所示。

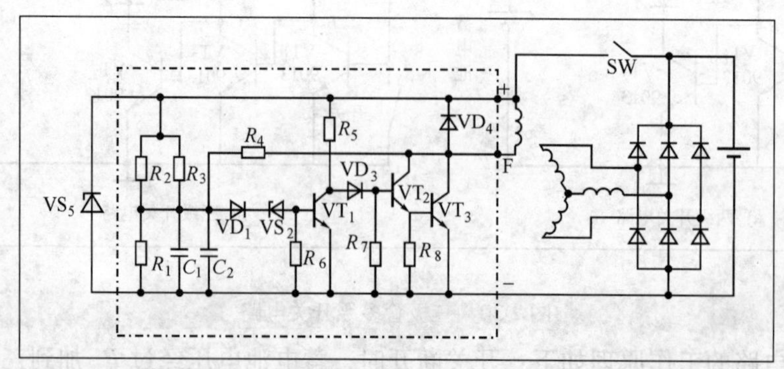

图 2-32　JFT106 型电子电压调节器电路

电阻 R_2 和 R_3 并联后与 R_1 串联构成分压电路，接通点火开关时，蓄电池电压加在该分压电路上，R_1 上的分压经二极管 VD_1 和电阻 R_6 加在稳压管 VS_2 上，此时，R_1 上的分压值

低于稳压管 VS_2 的反向击穿电压，故 VS_2 截止，三极管 VT_1 因无基极电流而截止。VT_1 截止时，R_5、VD_3、R_7 构成串联电路，R_7 上的电压便加到 VT_2 的基极，使 VT_2 获得基极电流而导通。VT_2、VT_3 接成复合管形式(以提高放大倍数)，因而 VT_3 也导通。VT_3 导通时，励磁绕组有电流通过而产生磁场。如发电机旋转，其输出电压便会迅速升高。

当发电机端电压超过规定值，R_1 的分压值大于稳压管 VS_2 的反向击穿电压，则 VS_2 击穿导通，VD_1 有基极电流而导通，VT_1 导通时，其集电极电位接近于零而使 VT_2、VT_3 截止，切断了发电机的励磁电路，使得发电机输出电压下降。

当发电机输出电压小于规定值时，稳压管 VS_2 重又截止，VT_1 也截止，VT_2、VT_3 重新导通，使励磁电路接通，发电机输出电压重新升高。如此反复，发电机输出电压便被稳定在规定值。

R_3 为调整电阻，根据稳压管 VS_2 反向击穿电压的不同，选装不同阻值的调整电阻。

国产 JFT201 型电子电压调节器适用于 14V、500W 以下的各种交流发电机，其电路如图 2-33 所示。

电阻 R_2、R_3、R_4 组成分压电路，B 点电位随着发电机输出电压的变化而变化。在发电机输出电压小于预定调节电压值时，AB 之间的电压小于稳压管 VS 的反向击穿电压，稳压管 VS 截止，三极管 VT_1 基极电流等于零，VT_1 截止。而 VT_2 的发射极和基极处于较高的电压作用下饱和导通，接通励磁线圈，发电机正常发电。

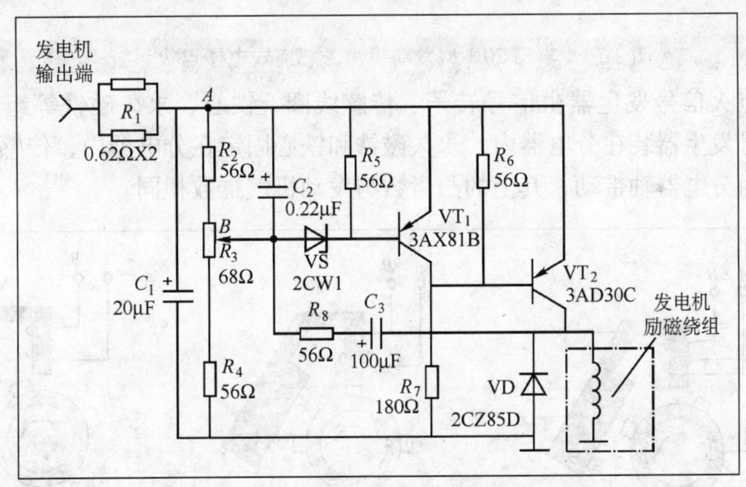

图 2-33　JFT201 型电子调压器

当发电机输出电压升高，达到预定调节值时，AB 之间的电压大于稳压管 VS 的反向击穿电压，稳压管 VS 导通，三极管 VT_1 基极流过电流，VT_1 饱和导通，同时 VT_1 将 VT_2 的发射极和基极短路，使 VT_2 截止，断开励磁线圈，发电机输出电压下降。

当发电机输出电压稍低于调节值时，稳压管 VS 又恢复到截止状态，VT_1 由导通变为截止，使 VT_2 导通。如此反复，使发电机的输出电压维持在规定的调整值附近。

电阻 R_5 提供 VT_1 基极工作电位，R_7 是 VT_1 的负载电阻，R_6 提供 VT_2 基极工作电位。电阻 R_8 和 C_3 可以加速三极管 VT_2 的开关转换速度，减少损耗。电容 C_1 的作用是延缓分压电阻上的电压变换速度，降低开关管的开关频率，减少 VT_2 的发热程度。电容 C_2 是滤波电容，可以使稳压管 VS 两端的电压平滑过渡，减小发电机输出电压的脉动影响，降低开关管的开关频

率和损耗。二极管 VD 是续流二极管，保护开关管 VT_2 免受励磁线圈反向电动势的冲击。

（2）电子点火器

晶体管点火电路的点火信号由装在分电器内的信号发生器提供，如图 2-34 为一种磁感应式点火信号发生器。

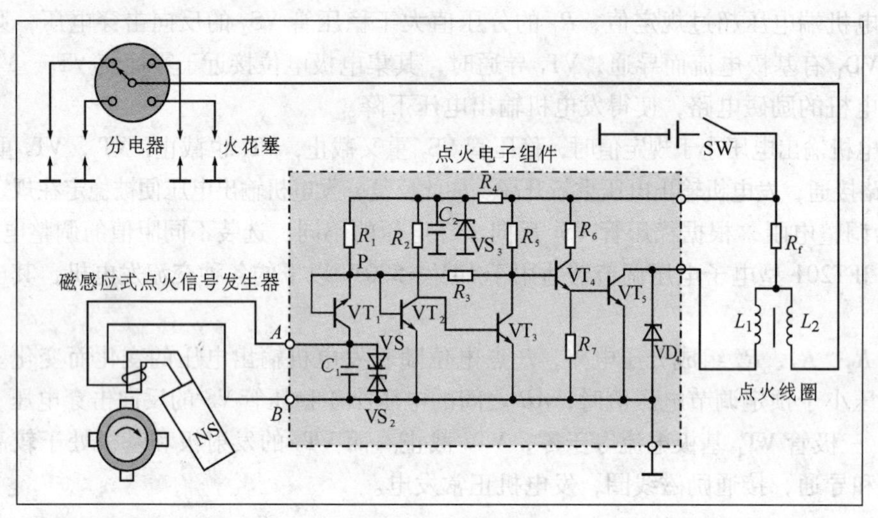

图 2-34　丰田 20R 型发动机用磁感应式电子点火系统

磁感应式点火信号发生器由信号转子、传感线圈、铁心、永久磁铁等组成，如图 2-35 所示。整个信号发生器装在分电器内，永久磁铁和铁心固定在分电器内，传感线圈绕在铁心上。信号转子由分电器轴带动，其上的凸齿数与发动机气缸数相同。

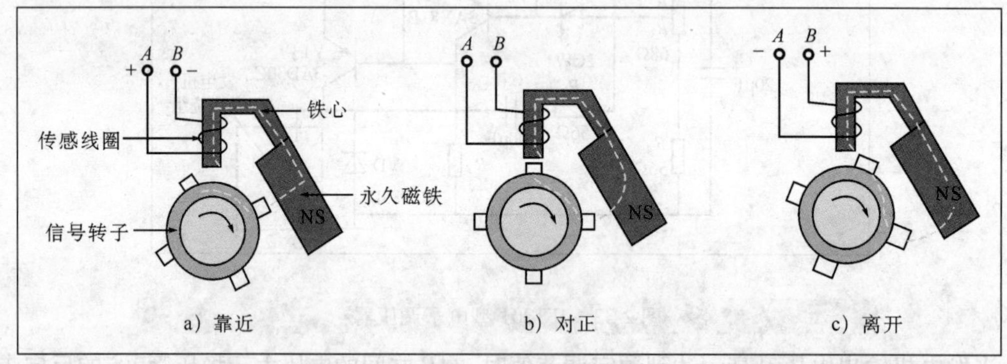

图 2-35　磁感应式点火信号发生器的组成与工作原理

当信号转子转动时，其中某一凸齿靠近永久磁铁，磁阻减小，通过传感线圈的磁通增加；凸齿离开永久磁铁时，磁阻增大，通过传感线圈的磁通减少。穿过传感线圈的磁通发生变化时，线圈中将产生感应电动势。感应电动势的大小与磁通变化率成正比，感应电流产生的磁通阻碍原磁通的变化。

传感线圈中磁通的变化和感应电动势如图 2-36 所示。当信号转子转到某一位置 I 时，磁通变化率最大（a 点），其感应电动势最高。当转子凸齿和铁心中心线正好在一条直线上时，凸齿与铁心间的空气间隙最小，通过线圈的磁通量最大，但磁通的变化率为零（b 点），因而传感线圈中的感应电动势亦为零。当信号转子转到某一位置Ⅱ时，磁通减小的变化率最大（c点），线圈的感应电动势（反方向）的绝对值最大。信号转子每转一圈产生四个交变信号。随着发动机转速的升高，磁通变化率增大，感应电动势峰值也将增大。

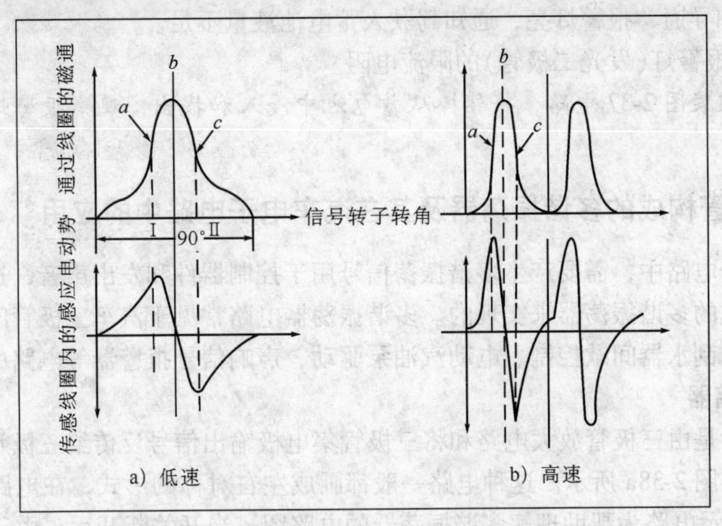

图 2-36　不同转速下传感线圈磁通变化和感应电动势

● **提示：** 上述电子点火器的信号发生器是磁感应式的，汽车上应用的还有霍尔式、光电式等信号发生器，功能都是提供点火时刻信号。

（3）蓄电池液位报警电路

汽车电路中包含很多信号报警电路，基本原理就是监控一个点的电位变化，来控制三极管的开关，发出声音或光的报警信号。

如图 2-37 所示为监测蓄电池液位的报警电路。

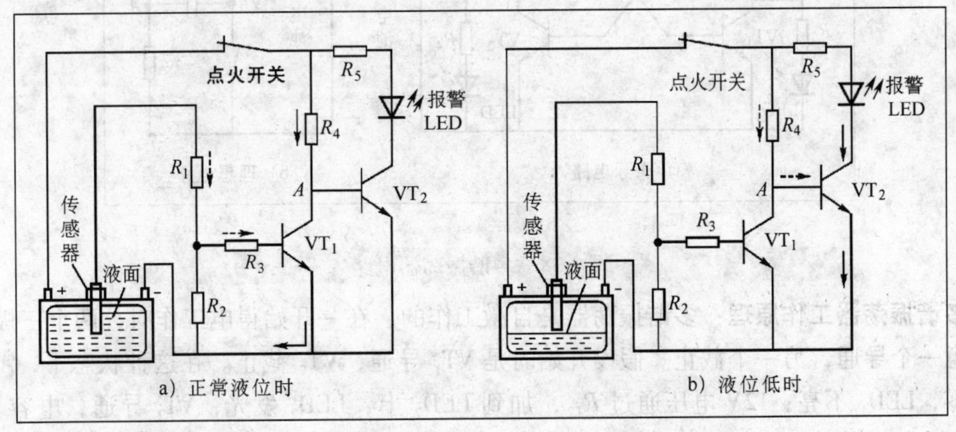

图 2-37　蓄电池液位报警电路

报警电路的传感器为装在蓄电池盖子上的铅棒。当蓄电池液位符合规定要求时，如图 2-37a所示，铅棒浸在蓄电池液中，铅棒（相当于正极）与蓄电池的负极之间产生电压，三极管 VT_1 的基极流过电流，VT_1 处于饱和导通状态，VT_1 的 ce 之间电位几乎相等，A 点电位几

乎为零，三极管 VT_2 截止，报警灯(发光二极管)不亮。当蓄电池液位低于规定要求时，如图 2-37b 所示，铅棒未能浸入蓄电池液中，铅棒与蓄电池的负极之间不能产生电压，三极管 VT_1 的基极没有电流，VT_1 处于截止状态，A 点电位上升，三极管 VT_2 的基极 b 有电流流入，三极管 VT_2 饱和导通，报警灯亮，通知驾驶人蓄电池液量不足。

电阻 R_5 为报警灯(发光二极管)的限流电阻。

● **操作：** 组装图 2-37 电路，将铅棒从蓄电池中浸入和拔出，观察报警灯的亮灭，分析电路工作状态。

六、三极管构成的多谐振荡器及其在汽车电子电路中的应用

在汽车电子电路中，需要产生多谐振荡信号用于控制器件和发出声音，这些电路一般都是由三极管构成的多谐振荡器来实现的。多谐振荡器电路常见于汽车三极管闪光器、无触点三极管电喇叭、刮水器间歇控制、电动汽油泵驱动、声响信号报警器等电路中。

1. 多谐振荡器

多谐振荡器是由三极管放大电路和将三极管集电极输出信号反传给三极管基极的正反馈电路组成的，如图 2-38a 所示。这种电路一般都画成左右对称的形式，在电路中比较容易辨认。图 2-38b 所示电路为帮助理解多谐振荡器的电路图。当开关断开后，由于电容的隔直作用，B 点电位为 +12V，当电容充满电后，A 点电位为零。在开关闭合的瞬间，B 点电位突变为零，这时由于电容两端电压不能突变，还是 12V，A 点电位就变为 -12V。理解上述过程，有助于理解图 2-38a 多谐振荡器电路。

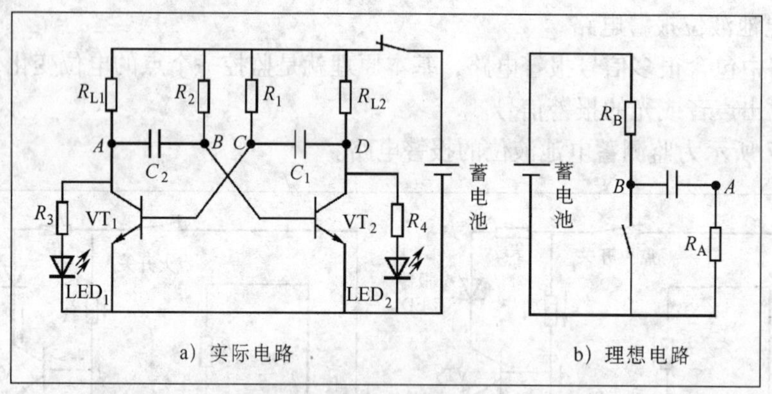

a) 实际电路　　b) 理想电路

图 2-38　多谐振荡器电路

多谐振荡器工作原理： 多谐振荡器是自激工作的，在一开始得电工作时，两个三极管中的任意一个导通，另一个截止。假设开始时是 VT_1 导通，VT_2 截止。在这种状态下，A 点电位为零，LED_1 不亮；12V 电压通过 R_{L2}，加到 LED_2 上，LED_2 发光，VT_1 导通，电容 C_2 被充电，充电电路是 +12V→R_2→C_2→VT_1 的 ce 结→负极。电容 C_1 也被充电，充电电路是 +12V→R_{L2}→C_1→VT_1 的 be 结→负极。电路中电阻 R_{L1}、R_{L2} 的阻值小于电阻 R_1、R_2 的阻值，这样电容 C_1 的充电很快完成。由于 R_1 向 VT_1 提供基极电流，使 VT_1 维持导通。随着电容 C_2 的充电，B 点电位上升，使三极管 VT_2 逐步由截止向饱和导通过渡。当 B 点电位足够高时，VT_2 导通，D 点电位变为零，LED_2 熄灭，同时由于电容 C_1 电压的存在，C 点电位变

为负电位，强迫VT_1截止。VT_1截止，A点电位上升，由于C_2电压的存在，使B点电位进一步升高，加速了三极管VT_2的导通。VT_1截止，使+12V电压通过电阻R_{L1}加到LED_1上，LED_1发光。这时变为VT_1截止、VT_2导通，电容C_1被从$C \to D$方向充电，充电电路是$+12V \to R_1 \to C_1 \to VT_2$的ce结→负极。电容$C_2$被从$A \to B$充电，电路是$+12V \to R_{L1} \to C_2 \to VT_2$的be结→负极。重复上述变化，使两个发光二极管以固定周期亮灭。在两个三极管的集电极就会得到振荡信号。电阻R_3和R_4是发光二极管的限流电阻。

- **操作：**用示波器观察图2-38所示电路的输出波形，描绘三极管基极和集电极的电压波形。选用不同容量的C_1和C_2及不同阻值的R_1和R_2，就可以改变电容的放电时间，由此改变振荡电路的振荡周期。

2. 多谐振荡器在汽车中的应用

（1）电子式闪光器

汽车转弯时，接通转向灯开关S，R_2和C的充电电流同时提供给VT_3的基极，VT_3导通。VT_3导通后，VT_2的基极电位很低（仅0.3V左右），于是复合管VT_1、VT_2处于截止状态。此时仅VT_3的导通电流流过了转向灯，电流很小（约60mA），灯暗即不亮。

随着电容器C的不断充电，充电电流逐渐减小，VT_3的基极电流也随之减小，VT_3由导通变为截止，于是VT_2的基极电位上升，复合管VT_1、VT_2导通。电流较大，转向信号灯与转向指示灯变亮。与此同时，电容器通过R_3、R_2放电，放电时间为灯持续点亮时间。电容器C放完电后又重新充电，如此反复，使转向信号灯与转向指示灯发出明暗交替的闪烁光。

改变电阻R_2、R_3和电容器C的大小以及VT_3的β值，即可改变闪光频率，如图2-39。

（2）电子式电喇叭

电子式电喇叭即无触点电喇叭，它具有音色和音量不变且易调整、故障少等优点，因而在现代汽车上使用愈来愈广泛。电子式电喇叭主要由多谐振荡器及功率放大器组成，图2-40为其电路图。VT_1、VT_2、VT_3构成一多谐振荡器。为了保证其振荡频率稳定，多谐振荡器接在由稳压管VS和温度补偿二极管VD_1组成的稳压电源上。VT_4、VT_5组成直接耦合放大器，喇叭线圈L则串接在VT_5的集电极。电容器C_3用以防止汽车点火电路引起的干扰。

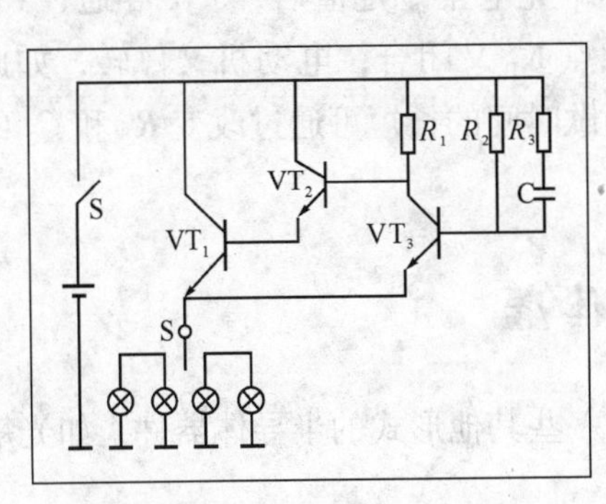

图2-39 SG31型全电子式闪光器

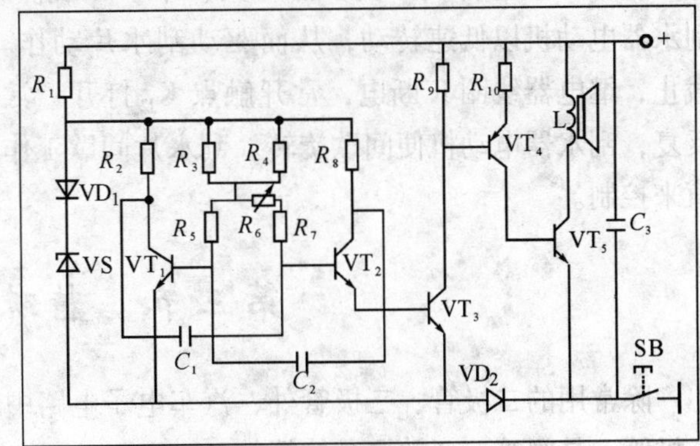

图2-40 电子式电喇叭电路图

如果振荡器线路中VT_2截止，则VT_3也截止，于是VT_4、VT_5导通，喇叭线圈L中有电流，电磁系统吸动喇叭膜片。如果VT_2导通，VT_3也导通，于是VT_4、VT_5截止，喇叭线圈

L 中无电流，膜片复位。如此反复，膜片不断振动，使喇叭发出声响。

显然，VT_2、VT_3 截止点的时间长，则喇叭线圈 L 中通电的时间长，膜片的振幅越大，声音也越大，相反，音量越小，这样，只要改变 R_6 和 R_7，及 C_1 的时间常数，也就是调整电位器 R_6，就可以调整音量大小。VD_2 用于保护三极管不被烧坏。

（3）刮水器间歇控制

图 2-41 为多谐振荡器控制的间歇式电动刮水器。其中 R_1 和 C_1 决定继电器 K 的通电时间；R_2 和 C_2 决定继电器 K 的断电时间。当刮水器开关置于“0”（“空”）档时，若接通间歇开关，多谐振荡器工作，实现周期性翻转。

当 VT_2 导通，VT_1 截止时，继电器线圈 K 无电流流过，常闭触点 K_{J1} 闭合，由于这时自动复位开关和上触点 K_1 接通，故刮水器电动机不转。

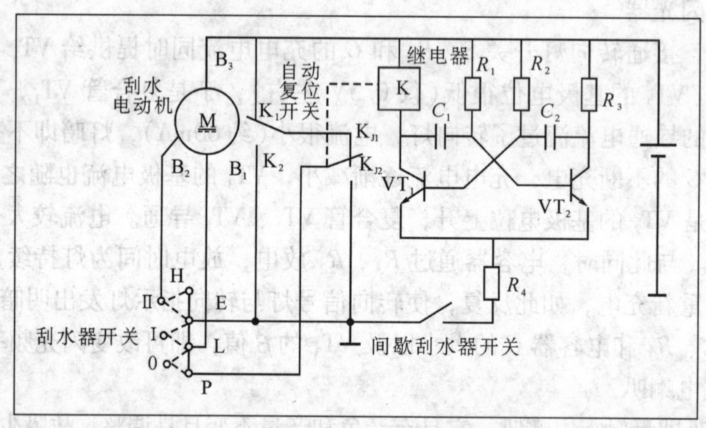

图 2-41　刮水器多谐振荡控制器

当 C_2 充电至一定值后，VT_1 导通、VT_2 截止，继电器线圈 K 中有电流通过，常闭触点 K_{J1} 打开，常开触点 K_{J2} 闭合，刮水器电动机电路接通：电流从蓄电池“+”极→电刷 B_3→刮水器电动机→电刷 B_1→刮水器开关（L、P）→触点 K_{J2}→接地→蓄电池“-”极，构成回路。刮水器电动机以低速转动，从而驱动刮水片动作。当 C_1 充电至一定值后，VT_2 导通、VT_1 截止，继电器线圈 K 断电，常开触点 K_{J2} 打开，常闭触点 K_{J1} 又闭合，电动机又停转，如此反复，刮水器电动机便间歇旋转。刮水片间歇工作，间歇时间的长短可通过改变 R_2 和 C_2 的值来控制。

第三节　特殊晶体管

除常用的二极管、三极管外，汽车电子电路中还有一些其他形式的半导体器件，如光敏三极管、晶闸管、场效应晶体管等。

一、光敏三极管

光敏三极管在原理上类似于三极管，只是它的集电极为光敏二极管结构。它的等效电路和符号如图 2-42 所示。

光敏三极管的基极电流由光敏二极管提供，所以一般没有基极外引线(有些产品为了调整方便,基极有外引线)。如果在光敏三极管的集电极和发射极加上正向电压，则在没有光照时，ce 间几乎没有电流。有光照射时，基极产生光电流，同时在 ce 间形成集电极电流，大小在几毫安至几百毫安之间。光敏三极管的输出特性与三极管基本类似，只是用入射光的照度代替基极电流。光敏三极管制成达林顿管形式时，可以获得较大的输出电流而能直接驱动某些继电器。光敏三极管的响应速度比光敏二极管慢，灵敏度比较高。在要求响应快，对温度敏感小的场合选用光敏二极管而不用光敏三极管。

光敏三极管的基本应用电路如图 2-43 所示。*A* 点电位随着外界光线的照射而发生变化。

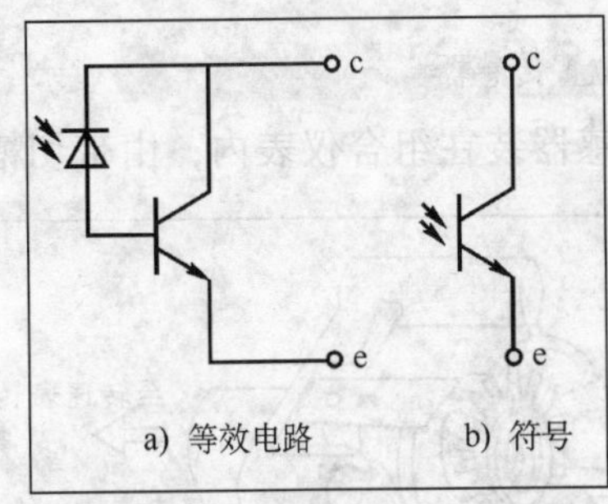

图 2-42　光敏三极管的等效电路及符号

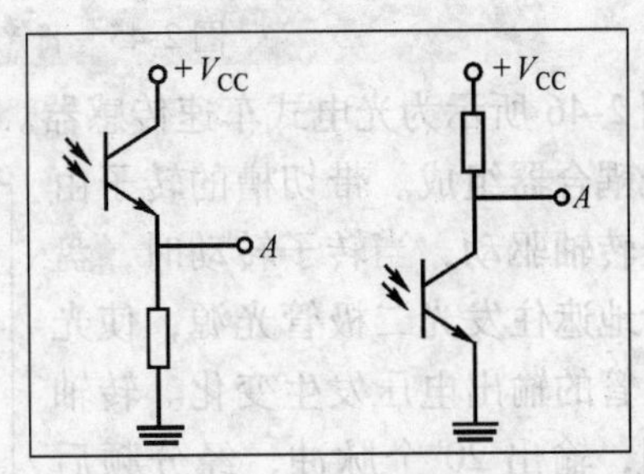

图 2-43　光敏三极管的基本应用电路

光敏三极管在汽车上主要应用于传感器中。把发光二极管和光敏三极管组合在一起，可实现以光信号为媒介的电信号的转换，采用这种组合方式的器件称为光耦合器。当光耦合器作为传感器来使用时，称为光传感器，如图 2-44 所示，它可以检测物体的有无和遮挡次数等信号。

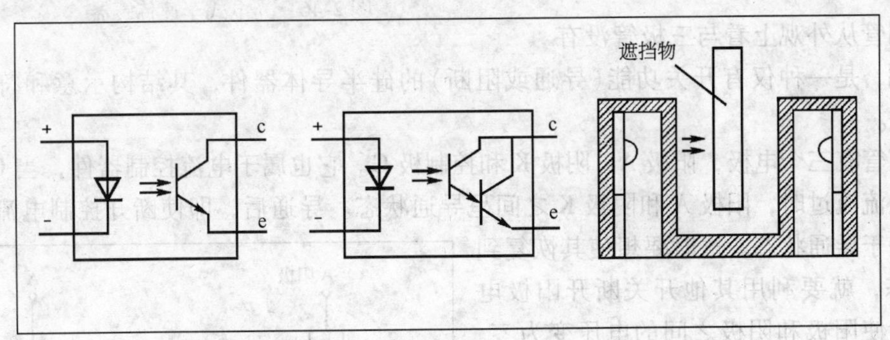

图 2-44　光传感器示意图

在汽车上，光传感器被应用到许多场合，主要有：曲轴位置检测、车高位置检测、转向角度检测、车速传感器等。均是利用在光传感器的中间设置遮挡物，利用遮挡物是否挡住光线，来判断遮挡物的位置(遮挡物均和被检测的对象连接在一起)，传递位置信号或转过的遮挡物的个数信号。

如图 2-45 所示为日产公司光电式曲轴位置传感器。传感器装在分电器轴上，随着分电器轴的转动，信号盘交替遮挡传感器的光线，发出表征曲轴位置的信号。

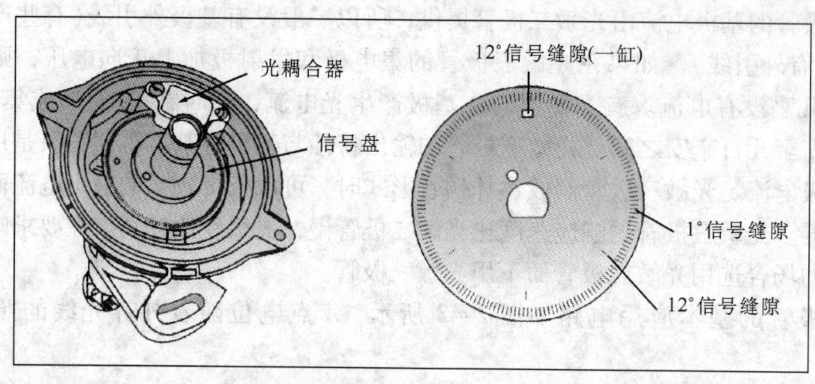

图 2-45　日产公司光电式曲轴位置传感器

图 2-46 所示为光电式车速传感器。光电式车速传感器装在组合仪表内，由带切槽的转子和光耦合器组成。带切槽的转子由转速表转轴驱动，当转子转动时，盘齿间断地遮住发光二极管光源，使光敏三极管的输出电压发生变化。转轴转一圈，输出 20 个脉冲，经分频后变成 4 个脉冲，送给 ECU。

车高位置传感器和转向角度传感器的工作原理与上述传感器类似，不再赘述。

带切槽的遮光板
至转速表转轴
发光二极管
光耦合器
光敏三极管

图 2-46　光电式车速传感器

二、晶闸管

晶闸管从外观上看与三极管没有什么区别，是一种仅有开关功能(导通或阻断)的硅半导体器件，其结构示意和符号如图 2-47所示。

晶闸管有三个电极，阳极 A、阴极 K 和控制极 G。它也属于电流控制器件，当 GK 之间有控制电流流过时，阳极 A 和阴极 K 之间呈导通状态。导通后，即使断开控制电流，晶闸管还是处于导通状态。这时要想使其恢复到截止状态，就要利用其他开关断开阳极电流，或者使阳极和阴极之间的电压变为零。图中箭头所示为电流方向。利用晶闸管，可以用很小的控制电流，控制很大的阳极电流，所以它的工作情况与继电器很类似。晶闸管适用于高压电路，它比二极管更结实耐用，但其耐热能力差，使用时必须注意。

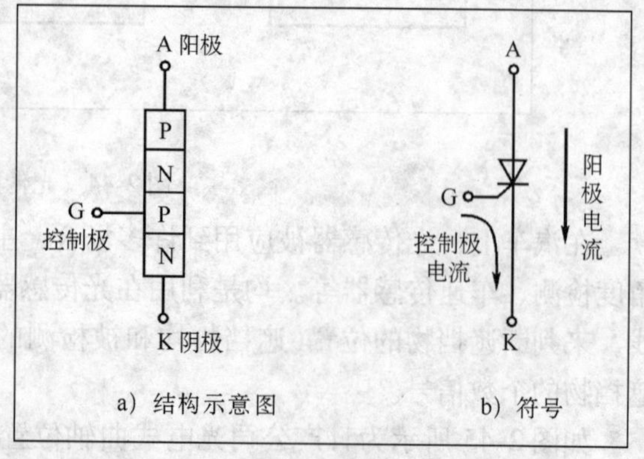

图 2-47　晶闸管结构示意图和符号

● **提示：** 晶闸管在汽车上的应用不是很广，主要应用在电子电压调节器、电子点火器和电子闪光器中作为开关管带动负载。由

于晶闸管的控制不是很方便，随着大功率三极管的不断涌现，除了在一些控制特别大电流的场合还能见到晶闸管的应用，其他场合的应用逐渐被大功率三极管代替了。

三、场效应晶体管

晶体管是通过改变基极电流来实现对集电极电流的控制，是一种电流控制器件。场效应晶体管是通过改变输入电压的大小来实现对输出电流的控制，是一种电压控制器件。场效应晶体管在控制时基本不需要电流，且受温度、外界辐射影响小，便于制作成大规模集成电路。

按结构不同，场效应晶体管分结型场效应晶体管和绝缘栅型场效应晶体管两类。制作大规模集成电路主要应用绝缘栅型场效应晶体管，在这里进行简要介绍。

绝缘栅型场效应晶体管是由金属—氧化物—半导体制成，简称 MOS(Metal-Oxide-Semiconductor)管。MOS 管分 N 沟道和 P 沟道两类。MOS 管结构及符号如图 2-48 所示。

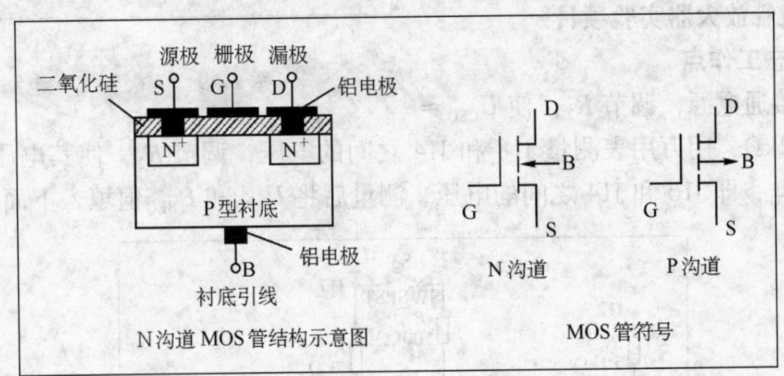

图 2-48　MOS 管结构及符号

● **提示**：MOS 管不单独使用，主要就是构成大规模集成电路。由 MOS 管构成的集成电路被称为 CMOS 集成电路。

● **操作规范**：MOS 管的栅极和沟道之间的隔离层极薄，人手上的静电便能烧穿它，所以不要随意触摸 ECU 接插件内的插针或 ECU 内的集成电路板。

备注：在汽车上，现在也使用大功率 MOS 管驱动电动机、风扇等。

第四节　课 题 实 验

实验一　三极管放大器实验

一、实验目的

1. 测量三极管放大电路静态工作点及放大倍数。
2. 观察静态工作点对三极管放大电路输出波形的影响。

二、实验器材

凌凯汽车电学基础实验箱一台、EXCEL V-252 示波器一台、DT9208A 数字万用表一台、音频信号发生器 TAG-101 一台，交流毫伏表 TVT-321 一台。

三、实验电路及参数

凌凯汽车电学基础实验箱上有两个三极管实验电路，其原理图及元器件参数如图 2-49、图 2-50 所示，实验一是典型的共发射极基本放大电路，实验二在实验一的基础上加了射极偏置电路，在实验过程中可以理解两者的优缺点。

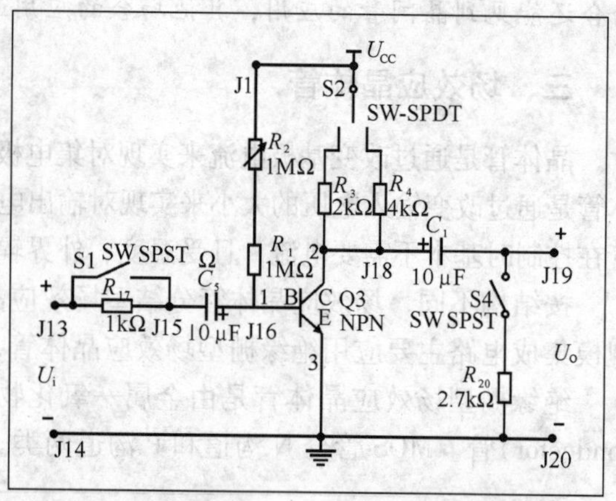

图 2-49　三极管实验电路一

四、实验内容及步骤

（一）三极管放大器实验项目一

1. 测量静态工作点

给实验箱接通电源，调节 R_2，使 $U_{CEQ} \approx 1V$，$R_C = R_3 = 2k\Omega$，用万用表测量 J18 和 J14 之间的电压，调节 R_2，使其电压约为 1V。用万用表测量 U_{BEQ}，即 J16 和 J14 之间的电压，测量后将 U_{CEQ} 和 U_{BEQ} 值填入下面空格中：

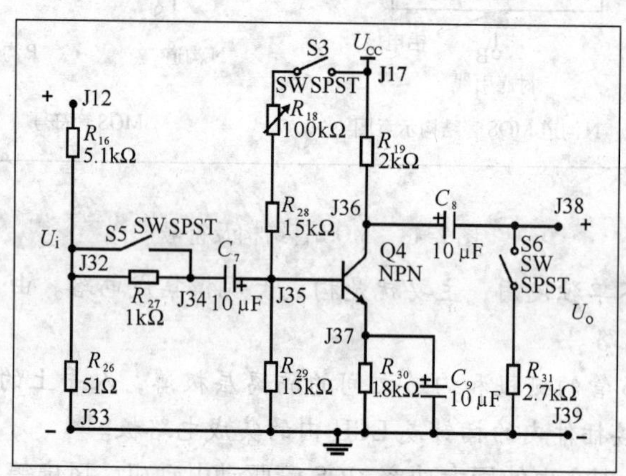

图 2-50　三极管实验电路二

U_{CEQ} = ________，U_{BEQ} = ________，$I_{CQ} = \dfrac{U_{CC} - U_{CEQ}}{R_3}$ = ________。

2. 放大倍数测试

① 闭合开关 S1，并使 $R_C = R_3 = 2k\Omega$。

② 打开音频信号发生器 TAG-101 电源，并使其输出 5mV、1kHz 信号电压，将信号电压接入放大电路输入端，即 TAG-101 的红色鳄鱼夹接 S13，黑色鳄鱼夹接 J14。

③ 用示波器观察放大器输出信号 U_O，即观察 J19 和 J20 之间信号，即示波器表笔探针接 J19，接地鳄鱼夹接 J20。观察 U_O 波形是否失真，如果失真应将 U_i 值减少，即调小 TAG-101 的输出信号电压。

④ 打开交流毫伏表 TVT-321 电源，用其测量 U_i，即红色鳄鱼夹接 J13，黑色鳄鱼夹接 J14，并将 U_i 值填入表 2-1 中。

⑤ 断开 S4，即 $R_L=\infty$，用 TVT-321 测量 U_O 并填入表 2-1，并计算放大倍数 A_u。

⑥ 合上 S4，即 $R_L=2.7k\Omega$，用 TVT-321 测量 U_O 并填入表 2-1，并计算放大倍数 A_u。

表 2-1　实验测量结果

R_L	U_i	U_O	A_u
∞			
2.7kΩ			

3. 观察工作点对输出波形 U_o 的影响

按表 2-2 的要求，观察 U_O 波形，在表中给定的条件下，增加 U_i（频率 1kHz 信号电压）幅值，直到 U_O 波形的正或负峰值刚要出现削波失真，描下此时 U_O 的波形，并保持 U_i 之值不变，测量 U_{CEQ} 值时，需将输入信号源断开，在放大电路处于直流静态时测量。

表 2-2　实验测量 U_O 及 U_{CEQ} 结果

	给定条件	U_O 波形	U_{CEQ}
①	维持实验步骤 3 的静态工作点 $R_C=R_3=2k\Omega$，$R_L=\infty\ \Omega$		
②	R_2 不变 $R_L=2.7k\Omega$，$R_C=R_3=2k\Omega$		
③	R_2 不变 $R_L=\infty$，$R_C=R_4=4k\Omega$		
④	$R_2=1M\Omega$，$R_C=R_3=2k\Omega$ $R_L=\infty$		
⑤	$R_2=0$，$R_C=R_3=2k\Omega$ $R_C=\infty$		

（二）三极管放大器的实验项目二

1. 测量静态工作点

闭合 S3，用万用表测量 U_E（即 J37 和 J33 之间的电压差），调节 R_{18}，使 $U_E=2.1V$（即 $I_C\approx I_E=1.2mA$），用万用表测量电压 U_C（J36 和 J33 之间的电压）和 U_B（即 J35 和 J33 之间的电压），并记录之。

$U_C=$ ________　$U_B=$ ________　$I_C=$ ________。

2. 放大倍数测试

① 闭合开关 S3、S5。

② 打开音频信号发生器 TAG-101，给放大器输入频率为 1kHz 的信号，即红色鳄鱼夹接 J12，黑色鳄鱼夹接 J33。

③ 用示波器观察 U_O，即 J38 和 J39 之间的波形，调整 TAG-101 的幅值旋钮，保证 U_O 信号不失真。

④ 用交流毫伏表测量 U_i（J12 和 J33 之间的信号电压）和 U_O（J38 和 J39 之间的信号电压），并填入表 2-3。由于 5.1kΩ 和 51Ω 的分压作用，电路的实际输入信号近似 $\frac{1}{100}U_i$，以便

可用交流毫伏表的同一量程测量 U_O 和 U_i，减少因量程不同而带来的附加误差，并保证在输出信号不失真的条件下测量。

表 2-3　实验测量结果

R_L	U_i	U_O	A_u
∞			
2.7kΩ			

3. 观察工作点对输出波形的影响

在 $R_L=2.7k\Omega$，使 U_i 约为3V时，分别观察并记录当 $R_{18}=0$ 及 $R_{18}=100k\Omega$ 时的 U_O 波形，并记录到表2-4。在用万用表测量 U_C 时，需将输入信号源断开，使放大电路处于直流静态状态下。

表 2-4　实验测量 U_O 及 U_C 结果

	条　件	U_O	U_C
①	$R_{18}=0$		
②	$R_{18}=100k\Omega$		

五、实验报告

1. 正确记录数据及波形。
2. 分析表2-2和表2-4中波形变化的原因及性质。
3. 将静态工作点放大倍数的实验值和估算值列表比较。

实验二　LED数码管显示实验

一、实验目的

1. 掌握LED数码管显示数字的基本原理。
2. 掌握分析LED数码管显示故障的方法。

二、实验器材

1. 蓄电池1个，万用表1个，面包板1块。
2. LED共阴极数码管、LED共阳极数码管各2个，1kΩ电阻8个，单股导线若干。

三、操作步骤及工作要点

1. 用LED共阴极数码管按照图2-51所示电路，在电路板上进行组装。

2. 按照从1到9的次序，分别将从数码管管脚引出的导线连接到电阻上，显示数字，观察显示结果。

3. 如果显示出现错误，依次检查连接点是否断路，排除故障。

4. 设计共阳极数码管显示实验电路，并按上述步骤进行实验。

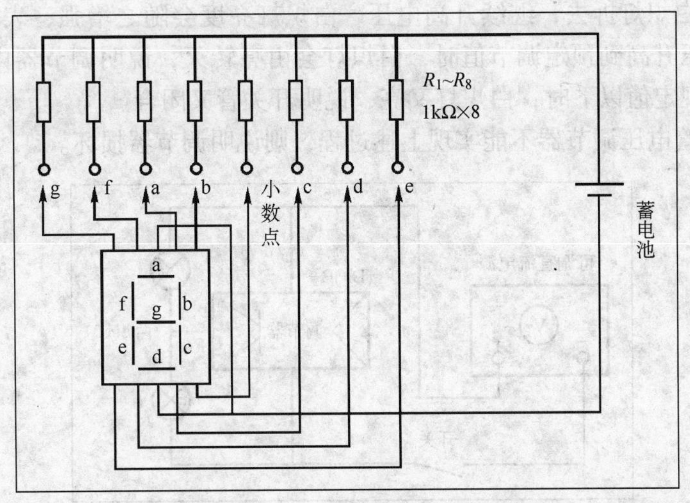

图 2-51　共阴极数码管显示实验电路

四、注意事项

不能将数码管管脚不经过电阻直接连接到电源上。那将使数码管电流过大，烧坏数码管。

实验三　三极管电压调节实验

一、实验目的

1. 掌握三极管电压调节器的工作原理。
2. 掌握三极管电压调节器动态实验方法。

二、实验器材

1. 直流可调电源 1 个，万用表 1 个。

2. 不同接地形式的三极管电压调节器各 1 个，2W/12V 白炽灯 2 个，导线及接头鳄鱼夹若干。

三、操作步骤及工作要点

1. 电压调节器根据配合使用的交流发电机形式，有内接地和外接地之分。接地形式可根据下述实验方法检验出来。首先认清调压器接线柱符号，一般有“B +”（或“D +”）、“F”、“ - ”三个引脚。“B +”接电源正极，“ - ”接电源负极，根据接地形式，励磁线圈接在 B + 与 F 之间(内接地)，或接在“F”与“ - ”之间(外接地)。

2. 将一个 0 ~ 50V/5A 直流可调电源、两只 2W/12V 白炽灯和开关，按照图 2-52 所示电路连接，接通开关，逐渐升高电压，当电压升为 4 ~ 5V 时，白炽灯发光。“B +”与“F”之间白炽灯发光，表明调节器是内接地式；“F”与“ - ”之间白炽灯发光，表明调节器是外接地式。

3. 将不亮的白炽灯拆去，继续升高电压，白炽灯亮度会随之增强，表明调节器内部开关管闭合。当电压升高到预定调节值时，白炽灯会由亮转灭，说明调节器内部开关管断开。当电压又降低到规定值以下时，白炽灯又亮，说明开关管又闭合。

4. 如果三极管电压调节器不能实现上述过程，则说明调节器损坏。

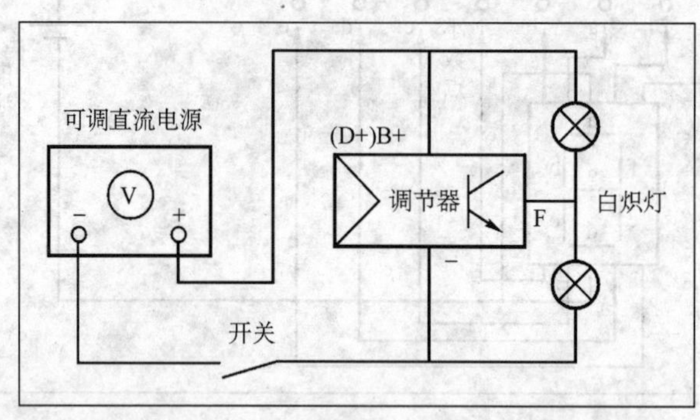

图 2-52　三极管电压调节器实验电路

四、注意事项

1. 三极管电压调节器的任何两个引脚之间不能短接，否则调节器将损坏。

2. 本实验中白炽灯的位置就是实际发电机中励磁线圈的位置，白炽灯的亮灭说明了励磁线圈是否流过电流。

3. 从外部特性来看，三极管电压调节器就相当于一个受调节电压控制的电子开关。

4. 电压调节器的调压值要以万用表测试数据为准，不依赖电源输出指示值，这一点在维修时很重要。

第三章

磁路及电磁器件

课题向导：

了解磁场的形成及其基本物理量，掌握安培定则、左手定则和右手定则；掌握变压器电压、电流的变换方法；了解点火线圈的结构特点，掌握点火线圈的故障检测方法；了解汽车上电磁铁的应用，掌握汽车喇叭的调节方法；了解继电器的结构，掌握继电器的选用方法。

第一节　磁场及电磁感应

任务导向

- 了解磁场的形成及其基本物理量。
- 了解电流的磁场及磁感线。
- 理解电磁感应现象。
- 掌握左手定则、右手定则和安培定则。

学习要求

应知： 磁场、磁路、磁感线的概念；电磁感应现象，安培定则、左手定则和右手定则。

应会： 能根据受力方向、电流方向和磁场方向中的任意两个判断第三个方向。

一、磁场的形成及基本物理量

1. 磁、磁场与磁感线的概念

磁是物质运动的基本形式之一。物体能吸引铁、镍、钴等金属或它们的合金的性质叫磁性。具有磁性的物体叫磁体。磁体上磁性最强的部位叫磁极。任何磁体都有两个磁极，而且无论怎样把磁体分割，磁体总保持两个磁极，通常以S表示磁体的南极（常涂红色），以N表示磁体的北极（常涂绿色或白色）。磁极间的相互作用力叫磁力，磁极间相互作用的规律是：同性相斥，异性相吸，如图3-1所示。原来没有磁性的铁磁物质，放在磁铁旁边会获得磁性，这一现象叫磁化。被磁化的铁磁物质远离磁铁后仍保留一定的磁性，叫剩磁。

磁体周围存在磁力作用的空间，当另一磁体或通电导体置入该空间时，就要受到磁力的作用，人们通常把这个磁力空间叫磁场。磁场具有力和能的性质，因而它是一种物质。但它又与其他物质不一样，它没有构成物质的分子或原子。所以，磁场是存在于磁体周围空间的一种特殊物质。

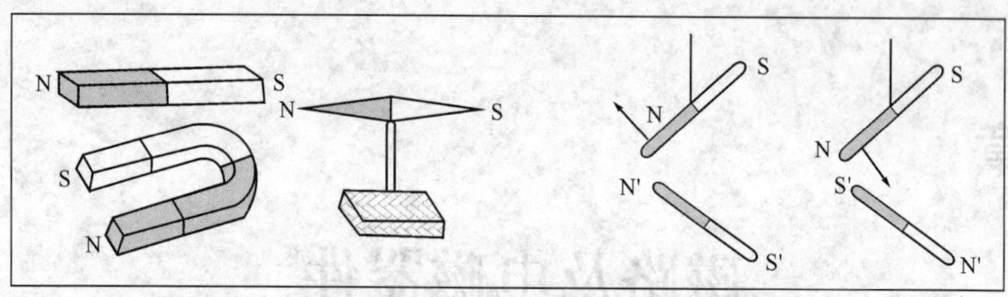

图 3-1　磁极作用示意图

磁场力和能的性质可以通过磁场方向和强弱表示出来。一般情况下，磁场各处的强弱和方向都是不同的。为了形象地表示磁场在空间各点的强弱和方向，人们根据铁屑在磁体周围磁场的作用下有规则地排列的示意图 3-2a，想象出磁感线。所谓磁感线，就是一条条从磁体北极沿磁体周围空间到磁体南极，然后再通过磁体内部回到北极的闭合曲线。曲线上每一点的切线方向（即小磁针 N 极在该点的指向）就表示该点的磁场方向，曲线在某处的疏密程度（单位面积内的磁感线条数）就表示该处的磁场强弱，如图 3-2b 所示。

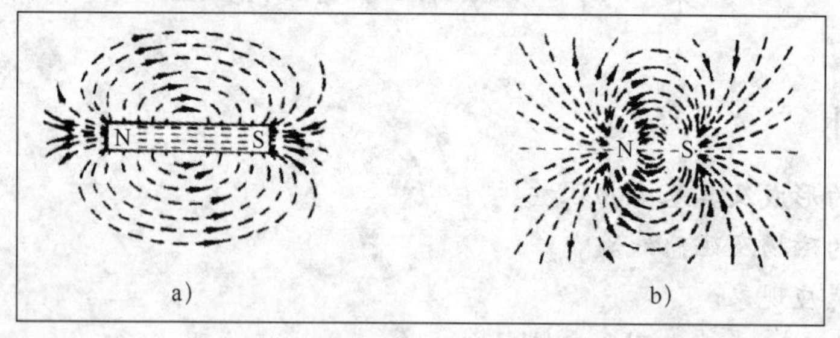

图 3-2　磁体周围铁屑的排列及对应的磁感线

2. 基本物理量

（1） 磁感应强度

磁感应强度是表示磁场内某点的磁场强弱和方向的物理量。它是一个矢量。它与电流（电流产生磁场）之间的方向关系可用右手螺旋定则来确定。磁感应强度用符号 B 表示，单位是特斯拉（T），也就是韦伯/平方米（Wb/m^2）。

如果磁场内各点的磁感应强度的大小相等、方向相同，这样的磁场则称为均匀磁场。

（2） 磁通

磁通就是磁感应强度 B 与垂直于磁场方向的面积的乘积，磁通的符号用 Φ 表示，单位是韦伯（Wb），也就是伏·秒（V·s）。

（3） 磁场强度

磁场强度是计算磁场时所引用的一个物理量，通过它来确定磁场与电流之间的关系。磁场强度用符号 H 表示，单位是安/米（A/m）。

（4） 磁导率

磁导率是表征媒介质磁化性质的物理量，用符号 μ 表示，它与磁场强度的乘积就等于磁感应强度，磁导率的单位是亨利/米（H/m）。

● **提示：**磁性材料主要是指铁、镍、钴及其合金，将磁性材料放入磁场强度为 H 的磁

场(常为线圈的励磁电流产生)内，会受到强烈的磁化。但当磁场强度减为零时，磁感应强度并不为零，这种性质称为磁性物质的磁滞性(剩磁)。有的剩磁是有害的，如果要去掉这些剩磁，通常采用改变线圈中励磁电流的方向，也就是改变磁场强度 H 的方向进行反向磁化的方法来实现。

二、电流的磁场及磁感线

1. 电流的磁场

1820 年，丹麦物理学家奥斯特从实验中发现：当导线通入电流时，放在导线旁边的磁针会受到力的作用而偏转。这表明通电导线的周围存在着磁场，电与磁是有密切联系的。法国科学家安培确定了通电导线周围的磁场方向，并用磁感线进行了描述。

（1）通电直导线周围的磁场

通电直导线周围磁场的磁感线是一些以导线上各点为圆心的同心圆，这些同心圆都在与导线垂直的平面上，如图 3-3a 所示。

实验表明，改变电流的方向，各点的磁场方向都随之改变。

磁感线的方向与电流方向之间的关系可用安培定则(又称右手螺旋定则)来判定：如图 3-3b 所示，用右手握住通电直导线，让拇指指向电流方向，则四指环绕的方向就是磁感线的方向。

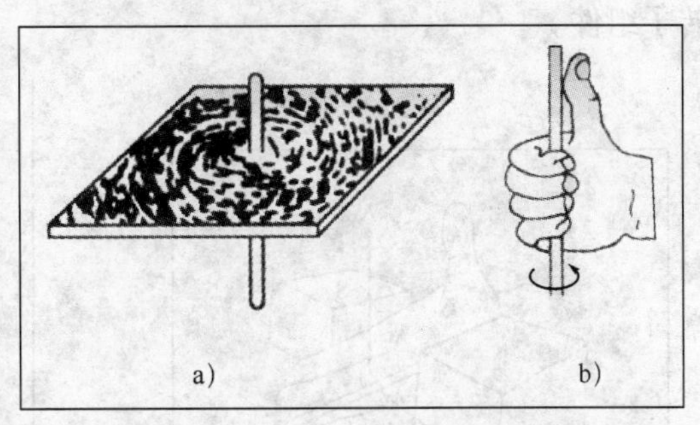

图 3-3　通电直导线的磁场

（2）通电线圈的磁场

把直导线绕成螺线管线圈，并通入电流，结果通电线圈产生类似条形磁铁的磁场，如图 3-4a 所示。由图可见，在线圈外部，磁感线从 N 极出来进入 S 极，线圈内部的磁感线方向由 S 极指向 N 极，并和外部的磁感线形成闭合曲线。

实验证明： 通电线圈磁场的强弱，不仅与线圈的电流大小有关，而且还与线圈的匝数有关，即与线圈的电流和匝数的乘积成正比。

通电线圈的磁场的方向，可用右手螺旋定则确定：如图 3-4b 所示，右手握住线圈，用弯曲的四指指向电流方向，则拇指所指的方向就是磁场方向。

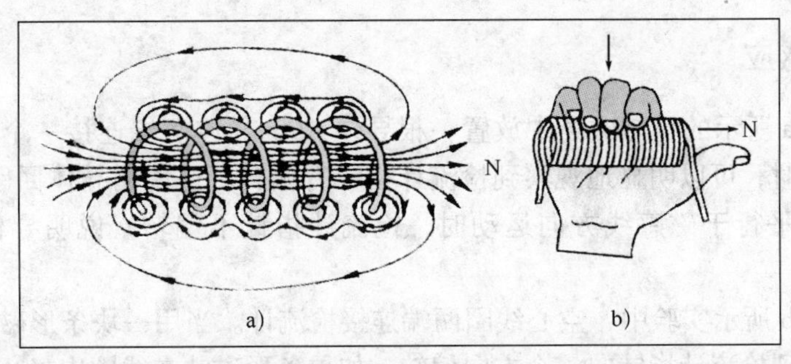

图 3-4　通电线圈的磁场

2. 电磁力

载流导体在磁场中所受的作用力称为电磁力(或安培力)，单位是牛(N)。

通电直导体在磁场中所受作用力的方向，可用左手定则判定：如图 3-5 所示，将左手伸开，使拇指与四指垂直，让磁感线垂直穿过掌心，四指朝向导体电流的方向，大拇指所指的方向就是导体所受安培力的方向。

3. 电磁力在汽车上的应用

磁场对通电线圈的作用原理广泛用于磁电式仪表及各种车用继电器中。

磁电式仪表

如图 3-6 所示，为汽车上装用的动磁式电流表的结构图，黄铜导电板固定在绝缘底板上。两端与接线柱相连，中间夹有磁轭，与导电板固装在一起的转轴上装有指针与永久磁铁转子组件。

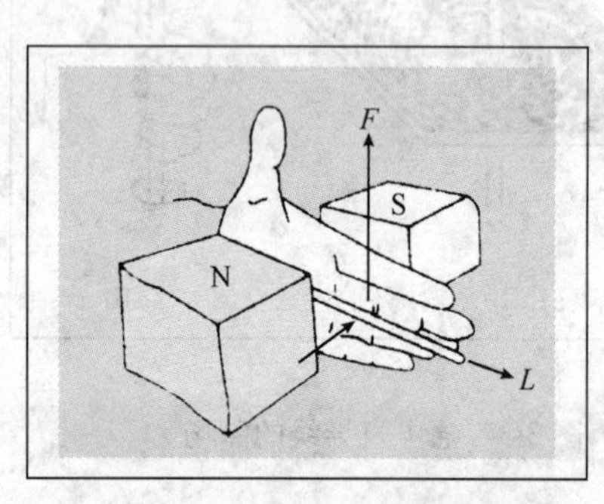

图 3-5　左手定则

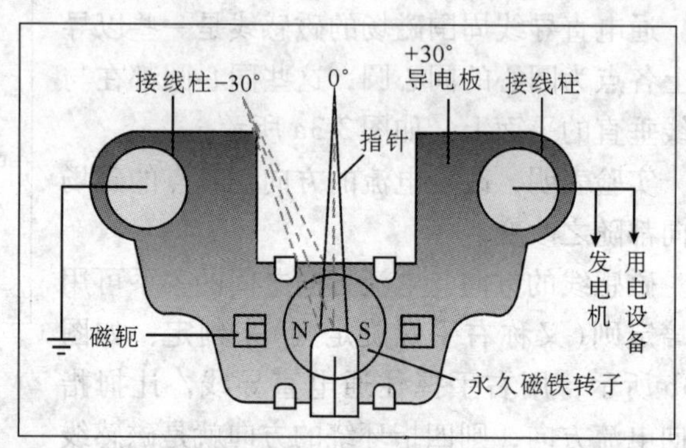

图 3-6　动磁式电流表的结构原理图

没有电流通过电流表时，永久磁铁转子通过磁轭构成磁回路，使指针保持在中间“0”的位置。当蓄电池向外供电时，放电电流通过导电板产生磁场，使永磁转子带动指针向“-”侧偏转。放电电流越大，指针偏转角度越大，指示放电电流的数值也越大。当发电机向蓄电池充电时，充电电流通过导电板产生的磁场使指针向“+”侧偏转，指示出充电电流的大小。当被测电流进入线圈时，通电线圈受到安培力作用而产生旋转力矩，使转动轴带动指针一起转动。线圈转动的角度就是指针偏转的角度，它与通过的电流成正比。指针在刻度盘上的指示数即为被测量的数值。

三、电磁感应

1）在图 3-7a 所示的均匀磁场中放置一根导体 *AB*。导体两端连接一个检流计，当导体垂直切割磁感线时，可以明显地观察到检流计指针有偏转。这说明导体回路中有电流存在。另外，当使导体平行于磁感线方向运动时，检流计指针不偏转，说明导体回路中不产生电流。

2）在图 3-7b 所示实验中，空心线圈两端连接检流计。当用一块条形磁铁快速插入线圈时，我们会观察到检流计指针向一个方向偏转；如果条形磁铁在线圈内静止不动，检流计指针不偏转；再将条形磁铁由线圈中迅速拔出时，又会观察到检流计指针向另一方向偏转。

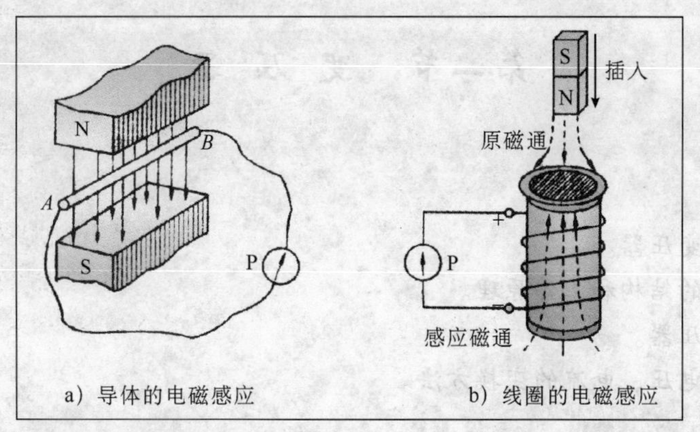

图 3-7 电磁感应实验

上述两实验现象说明：当导体相对于磁场运动且切割磁感线或者线圈中的磁通发生变化时，在导体或线圈中都会产生感应电动势。若导体或线圈构成闭合回路，则导体或线圈中将有电流流过。

1. 直导体中的感应电动势

(1) 感应电动势的方向

做切割磁感线运动的导体产生的感应电动势的方向可由右手定则来确定：平伸右手，拇指与四指垂直；让磁感线垂直穿过掌心，使拇指指向导体运动方向，四指所指方向就是感应电动势的方向(或感应电流的方向)，如图 3-8 所示。

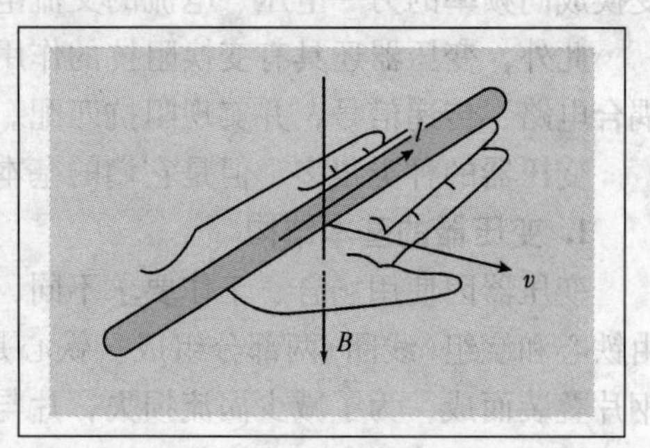

图 3-8 右手定则

需要注意的是：判断感应电动势方向时，要把导体看成是一个电源，在导体内部，感应电动势的方向由负极指向正极。感应电流的方向与感应电动势的方向相同。如果当直导体不形成闭合回路时，导体中只产生感应电动势，不产生感应电流。

(2) 感应电动势的大小

实验证明：在均匀磁场中，做切割磁感线运动的直导体，其感应电动势 e 的大小与磁感应强度 B、导体的有效长度 l、导体的运动速度 v 以及导体运动方向与磁感线之间的夹角 α 的正弦值成正比。

2. 线圈中的感应电动势

(1) 感应电动势的方向

我们已经知道，线圈中的磁通量发生变化时，线圈中会产生感应电动势。感应电动势的方向由楞次定律和右手螺旋定则来确定。

(2) 感应电动势的大小

法拉第通过大量实验总结出：线圈中感应电动势的大小与线圈中磁通量的变化快慢(即变化率)和线圈的匝数 N 的乘积成正比。

第二节 变压器

任务导向

- 了解什么是变压器。
- 了解变压器的结构和工作原理。
- 了解特殊变压器。
- 掌握变压器电压、电流的变换方法。

学习要求

应知：变压器的概念；变压器的结构和工作原理；特殊变压器的特点。

应会：变压器电压、电流的变换方法；电流互感器的使用方法。

一、变压器的结构组成和工作原理

变压器是根据电磁感应原理制成的一种静止电器，它可以把某一电压、电流的交流电能变换成同频率的另一电压、电流的交流电能，具有变换电压和电流的作用。

此外，变压器还具有变换阻抗的作用。在电子线路中，除电源变压器外，变压器还用来耦合电路、传递信号，并实现阻抗匹配。

变压器的种类很多，但是它们的基本结构和工作原理是一样的。

1. 变压器的基本结构

变压器因使用场合、工作要求不同，有各种各样的结构。但其基本结构都一样，即主体由铁心和绕组(线圈)两部分组成。铁心是变压器的磁路部分，一般选用磁滞损耗很小的硅钢片叠装而成，为了减少涡流损失，片与片之相互绝缘。绕组是变压器的电路部分，通常用绝缘铜线或铝线绕制而成。与电源相接的绕组称为一次绕组(原绕组)，又叫一次侧；与负载相接的绕组称为二次绕组(副绕组)，又叫二次侧。

按绕组与铁心的安装位置，变压器可分为心式和壳式两种。心式变压器的绕组套在各铁心柱上，如图3-9a 所示；壳式变压器的绕组套在中间的铁心柱上，绕组两侧被外侧铁心柱包围，如图3-9b 所示。图3-9c 是变压器在电路中的符号。一般电力变压器采用心式，小型变压器多采用壳式。

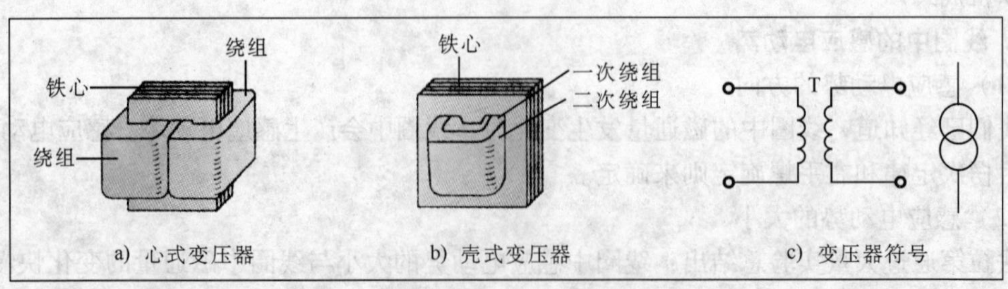

图3-9 变压器的绕组结构及符号

2. 变压器的工作原理和特性

图 3-10 所示的是变压器的原理图。为了便于分析，将高压绕组和低压绕组分别画在两边。与电源相连的称为一次绕组(或称初级绕组)，与负载相连的称为二次绕组(或称次级绕组)。一次、二次绕组的匝数分别为 N_1 和 N_2，当一次绕组接上交流电压时，一次绕组中便有电流通过。一次绕组的磁路产生的磁通绝大部分通过铁心而闭合，从而在二次绕组中感应出电动势。如果二次绕组接有负载，那么二次绕组中就有电流通过。二次绕组也产生磁通，其绝大部分也通过铁心而闭合。因此，铁心中的磁通是一个由一次、二次绕组的磁通共同产生的合成磁通，它称为主磁通，主磁通穿过一次绕组和二次绕组而在其中分别感应出电动势。此外，一次、二次绕组的磁通还分别产生漏磁通。

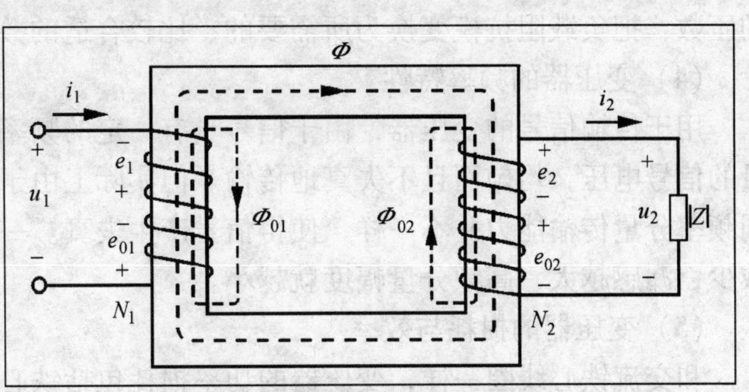

图 3-10　变压器的原理图

下面，在理想情况下(暂不计其他能量损耗)，讨论变压器的电压变换、电流变换及阻抗变换。

(1) 电压变换

一次、二次绕组的电压之比为 K，称为变压器的变比，亦即一次、二次绕组的匝数比。当电源电压 u_1 一定时，只要改变匝数比 K，就可得出不同的输出电压 u_2。

变比在变压器的铭牌上注明，它表示一次、二次绕组的额定电压之比。例如：6000V/400V($K=15$)。这表示一次绕组的额定电压(即一次绕组上应加的电压)$U_{1N}=6000\text{V}$，二次绕组的额定电压 $U_{2N}=400\text{V}$。由于变压器有内阻抗压降，所以二次绕组的空载电压一般应较满载时的电压高 5% ~10%。

(2) 电流变换

当电源电压和频率不变时，铁心中主磁通的最大值在变压器空载或有负载时是基本恒定的。因此，有负载时产生主磁通的一次、二次绕组的合成磁动势和空载时产生主磁通的一次绕组的磁动势基本相等，此时，变压器一次、二次绕组的电流之比近似等于它们的匝数比的倒数。可见，变压器中的电流虽然由负载的大小确定，但是一次、二次绕组中电流的比值是基本不变的。

变压器的额定电流是指按规定工作方式(长时连续工作或短时工作或间歇工作)运行时一次、二次绕组允许通过的最大电流，它们是根据绝缘材料允许的温度确定的。

二次绕组的额定电压与额定电流的乘积称为变压器的额定容量，它是负载功率(单位是 V · A)，与输出功率(单位是 W)不同。

(3) 阻抗变换

变压器能起变换电压和变换电流的作用。此外，它还有变换负载阻抗的作用，以实现“匹配”。所谓等效，就是输入电路的电压、电流和功率不变。就是说直接接在电源上的阻抗模和接在变压器二次侧的负载阻抗模是等效的，两者的关系可通过计算得出。

因匝数比不同，负载阻抗模折算到（反映到）一次侧的等效阻抗模也不同。可以用不同的匝数，把负载阻抗模变换为所需要的、比较合适的数值，这种做法称为阻抗匹配。

（4）变压器的频率特性

用于传输信号的变压器，由于信号具有一定的频率宽度，通常要求变压器对不同频率分量的信号电压，均匀而且不失真地传输。但实际上由于变压器一次电感和漏感的影响，对不同频率分量传输能力并不一样，使得信号产生失真。一次电感越小，信号的低频分量幅度就减少；漏感越大，高频分量幅度就越小。

（5）变压器的损耗与效率

和交流铁心线圈一样，变压器的功率损耗包括铁心中的铁损和绕组上的铜损两部分。铁损的大小与铁心内磁感应强度的最大值有关，与负载大小无关，铜损与负载大小（正比于电流平方）有关。

● **提示：** 变压器的效率为变压器的输出功率与输入功率之比。

二、特殊变压器

1. 自耦变压器

图 3-11 所示的是一种自耦变压器，其结构特点是二次绕组是一次绕组的一部分，一次、二次绕组电压之比和电流之比是

$$\frac{U_1}{U_2}=\frac{N_1}{N_2}=K \quad \frac{I_1}{I_2}=\frac{N_2}{N_1}=\frac{1}{K}$$

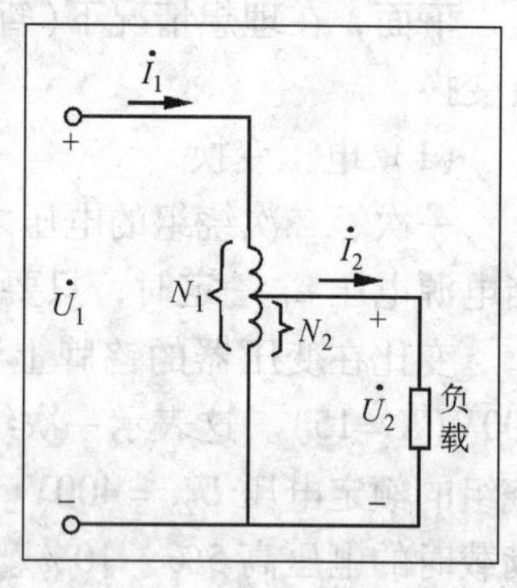

图 3-11 自耦变压器

● **提示：** 实验室中常用的调压器就是一种可以改变二次绕组匝数的自耦变压器，其外形和电路如图 3-12 所示。

2. 电流互感器

电流互感器是根据变压器的原理制成的。它主要是用来扩大测量交流电流的量程。因为要测量交流电路的大电流时（如测量容量较大的电动机、工频炉、焊机等的电流时），通常电流表的量程是不够的。

此外，使用电流互感器也是为了使测量仪表与高压电路隔开，以保证人身与设备的安全。

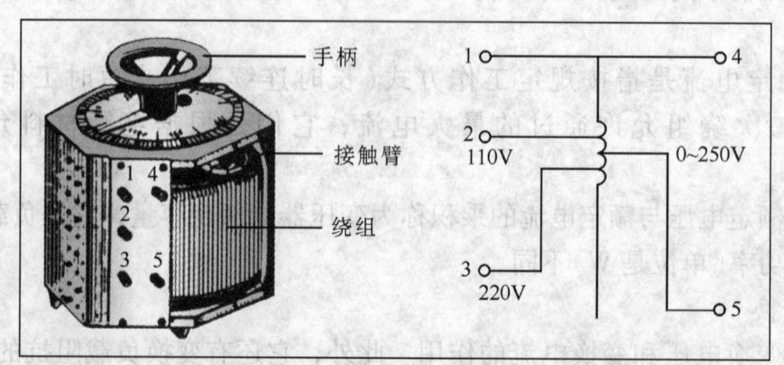

图 3-12 调压器的外形和电路

电流互感器的接线图及其符号如图 3-13 所示。一次绕组的匝数很少(只有一匝或几匝)，它串联在被测电路中。二次绕组的匝数较多，它与电流表或其他仪表及继电器的电流线圈相连接。利用电流互感器可将大电流变换成小电流。通常电流互感器二次绕组的额定电流都规定为 5A 或 1A。

● **提示：** 测流钳是电流互感器的一种变形。它的铁心如同一个钳子，用弹簧压紧。测量时将钳压开而引入被测导线。这时该导线就是一次绕组，二次绕组绕在铁心上并与电流表接通。利用测流钳可以随时随地测量线路中的电流，不必像普通电流互感器那样必须固定在一处或者在测量时要断开电路而将一次绕组串接进去。测流钳的原理图见图 3-14。

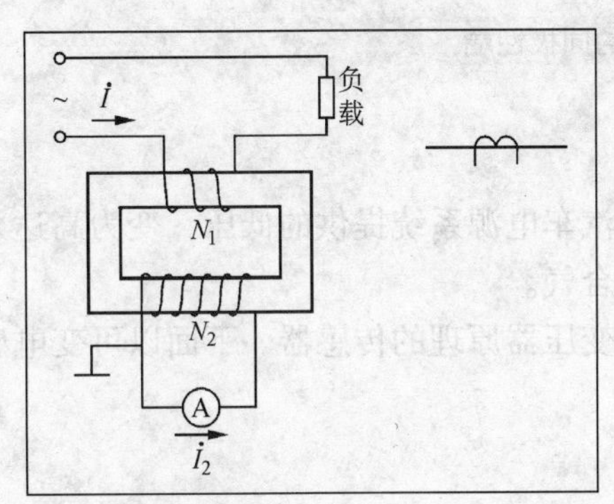

图 3-13　电流互感器的接线图及其符号

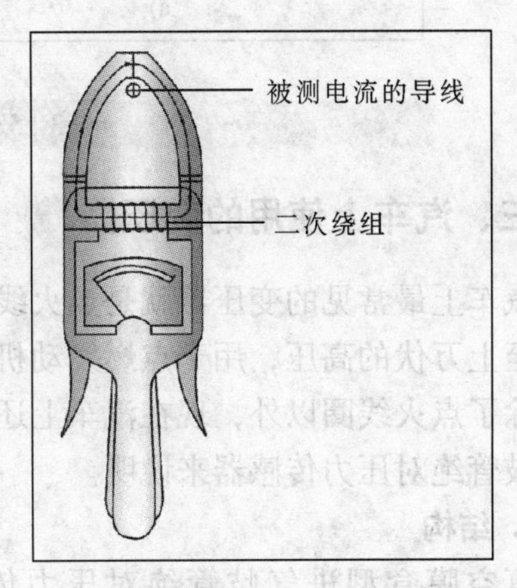

图 3-14　测流钳

● **操作规范：** 在使用电流互感器时，二次绕组电路是不允许断开的，这点和普通变压器不一样。

因为它的一次绕组是与负载串联的，其中一次绕组电流的大小是决定于负载的大小，而不是决定于二次绕组电流的大小。所以当二次绕组电路断开时(譬如在拆下仪表时未将二次绕组短接)，二次绕组的电流和磁动势立即消失，但是一次绕组的电流未变。这时铁心内的磁通全由一次绕组的磁动势产生，结果造成铁心内很大的磁通(因为这时二次绕组的磁动势为零，不能对一次绕组的磁动势起去磁作用了)。这一方面使铁损大大增加，从而使铁心发热到不能容许的程度；另一方面又使二次绕组的感应电动势增高到危险的程度。为了使用安全起见，电流互感器的铁心及二次绕组的一端应该接地。

● **进一步：** 变压器绕组是有极性的，在连接时应充分注意。

如图 3-15a 所示电流从 1 端和 3 端流入(或流出)时，产生的磁通的方向相同，两个绕组中的感应电动势的极性也相同，1 和 3 两端称为同极性端，标以记号“●”。当然，2 和 4 两端也是同极性端。

如果连接错误，譬如串联时将 2 和 4 两端连在一起，将 1 和 3 两端接电源，如图 3-15b 所示。这样，铁心中两个磁通就互相抵消，两个感应电动势也互相抵消，接通电源后，绕组中将流过很大的电流，把变压器烧毁。因此必须按照绕组的同极性端才能正确连接。绕组的同极性端一般可用图 3-15c 的图形表示。

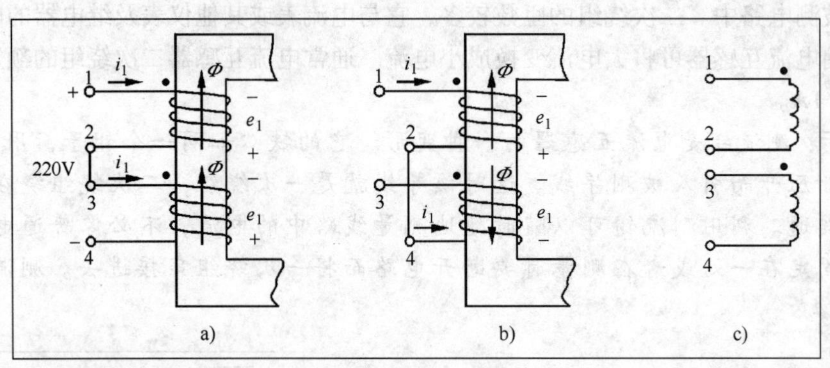

图 3-15 变压器绕组的同极性端

三、汽车上使用的变压器

汽车上最常见的变压器就是点火线圈，它能将汽车电源系统提供的低压，变为高达几千伏甚至上万伏的高压，用于点燃发动机内的可燃混合气。

除了点火线圈以外，现在汽车上还安装有基于变压器原理的传感器。下面以可变电感式进气歧管绝对压力传感器来说明。

1. 结构

真空膜盒型进气歧管绝对压力传感器结构如图 3-16 所示。它由一对真空膜盒、一次绕组、二次绕组、铁心等组成。膜盒置于进气歧管绝对压力传感器壳体内，由薄金属焊接而成，其内部抽成真空。进气歧管绝对压力传感器通过管道与进气歧管相连，因而膜盒外部受进气歧管压力(负压)作用，其收缩或膨胀的程度完全取决于进气歧管压力变化。位于一次绕组和二次绕组内部的铁心与膜盒联动。

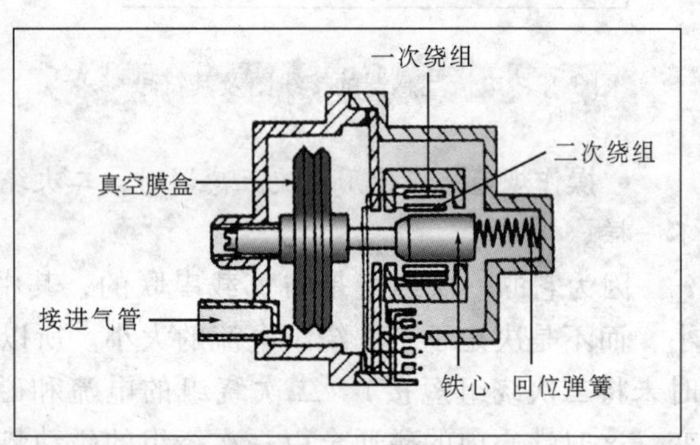

图 3-16 进气歧管绝对压力传感器

2. 工作原理

当进气歧管压力(负压)变化时，真空膜盒就会膨胀或收缩，带动铁心向左或向右移动。由于发动机工作时已有电流流过一次绕组。铁心移动时就会在二次绕组产生感应电动势。如当进气压力增大(节气门开度增大)时，真空膜盒收缩，使柱塞向左移动，进入线圈，电感增大，于是二次绕组输给电控单元 ECU 的感应信号增强，则喷油时间增长。这样即可把气压变化的物理量转变为二次绕组两端输出的电信号，从而控制喷油量。

第三节 点火线圈

任务导向

- 了解点火线圈的规格型号。
- 了解开磁路点火线圈的结构特点。
- 了解闭磁路点火线圈的结构特点。
- 掌握点火线圈的故障检测方法。

学习要求

应知：点火线圈的型号；开磁路点火线圈、闭磁路点火线圈的结构特点。

应会：点火线圈的故障检测方法。

一、点火线圈的规格型号

根据规定点火线圈规格型号的格式为：

产品代号：DQG 表示干式点火线圈，DQD 表示电子点火系统用点火线圈。

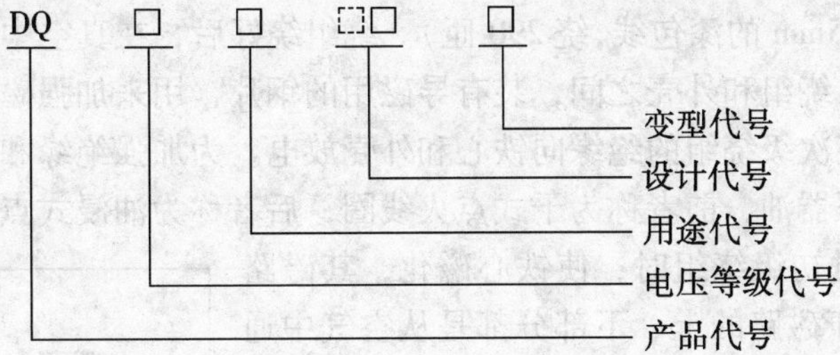

电压等级代号：1—12V，2—24V。

用途代号：见表 3-1。

表 3-1 点火线圈的用途代号

代号	1	2	3	4	5	6	7	8	9
气缸数	单、双缸	4，6	4，6	6，8	6，8	8 缸以上	无触点分电器	高能	3，5，7
说明			附加电阻	附加电阻					

二、开磁路式点火线圈

开磁路式点火线圈的结构如图 3-17 所示，点火线圈的上端装有胶木盖，其中央突出部分为高压接线柱，其他的接线柱为低压接线柱。根据低压接线柱的数目不同，点火线圈有二接线柱式和三接线柱式之分。

为了减少涡流和磁滞损耗，铁心由硅钢片叠成，包在硬纸板套内，其上绕有次级绕组，它用直径为 0.06 ~0.10mm 的漆包线，绕 11000 ~26000 匝(如东风 EQ1090 型汽车用 DQ125

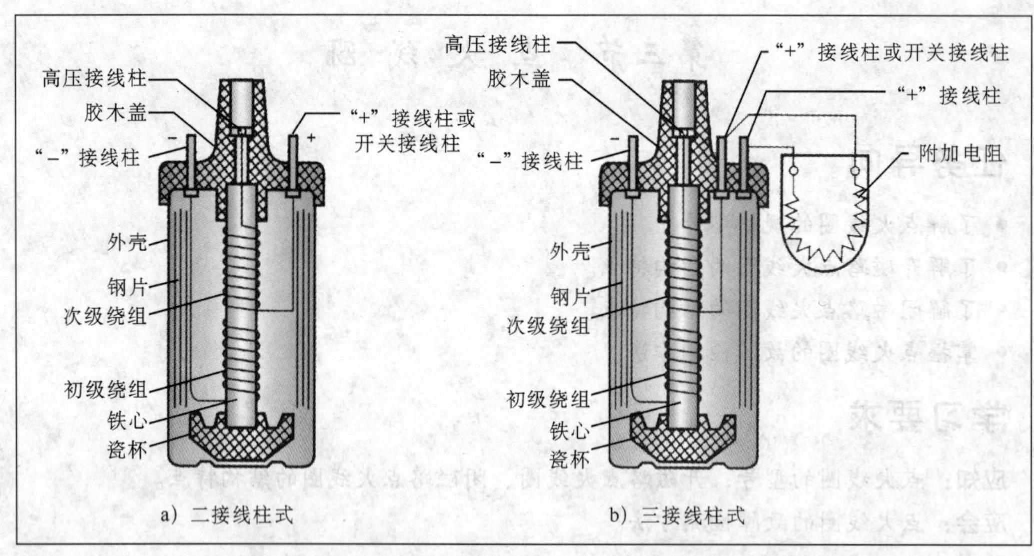

图 3-17　开磁路式点火线圈

型点火线圈，为线径是 0.08mm 的漆包线，绕 23200 匝）。初级绕组绕在次级绕组的外边，以利于散热。初级绕组用直径为 0.5～1.0mm 的漆包线，绕 230～370 匝（DQ125 型点火线圈初级绕组是直径为 0.75mm 的漆包线，绕 290 匝）。绕组绕好后，在真空中浸以石蜡和松香的混合物，以增强绝缘。绕组和外壳之间，装有导磁用的钢片，用来加强磁通，外壳的底部有瓷杯，以防高压电击穿次级绕组的绝缘向铁心和外壳放电。为加强绝缘和防止潮气侵入，在外壳内填满沥青或变压器油，前者称为干式点火线圈，后者称为油浸式点火线圈。

当一次电流流过初级绕组时，使铁心磁化，其磁路如图 3-18 所示。由于磁路的上、下部分都是从空气中通过的，铁心未构成闭合磁路，所以称为开磁路点火线圈。

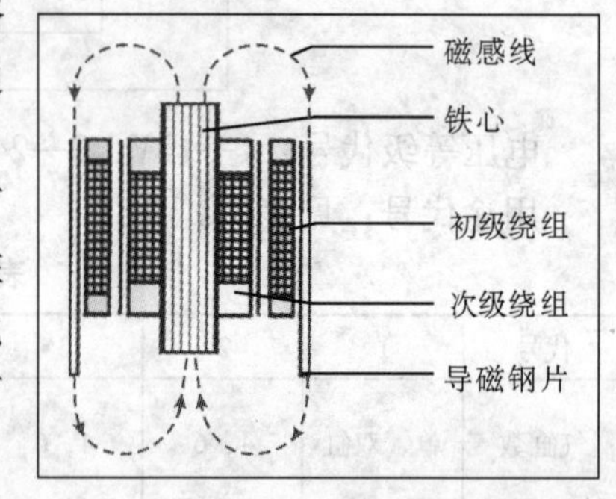

图 3-18　开磁路式点火线圈的磁路

二接线柱式点火线圈的低压接线柱上分别标有"+"、"–"的标记。三接线柱式点火线圈与二接线柱式的主要区别是外壳上装有一个附加电阻，为固定该电阻，又增加了一个低压接线柱。附加电阻就接在标有"开关"和"+"的两接线柱上（如图 3-17 所示）。

附加电阻可由低碳钢丝、镍铬丝或纯镍丝制成。具有受热时电阻迅速增大，而冷却时电阻迅速降低的特性。因此，在发动机工作时，可自动调节初级电流，改善高速时的点火特性。

● **提示：** 东风 EQ1090 型汽车装用的 DQ125 型点火线圈为二接线柱式，本身不带附加电阻，它的"–"接线柱接至分电器活动触点，而"+"接线柱上接有两根导线，其中一根蓝色导线接至起动机电磁开关的附加电阻短路接线柱上；另一根白色导线接至点火开关，这根白色导线为附加电阻线，阻值为 1.7Ω，相当于三接线柱点火线圈的附加电阻，不能用普通导线代替。起动时，借助于起动开关将其短路，以增大初级电流，提高次级电压和火花能量，使起动变得容易。

● **进一步：** 点火线圈低压接线柱的连接必须正确，即"–"接线柱接至分电器触点，

“+”接线柱接至点火开关，使初级电流从“+”接线柱流入，从“-”接线柱流出，只有这样才能确保高压电路为正极接地，即火花塞的中心电极为负极，旁电极为正极，可使火花塞的击穿电压降低20%。

三、闭磁路式点火线圈

闭磁路式点火线圈的结构如图3-19所示，在“日”字形铁心内绕有初级绕组，在初级绕组的外面绕有次级绕组，其磁路如图3-20所示。

由图可知，磁感线经铁心构成闭合磁路。闭磁路式点火线圈的优点是漏磁少，磁路的磁阻小，因而能量损失小，能量转换率高，可达75%（开磁路式点火线圈只有60%）。并且闭磁路式点火线圈采用热固性树脂作为绝缘填充物，外壳以热熔性塑料注塑成型，其绝缘性、密封性均优于开磁路式点火线圈。

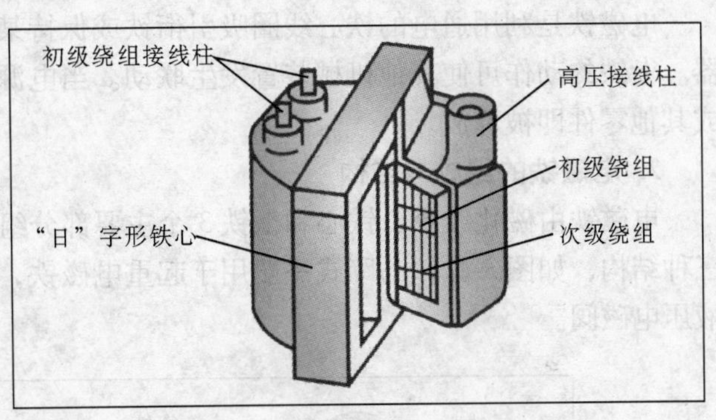

图3-19　闭磁路式点火线圈

闭磁路式点火线圈体积小，可直接装在分电器盖上，不仅结构紧凑，而且省去了点火线圈与分电器之间的高压导线，并可使次级电容减小，所以在电子点火系统中广泛使用。

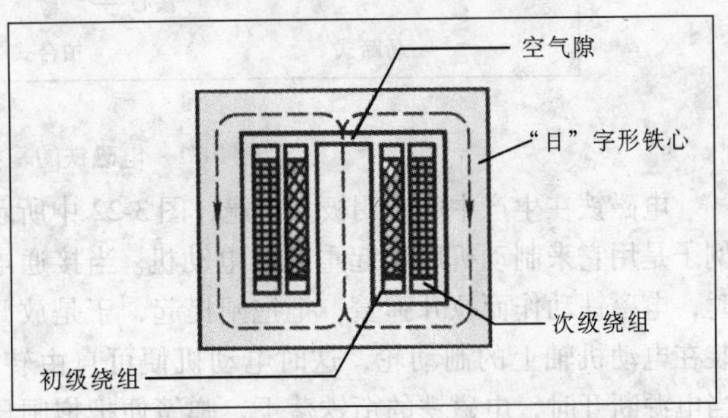

图3-20　闭磁路式点火线圈的磁路

- **操作：**点火线圈的检测。

① 检查点火线圈的外表，若绝缘盖破裂或外壳破裂，容易受潮而失去点火能力。

② 用万用表测量点火线圈的初级绕组、次级绕组以及附加电阻的电阻值，应符合点火线圈参数值。

第四节　电　磁　铁

任务导向

- 了解电磁铁的概念。
- 了解电磁铁的类型。
- 了解汽车上电磁铁的应用。
- 掌握汽车电喇叭的调节方法。

学习要求

应知：电磁铁的概念、结构和主要参数；电磁铁的类型和特点。

应会：汽车电喇叭的调节方法。

一、电磁铁的概念、结构

1. 电磁铁的概念

电磁铁是利用通电的铁心线圈吸引衔铁或保持某种机械零件、工件于固定位置的一种电器。衔铁的动作可使其他机械装置发生联动。当电源断开时，电磁铁的磁性随之消失，衔铁或其他零件即被释放。

2. 电磁铁的组成与结构

电磁铁由磁化线圈、铁心和衔铁3个主要部分组成。常用有马蹄式、拍合式及螺旋管式三种结构，如图3-21，马蹄式一般用于起重电磁铁，拍合式常用于继电器，螺旋管式则用于液压电磁阀。

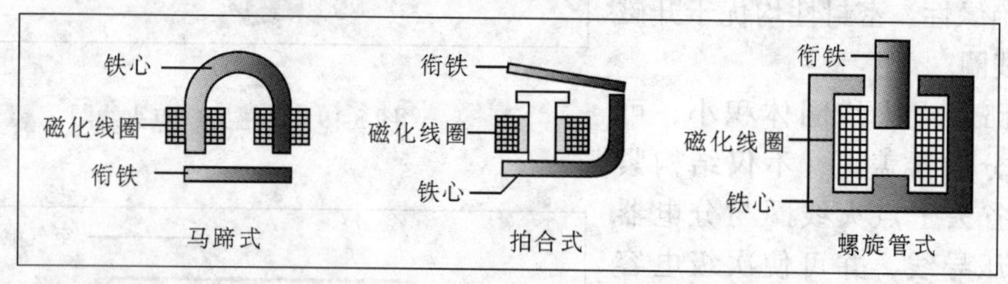

图3-21 电磁铁的基本结构

电磁铁在生产中的应用极为普遍，图3-22中所示的例子是用它来制动机床和起重机的电动机。当接通电源时，电磁铁动作而拉开弹簧，把抱闸提起，于是放开了装在电动机轴上的制动轮，这时电动机便可自由转动。当电源断开时，电磁铁的衔铁落下，弹簧便把抱闸压在制动轮上，于是电动机就被制动。

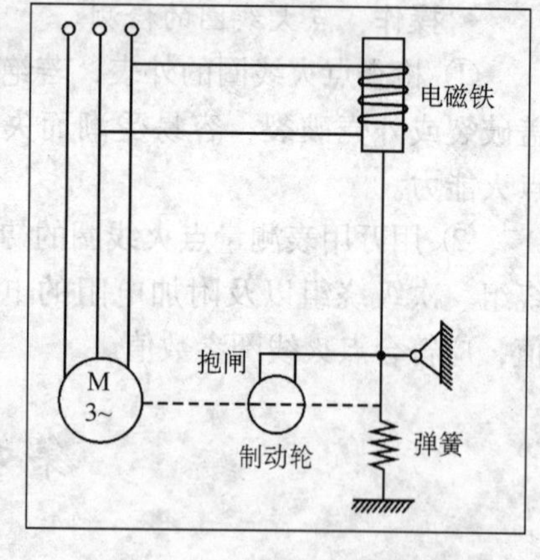

图3-22 电磁铁应用一例

● **提示：**在起重机中采用这种制动方法，还可避免由于工作过程中的断电而使重物滑下所造成的事故。在机床中也常用电磁铁操纵气动或液压传动机构的阀门和控制变速机构，电磁吸盘和电磁离合器也都应用电磁铁。此外，还可应用电磁铁起重提放钢材。

● **进一步：**在各种电磁继电器和接触器中，电磁铁用来接通和断开电路。

二、电磁铁的类型

电磁铁广泛地应用在继电器、接触器及自动装置中。电磁铁分为直流和交流两种。

1. 直流电磁铁

当励磁线圈通入电流时，便产生磁场，铁心和衔铁都被磁化，衔铁受到电磁力的作用而被吸向铁心。磁路中的空气隙随衔铁的吸合而减小。

直流电磁铁的吸力与空气隙的磁感应强度的平方成正比，与空气隙的截面积也成正比。

直流电磁铁中既有电路(励磁线圈回路)，又有磁路(闭合铁心磁路)。对于电路，由于是直流励磁，铁心中的磁通是恒定的，线圈中无感应电动势，所以线圈的电流决定于电源电压和线圈的内阻。当电源电压和线圈内阻一定时，励磁电流就恒定不变，磁动势也就不变。

对于磁路，当衔铁刚吸合时，衔铁和铁心之间的空气隙最大，此时磁路中磁阻最大，由于磁动势一定，磁通和磁感应强度最小，吸力也最小。当衔铁吸合后，空气隙最小，磁路中磁阻最小，则磁通和磁感应强度最大，所以吸力也最大。所以，在直流电磁铁中，当电源电压和线圈电阻一定时，励磁电流恒定不变，与空气隙大小无关(即磁路不影响电路)，但衔铁吸力随衔铁吸合过程将逐渐增大。

2. 交流电磁铁

交流电磁铁和直流电磁铁的构造基本相同，也是由励磁线圈，软磁材料铁心和衔铁三部分组成。

当交流电磁铁的铁心线圈通入正弦交流电时，铁心中便产生交变磁通，当电源频率和线圈匝数一定时，铁心中磁通的最大值与电源电压的有效值成正比。当电压有效值不变时，铁心中磁通的最大值亦保持恒定不变，与磁路的情况(如铁心材料的磁导率、气隙大小等)无关。

交流电磁铁是用交流电励磁的，气隙中的磁感应强度随时间而变化，所以交流电磁铁的吸力也要随时间而变化。一般计算时，只考虑其平均值，平均吸力是最大吸力的一半。

交流电磁铁的吸力如图 3-23 所示，在零与最大值之间脉动，因而衔铁以两倍电源频率在颤动，引起噪声，同时触点容易损坏。为了消除这种现象，可在磁极的部分端面上套一个分磁环(图 3-24)。于是在分磁环(或称短路环)中便产生感应电流，以阻碍磁通的变化，使在磁极两部分中的磁通 Φ_1 与 Φ_2 之间产生相位差，因而磁极各部分的吸力也就不会同时降为零，这就消除了衔铁的颤动，除去了噪声。

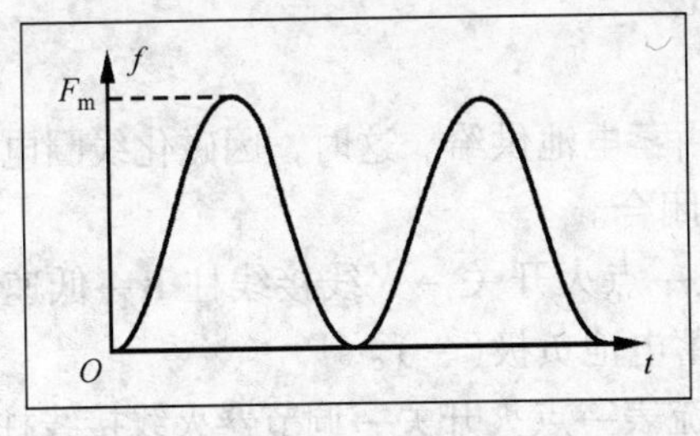

图 3-23　交流电磁铁的吸力变化

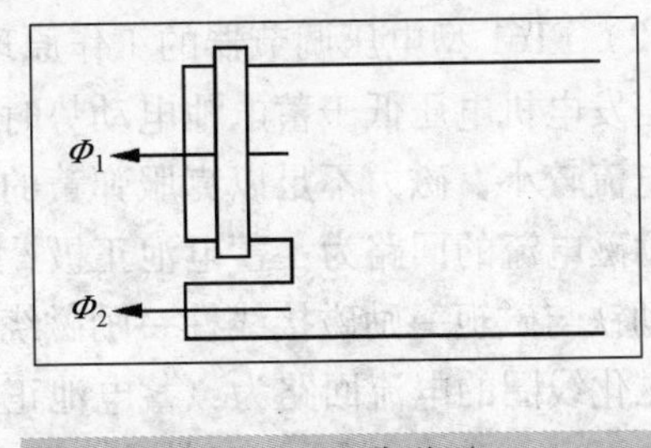

图 3-24　分磁环

● **提示：** 交流电磁铁的铁心是由硅钢片叠成的。这是因为铁心中的磁通是交变的，要产生涡流和磁滞损耗。为了减小铁心损耗，必须用硅钢片叠合而成。而在直流电磁铁中，因磁通是恒定的，无铁心损耗，铁心是用整块软钢制成的。

● **进一步：** 交、直流电磁铁除有上述的不同外，还应该知道，它们在吸合过程中电流和

吸力的变化情况也是不一样的。

● **提示**：汽车电路中主要应用直流电磁铁，交流电磁铁在汽车中的应用很少。

三、电磁铁在汽车上的应用

利用电磁铁的特点，可制成许多控制部件或执行部件应用到汽车上，其中比较典型的应用就是触点式电压调节器和汽车电喇叭。触点式电压调节器利用电磁铁在不同电流下的磁力变化使衔铁触点断开或吸合，控制发电机励磁电路的闭合与断开，达到调节发电机输出电压的目的。电喇叭利用衔铁触点控制电磁铁电路的通断，使电磁铁不断吸合和断开，产生振荡，发出鸣响。下面我们分别讲解。

1. 触点式电压调节器

FT61 型双级触点式电压调节器的结构及电路连接情况如图 3-25 所示。

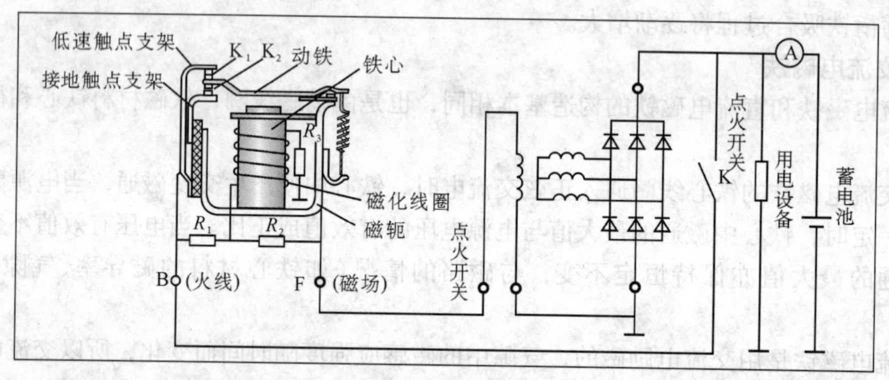

图 3-25 FT61 型双级触点式电压调节器

（1）FT61 型电压调节器的结构

电压调节器的磁轭与铁心铆固在一起，铁心上绕有磁化线圈，动铁的左端上、下各有一片触点（称为活动触点），活动触点与低速触点支架的触点组成了低速触点 K_1，与接地触点组成了高速触点 K_2，动铁的另一端用弹簧拉紧，使 K_1 为常闭触点，K_2 为常开触点。调节器上有加速电阻 R_1、附加电阻 R_2 和温度补偿电阻 R_3。

（2）FT61 型电压调节器的工作原理

当发电机电压低于蓄电池电动势时，励磁电流由蓄电池供给。这时，因磁化线圈电压较低、电流较小，磁力不足以克服弹簧的作用，K_1 仍闭合。

励磁电流的回路为：蓄电池正极（+）→电流表→点火开关→火线接线柱 B→低速触点 K_1→动铁与磁轭→励磁接线柱→励磁绕组→接地→蓄电池负极（–）。

磁化线圈的电流回路为：蓄电池正极（+）→电流表→点火开关→调节器火线接线柱 B→加速电阻 R_1→磁化线圈 R_X→补偿电阻 R_3→接地→蓄电池负极（–）。

由于 K_1 闭合，励磁回路电阻较小，励磁电流较大，发电机端电压随着发电机转速的不断提高而升高。当发电机端电压稍高于蓄电池时，励磁电流由发电机自身供给，发电机自励发电，磁化线圈承受发电机端电压。

当发电机端电压略超过第一级电压调节值 U_1 时，磁化线圈的吸力克服弹簧的作用，使 K_1 断开，这时电阻 R_1 和 R_2 串入励磁回路中。励磁回路电阻增大，励磁电流减小，发电机磁场减弱，端电压下降。

当发电机端电压略低于调节值 U_1 时，磁化线圈的吸力减小，弹簧克服磁化线圈的作用，使 K_1 闭合。电阻 R_1 和电阻 R_2 被短路。励磁回路电阻减小电流增大，发电机磁场增强，端电压升高。

当发电机端电压上升到略超过调节值 U_1 时，K_1 又断开……由于 K_1 的不断断开与闭合，使发电机端电压的平均值保持在 U_1 上基本不变。

当发电机的转速继续增高至一定数值后，K_1 虽已断开，R_1、R_2 串入励磁回路之中，但发电机端电压仍然上升(称为失控区)。当发电机端电压略超过第二级电压调节值 U_2 时，磁化线圈的吸力增大，吸动动铁，使 K_2 闭合，励磁绕组被短路，励磁电流降为零。发电机端电压急剧下降。

当发电机端电压下降到略低于调节值 U_2 时，磁化线圈吸力减小，在弹簧的作用下，K_2 断开，励磁电流增大，磁场增强，发电机端电压升高。当发电机端电压升高到略高于调节值 U_2 时，K_2 又闭合……由于 K_2 的不断断开与闭合，使发电机端电压的平均值保持在 U_2 不变。在汽车运行过程中电压调节器以 K_2 工作为主。

补偿电阻 R_3 的作用是减小温度变化对调节电压的影响。当环境温度变化时，使发电机输出电压随温度的变化相对减小。

如果双级触点式电压调节器高速触点 K_2 两片触点中间进入粉尘或杂质，K_2 将不能闭合，发电机会失控，端电压会大幅度升高。

双级触点式电压调节器适用转速范围大、触点火花小的情况，但由于存在着两级调节值，其差值又必须很小(12V 系列不超过 0.5V,24V 系列不超过 1V)，因而高速触点的间隙很小，一般为 0.2 ~0.4mm。这样小的间隙给调整和维修都带来一定困难，且容易产生触点烧坏等故障。

2. 电喇叭

为了警告行人和来往车辆，保证安全行车，汽车上都装有电喇叭。汽车电喇叭按外形不同可分为螺旋形、筒形和盆形等，目前国产汽车使用的多为螺旋形和盆形喇叭。两种电喇叭结构和工作原理基本相同，不同之处是扬声筒形状不同。

为了得到较为和谐悦耳的声音，在汽车上一般装有高、低音两个电喇叭。由于电喇叭工作电流较大，为保护电喇叭按钮，一般在电喇叭电路中设有电喇叭继电器，电喇叭的应用电路如图 3-26 所示。

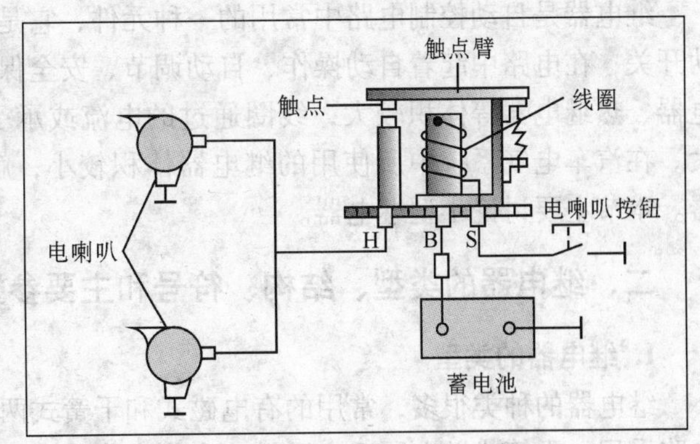

图 3-26　电喇叭的应用电路

当按下电喇叭按钮时，电喇叭线圈通电，产生的电磁力使触点闭合，接通电喇叭电路而使电喇叭发声。**电喇叭电路为：蓄电池正极→熔丝→接线柱 B→触点臂→触点→接线柱 H→电喇叭→接地→蓄电池负极**。电喇叭工作电流不经电喇叭按钮，从而保护了电喇叭按钮。

● **进一步**：喇叭发出的音调可通过调整施加给衔铁的弹簧拉力来改变，即改变磁场对衔铁的吸力。吸动衔铁的阻力越小，膜片的振动频率越高，发出的音调越高，调整的地方在喇叭外壳上，膜片是一薄的、柔顺的、圆形的盘，盘边被喇叭壳压住，中部能挠曲。

● **更进一步**：喇叭电路控制方式有用继电器和不用继电器两种，不用继电器的喇叭是低电流型的；最常用的是用继电器的喇叭，通常的电路布线都将喇叭开关下面的触片接蓄电池电压。

● **操作**：观察汽车或摩托车电喇叭结构。

第五节　继　电　器

任务导向

- 了解继电器的概念。
- 了解继电器的类型。
- 了解继电器在汽车上的典型应用。
- 掌握继电器的选用方法。

学习要求

应知：什么是继电器；继电器的类型、结构和主要电气参数；继电器在汽车上的典型应用。

应会：继电器的选用方法。

一、继电器的概念

继电器是自动控制电路中常用的一种元件，它是用较小的电流来控制较大电流的一种自动开关，在电路中起着自动操作、自动调节、安全保护等作用。在工业控制中使用的中间继电器、热继电器等体积较大，线圈通过的电流或承受的电压较大，触点允许通过的电流较大。在汽车电气系统中所使用的继电器体积较小，触点控制的电流也较小，属于小型继电器。本节主要讨论小型继电器。

二、继电器的类型、结构、符号和主要参数

1. 继电器的类型

继电器的种类很多，常用的有电磁式和干簧式两种。电磁式继电器成本较低，便于控制电路采用。干簧式继电器反应灵敏，多作为信号采集装置使用。汽车控制电路大多采用电磁式继电器作为控制执行部件，采用干簧式继电器作为传感器。

（1）电磁式继电器

电磁式继电器是一种具有跳跃输出特性、能传递信号的电磁器件。它由电磁机构与触点系统两部分组成，包括铁心、衔铁、线圈、回位弹簧和触点等，如图 3-27 所示。

在继电器系统中，装上不同的线圈或阻尼元件以分别获得电流继电器、电压继电器、中间继电器、时间继电器等。线圈接入电路以接收信号。触点系统由一对或数对动、静触点组

成，动触点焊在触点弹簧片上。当线圈中通入一定的电流时，电磁铁产生磁力，使衔铁带动活动触点与固定常开触点接通、与固定常闭触点断开。

当切断线圈电流时，由于电磁力消失，衔铁就在弹簧的作用下迅速回位，使活动触点与固定常开触点断开，而使活动触点与固定常闭触点闭合。利用触点的开、闭，就可实现对电路的控制。

(2) 干簧式继电器

干簧式继电器与电磁式继电器的主要区别就是，干簧式继电器的触点是一个或几个干簧管，图 3-28 所示为干簧式继电器的结构，它的符号与电磁式继电器一样。当继电器线圈通以电流时，在线圈中心工作气隙中形成磁通回路，从而使干簧管的一对触点吸合。干簧式继电器相当于一个大电流的开关管。

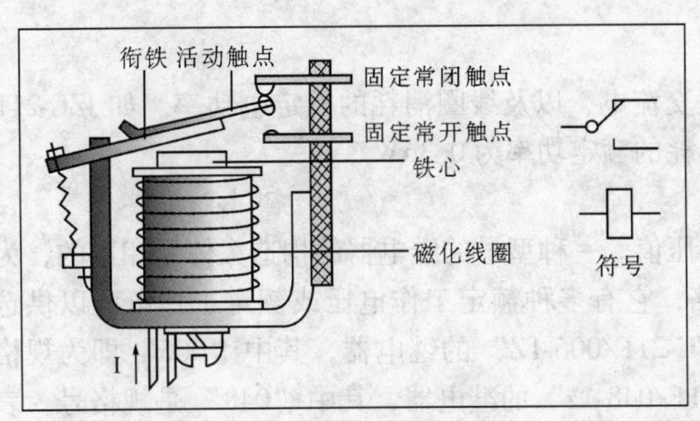

图 3-27　电磁式继电器

图 3-28　干簧式继电器结构示意图

2. 继电器符号

在电路中，表示继电器时只要画出它的线圈和与控制电路有关的接点组就可以了。继电器的线圈用一个长方框符号表示，同时在长方框内或框旁标上这个继电器的文字符号"K"。表 3-2 中列出了继电器的常用符号和三种接点的符号。

表 3-2　继电器的常用符号

继电器线圈符号	继电器接点符号	
K_1	K_1-1	动合触点(常开触点)
	K_1-2	动断触点(常闭触点)
	K_1-3	切换触点(转换触点)
K_2	K_2-1　K_2-2　K_2-3	
K_3	K_3-1　K_3-2	

● **操作规范**：一般在电路中，只画出继电器线圈不通电时接点组的原始状态。

● **提示：继电器的触点有两种表示方法**：一种是把它直接画在长方框的一侧，这样比较直观。另一种是按电路连接的需要，把各个触点分别画在各自的控制电路中(汽车电路中就采取这样的画法)，这样对分析和理解电路是有利的，但必须同时在属于同一继电器的线圈和触点旁边注上相同的文字符号，并把触点组编号。

● **进一步**：在用晶体管控制继电器的线圈电流通、断时，继电器线圈必须并联一个二极管作为保护二极管，又称续流二极管。由于继电器线圈的电感在断电的瞬间，线圈两端将产生较高的反向电压，这个电压与电源电压叠加，加在晶体管上，很可能超过晶体管的最大反向击穿电压，使晶体管击穿损坏，二极管的作用就是消除这个反向电压的影响，保护电路的正常工作。

3. 继电器的主要电气参数

(1) 线圈电源和功率

是指继电器线圈使用的是直流电还是交流电，以及线圈消耗的额定电功率。如 JZC-21F 型继电器，它的线圈电源为直流，线圈消耗的额定功率为 0.36W。

(2) 线圈电压

是指继电器正常工作时线圈需要的电压值。一种型号的继电器的构造大体是相同的，为了使一种型号的继电器能适应不同的电路，它有多种额定工作电压或额定工作电流以供选用，并用规格号加以区别。如型号为“JZC-21F/006-1Z”的继电器，其中“006”即为规格号，表示额定工作电压为 6V。如“JZC-21F/048-1z”的继电器，其中“048”是规格号，表示额定工作电压为 48V。汽车继电器的电压均与汽车电源电压相一致，分 12V、24V 两种。

(3) 线圈电阻

是指线圈的电阻值。有时，手册中只给出继电器额定工作电压和线圈电阻，这时可根据欧姆定律求出额定工作电流。例如“JZC-21F/006-1Z”继电器的电阻为 100Ω，则额定工作电流 $I=U/R=6\text{V}/100\Omega=60\text{mA}$。同样，根据线圈电阻和额定工作电流也可以求出线圈的额定工作电压。

(4) 寿命(触点负荷)

是指触点的负载能力，有时也称为触点容量。继电器的触点在切换时能承受一定的电压和电流，例如“JRX-13F”型的继电器的寿命(触点负荷)是 1A × 28V(DC)，它表示这种继电器的触点在工作时的电压和电流值不超过该值时，可正常工作 1×10^6 次，否则会影响甚至损坏触点。一般同一型号继电器的寿命(触点负荷)值都是相同的。

● **提示**：其他参数，如继电器触点的吸合时间、释放时间、继电器的使用环境、安装形式、绝缘强度、触点寿命等，在正规设计时需要考虑，而一般使用时不必考虑它。

● **进一步：选用继电器时，一般应注意以下几点：**

① 继电器的额定工作电压应小于或等于控制电路(继电器线圈所在电路)的工作电压。当继电器是用晶体管或集成电路来驱动时，还应计算一下继电器额定工作电流是否在晶体管或集成电路的输出电流范围之内，必要时应增添一只中间继电器。

② 触点负荷的选择。加在触点上的电压和电流值不应超过该继电器的触点负荷。

③ 触点的数量和种类，同一种型号的继电器一般有多种触点的形式可供选用，使用时应充分利用各组触点。

④ 继电器的体积应合乎电路的要求。

⑤ 查阅有关手册，找出合乎要求的继电器。在电参数和体积都满足的情况下，应选用性能价格比高的产品。

三、汽车继电器的典型应用

继电器是一种用小电流控制大电流的器件，在汽车上经常利用开关控制继电器的吸合与断开，再利用继电器的触点控制电器部件的通断。

在汽车上常用的继电器有：起动继电器、喇叭继电器、闪光(转向)继电器、刮水继电器等。下面做简单介绍。

1. 起动继电器

在采用电磁啮合式起动机的起动电路中，起动开关常与点火开关制成一体，由于通过起动机电磁开关(吸引线圈和保持线圈)的电流很大(大功率起动机可达 30～40A)，易使点火开关早期损坏。为此，在有些汽车上，点火开关和起动机电磁开关之间装有起动继电器，如图 3-29 所示。

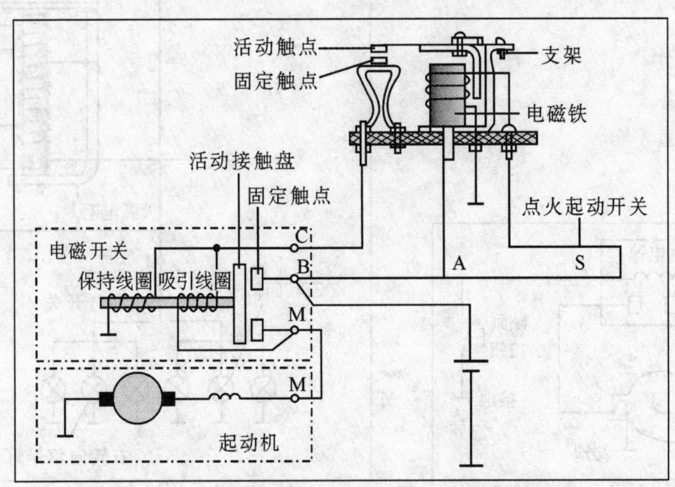

图 3-29　起动机电磁控制装置电路图

点火起动开关 S 闭合时，电流经 B→S→继电器线圈→接地，形成闭合回路，继电器动作，使活动触点与固定触点吸合。

此时，电流经 B→A→继电器金属架→闭合触点→C →保持线圈→接地；C →吸引线圈→起动机 M→接地。

由于电磁开关两线圈通电，产生磁力，推动活动接触盘右移，主触点 B、M 接通，使主电路接通，起动机带动发动机起动。

2. 喇叭继电器

图 3-30 所示为继电器在喇叭电路中的应用。蓄电池电压加至继电器线圈的一端，另一端接喇叭按钮。喇叭按钮是常开式开关，其一端接地。因此，只要按下喇叭按钮便接通电路。电路接通，继电器线圈得电，线圈建立磁场，磁场将触点吸合，蓄电池电压便加至喇叭(喇叭的另一端是接地的)。控制电路只需 0.25A 电流流过，而喇叭发声需要 20～30A 以上

的电流。对于此种用法，喇叭继电器变成了促使喇叭发声的大电流的控制器，而控制电路只需通过很小的电流，可以用很细的导线。

● **操作规范：**当汽车喇叭继电器损坏后，不能直接将喇叭按钮直接接在喇叭电路中，那样将烧毁喇叭按钮。

3. 闪光继电器

闪光继电器又称为闪光器，按其结构不同，可分为阻丝式、电容式和电子式三种。其中阻丝式又可分为热丝式(电热式)和翼片式(弹跳式)，而电子式又可分为混合式(带触点的继电器与电子元件)和全电子式(无继电器)。

图3-31为电容式闪光器工作原理图。它由一个继电器和一个电容器组成。在继电器铁心上绕有串联线圈和并联线圈，电容则采用大容量(1500μF)电解电容。利用电容器充放电延时特性，使继电器的两个线圈的电磁吸力时而相加，时而相减，产生周期性的开关动作，使转向信号灯闪烁。

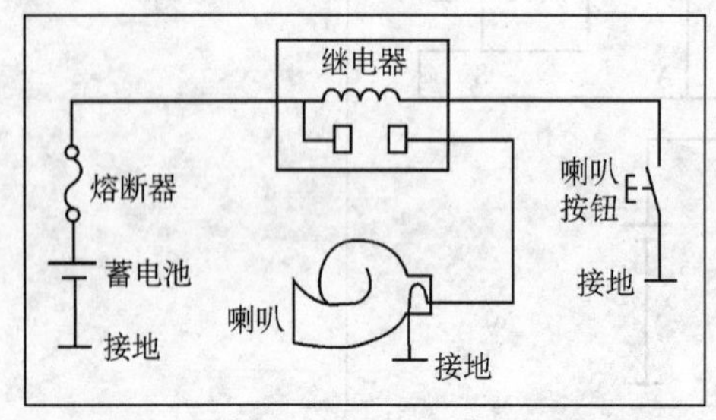

图3-30　喇叭继电器的应用示意图

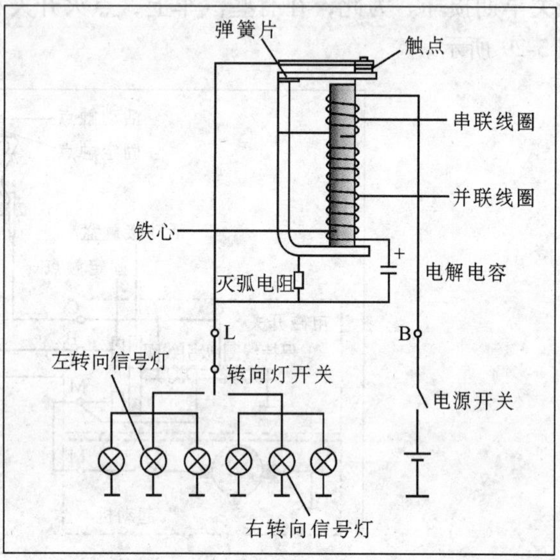

图3-31　电容式闪光器

当汽车向左转向时，接通转向灯开关，左转向信号灯就被串入电路中，电流由蓄电池正极→电源开关→接线柱B→串联线圈→常闭触点→接线柱L→转向灯开关→左转向灯和指示灯→接地→蓄电池负极。此时，并联线圈，电容器及电阻被触点短路，电流通过串联线圈产生磁力，打开触点，转向信号灯处于暗的状态(未来得及亮)。触点被打开后，蓄电池对电容充电。充电电流由蓄电池正极→电源开关→接线柱B→串联线圈→并联线圈→电容器→接线柱L→转向灯开关→左转向信号灯和指示灯→接地→蓄电池负极，形成充电回路。由于线圈电阻阻值较大，充电电流很小，不足以使转向灯发亮，转向信号灯仍然处于暗的状态。随着充电继续，电容两端电压升高，其充电电流逐渐减小，串联线圈和并联线圈的电磁吸力减小，使触点重新闭合。

触点闭合后，转向信号灯和指示灯处于亮的状态，此时电流由蓄电池正极经接线柱B→串联线圈→常闭触点→接线柱L→转向开关→左转向信号灯和指示灯→接地→蓄电池负极。

与此同时，电容器通过线圈和触点放电，放电电流通过线圈时产生的磁力方向与线圈的相反，使电磁吸力逐渐减小，但仍然不足以使触点分离，转向灯继续发亮。随着电容继续放电，电容两端电压逐渐下降，通过并联线圈的放电电流减小，最后导致触点分离，转向灯变暗。如此反复，使转向灯不断发出闪光。

CA10900 型汽车装用的闪光器就是 SG112L 型电容闪光器。

4. 刮水继电器

图 3-32 为 EQ1090F 型汽车上的间歇刮水器线路图，除刮水开关外，还有一个内部带有时间继电器的间歇继电器(刮水继电器)。刮水器上有 0、Ⅰ、Ⅱ、Ⅲ四个档位，其中 0 档为停止档，Ⅰ档为间歇档，Ⅱ档为低速档，Ⅲ档为高速档，工作原理如下。

当刮水器开关拨至Ⅰ档时，刮水间歇继电器中的时间继电器通电，产生吸力，将动合触点 A 闭合，动断触点 B 打开，此时电动机通过间歇继电器构成回路。**其电路为：蓄电池正极→总熔断器(60A)→电流表→熔断器(10A)→刮水电动机电枢绕组→刮水器开关内部触点→间歇继电器接线柱 10→常开触点 A→刮水器开关→接地→蓄电池负极**。电动机运转，带动刮水器工作。

当电动机运行一段时间后，间歇继电器中的时间继电器线圈经几秒的延时自动断电，在弹簧的作用下，动合触点 A 被打开，动断触点 B 又闭合。

由于此时自动停位触点处于自动停位器的接地铜片上，电动机不因继电器线圈断电而停止工作。**此时电路为：蓄电池正极→总熔断器(60A)→电流表→熔断器(10A)→电枢刮水器开关内部→间歇继电器接线柱 10→动断触点 B→自动停位器接地片→接地蓄电池负极**。当电动机转到图 3-32 所示的位置(即电源触点和自动停位触点处于同一铜片上)时，刮水电动机电路被切断，电动机便停止工作。但由于机械惯性，电动机瞬间还会转动，因而电动机以发电机运行而产生制动，迫使电动机立即停止转动，此时刮片正处于玻璃下方。

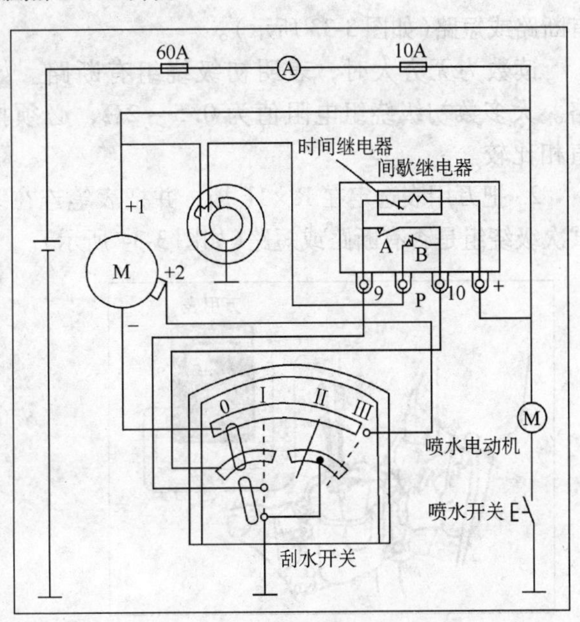

图 3-32 EQ1090F 型汽车上的间歇刮水器线路图

间歇继电器经几秒钟间歇延时又重新接通，刮水电动机又开始工作。如此反复循环，构成了刮水电动机的间歇工作。

当刮水器拨至Ⅱ、Ⅲ档时，电动机的转速直接由刮水开关控制。此时刮水开关内部Ⅰ档的触点自动与接地断开。只有将刮水开关拨至 0 档时，电动机才自动复位并停止运转。

● **提示：**除以上几种应用外，继电器在汽车上的应用相当广泛，只要抓住继电器用小电流控大电流这个主要特征，应用电路的分析就迎刃而解。

第六节　课　题　实　验

实验一　点火线圈的检测与实验

一、实验目的

1. 掌握用万用表检测点火线圈的方法。

2. 观察点火线圈发火强度实验。

二、实验器材

1. 闭磁路点火线圈 1 个，万用表 1 个。

2. 汽车电器实验台。

三、操作步骤及工作要点

1. 把万用表选定在 R×1 档，万用表表笔连接在初级绕组接线端上，测试初级绕组是否有断路或短路(如图 3-33 所示)。

读数为无穷大时，表明初级绕组有断路。如果读数低于规定值，表明初级绕组短路。大多数初级绕组电阻值为 0.5～2Ω，必须把测得的读数与产品说明书提供的精确值相比较。

2. 把万用表选定在 R×1k 档，并把表笔连在线圈次级接线端和一个初级接线端上，测试次级绕组是否有断路或短路(如图 3-34 所示)。

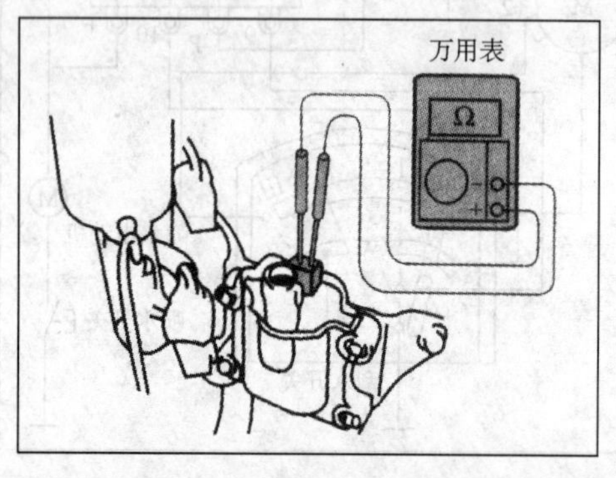

图 3-33　用万用表检测初级绕组

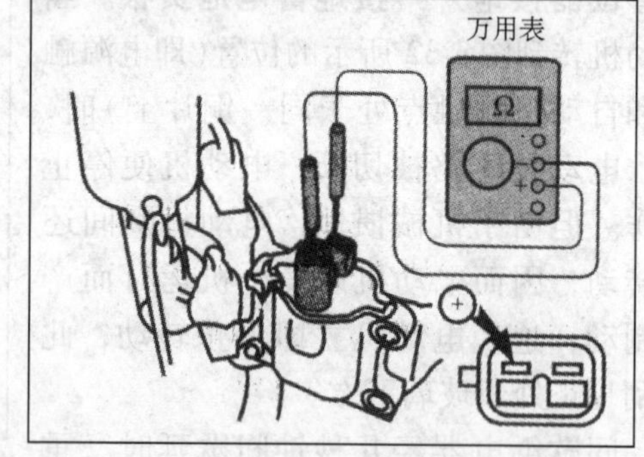

图 3-34　用万用表检测次级绕组

若读数低于规定值，表明次级绕组有短路，若读数为无穷大则表明次级绕组有断路。大多数次级绕组的电阻值为 8～20kΩ。仪表上的读数必须与产品说明书提供的规定值相比较。

用万用表测试初级和次级绕组，能表明绕组正常、断路或是短路。不管怎样，用万用表检测点火线圈只能确定线圈是否存在故障，但不能判定故障部位和原因。

3. 由指导教师在汽车电器实验台上进行点火线圈发火强度实验，学生进行观察，体会点火线圈的升压作用。

四、注意事项

1. 本节对点火线圈进行原理性介绍，不要求学生掌握点火线圈的检验、实验方法。
2. 如果有条件，可进行点火线圈升压实验。

实验二　电磁式电压调节器的检测与实验

一、实验目的

1. 掌握电磁式电压调节器的基本结构和工作原理。
2. 掌握电磁式电压调节器的一般测试方法。

二、实验器材

1. FT111 型电磁式电压调节器 1 个，塞尺 1 把，万用表 1 个。
2. 汽车电器实验台。

三、操作步骤及工作要点

以 FT111 型电压调节器为例进行电磁式电压调节器的基本检测和调整。

1. 触点的检修

两个电磁触点应同心，接触面积应不小于 85%，触点表面应平整、光洁。如有轻微烧蚀，应用 00 号砂布(对折后使用)修磨。修磨后或触点表面有脏污时，应用清洁纸擦净表面。

触点在断电状态下，用万用表测量两触点间的电阻，应为零，否则表明触点接触不良。

2. 电压调节器衔铁间隙的检查与调整

触点在断电状态下，使用塞尺检查，活动触点臂与铁心的间隙应为 1.4 ~ 1.5mm，如图 3-35 所示，若间隙不符合要求，可松开固定触点臂上的固定螺钉，上下移动固定触点臂，如图 3-36 所示，使间隙符合要求后，然后将固定螺钉拧紧。

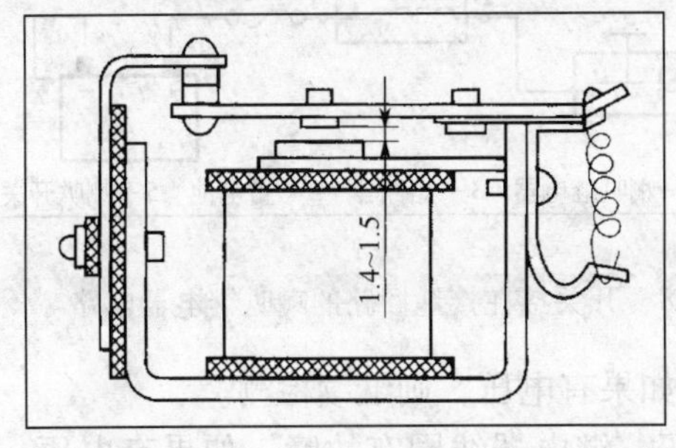

图 3-35　调节器触点间隙尺寸

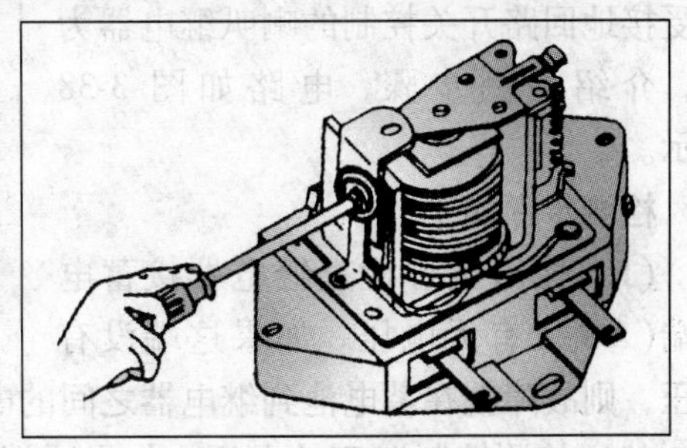

图 3-36　触点间隙调整方法

3. 电压调节器电阻的测量

FT111 型电压调节器内部有调节电阻、补偿电阻和附加电阻，以及电磁线圈电阻，其结构见图 3-37。使用万用表对其进行测量，并与标准值进行比较。

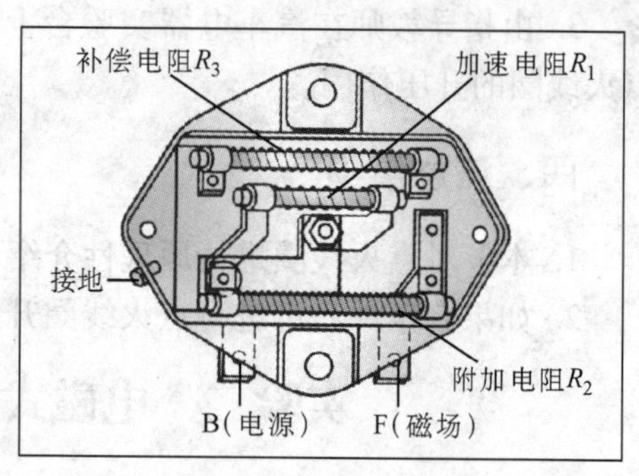

图 3-37 内部电阻结构

FT111 型电磁式电压调节器参数如下：

电磁线圈：线径——ϕ0. 31mm 匝数——900 电阻——8. 8Ω。

内部电阻：调节电阻——150Ω 加速电阻——4Ω 补偿电阻——15Ω。

实验三 汽车继电器的检测

一、实验目的

1. 了解汽车继电器的一般检测方法。
2. 掌握开关控制的继电器、汽车微机控制继电器的检测方法。

二、实验器材

1. 喇叭继电器，微机控制燃油继电器。
2. 跨接线，万用表，试灯。

三、操作步骤及工作要点

使用万用表或试灯都可以检测继电器。如果继电器端子易于触及到，则跨接线和试灯的方法更便捷。

1. 开关控制继电器的检测

首先查找汽车电路图，确定所检测的继电器是受供电回路的开关控制还是受接地回路的开关控制。下面以检测一只受接地回路开关控制的喇叭继电器为例，介绍检测步骤。电路如图 3-38 所示。

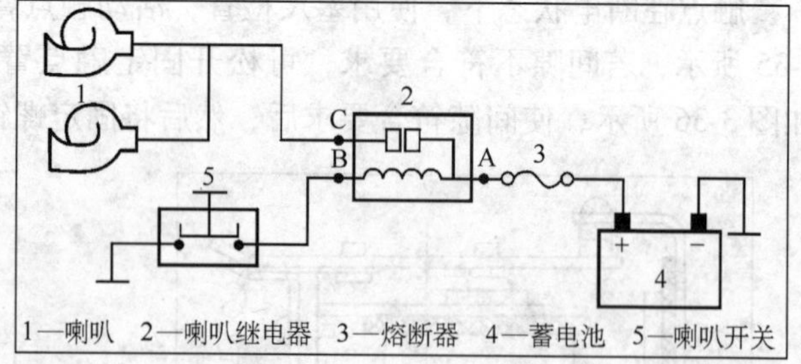

图 3-38 开关接在接地回路的喇叭继电器电路

检测步骤如下：

(1) 使用试灯检查继电器接蓄电池端(A 端)有无电压。如果这端没有电压，则故障就在蓄电池到继电器之间的电路中。如果有电压，则继续检测。

(2) 检测控制端 B 的电压。如果这端没有电压，继电器线圈有故障。如果有电压，则继续检测。

(3) 用跨接线将 B 端接到良好接地处。如果喇叭响，则从 B 端到喇叭开关、接地之间的控制电路有故障。如果喇叭不响，则继续检测。

(4) 从蓄电池正极到 C 端连接一根跨接线。如果喇叭不响，则从继电器到喇叭接地之间的电路有故障。如果喇叭响，则继电器内部有故障。

2. 微机控制继电器的检测

如果继电器由汽车微机控制，就不推荐使用试灯，因为试灯可能会引起大的电流，它会超出了电路设计的载流能力而损坏计算机。遇到这种情况，必须使用万用表电压档检测继电器电路。

下面以燃油泵继电器为例介绍检测步骤。电路如图 3-39 所示。

将数字万用表设置在 20V 直流档，按照下列步骤进行检测：

① 将万用表负极表笔连接到良好的接地处。

② 将万用表正极表笔连接到输出端(B 端)。转动点火开关到 ON 位置，如果在端子上没测到电压，进行步骤③。如果万用表读数为 10.5V 或更高的电压，则断开控制电路，万用表读数应为零。如果这样，则继电器是好的。如果万用表仍然有读数，则该继电器触点粘连，需要更换。

③ 把万用表正极表笔接到供电输入端(A 端)。万用表应至少指示出 10.5V。如果低于该值，蓄电池到继电器的电路有故障。如果电压值正确，则继续检测。

④ 把万用表正极表笔接到控制电路端(C 端)。电压表应读到 10.5V 或更高的电压。若不是，检查蓄电池到继电器之间的电路(包括点火开关)。如果电压为 10.5V 或更高些，则继续检测。

⑤ 把万用表正极表笔接到继电器接地端(D 端)。如果表上指示值高于 1V，则接地不良。

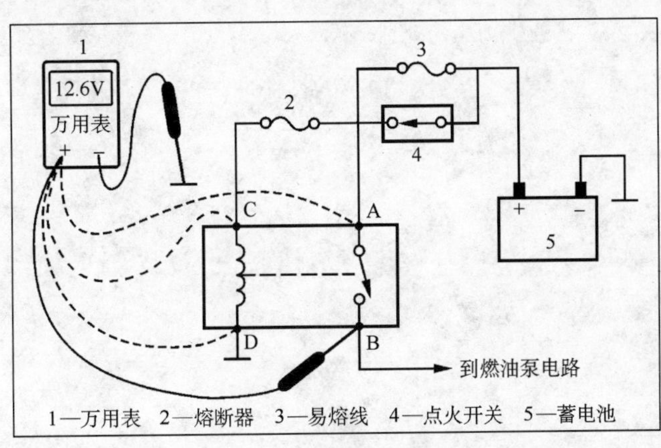

图 3-39　用万用表检测微机控制的继电器

- **注意：** 最好将数字万用表量程置到 2V 档。如果读数小于 1V，则更换继电器。
- **操作规范：** 在微机控制的电路中，不推荐用试灯探查电源，因试灯通过的大电流会损坏系统部件。

3. 离车检测继电器

如果继电器端子不容易触及到，则从插座上拔下继电器，用万用表进行检测。用万用表检测继电器的线圈两端(如图 3-40 所示)的连通性。如果显示出无穷大，则更换继电器。如果表明是连通的，就要用两根跨接线给励磁线圈励磁(如图 3-41 所示)。检查继电器的触点

在吸合情况下是否连通，如果显示值为无穷大，则继电器失效了。如果连通性好，继电器也是好的，则必须检查电路。

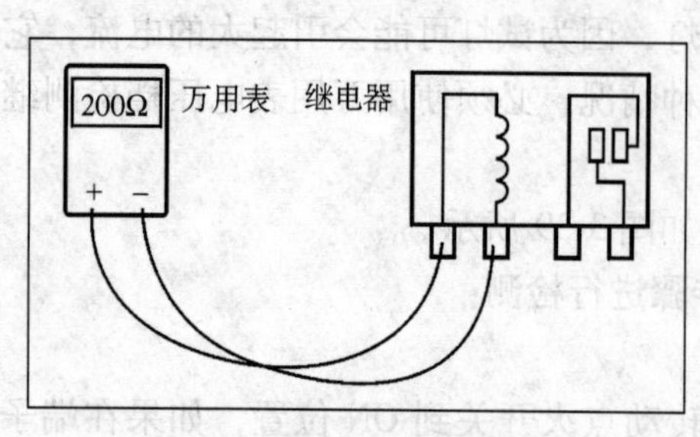

图 3-40 继电器线圈连通性检测

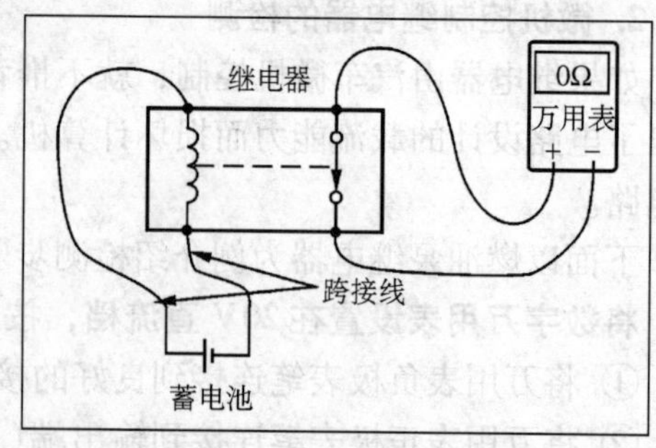

图 3-41 用蓄电池激励继电器线圈

- **提示**：要获得准确的电压检测结果，蓄电池必须充足电并且处于良好状况。
- **操作规范**：在给励磁线圈励磁时，小心万用表表笔不要触及线圈端子，以免损坏万用表。

四、注意事项

本实验给出的检测方法适合继电器的一般性能检测，针对一些有特殊功能的继电器，还需要检测它们的功能是否良好。

第四章

交流电路

课题向导：

掌握正弦交流电的三要素；了解三相交流电源，了解三相交流电路中负载的联结方法，掌握三相交流电源的星形联结；了解发电和输电的基本原理，掌握保护接地和保护接零的联结方法，掌握安全使用汽车蓄电池的注意事项。

第一节　正弦交流电路

任务导向

- 掌握交流电的三要素。
- 了解交流电路中电阻、电容和电感的特性。

学习要求

应知： 交流电的概念；交流与直流的关系与区别；电感、电容元件与电阻元件的区别。

应会： 用万用表测量交流电路中的电压、电流；用欧姆定律和基尔霍夫定律分析电路中元件的电压、电流及电阻的关系。

一、正弦交流电的三要素

一个正弦量可以由频率（或周期）、幅值（或有效值）和初相位三个特征或要素来确定。

1. 频率与周期

正弦量变化一次所需的时间称为周期（T）。每秒内变化的次数称为频率（f）。它的单位是赫兹（Hz）。

频率是周期的倒数，即 $$f=\frac{1}{T}$$

我国和大多数国家都采用50Hz作为电压标频率，有些国家（如美国、日本等）采用60Hz。这种频率在工业上应用广泛，习惯上也称为工频。通常的交流电动机和照明设备都采用这种频率。

正弦量变化的快慢除用周期和频率表示外，还可用角频率来表示。因为一周期内经历2πrad，所以角频率为

$$\omega=\frac{2\pi}{T}=2\pi f$$

它的单位是弧度/秒（rad/s）。

2. 幅值与有效值

正弦量在任一瞬间的值称为瞬时值，用小写字母来表示，如 i、u 及 e 分别表示电流、电压及电动势的瞬时值。瞬时值中最大的值，称为幅值或最大值，用带下标 m 的大写字母来表示，如 I_m、U_m 及 E_m 分别表示电流、电压及电动势的幅值。它们的数学表达式为

$$i = I_m \sin(\omega t) \quad u = U_m \sin(\omega t) \quad e = E_m \sin(\omega t)$$

正弦电流、电压和电动势的大小往往不是用它们的幅值，而是用有效值来计量的。

有效值是通过电流的热效应来规定的，无论交流还是直流，只要它们在相等的时间内通过同一电阻并且两者产生的热效应相等，那么这个周期性变化的电流 i 的有效值在数值上等于这个电流。

电流为正弦量时，有效值为 $I = \dfrac{I_m}{\sqrt{2}}$

正弦交流电压的有效值为 $U = \dfrac{U_m}{\sqrt{2}}$

正弦交流电动势的有效值为 $E = \dfrac{E_m}{\sqrt{2}}$

● **提示**：有效值都用大写字母表示，和表示直流的字母一样。一般所讲的正弦电压或电流的大小，例如交流电压 380V 或 220V，都是指它的有效值。一般交流电流表和电压表的刻度也是根据有效值来确定的。

3. 初相位

正弦量是随时间而周期性变化的，正弦量所取的计时起点不同，正弦量的初始值就不同，到达幅值或某一特定值所需的时间也就不同。正弦量可用下式表示为：

$$i = I_m \sin(\omega t + \Psi)$$

上式中的角度称为正弦量的相位角或相位，它反映出正弦量变化的进程。当相位角随时间连续变化时，正弦量的瞬时值随之连续变化，当 $t = 0$ 时的相位角称为初相位角或初相位。

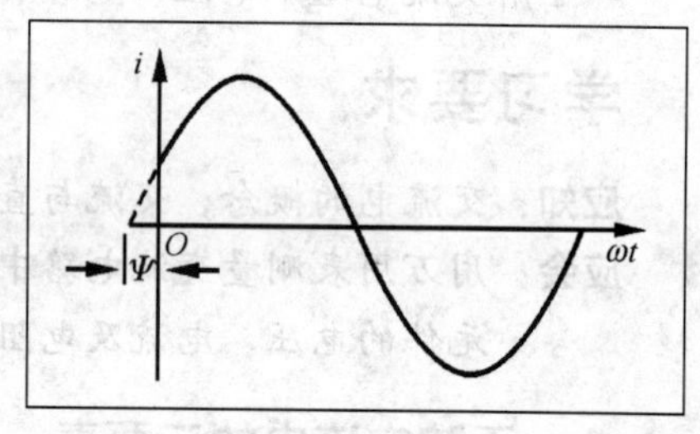

图 4-1 初相位不等于零的正弦波形

其波形如图 4-1 所示。

● **提示**：在一个正弦交流电路中，电压 u 和电流 i 的频率是相同的，但初相位不一定相同。

● **进一步**：两个同频率正弦量的相位角之差或初相位角之差，称为相位角差或相位差。当两个同频率正弦量的计时起点改变时，它们的相位和初相位不同，所以它们的变化步调是不一致的，即不是同时到达正的幅值或零值。一般称为相位超前或者滞后。

二、单相交流电路

1. 纯电阻交流电路

图 4-2 是一个线性电阻元件的交流电路。在电阻元件的交流电路中，电流和电压是同相的。电压和电流的参考方向是关联参考方向。两者的关系由欧姆定律确定，即 $u = iR$。

由此可知，在电阻元件电路中，电压幅值(或有效值)与电流幅值(或有效值)的比值，就是电阻 R。

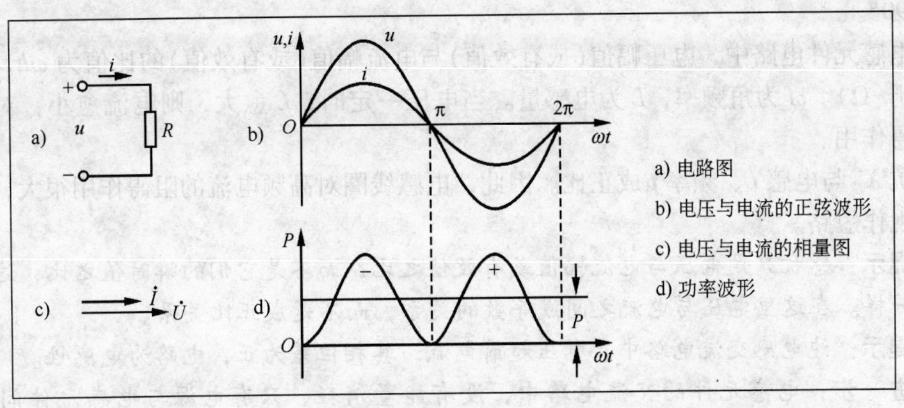

图 4-2 电阻元件的交流电路

知道了电压与电流的变化规律和相互关系后，便可计算出电路中的功率。

在任意瞬间，电压瞬时值与电流瞬时值的乘积，称为瞬时功率，用小写字母 p 代表，即

$$p = ui$$

● **提示：** 由于在电阻元件的交流电路中 u 与 i 同相，它们同时为正，同时为负，所以瞬时功率总是正值，即 $p>0$。瞬时功率为正，这表示外电路从电源取用能量，即电阻元件从电源取用电能而转换为热能。

● **操作：** 用万用表检测。通过一个接到频率为 50Hz，电压有效值为 10V 的正弦电源上的 1000Ω 的电阻元件的电流，与保持电压值不变，而电源频率改变为 500Hz 时通过的电流是相等的（交流电源由信号发生器提供）。

2. 纯电感的交流电路

图 4-3 是一个线性电感元件的交流电路。

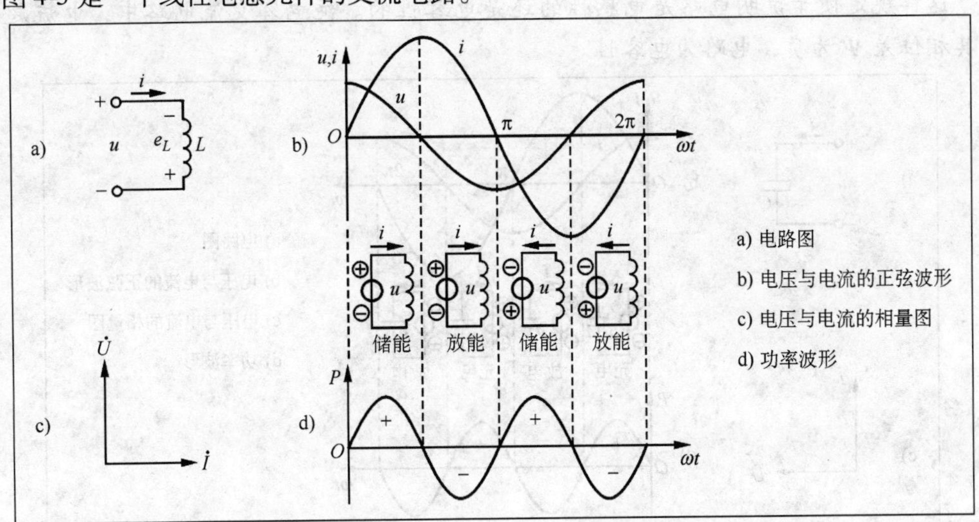

图 4-3 电感元件的交流电路

当电感线圈中通过交流电流 i 时，产生自感电动势 e，设电流为参考正弦量，根据基尔霍夫电压定律得出，电压也是一个同频率的正弦量。在电感元件电路中，在相位上电流比电

压滞后 90°。

在电感元件电路中，电压幅值(或有效值)与电流幅值(或有效值)的比值为 ωL，它的单位为欧姆(Ω)。ω 为角频率，L 为电感量。当电压一定时，L 愈大，则电流愈小，对交流电流起阻碍作用。

感抗 X_L 与电感 L、频率 f 成正比。因此，电感线圈对高频电流的阻碍作用很大，而对直流则可视作短路。

● **提示**：感抗只是电压与电流幅值或有效值之比，而不是它们的瞬时值之比，这与电阻电路不一样。在这里电压与电流之间成导数的关系，而不是成正比关系。

● **提示**：纯电感交流电路中，电压超前电流，其相位差为正，电路为电感性。

● **进一步**：电感元件的交流电路中，没有能量消耗，只有电源与电感元件间的能量互换。

● **操作**：**用万用表检测**。把一个 0.1H 的电感元件接到频率为 50Hz，电压有效值为 10V 的正弦电源上，该元件通过的电流，与保持电压值不变，而电源频率改变为 500Hz 时通过的电流将不一样。在电压有效值一定时，频率愈高，通过电感元件的电流有效值愈小。

3. 纯电容的交流电路

图 4-4 是一个线性电容元件的交流电路，电流 i 和电压 u 的参考方向如图中所示。

如果在电容器的两端加一正弦电压 $u = U_m \sin(\omega t)$，则电流 i 也是一个同频率的正弦量。在电容元件电路中，在相位上电流比电压超前 90°。

在电容元件电路中，电容对电流变化起阻碍作用所以称为容抗，用 X_C 代表。容抗 X_C 与电容 C、电流的频率 f 成反比。所以电容元件对高频电流所呈现的容抗很小，可视作短路；而对直流所呈现的容抗很大，可视作开路，电容元件有隔断直流的作用。

● **提示**：当电流比电压滞后时，其相位差 Ψ 为正；当电流比电压超前时，其相位差 Ψ 为负。这样规定便于说明电路是电感性的还是电容性的。纯电容交流电路中，电流超前电压，其相位差 Ψ 为负，电路为电容性。

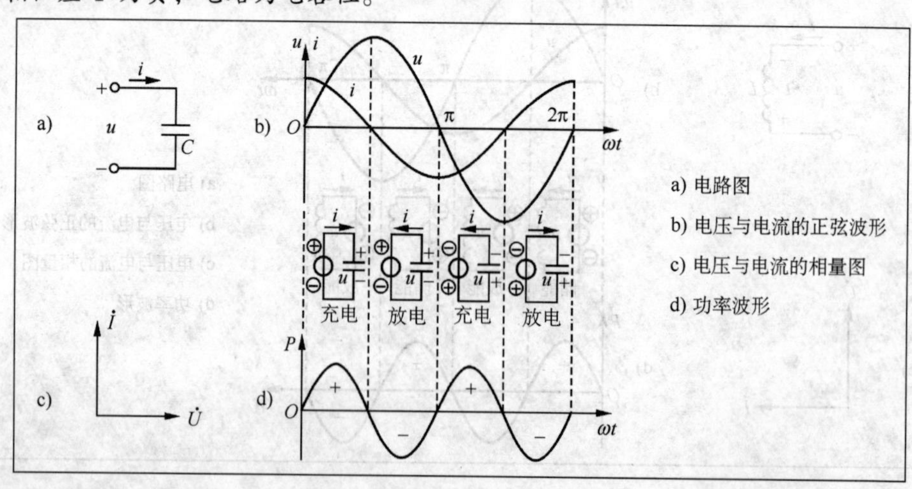

图 4-4　电容元件的交流电路

● **进一步**：电容元件不消耗能量，在电源与电容元件之间只发生能量的互换。

● **操作**：**用万用表检测**。一个 25pF 的电容元件接到频率为 50Hz，电压有效值为 10V 的正弦电源上，通过的电流，与保持电压值不变，而电源频率改为 500Hz 时通过的电流不一样。当电压有效值一定时，频率愈高，则通过电容元件的电流有效值愈大。

第二节　三　相　电　路

任务导向

- 了解什么是三相交流电源。
- 掌握三相交流电源的星形联结。
- 了解三相交流电路中负载的联结方法（星形联结和三角形联结）。

学习要求

应知：三相交流电源的概念和基本特性；三相交流电源的供电方式，三相三线与三相四线供电的使用要求。

应会：三相负载的联结方法。

三相电路在汽车本身的用处并不多，但是在汽车维修检测企业中应用很普遍。电力电源一般采用三相制。用电方面最主要的负载是交流电动机，大型汽车维修检测设备多数是由交流电动机驱动的，而交流电动机多数是三相的。

一、三相交流电源

三相交流电是由三相交流发电机产生的。如图 4-5 所示为三相交流发电机原理示意图。图中 U_1、V_1、W_1 分别表示三个绕组的始端（首端），U_2、V_2、W_2 分别表示末端。每一个绕组（线圈组）叫做发电机的一相，在空间上彼此相隔 120°。

当原动机（如汽轮机、水轮机、起动机等）带动三相发电机的转子作顺时针匀速转动时，定子绕组切割磁感线，则定子每个绕组中产生的感应电动势分别为 e_1、e_2、e_3。由于各绕组的结构相同而位置依次互差 120°，因此三个电动势的最大值相等、频率相同，而初相依次互差 120°。这样的三个电动势称为三相对称电动势。规定每相电动势的参考方向是从绕组的末端指向始端，即当电流从始端流出时为正，反之为负（见图 4-6）。

$$U_{\mathrm{U}} = U_{\mathrm{m}}\sin(\omega t)$$

$$u_{\mathrm{V}} = U_{\mathrm{m}}\sin(\omega t - 120°)$$

$$u_{\mathrm{W}} = U_{\mathrm{m}}\sin(\omega t - 240°) = U_{\mathrm{m}}\sin(\omega t + 120°)$$

- **提示：**三相交流电出现正幅值（或相应零值）的顺序称为相序。

- **进一步：**发电和输配电一般都采用三相制。

三相电源的联结方法

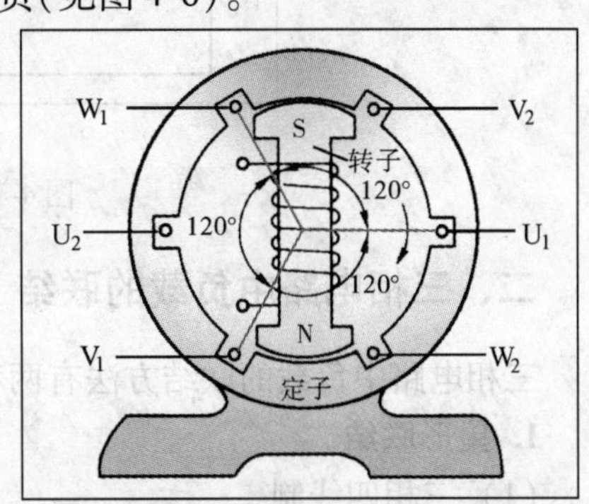

图 4-5　三相交流发电机原理示意图

发电机三相绕组的联结方法通常如图 4-7 所示，即将三个末端连在一起，这一连接点称为中性点或零点，用 N 表示，这种联结法称为星形联结。从中性点引出的导线称为中性线或零线。从始端 U_1、V_1、W_1 引出的三根导线称为相线或端线，俗称火线。

在图 4-7 中，每相始端与末端间的电压，即相线与中性线间的电压，称为相电压，其有效值一般用 U_P 表示。而任意两始端间的电压，即两相线间的电压，称为线电压，其有效值一般用 U_L 表示。相电压和线电压的参考方向如图中所示。

● **提示：**当发电机的绕组星形联结时，线电压与相电压频率相同，都是三相对称电压。相电压和线电压显然是不相等的，它们大小的关系是，线电压是相应相电压的 $\sqrt{3}$ 倍。

● **进一步：**发电机(或变压器)的绕组星形联结时，可引出四根导线叫三相四线制，这样就可给负载提供两种电压。通常在低压配电系统中相电压为 220V，线电压为 380V。

如负载对称(此时中性线中没有电流)，不一定都引出中性线，这种连接方法叫三相三线制。发电机(或变压器)的绕组星形联结时通常采用三相三线制。

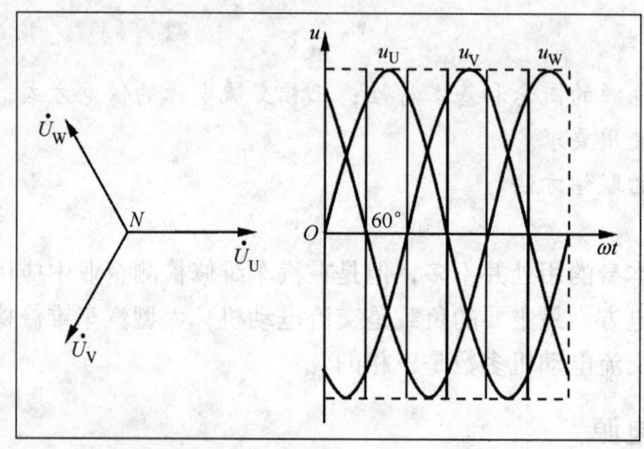

图 4-6　三相电压的相量图和正弦波形

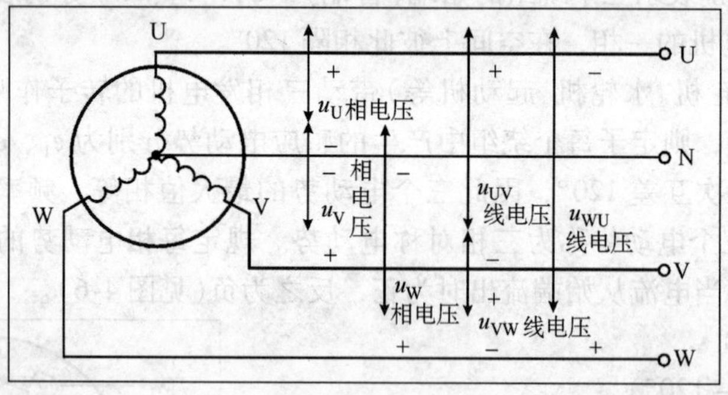

图 4-7　交流发电机的星形联结

二、三相电路中负载的联结

三相电路中负载的联结方法有两种，即星形联结和三角形联结。

1. 星形联结

(1) 三相四线制

图 4-8 是三相四线制电路，设线电压为 380V。照明负载(220V, 单相负载)比较均匀地

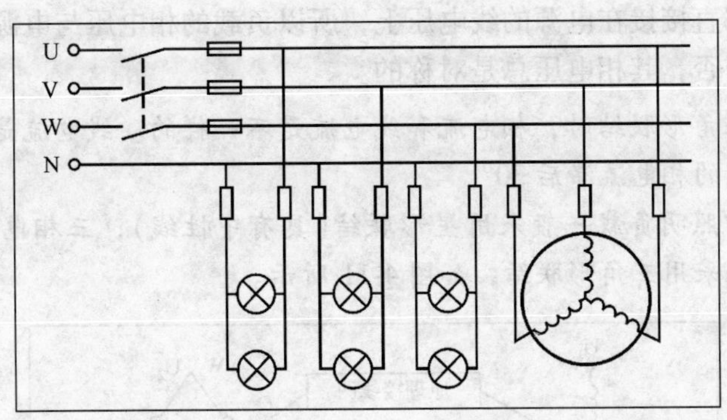

图 4-8 照明负载与电动机的星形联结

分配在各相之中，接在相线与中性线之间，三相电动机接在三根相线上。

三相电路中的电流也有相电流与线电流之分。每相负载中的电流称为相电流，每根相线中的电流称为线电流。在负载为星形联结时，相电流等于线电流。

电源相电压为每相负载电压，每相负载中的电流可分别求出。

（2）三相三线制

在三相电压对称的情况下，若负载也对称，那么负载相电流也是对称的，此时中性线中没有电流通过，这时中性线就不需要了，这就是如图 4-9 所示的三相三线制电路。因为生产上的三相制（通常所见的是三相电动机）一般都是对称的，所以三相三线制电路的应用极为广泛。

● **提示：** 负载不对称而又没有中性线时，负载的相电压就不对称。当负载的相电压不对称时，势必引起有的相电压过高，高于负载的额定电压；有的相电压过低，低于负载的额定电压，这都是不容许的，三相负载的相电压必须对称。

● **进一步：** 中性线的作用是使星形联结的不对称负载的相电压对称。为了保证负载的相电压对称，就不应让中性线断开。因此，中性线（指干线）内绝不允许接入熔断器或刀开关。

2. 三角形联结

负载三角形联结的三相电路可用图 4-10 所示的电路来表示。

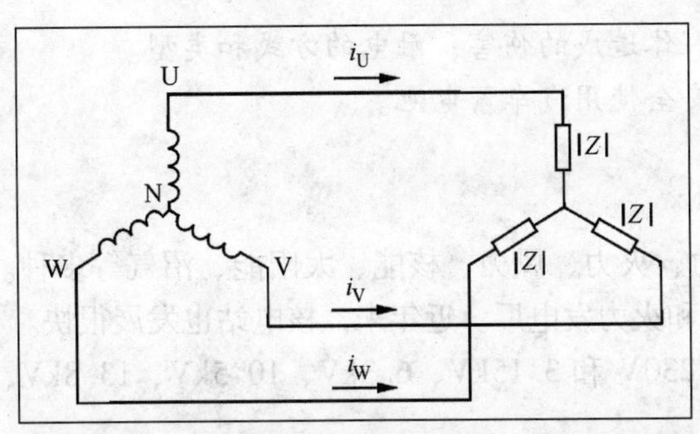

图 4-9 三相三线制电路

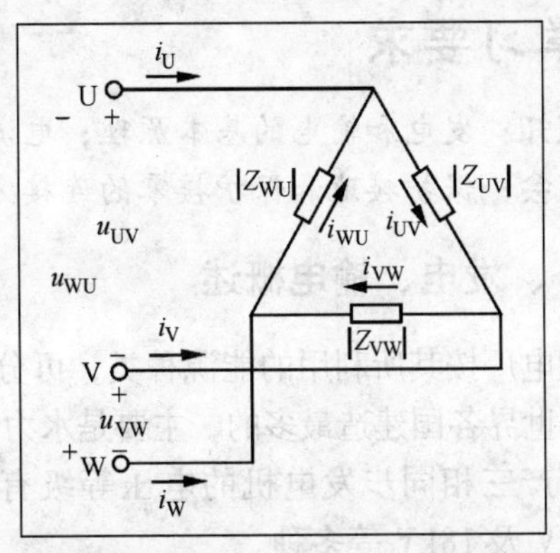

图 4-10 负载三角形联结的三相电路

因为各相负载都直接接在电源的线电压上，所以负载的相电压与电源的线电压相等。因此，不论负载对称与否，其相电压总是对称的。

● **提示**：负载三角形联结时，相电流和线电流是不一样的。线电流是相电流的$\sqrt{3}$倍，在相位上线电流比相应的相电流滞后30°。

● **进一步**：通常照明负载一般采用星形联结（具有中性线）；三相电动机的绕组可以采用星形联结，也可以采用三角形联结，如图4-11所示。

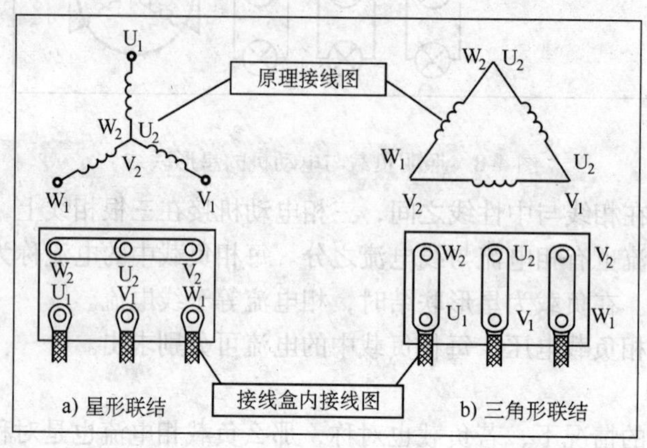

图4-11　三相绕组的联结

第三节　安全用电常识

任务导向

- 了解发电和输电的基本原理。
- 了解电流会对人体造成的伤害。
- 了解触电的方式和类型。
- 掌握保护接地和保护接零的连接方法。
- 掌握安全使用汽车蓄电池的注意事项。

学习要求

应知：发电和输电的基本原理；电流会对人体造成的伤害；触电的方式和类型。

应会：保护接地和保护接零的连接方法；安全使用汽车蓄电池。

一、发电、输电概述

发电厂按其所利用的能源种类，可分为水力、火力、风力、核能、太阳能、沼气等多种。目前，世界各国建造最多的，主要是水力发电厂和火力发电厂。近年来，核电站也发展很快。

国产三相同步发电机的电压等级有400V/230V和3.15kV、6.3kV、10.5kV、13.8kV、15.75kV及18kV等多种。

大中型发电厂大多建在产煤地区或水力资源丰富的地区附近，距离用电地区往往在几十

千米、几百千米以至上千千米以上。所以，发电厂生产的电能要用高压输电线输送到用电地区，然后再降压分配给各用户。电能从发电厂传输到用户要通过导线系统，该系统称为电力网。

送电距离愈远，要求输电线的电压愈高。我国国家标准中规定输电线的额定电压为35kV、110kV、220kV、330kV、500kV。如图 4-12 所示为一个发电、输电和配电线路的例子。

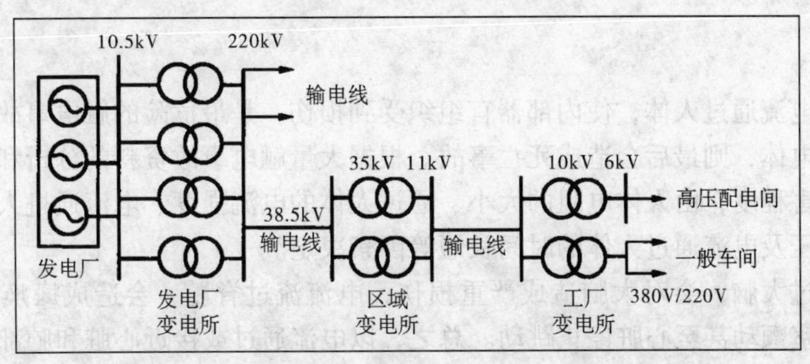

图 4-12 发电、输电、配电系统简图

由输电线末端的变电所将电能分配给各工业企业和城市。企业设有中央变电所和车间变电所(小规模的企业往往只有一个变电所)。中央变电所接收送来的电能，然后分配到各车间，再由车间变电所或配电箱(配电屏)将电能分配给各用电设备。从车间变电所或配电箱(配电屏)到用电设备的低压配电线路的连接方式主要有放射式和树干式两种，如图 4-13 所示。当负载点比较分散而各个负载点又具有相当大的集中负载时，通常采用放射式配电线路。

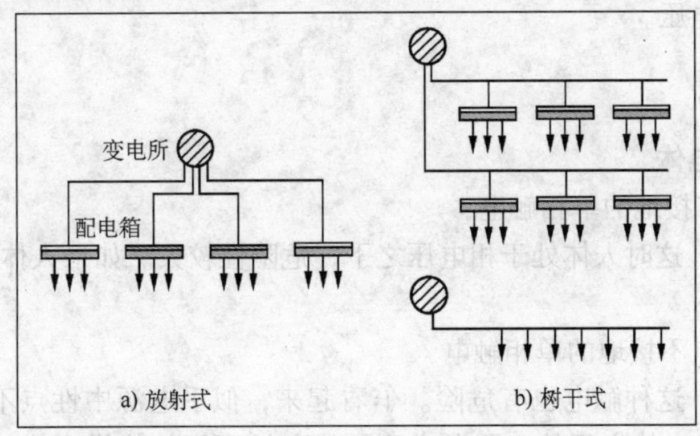

图 4-13 低压配电线路的连接方式

● **提示：** 除交流输电外，还有直流(三相交流经三相半导体整流器变换为直流)输电，直流输电的能耗较小，无线电干扰较小，输电线路造价也较低。

● **进一步：** 高压配电线路的额定电压有 3kV、6kV 和 10kV 三种。低压配电线路的额定电压是 380V/220V。用电设备的额定电压大多是 220V 和 380V，大功率电动机的电压是 3000V 和 6000V，机床局部照明的电压是 36V。

二、电流对人体的危害

人体接触或接近带电体所引起的人体局部受伤或死亡的现象称为触电。根据人体受到伤害的程度不同，触电可分为电伤和电击两种。

1. 电伤

电伤是指在电弧作用下或熔丝熔断时飞溅的金属沫对人体外部的伤害，如烧伤、金属溅伤等。

2. 电击

电击是指电流通过人体，使内部器官组织受到损伤，是最危险的触电事故。如受害者不能迅速摆脱带电体，则最后会造成死亡事故。根据大量触电事故资料的分析和实验证明，电击所引起的伤害程度，由人体电阻的大小、通过人体的电流强度、电流通过人体的途径、作用于人体的电压及电流通过人体的时间长短等因素决定。

若电流流过大脑，会对大脑造成严重损伤；电流流过脊髓，会造成瘫痪；电流流过心脏，会引起心室颤动甚至心脏停止跳动。总之，以电流通过或接近心脏和脑部最为危险。通电时间愈长，触电的伤害程度就越严重。

实践证明，常见的50～60Hz工频电流的危险性最大，高频电流的危害性较小。人体通过工频电流1mA时就会有麻木的感觉，10mA为摆脱电流，人体通过50mA的工频电流时，中枢神经就会遭受损害，从而使心脏停止跳动而死亡。

3. 安全电压和人体电阻

人体电阻主要集中在皮肤，一般在40～80kΩ，皮肤干燥时电阻较大，而皮肤潮湿、有汗或皮肤破损时人体电阻可下降到几十至几百欧姆。根据触电危险电流和人体电阻，可计算出安全电压为36V。但电气设备环境越潮湿，安全电压就越低，在特别潮湿的场所中，必须采用不高于12V的电压。

三、触电形式

1. 接触正常带电体

（1）电源中性点接地的单相触电

如图4-14所示。这时人体处于相电压之下，危险性较大。如果人体与地面的绝缘较好，危险性可以大大减小。

（2）电源中性点不接地的单相触电

如图4-15所示。这种触电也有危险。乍看起来，似乎电源中性点不接地时，不能构成电流通过人体的回路。其实不然，要考虑到导线与地面间的绝缘可能不良，甚至有一相接地，在这种情况下人体中就有电流通过。

● **提示：**在交流的情况下，导线与地面间存在的电容也可构成电流的通路。

（3）两相触电

这种情况最为危险，因为人体处于线电压之下，如图4-16，但这种情况较少。

2. 接触正常情况下应不带电的金属体

电气设备的外壳本来是不带电的，由于绝缘体损坏等原因会使外壳带电。人体触及这些设备时，相当于单相触电。大多数触电事故属于这一种，如图4-17所示。

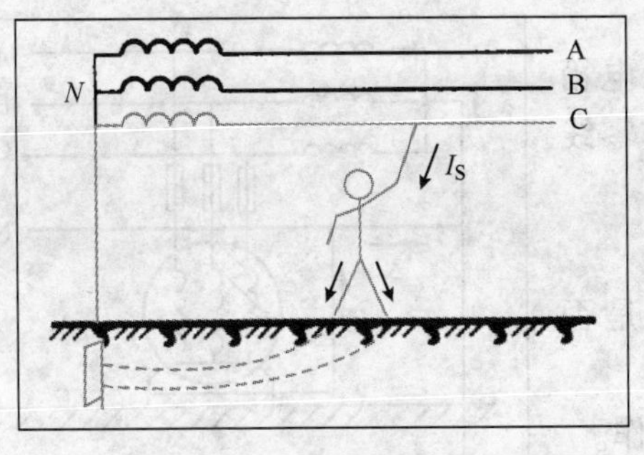

图 4-14 电源中性点接地的单相触电

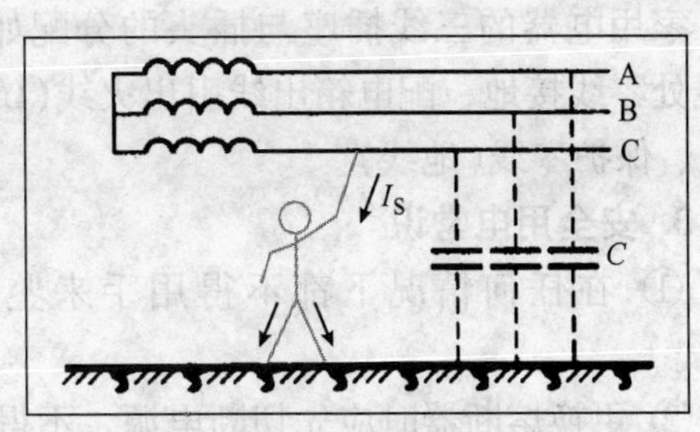

图 4-15 电源中性点不接地的单相触电

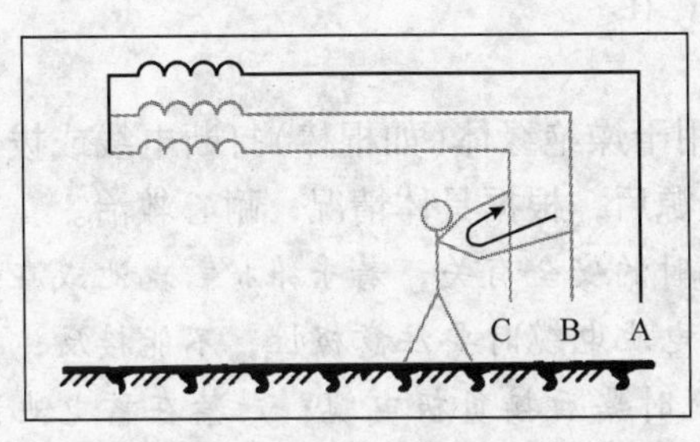

图 4-16 两相触电

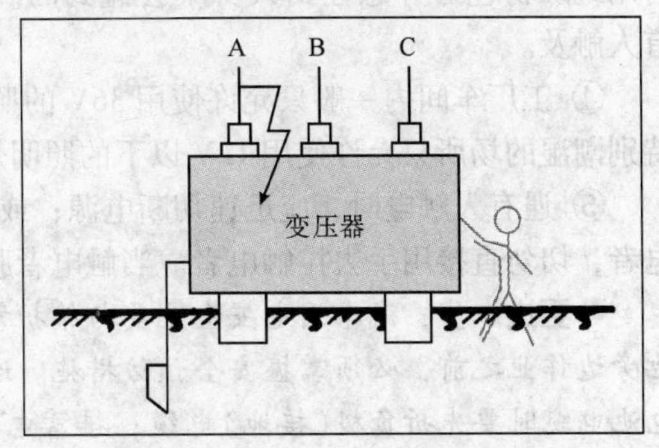

图 4-17 电器设备外壳漏电

● **提示：** 为了防止接触正常情况下应不带电金属体的触电事故，对电气设备常采用保护接地和保护接零(接中性线)的保护装置。

四、接地和接零

在低压配电系统中，电源(变压器)中性点有接地和不接地两种。接地的目的出于电力系统运行和安全的需要，这种接地称为工作接地，例如三相四线制电源中性点的接地。

在低压配电系统电源中性点不接地的情况下，采用保护接地；在中性点接地的情况下，则采用保护接零。

1. 保护接地

将电动机、变压器、铁壳开关等电气设备的金属外壳用电阻很小的导线同接地线可靠的连接起来。适用于中性点不接地的低压系统中。如图 4-18。

2. 保护接零

将电气设备的金属外壳接到零线(或称中性线)上。适用于中性点接地的低压系统中，如图 4-19 所示为电动机的保护接零电路。

必须指出，在同一电力网中，不允许一部分设备接地，而另一部分设备接零。此外，若有人既接触到接地的设备外壳，又接触到接零的设备外壳，

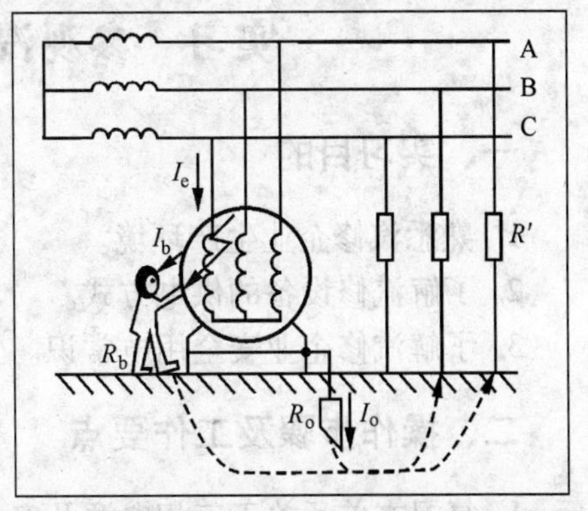

图 4-18 电动机的接地

则人将承受电源的相电压。显然，这是很危险的。

家用电器的三线插座与插头的分配如下：配电箱进线处零线接地，配电箱出线引出火线(L)、工作零线(N)、保护零线(地线)。

3. 安全用电常识

① 在任何情况下都不得用手来鉴定导体是否带电。

② 更换熔断器时应先切断电源，不得带电操作。

③ 拆开或断裂的暴露在外部的带电接头，必须及时用绝缘物包好并悬挂到人身不会碰到的高处，防止有人触及。

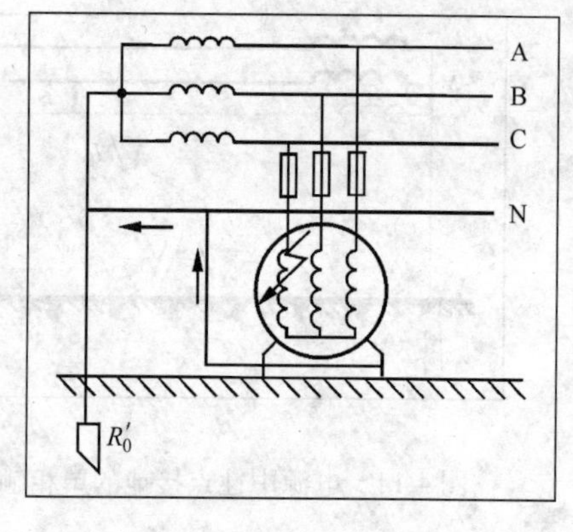

图 4-19 电动机的接零

④ 工厂车间内一般只允许使用 36V 的照明灯；在特别潮湿的场所只允许使用 12V 以下的照明灯。

⑤ 遇有人触电时，应迅速切断电源；或尽快用干燥绝缘体(如棍棒)打断电线或拨开触电者，切勿直接用手去拉触电者。当触电者脱离电源后，根据具体情况，耐心救治。

• **更进一步**：汽车用电安全主要与维护蓄电池时的安全有关，着手维护蓄电池或在蓄电池旁边作业之前，必须掌握安全预防措施。连接蓄电池电缆时要注意极性，不能接反；拆蓄电池电缆时要先拆负极(接地)电缆；接蓄电池电缆时要后接负极电缆；严禁在蓄电池附近进行电焊或气焊作业(蓄电池充、放电过程中,会析出易爆的氢气)；严禁在蓄电池附近吸烟；蓄电池充电场所要有良好的通风，充电器接通后就不要再拆、接充电器的连接导线；维护蓄电池时，不要戴首饰或手表，这些东西都是良导电体，若不小心将蓄电池正极桩与接地连上，电流流过它们，会造成严重灼伤；千万不可在蓄电池上方传递工具，如碰巧跌落在两极桩上，造成蓄电池短路会引起爆炸。

• **操作**：检查手电钻、电冰箱、洗衣机、台式电扇等身边的电器是否采用了外壳接地、接零的保护措施，请根据实际情况采取相应的安全措施。

第四节 课 题 实 习

实习 参观汽修企业的供电方式和设备

一、实习目的

1. 熟悉汽修企业生产环境。
2. 了解汽修设备的供电方式。
3. 了解汽修企业安全用电常识。

二、操作步骤及工作要点

1. 复习本单元关于三相电源及安全用电的知识。
2. 在汽修企业技术人员的带领下参观企业的电器设备及其供电方式。

3. 记录参观结果。

三、注意事项

1. 一定要在企业人员指导下进行参观，不能擅自起动设备。
2. 注意观察设备的驱动方式和供电方式。

第五章

发电机和电动机

课题向导：

了解发电机的基本工作原理，掌握汽车交流发电机的构造和工作原理；了解直流电动机的基本工作原理，掌握汽车起动机用直流电动机的结构。

第一节　交流发电机

任务导向

- 了解发电机的基本工作原理。
- 掌握汽车交流发电机的构造和工作原理。
- 掌握汽车交流发电机的型号命名方法。
- 了解汽车交流发电机的工作特性。

学习要求

应知：汽车交流发电机的基本工作原理，工作特性。

应会：汽车交流发电机的拆解，各结构部件的辨识。掌握汽车交流发电机型号含义。

一、发电机的基本工作原理

利用电磁感应现象，就可以制成发电机。图 5-1 说明了发电机的基本工作原理。

如图 5-1 所示，发电机一般由提供磁场的转子和由导线组成的定子组成。转子(磁场)在

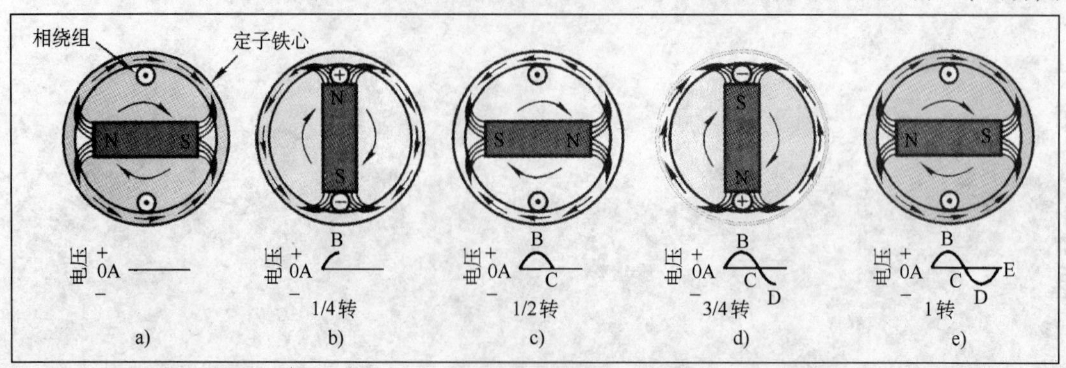

图 5-1　发电机基本工作原理

定子(导线)中不断转动，使得磁场与导线相对运动，产生电流。由于磁场与导线的位置不断变化，所以产生的电流也是不断变化的。

● **工作原理如下：**

当磁场与导线平行时，导线没有切割磁感线，如图 5-1a，导线内不产生电流。

磁场顺时针旋转 90°，磁场与导线呈直角，如图5-1b，磁场转到这一点，在 N、S 极处导线切割的磁感线最多，导线产生的电流为正的最大值。电流方向是从上部导线流出，下部导线流入。

磁场再继续旋转 90°，磁场反方向再次与导线平行，如图 5-1c，导线不切割磁感线，导线内不产生电流。

磁场再继续旋转 90°，磁场方向上下颠倒，如图5-1d，在 N、S 极处导线切割的磁感线最多，导线产生的电流为负的最大值。电流方向是从上部导线流入，下部导线流出。

磁场转完一圈，返回到与导线平行的位置，导线内电流为零。

上述讨论的是几个极限位置，在这几个位置之间过渡时，导线中的电流数值是随着导线与磁场的相对角度连续变化的。这样磁场旋转一圈，导线内就产生了一个连续变化、具有几个特征值的正弦波形(如图 5-2 所示)。

磁场旋转一圈，单匝导线上产生的正弦波为单相电流。如果在转子周围每相隔 120° 就布置一匝导线，磁场每旋转一圈，在三匝导线中就会产生三相电流。这样的发电机就称为三相交流发电机，汽车上的发电机都是三相交流发电机。

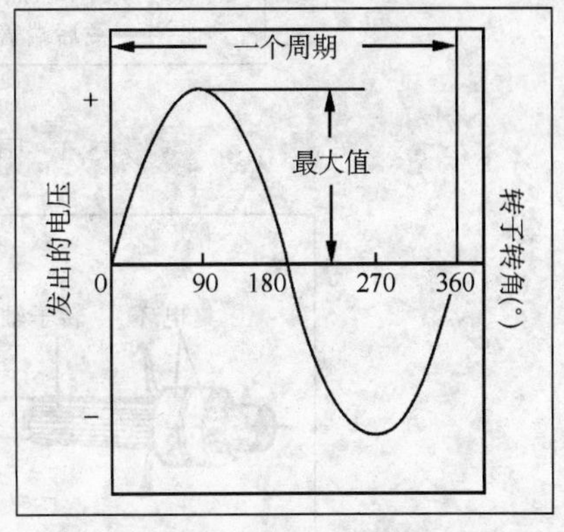

图 5-2　发电机产生的正弦波形

二、汽车交流发电机的基本构造

目前国内外生产的汽车交流发电机，其结构基本相同，多是由三相同步交流发电机和六只硅二极管构成的三相桥式全波整流器所组成。

现在汽车上的交流发电机多以有刷交流发电机为主。如图 5-3 所示的 JF 系列交流发电机结构，它主要由转子、定子、前后端盖、风扇、整流器、元件板等组成。

1. 交流发电机各部件结构

(1) 转子

转子由转子轴、励磁绕组、集电环等组成。

如图 5-4 所示。集电环与装在后端盖内的两个电刷相接触，两个电刷通过引线分别接在两个接线柱上，这两个接线柱即为发电机的 F(励磁)接线柱和 “ – ”（接地)接线柱。当这两个接线柱与直流电源相接时，便有电流流过励磁绕组，从而产生磁场。

(2) 定子

定子由定子铁心和定子绕组组成。定子铁心由相互绝缘的内圆带嵌线槽的圆环状硅钢片叠成。嵌线槽内嵌入三相对称的定子绕组。绕组的联结有星形(即 Y 形)、三角形两种方式，一般采用星形联结，即每相绕组的首端分别与整流器的硅二极管相接，每相绕组的尾端接在一起，形成中性点 N，如图 5-5 所示为定子绕组结构和星形(即 Y 形)联结图。

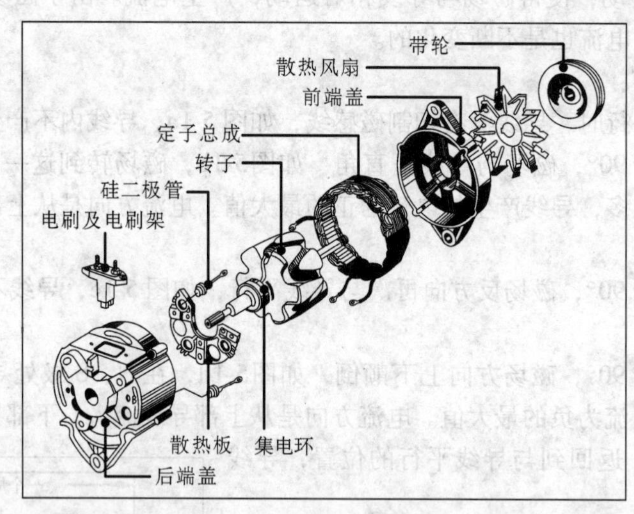

图 5-3　国产 JFZ132 型交流发电机结构图

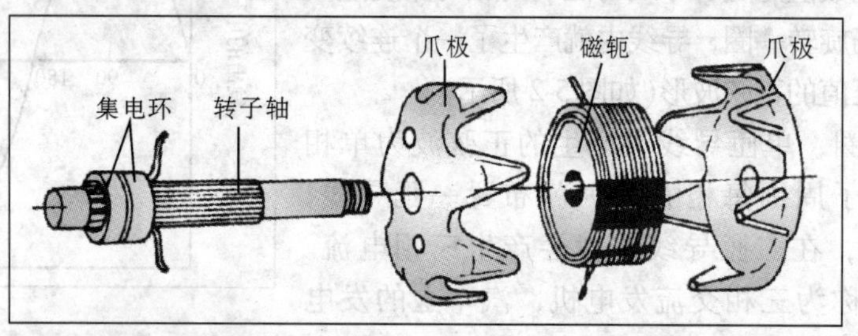

图 5-4　交流发电机的转子

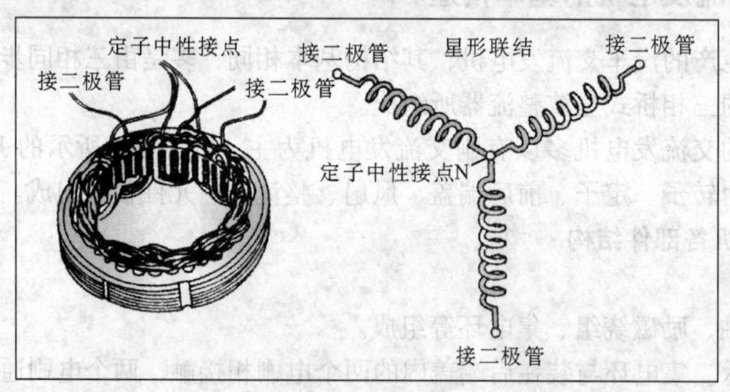

图 5-5　星形联结的定子绕组

（3）整流器

交流发电机整流器的作用是将发电机定子绕组产生的三相交流电变换为直流电，一般由 6 只硅整流二极管及其散热板所组成，如图 5-6 所示。整流二极管的工作电流大、反向电压高。交流发电机整流二极管有正极管和负极管之分，引出线为二极管正极的称为正极管，引出线为二极管负极的称为负极管。

CA1091 型汽车用的外接地交流发电机把整流器单独装在后端盖外。上海桑塔纳轿车用 JFZ132 型交流发电机整流器也安装在后端盖外侧，只要打开塑料防尘罩，即可取出。

（4）盖和电刷总成

交流发电机的前后端盖均由铝合金压铸或用砂型铸造而成，这是因为铝合金为非导磁性材料，可减少漏磁并具有轻便、散热性能良好的优点。为提高轴承孔的机械强度，增加其耐磨性，在发电机端盖的轴承孔内镶有钢套。

电刷总成由两只电刷、电刷弹簧和电刷架组成，如图 5-7 所示。两只电刷装在电刷架的孔内，借电刷弹簧的压力与集电环保持接触，用于给发电机转子绕组提供励磁电流。电刷架由酚醛玻璃纤维塑料模压而成或用玻璃纤维增强尼龙制成，安装在发电机的后端盖上。目前国产交流发电机的电刷架有两种结构，一种电刷架可直接从发电机的外部拆装，因此，拆装维修方便；另一种则不能直接从发电机外部进行拆装，如需更换电刷，还需将发电机拆开，故这种结构正逐渐被淘汰。

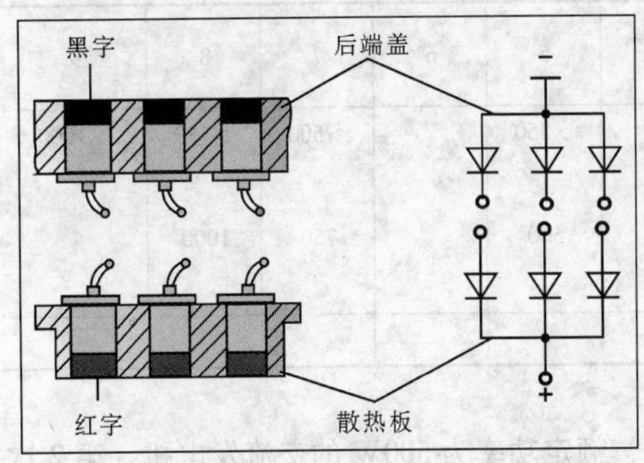

图 5-6　整流器结构示意图

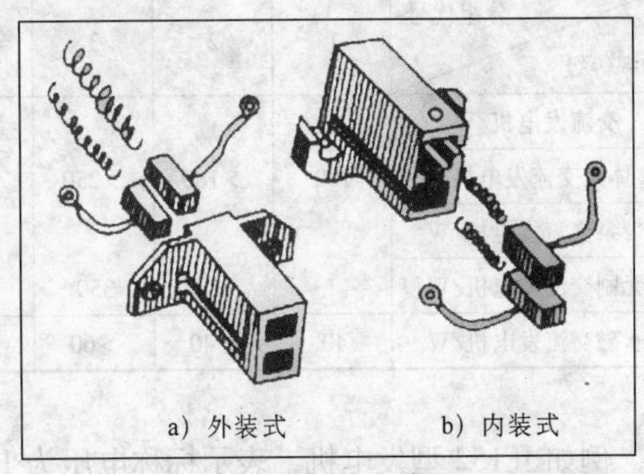

图 5-7　电刷和电刷架

交流发电机有内接地和外接地之分，两只电刷引线的接法也不同。对于内接地交流发电机，其励磁绕组直接在发电机内部接地，两只电刷的引线中一根与后盖上的励磁接线柱“F”相连接，另一根则直接与发电机外壳上的接线柱“−”连接。而外接地式交流发电机由于其励磁绕组是通过所配的调节器接地，因此，两只电刷接线柱均与发电机外壳绝缘，分别用“F＋”和“F－”表示(有的用“DF＋”、“DF－”表示)。

为了保证交流发电机在工作时不致因温升过高而损坏，在交流发电机转子轴上装有风扇；后端盖上有进风口，前端盖上有出风口，当转子轴旋转时，风扇也一起旋转使空气高速流经发电机内部对发电机进行强制冷却。

● **操作：**拆解 JFZ132 型交流发电机，辨别各个组成部件，测量转子绕组和定子绕组。进一步认清汽车交流发电机的结构。

2. 交流发电机的型号

根据规定国产汽车交流发电机型号主要由下列五大部分组成，即

一	二	三	四	五
产品名称代号	电压等级	功率等级代号	设计代号	变型代号

第一部分为产品名称代号。交流发电机产品名称代号为 JF；整体式交流发电机产品名称代号为 JFZ；带泵交流发电机产品名称代号为 JFB；无刷交流发电机产品名称代号为 JFW。J 表示“交”，F 表示“发”，Z 表示“整”，B 表示“泵”，W 表示“无”。

第二部分为分类代号，即电压等级代号，用 1 位阿拉伯数字表示，见表 5-1。

表 5-1 发电机标称电压等级代号

分类代号	1	2	3	4	5	6
电压等级/V	12	24				6

第三部分为分组代号，即功率等级代号，用 1 位阿拉伯数字表示，见表 5-2。

第四部分为设计序号，按产品设计先后顺序，以 1 ~ 2 位阿拉伯数字表示。

第五部分为变型代号，以汉语拼音大写字母 A、B、C……表示。

表 5-2 发电机功率等级代号

功率等级 \ 分组代号	1	2	3	4	5	6	7	8	9
交流发电机/W					>350		>500	>750	>1000
整体式交流发电机/W	180	>180	>250						
带泵交流发电机/W					500		750	1000	
无刷交流发电机/W		250	350						
永磁交流发电机/W	40	>40	>60						

例如 JF152 型发电机，表示标称电压为 12V，额定功率为 500W 的交流发电机，第 2 次设计；JFW182 型发电机，表示标称电压为 12V，额定功率为 1000W 的无刷交流发电机，第 2 次设计；JF27C 型发电机，表示标称电压为 24V，额定功率为 750W 的交流发电机，第 4 次变型。

三、汽车交流发电机的基本工作原理

1. 交流发电机的发电原理

图 5-8 所示是交流发电机的工作原理图。发电机的三相定子绕组按一定规律分布在发电机的定子槽中，互相差 120° 电角度。交流发电机的磁路是由转子的 N 极出发，穿过转子与定子之间很小的气隙进入定子铁心，最后又经过空气隙回到相邻的 S 极，并通过磁轭构成了磁回路。转子磁极的形状，可使定子绕组感应的交流电动势近似于正弦曲线的波形。

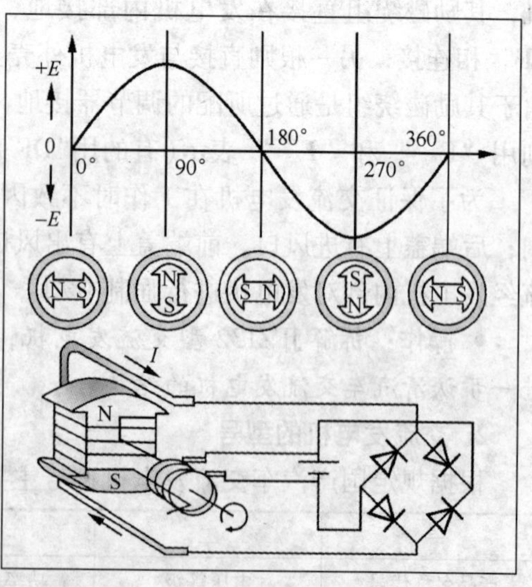

图 5-8 汽车交流发电机工作原理图

当转子旋转时，由于定子绕组与磁感线有相对的切割运动，所以在三相绕组中产生频率相同，幅值相等，相位互差 120° 电角度的正弦电

动势 e_A、e_B 和 e_C。三相绕组中电动势的瞬时值方程式为

$$e_A = E_m \sin(\omega t) = \sqrt{2}E_\phi \sin(\omega t)$$

$$e_B = E_m \sin(\omega t - 120°) = \sqrt{2}E_\phi \sin(\omega t - 120°)$$

$$e_C = E_m \sin(\omega t - 240°) = \sqrt{2}E_\phi \sin(\omega t - 240°)$$

交流发电机在星形联结时，任意两个输出端的输出电压（称线电压 U_L）、输出电流（称为线电流 I_L）与每相绕组的相电压 U_P、相电流 I_P 的关系为：

$$U_L = \sqrt{3}U_P$$

式中　U_L——定子绕组输出的线电压(A)；

U_P——每相绕组的相电压(V)。

$$I_L = I_P$$

式中　I_L——定子绕组输出的线电流(A)；

I_P——每相绕组的相电流(A)。

在交流发电机中，一般通过整流器将交流电整流为直流电，供给汽车电气系统使用。

2. 交流发电机的励磁方式

励磁方式就是产生磁场的方式。当转子通过电流时，转子就会产生磁场，转子产生的磁场的大小与流过的电流有关，流过转子的电流被称为励磁电流。交流发电机开始发电时，需由蓄电池供给励磁电流，此时为他励。当发电机发电电压达到蓄电池电压时，即由发电机自己供给励磁电流，也就是由他励转变为自励。

由于交流发电机转子的爪极剩磁较弱，所以发电机在低速运转时，加在硅二极管上的正向电流也很小。此时二极管上的正向电阻较大，较弱的剩磁产生的很小的电动势难以克服二极管的正向电阻，使发电机正向电压难以迅速建立起来。这样，发电机低速充电的要求就不能满足。因此，汽车上发电机必须与蓄电池并联，开始由蓄电池向励磁绕组供电，使发电机电压很快建立起来并转变为自励状态，蓄电池被充电的机会就多一些，有利于蓄电池的使用维护。

3. 交流发电机的特性

汽车用硅整流交流发电机的工作特点是传动比大，转速变化范围大。对于一般汽油发动机来说，其转速变化为1:8，柴油机为1:5。因此汽车用硅整流交流发电机的特性必须以转速的变化为基础，进而分析各有关量的变化。

交流发电机的特性有输出特性、空载特性和外特性，其中以输出特性最为重要。

(1) 输出特性

交流发电机的输出特性，又叫负载特性或输出电流特性。它是指发电机向负载供电时，保持发电机输出电压恒定（对12V的发电机规定为14V，对24V的发电机规定为28V），即 μ = 常数的情况下，发电机的输出电流与转速之间的关系，即 $I = f(n)$ 的函数关系。

图5-9所示的实验电路可用来测量交流发电机的输出特性。当开关S1、S2闭合时，电动机拖动发电机运转，随着转速的升高，发电机达到充电电压。这时，断开他励电源开关S2，发电机开始自励。调节电动机转速，使发电机电压达到额定值，并记录该转速 n_1，n_1 即为空载转速。闭合开关S3，接通负载电路。逐渐调小负载 R，使电流增大，直到达到最大值。同时不断提高转速，保持发电机的额定电压不变。以适当的电流间隔作测点，记录对应

的转速，一般不小于7点。据此绘制出交流发电机的输出特性曲线，如图5-10所示。

从交流发电机的输出特性曲线 $I=f(n)$ 可以看出：

① 发电机的转速甚低时，其端电压低于额定电压，此时发电机不能向外供电；当转速达到空载转速 n_1 时，电压达到额定值；当转速高于空载转速 n_1 时，发电机才有能力在额定电压下向外供电。所以空载转速 n_1 常被用作选择发电机与发动机转速比的主要依据。

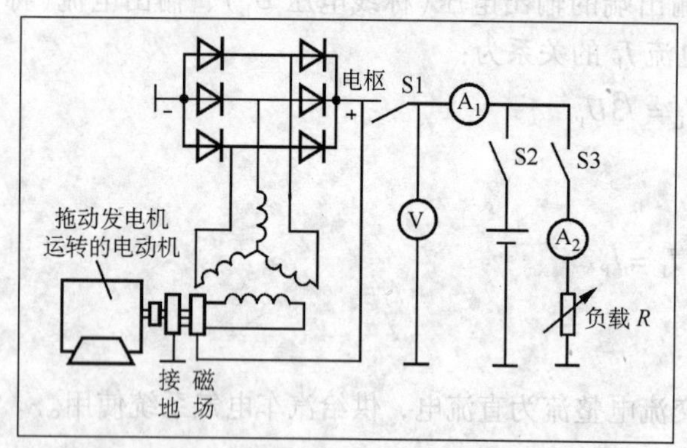

图5-9 交流发电机实验图

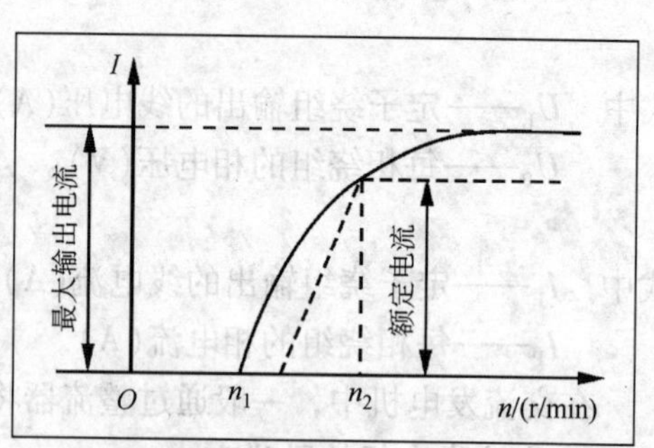

图5-10 输出特性

② 当转速超过 n_1 时，发电机输出电流 I 将随着转速 n 的升高和电阻 R 的减小而增大；当转速等于 n_2 时，发电机输出额定功率(即额定电流与额定电压之积)，故将转速 n_2 称为满载转速。

空载转速和满载转速是交流发电机的主要性能指标，在产品说明书中均有规定。在使用中，应定期测量这两个数据，与规定值相比较，就可判断发电机性能是否良好。

③ 当发电机转速达到一定值时，发电机的输出电流就不再随转速的升高和负载电阻 R 的减小而增大。这时的电流值称为发电机的最大输出电流或限流值。这个性能表明，交流发电机具有自动限制电流的自我保护能力。交流发电机的最大输出电流约为额定电流的1.5倍。

因此采用交流发电机，可以不需另加电流限制器，而具有自身限制电流的保护能力。

(2) 空载特性

发电机空载时，发电机端电压与转速的关系，称为空载特性。即 $I=0$ 时，$U=f(n)$ 的函数关系，如图5-11所示。

从曲线可以看出，随着转速的升高，端电压上升较快，由他励转入自励时，即能向蓄电池进行补充充电，进一步证实了低速充电性能好的优点。空载特性是判断硅整流发电机性能是否良好的重要依据。

(3) 外特性

外特性是指转速一定时，发电机的端电压与输出电流的关系。即 $n=$ 常数时，$U=f(I)$ 的曲线，如图5-12所示。

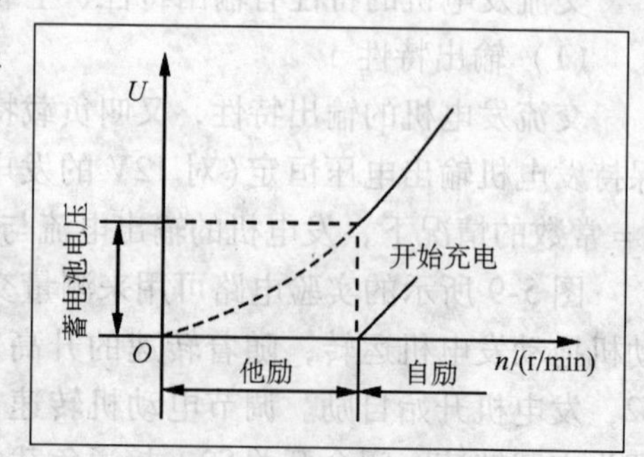

图5-11 空载特性

从外特性曲线可看出，随着负载即输出电流的增加，发电机的端电压会很快下降，且转速越高，下降的斜率越大。这是由于随着输出电流的增加，

发电机定子绕组的压降也会增加，而且转速越高，定子绕组的阻抗越大，压降就越大；与此同时，输出电流的增加还会使电枢反应加强，这都将引起发电机的端电压下降，而端电压的下降又会使励磁电流减少，从而导致端电压的进一步下降。因此，当发电机在高转速下运转时，如果突然失去负载，则其端电压会急剧升高，这时发电机中的二极管以及电压调节器中的电子元器件将有被击穿的危险。

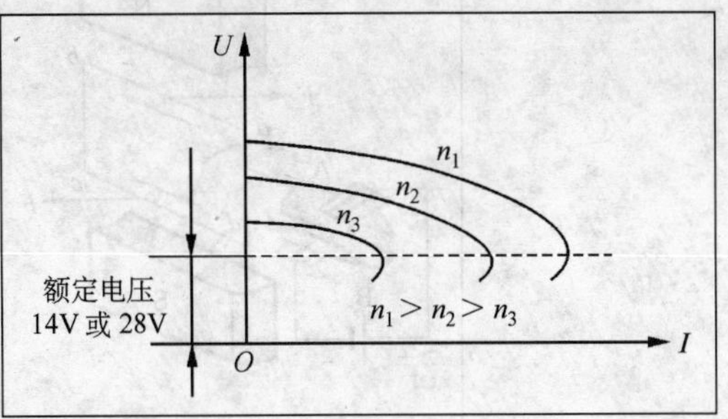

图 5-12　外特性

另外，当输出电流增大到一定值时，如负载再增加，其输出电流不仅不会增加，反而会同端电压一起下降，即在外特性曲线上存在一个转折点。因此，当发电机短路时，其短路电流是很小的，这也说明交流发电机具有自身限制电流的功能。一般交流发电机工作在转折点之前。

第二节　直流电动机

任务导向

- 了解直流电动机的基本工作原理。
- 掌握汽车起动机用直流电动机的结构。
- 了解汽车上常用的直流电动机。

学习要求

应知： 直流电动机的基本工作原理；起动机用直流电动机的结构；汽车常用直流永磁电动机的应用场合。

应会： 起动机用直流电动机的结构拆解。

一、直流电动机的基本工作原理

直流电动机是将电能转换为机械能的设备，是以通电导体在磁场中受电场力作用的原理而制成的。其工作原理如图 5-13 所示。

当电流由正电刷和换向片 A 流入，从换向片 B 和负电刷流出时，见图 5-13a，电枢绕组线圈中的电流方向为 $a \to b \to c \to d$，此时转矩方向为逆时针方向。当线圈转过 180°后，电流由正电刷和换向片 B 流入，从换向片 A 和负电刷流出，线圈中的电流方向为 $d \to c \to b \to a$，转矩方向仍为逆时针方向。电枢轴便可在一个固定转向的电磁转矩作用下而不断旋转。

一个线圈产生的电磁转矩是有限的，且电枢轴转动不稳定，所以电动机的电枢绕组是由很多线圈组成的，换向器片的数量也随线圈数量的增加而增多。

电动机的电磁转矩 M 取决于磁通 Φ，电枢电流 I_a 的乘积，可用下式表示：

$$M = C_m \Phi I_a$$

式中　C_m——电动机结构常数。

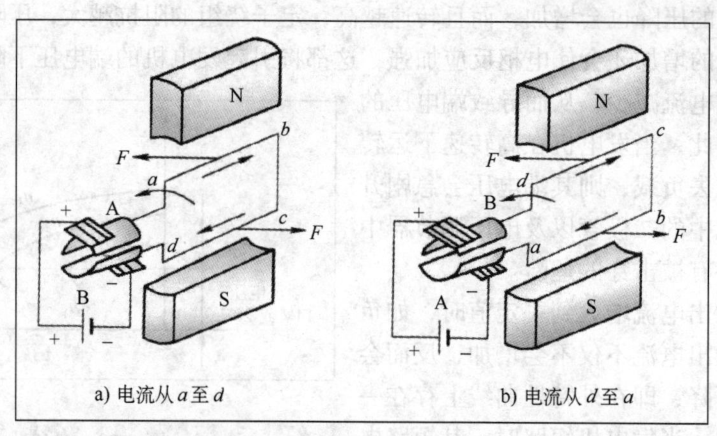

图 5-13　直流电动机的工作原理

二、直流电动机转矩自动调节过程

当电动机接入直流电源时，载流导体产生电磁转矩使电枢旋转。而电枢旋转时，线圈又会切割磁感线产生感应电动势，其方向可用右手定则来判断。因其电动势的方向恰与电枢线圈电流方向相反，故称反电动势 E_R。其大小与电动机结构常数 C_m，电枢转速 n 及磁极磁通 Φ 成正比，即

$$E_R = C_m \Phi n$$

因为反电动势方向与电源电压方向相反，因而在电动机工作时，其电压平衡方程式是

$$U = E_R + I_a R_a$$

式中　U——电源电压(V)；

R_a——电枢电路的电阻(Ω)。

由此可得电枢电流为

$$I_a = (U - E_R)/R_a$$

可见，当电源电压 U 和电枢电阻 R_a 一定时，电枢电流将随反电动势的变化而做相反的变化，促使电磁转矩也发生变化。比如，当电动机负载增加时，由于轴上的阻力矩增大，电枢转速就会降低，故反电动势将随之减小，使电枢电流随之增大，因此电磁转矩也将随之增大，直至电动机的电磁转矩增加到与阻力矩相等时为止，这时电动机拖动新的负载以较低的转速平稳运转。相反，当电动机负载减小时，由于轴上的阻力矩减小，电枢转速就会升高，反电动势亦随之增大，电枢电流减小，电磁转矩也随之减小，直至电动机的电磁转矩减小到与阻力矩相等时为止，这时电动机拖动新的负载在较高的转速下平稳运转。

由上述分析可知：当电动机拖动的负载发生变化时，其电枢转速、电枢电流、电磁转矩均会自动地出现相应变化，以满足不同负载的需要。因为电枢转速、电磁转矩的变化程度取决于不同类型的电动机，可以为正确选用适合不同负载的电动机提供依据。

三、汽车起动机用直流电动机的基本构造

汽车起动机用直流电动机由磁极、电枢、换向器等组成，如图 5-14 所示，电枢绕组与励磁绕组串联的直流电动机又称为串励式直流电动机。

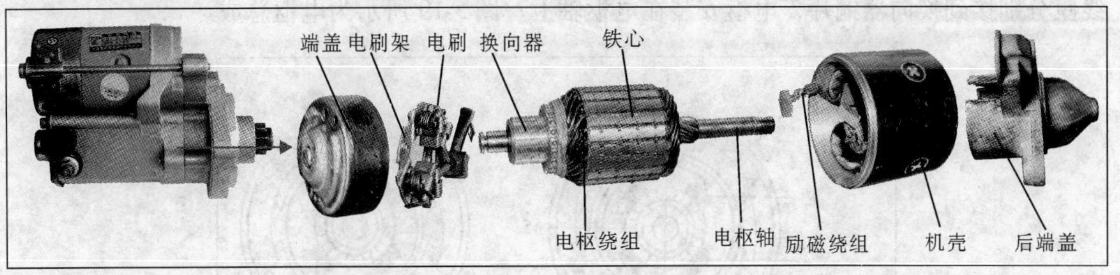

图 5-14　直流电动机的组成

1. 机壳

起动机机壳的一端有 4 个检查窗口，中部只有一个电流输入接线柱，并在内部与励磁绕组的一端相连。端盖分前、后两个，前端盖由钢板压制而成，后端盖由灰铸铁铸造而成，呈缺口杯状。它们的中心均压装着青铜石墨轴承套或铁基含油轴承套，外围有 2 个或 4 个组装螺孔。电刷装在前端盖内，后端盖上有拨叉座，盖口有凸缘和安装螺孔，还有用于拧紧中间轴承板的螺钉孔。

2. 励磁绕组

励磁绕组是由绕在极靴上的线圈构成的(见图 5-15)。励磁绕组固定到起动机外壳里面(见图 5-16)。用铸钢制造的极靴和起动机外壳连接在一起，可增加励磁绕组的磁场强度。

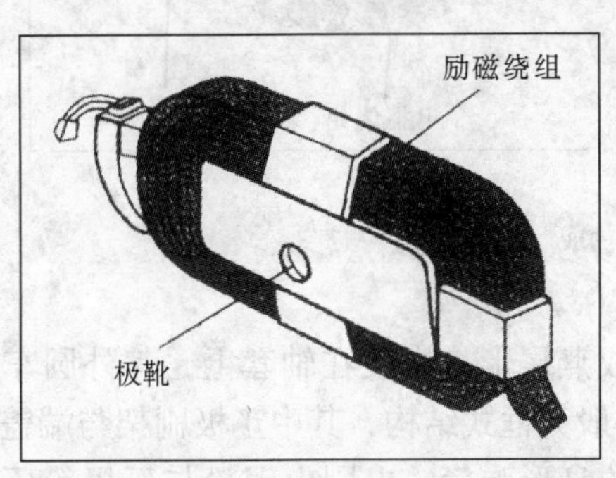

图 5-15　励磁绕组

图 5-16　励磁绕组与机壳的组装

当电流流过励磁绕组时，便建立强大的、静止的电磁场，磁场根据绕组围绕在极靴周围的方向，建立起 S 极和 N 极。励磁绕组的极性对调，便产生相反的磁场(见图 5-17)。

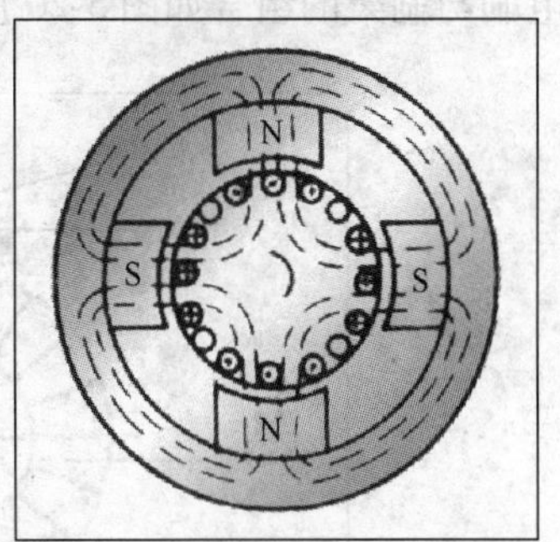

图 5-17　四励磁绕组形成的磁场

励磁绕组与电枢绕组的接法有两种：串联和既有串联也有并联的复式接法(如图 5-18 所示)，复式接法可以在绕组铜条截面尺寸相同的情况下增大起动电流，从而增大转矩。

大多数起动机采用四个励磁绕组。功率大于 7. 35kW 的起动机有采用六个励磁绕组的。

3. 电枢

电枢由若干薄的、外圆带槽的硅钢片叠成的铁心和电枢绕组组成。铁心的叠片结构可以减小涡流电流。电枢绕组安装在叠片外径边缘的槽内，绕组

线匝分别接到换向器铜片，电枢安装在电枢轴上。图 5-19 所示为电枢总成。

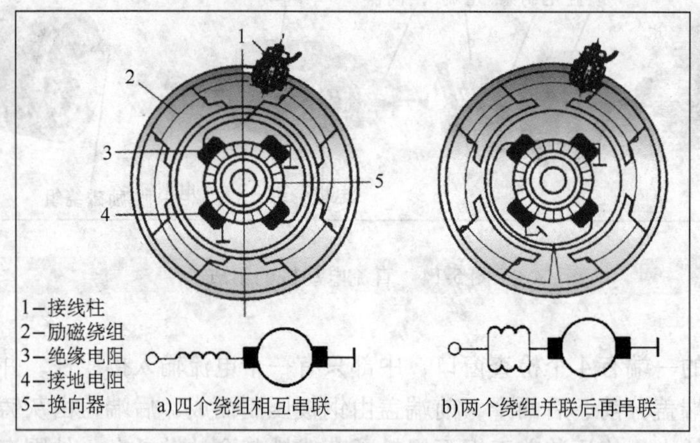

图 5-18　励磁绕组的连接方式

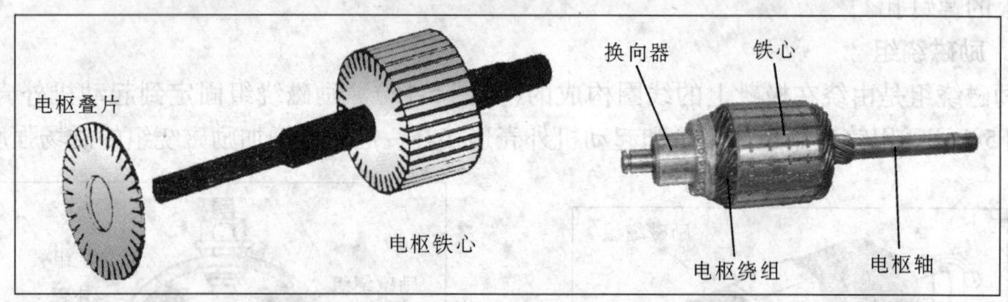

图 5-19　电枢总成

4. 换向器及电刷

换向器由许多换向片组成，换向片的内侧制成燕尾形，嵌装在轴套上，其外圆车成圆形。换向片与换向片之间均用云母绝缘。电刷架一般为框式结构，其中正极刷架与端盖绝缘安装，负极刷架直接接地。刷架上装有弹性较好的盘形弹簧。电刷由铜粉与石墨粉压制而成，呈棕红色，装在端盖上的电刷架中，通过电刷弹簧保持与换向片之间具有适当的压力。电刷与刷架的组合如图 5-20 所示。

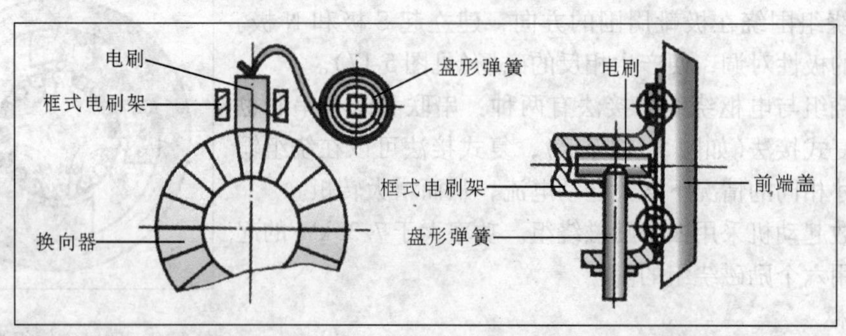

图 5-20　电刷与刷架组合图

电刷和装在电枢轴上的换向器用来连接励磁绕组和电枢绕组的电路，并使电枢轴上产生的电磁力矩保持固定方向。

- **操作**：拆解汽车起动机，进一步了解直流电动机的构造。

四、汽车电器中几种典型直流电动机

直流电动机除了转子、定子双线圈结构外，还有由永久磁铁构成定子的永磁直流电动机，简称为永磁电动机。如图 5-21 所示为永磁刮水电动机的结构示意简图。永磁电动机在汽车上得到了广泛的应用。

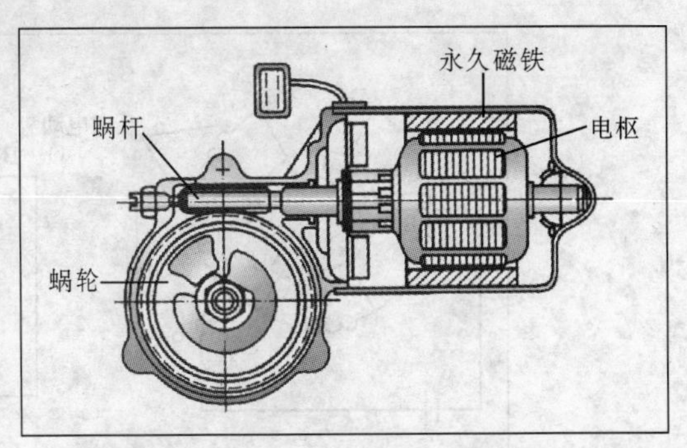

图 5-21　永磁电动机的结构示意简图

1. 刮水电动机

刮水器可以清除风窗玻璃上的雨水、雪或灰尘。目前汽车上广泛采用电动刮水器，电动刮水器的主要动力部件就是刮水电动机，刮水电动机大多是永磁式电动机。图 5-22 所示为美国福特公司采用的永磁式刮水电动机。

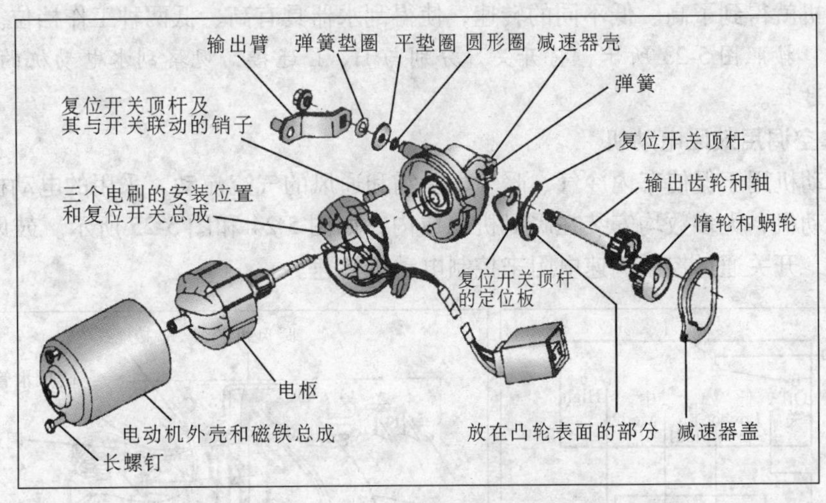

图 5-22　美国福特公司采用的永磁式刮水电动机

刮水电动机为了满足刮水器的要求，要实现高、低速档位工作，采用三刷式电动机。其工作原理如图 5-23 所示。

直流电动机工作时，在电枢内的所有线圈中同时产生反向电动势，每个小线圈都产生相等的反向电动势 $E_R = C_m n\Phi$，电动势的方向如图 5-23 所示。

当开关 S 拨到低速档 L 时，在两个电刷 B_1、B_3 之间有两条并联支路，各有 3 个线圈，电动势方向如图 5-23 所示，根据电动机的电压平衡式

$$U = I_S R_\Sigma + E_R = I_S R_\Sigma + 3C_m n\Phi$$

$$n = (U - I_S R_\Sigma)/3C_m\Phi$$

当开关 S 拨到高速档 H 时，在两个电刷 B_2、B_3 之间也有两条并联支路，一个支路有 2 个线圈串联，另一支路有 4 个线圈串联，但其中一个线圈的电动势与另外 3 个线圈的电动势

方向相反，故在电动机电枢绕组上得到总的反向电动势为 $2C_m n\Phi$，根据电动机的电压平衡式

$$U = I_S R_\Sigma + E_R = I_S R_\Sigma + 2C_m n\Phi$$

$$n = (U - I_S R_\Sigma)/2C_m\Phi$$

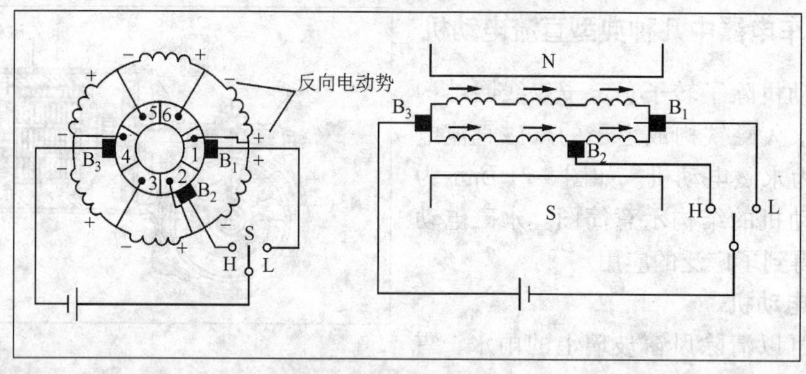

图 5-23 永磁电动机变速工作原理

由上式可知，由于反向电动势的减小，使电枢的转速上升，重新达到电压平衡。这样永磁刮水电动机就得到了高、低不同的转速，使得刮水器具有高、低两种工作档位。

● **操作：** 按照图 5-23 所示，将开关 S 分别与 H、L 连接，观察刮水电动机的转速变化，并分析工作过程。

2. 汽车空调用鼓风电动机

鼓风电动机用于促使车内冷气、暖气、除霜和通风的气流流动。采用的电动机通常为永磁式单速电动机，大多数均安装在暖风机总成内，如图 5-24 和图 5-25 所示。鼓风机开关位于仪表板上，开关通过控制调速电阻来控制电动机转速。

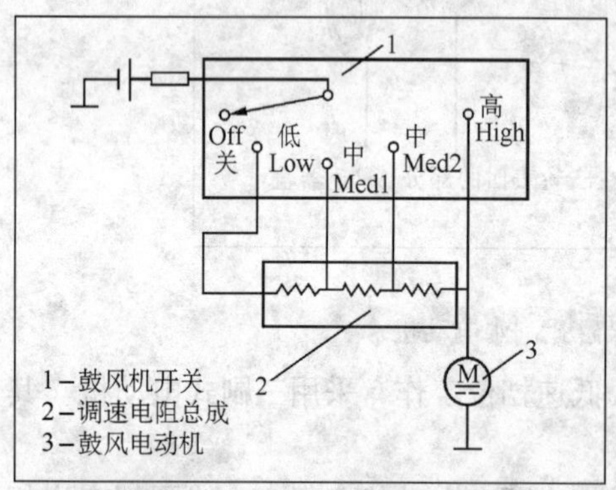

图 5-24 鼓风电动机工作原理图

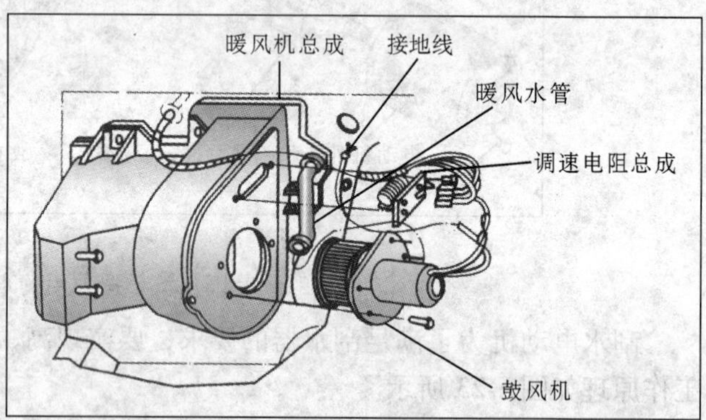

图 5-25 鼓风电动机结构

鼓风电动机的工作原理： 当鼓风电动机开关置于低速（Low）、中速 1（Med1）、中速 2（Med2）或高速档（High）时，电路中所串联的电阻值越来越小。电阻值的变化，改变了鼓风电动机的工作电压。由于鼓风电动机是单速电动机，工作电压越高，转速越高。所以随着串联的电阻越小，鼓风电动机的工作电压越高，转速越高。

3. 电动车窗电动机

现在轿车的车窗基本上都采用了电动车窗。电动车窗升降系统的电动机，广泛采用的是

永磁式电动机。永磁式电动机通过改变电枢电流的方向来改变电动机的旋转方向，而使车窗玻璃上升或下降。电动机本身不接地，而是通过控制开关接地。图 5-26 所示为美国福特公司采用永磁式电动机的电动升降门窗电路图。

现以左后门窗为例说明其工作原理。

当主控开关中的左后门窗开关拨到 Up 时，**电流方向为：蓄电池正极→点火开关→电路断电器→主控开关中左后门窗 Up 触点→左后门窗分控开关 Up 触点→电动机→左后门窗分控开关 Down 触点→主控开关中左后门窗 Down 触点→接地**。电动机旋转，带动左后门窗玻璃上升。

当主控开关中的左后门窗开关拨到 Down 时，**电流方向为：蓄电池正极→点火开关→电路断电器→主控开关中左后门窗 Down 触点→左后门窗分控开关 Down 触点→电动机→左后门窗分控开关 Up 触点→主控开关中左后门窗 Up 触点→接地**。电动机旋转，带动左后门窗玻璃下降。

上述过程中，流过电动机电枢的电流方向相反，所以电动机旋转方向相反，带动玻璃上升或下降。

与此类似的双向永磁电动机也被利用到电动后视镜、电动座椅、电动天窗等系统的驱动电路中，在开关控制下，带动部件实现两个方向的运动。

- **操作：** 分析图 5-26 所示电动升降门窗电路用左后门窗开关控制左后门窗玻璃升降的工作原理。

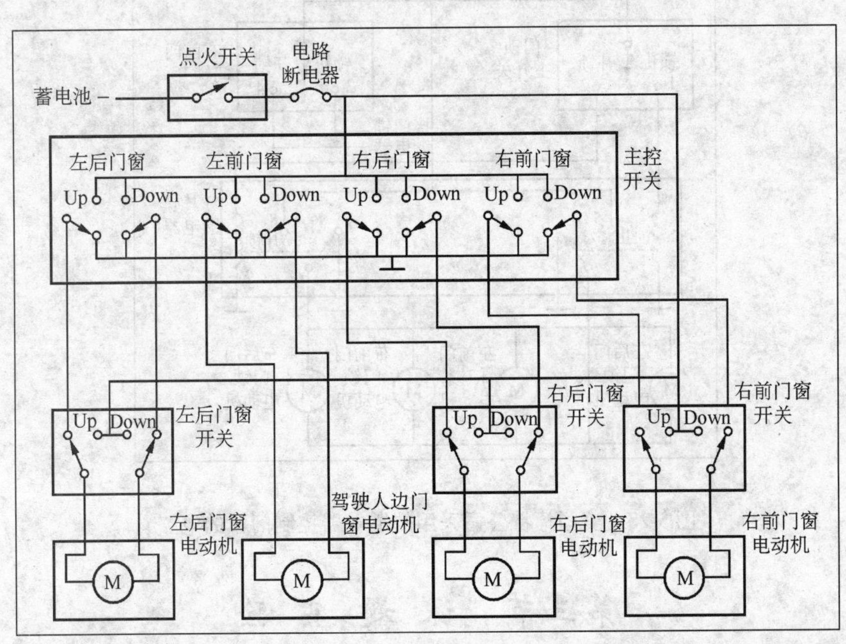

图 5-26　福特公司永磁式电动机的电动升降门窗电路

4. 电动门锁电动机

中央控制门锁系统具有钥匙联动锁门和开门功能，通过右前或左前门上的钥匙可以同时关闭或打开所有车锁。电动车锁一般采用永磁电动机（见图 5-27），由门锁开关控制组合继电器，通过组合继电器改变电动机的电流方向，使电动机的连接杆上下运动，控制锁块的关闭或打开。图 5-28 为美国福特公司采用的继电器控制门锁的电路。

下面以锁车为例，说明其工作过程：当门锁主开关转到锁止位置时，触点 1 闭合，门锁继电器中的锁止线圈有电流通过，触点 5 闭合。这时，**全车门锁电动机的电流方向为：蓄电池正极→门锁继电器触点 5→全车门锁电动机→门锁继电器触点 7→接地，电动机旋转拉动连接杆，将车门锁上。**

- **操作：**分析图 5-28 所示继电器控制门锁的电路和开锁的工作原理。

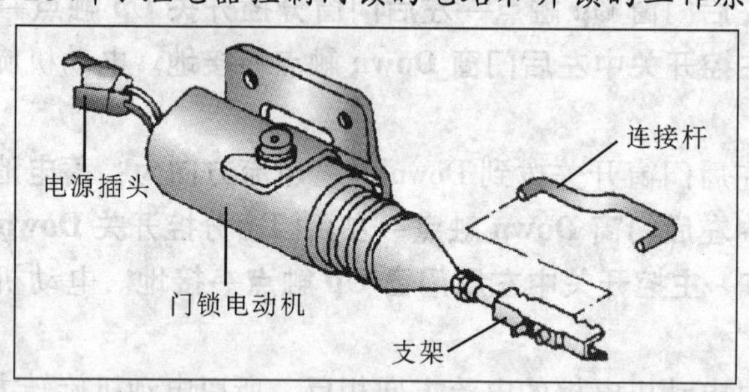

图 5-27　永磁式电动门锁电动机

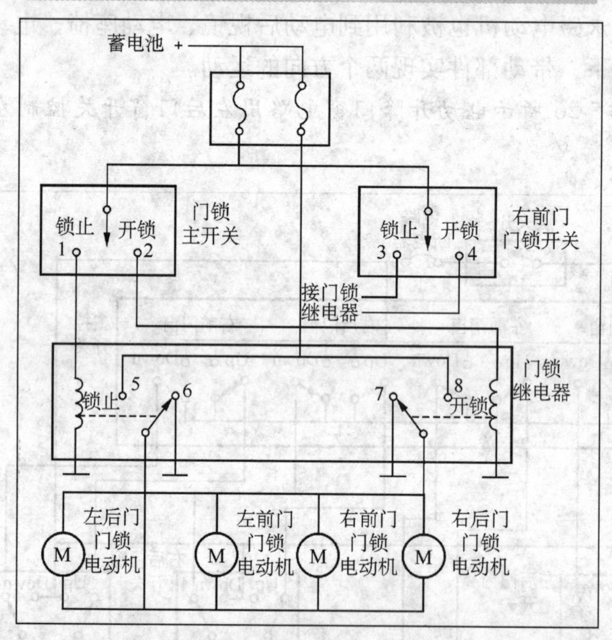

图 5-28　美国福特公司采用的继电器控制门锁的电路

第三节　课 题 实 验

实验一　汽车交流发电机的测量与拆解

一、实验目的

1. 掌握对汽车交流发电机进行测量的方法。

2. 学习拆解及装配发电机的基本方法。

二、实验器材

汽车交流发电机，万用表，维修工具。

三、操作步骤及工作要点

1. 发电机拆解前的检测

使用万用表对发电机外接线柱进行测量，可以初步判定发电机的状态。对于普通发电机拆解前的测量，建议使用指针式万用表，其测量结果依使用万用表型号不同，略有差异。常用发电机各接线柱间电阻值见表 5-3 所示。

表 5-3　常用发电机各接线柱间电阻值

发电机型号	“F”与“E”间电阻/Ω	“B”与“E”间电阻		“N”与“E”或“B”间电阻	
		正向/Ω	反向/kΩ	正向/Ω	反向/kΩ
JF11、13、15、21、132N	4~7	40~50	≥10	10~15	≥10
JWF14(无刷)	3.5~3.8	40~50	≥10	10~15	≥10
夏利 JFZ1542	2.8~3.0	40~50	≥10	10~15	≥10
桑塔纳 JFZ1913	2.8~3.0	65~80	≥10	10~15	≥10

将测量发电机结果填入表 5-4 中，并据此判断发电机状态。

表 5-4　发电机测量结果(MF47 型万用表)

发电机型号	“F”与“E”间电阻/Ω	“B”与“E”间电阻		“N”与“E”或“B”间电阻	
		正向/Ω	反向/kΩ	正向/Ω	反向/kΩ

2. 发电机拆解作业

发电机的拆解按照以下操作步骤进行(以大众汽车发电机为例)：

● **大众发电机的拆解**

① 用扭力扳手拧出发电机带轮的紧固螺母，取出螺母垫圈，如图 5-29 所示。

② 用顶拔器拉出发电机带轮，如图 5-30 所示。

③ 拧下发电机后端盖的整流器罩盖螺栓，如图 5-31 所示。

④ 取下后端盖，如图 5-32 所示。

⑤ 拧下发电机电前后端后端壳体紧固螺栓，如图 5-33 所示。

⑥ 用橡胶锤敲击转子转轴，如图 5-34 所示。

⑦ 取出前端盖，如图 5-35 所示。

⑧ 取出止推垫圈，如图 5-36 所示。

⑨ 取出风扇叶轮，如图 5-37 所示。

⑩ 取出转子绕组总成，如图 5-38 所示。

⑪ 定子绕组总成，如图 5-39 所示。

图 5-29　拧发电机带轮的紧固螺母

图 5-30　拉出发电带轮

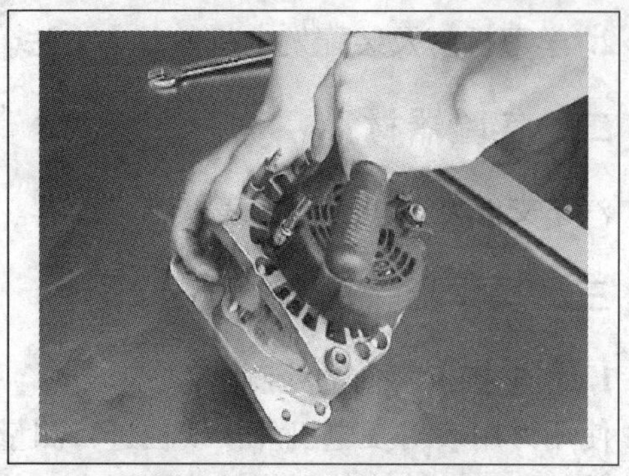

图 5-31　拧整流器罩盖螺栓

图 5-32　取下后端盖

图 5-33　拧下壳体紧固螺栓

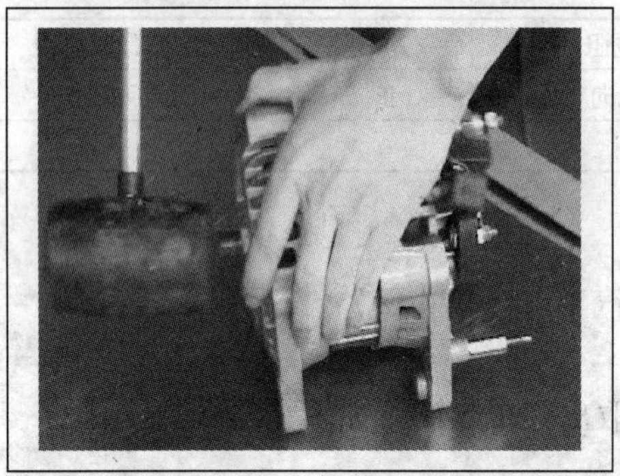

图 5-34　敲击转子转轴

图 5-35　取前端盖

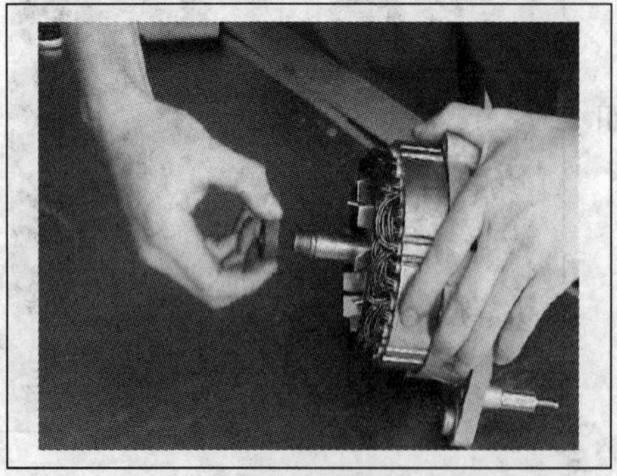

图 5-36　取止推垫圈

图 5-37　取风扇叶轮

图 5-38　取转子总成

图 5-39　定子绕组总成

● **发电机的装配**

① 装配前，用细砂纸对发电机转子集电环接触面进行打磨，并将轴承外圈及座上涂上适量机油，如图 5-40 所示。

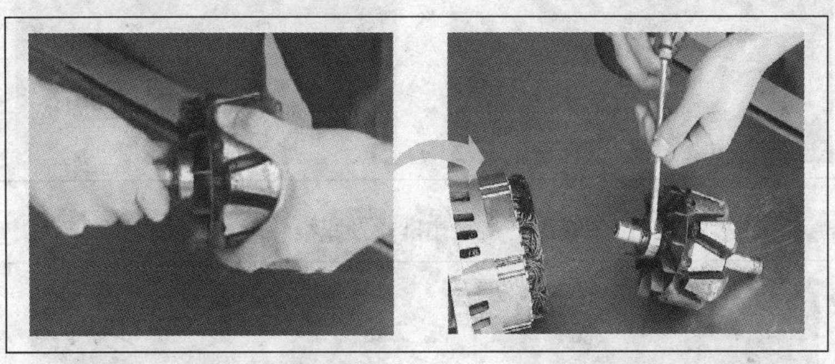

图 5-40　装配前的处理

② 将转子装入定子轴承座上，并用橡胶锤敲击到位，然后将电刷压下并装入，注意电刷与集电环的工作面对位，如图 5-41 所示。

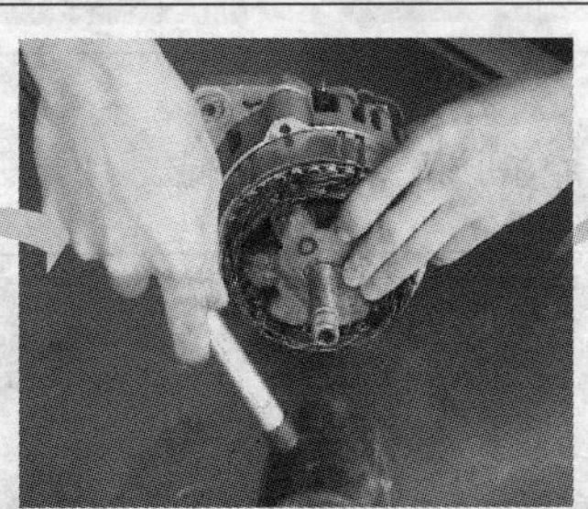

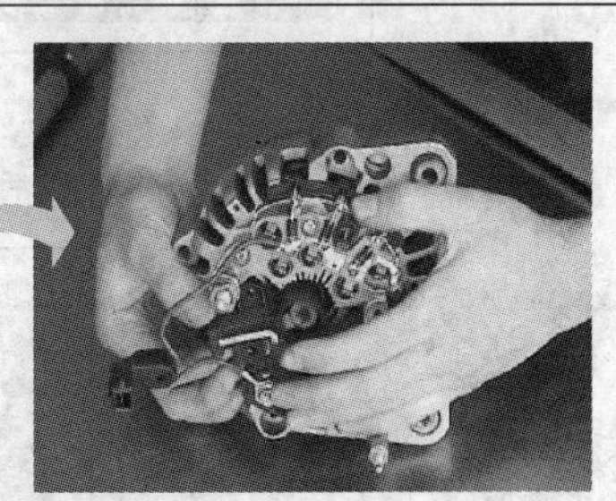

图 5-41　装转子及电刷

③ 拧紧调节器紧固螺钉，然后装上后端盖，并拧紧螺钉，如图 5-42 所示。

④ 装上风扇叶轮与止推垫圈，如图 5-43 所示。

⑤ 装上前端盖，**注意：安装之前在轴承内圈涂上适量机油**。如图 5-44 所示。

⑥ 拧紧前后端盖锁紧螺栓，如图 5-45 所示。

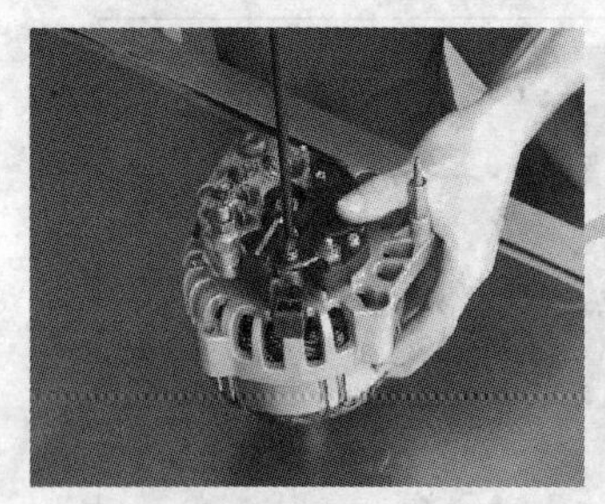
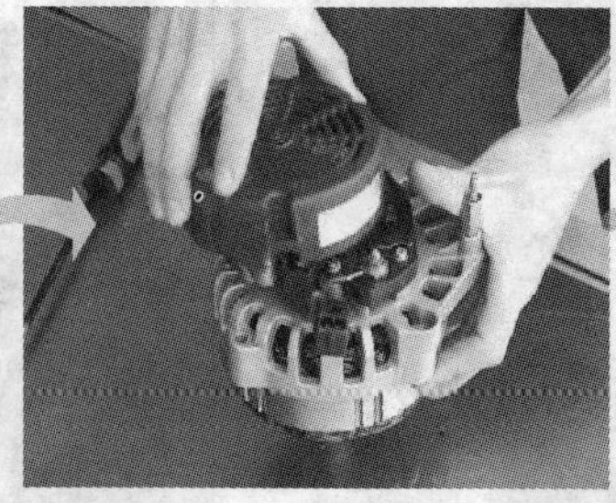
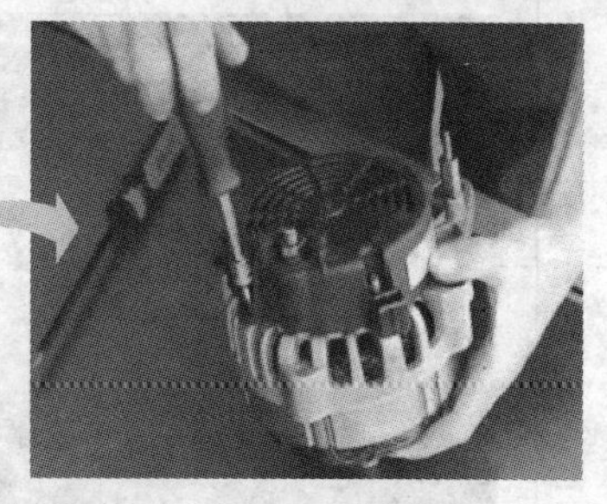

图 5-42　装后盖

图 5-43　装风扇叶轮及止推垫圈

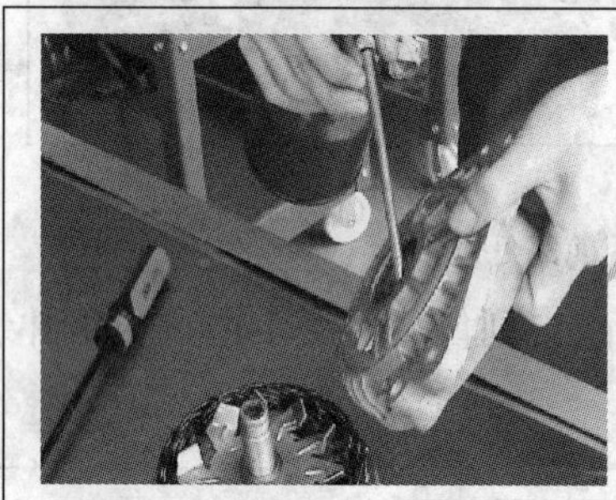

图 5-44　装前端盖

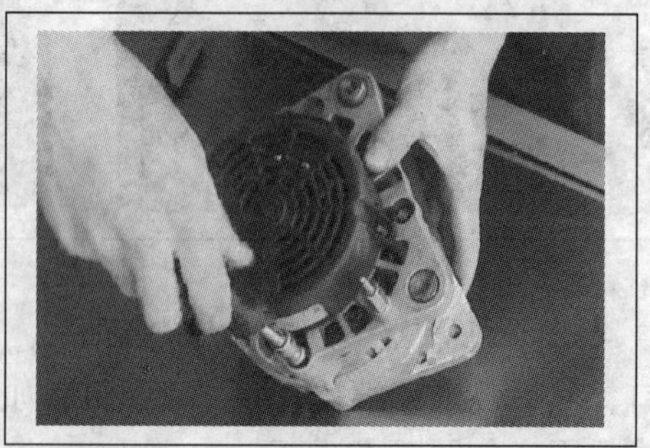

图 5-45　拧前后端盖锁紧螺栓

⑦ 装发电机带轮、弹簧垫及平垫片，并用扭力扳手拧紧螺母，如图 5-46 所示。

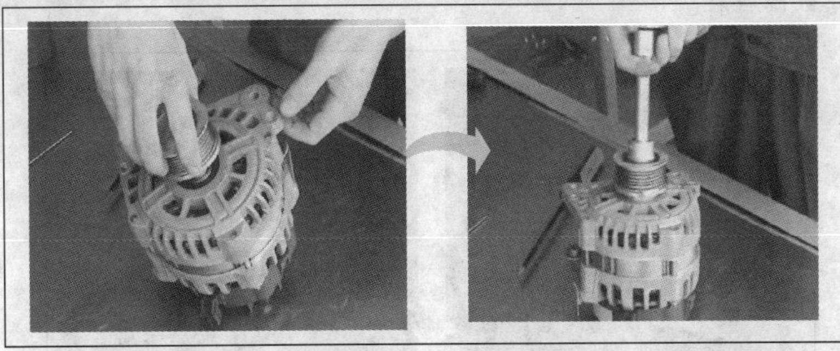

图 5-46　装发电机带轮

实验二　起动用直流电动机的测量与拆解

一、实验目的

1. 掌握起动机的拆装顺序。
2. 了解起动机用直流电动机各零件名称和作用。
3. 掌握对起动机用直流电动机进行简单测量的方法。

二、实验器材

汽车用起动机，万用表，维修工具。

三、操作步骤及工作要点

1. 起动机拆解

(1) 拆下连接片与电磁开关，取下电磁铁心。

(2) 拆下防尘箍，用钢丝钩子提起电刷弹簧取出电刷(共 4 只)。

(3) 拆下起动机贯穿螺栓，使后端盖、起动机外壳、电枢分离。

(4) 取下拨叉支承销，取下驱动端盖、拨叉与转子总成。

(5) 用专用工具拆下止推座圈，取下驱动齿轮、单向离合器。

2. 直流电动机的检测

(1) 励磁绕组(定子)的检查

励磁绕组断路的检查：首先通过外部验视，看其是否有烧焦或断路处，若外部验视未发现问题，可用万用表电阻 R×1 档检测，两表笔分别接触起动机外壳引线(即电流输入接线柱)与励磁绕组绝缘电刷接头看是否导通，如果测得的电阻为无穷大，说明励磁绕组断路，应予以检修或更换，如图 5-47a 所示。

励磁绕组接地的检查：用万用表电阻 R×10k 档(或数字万用表高阻档)检测励磁绕组电刷接头与起动机外壳是否相通，如果相通，说明励磁绕组绝缘不良而接地；如果阻值较小，说明有绝缘不良处，应检修或更换励磁绕组，如图 5-47b 所示。

励磁绕组短路的检查：可用 2V 直流电进行接线，如图 5-48 所示。电路接通后，将旋具

放在每个磁极上，检查磁极对旋具的吸引力是否相同。若某一磁极吸力太小，就表明该励磁绕组有匝间短路故障存在。

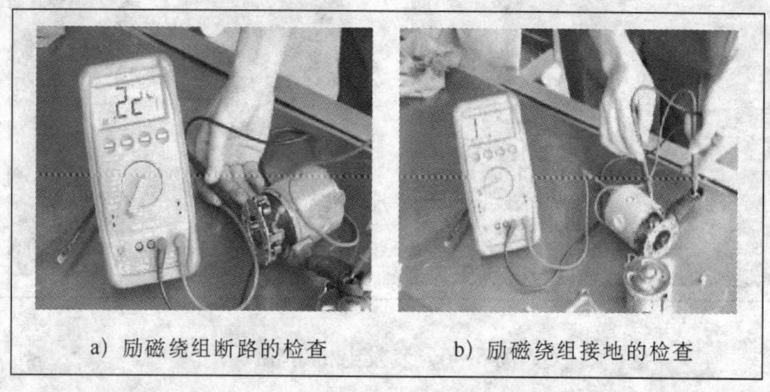

a）励磁绕组断路的检查　　b）励磁绕组接地的检查

图 5-47　励磁绕组断路及接地的检查

（2）电枢绕组（转子）的检查

电枢绕组的检查，可在汽车电器实验台上的电枢检验仪上进行。

① **接地检验**：用短接工具 F6 一根，一端插入插座 33，一端接电枢轴，另一根短接工具 F6 一端插入插座 34，一端接至换向器铜片，如有接地，指示灯 25 即亮，可标出接地的换向器铜片。

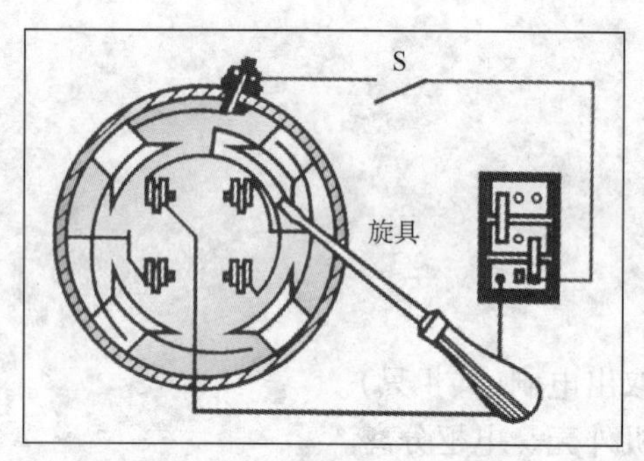

图 5-48　励磁绕组短路的检查

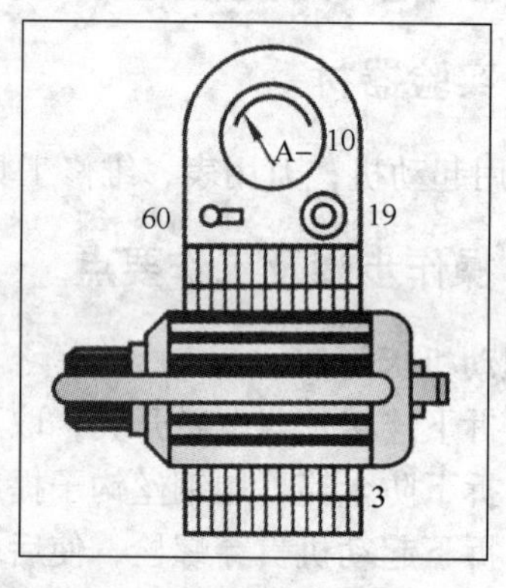

图 5-49　电枢短路检验操作图

② **短路检验**：如图 5-49，将待试的电枢放在电枢感应仪 3 上，接通开关 60，灯 19 亮，感应仪配备一钢片，将该钢片放置于电枢铁心线槽上，如该钢片振动发声，则表明绕组有短路故障。不断慢慢转动电枢一圈，将钢片依次逐个放置于各线槽上，对每一故障处做出标记。由于起动机电枢绕组采用波绕法，所以当钢片在四个铁心槽出现振动时，说明相邻换向器铜片间短路；当钢片在所有槽上振动时，说明同一个槽中上、下两层导线短路。

③ **断路检验**：如图 5-50，将待试的电枢放在感应仪上，接通开关 60，灯 19 亮，将感应仪所附试棒两触针放在相邻两换向器铜片上，若电流表 18 针不动，移动触针至电流表指出某一电流数值，固定此触针位置，然后转动电枢，使其余两邻片也达到此位置，用触针测其电流，如电枢没有损坏，相邻两换向器铜片在电流表 18 上的读数均应不变，若电流表 18 无读数则表明该绕组断路。

④ **使用万用表对电枢绕组接地的检查：** 用电阻 R×10k 档检测，如图 5-51 所示，用一根表笔接触电枢，另一根表笔依次接触换向器铜片，万用表指针不应摆动即电阻为无穷大，否则说明电枢绕组与电枢轴之间绝缘不良，有接地之处。

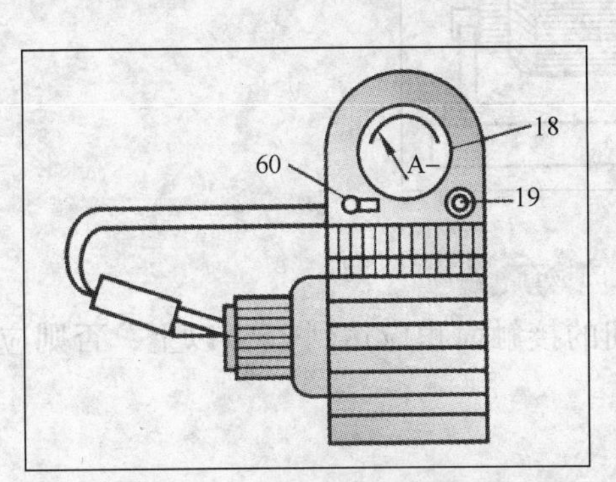

图 5-50　电枢断路检验操作图

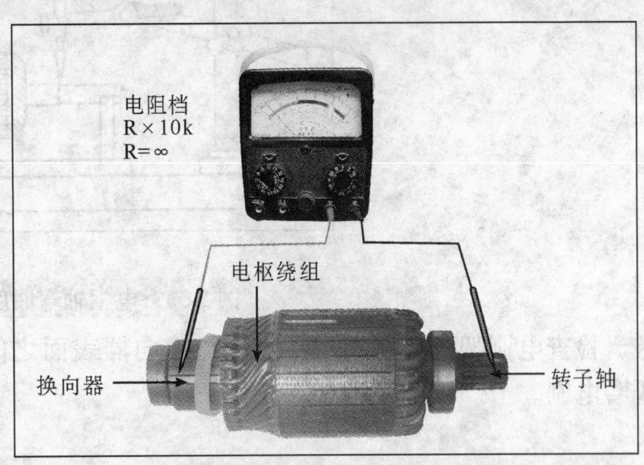

图 5-51　检测电枢轴与电枢绕组之间的绝缘电阻

⑤ **使用万用表对电枢绕组短路的检查：** 用电阻 R×1 档检查换向器和电枢铁心之间是否导通，如图 5-52a 所示。如有导通现象，说明电枢绕组接地，应更换电枢。

⑥ **使用万用表对电枢绕组断路的检查：** 用电阻 R×1 档，将两个表笔分别接触换向器相邻的铜片，电路同图 5-52b，测量每相邻两换向器铜片间是否相通，如万用表指针指示“0”，说明电枢绕组无断路故障，若万用表指针在某处不摆动，即电阻值为无穷大，说明此处有断路故障，应更换电枢。

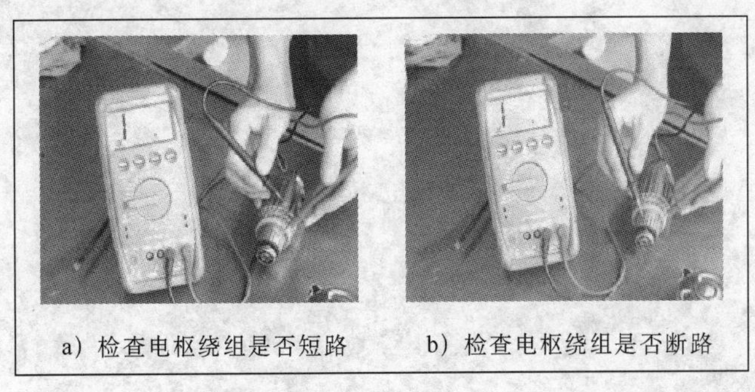

a）检查电枢绕组是否短路　　b）检查电枢绕组是否断路

图 5-52　电枢绕组的检查

对于励磁绕组的断路、短路、接地故障都应对其检修或更换。

（3）电枢轴的检查

用千分表检查电枢轴是否弯曲，如图 5-53 所示。若铁心表面摆差超过 0.15mm 或中间轴颈摆差大于 0.05mm 时，均应进行校正或更换。另外，还应检查电枢轴上的花键齿槽，如严重磨损或损坏，则应修复或更换。

（4）电刷的检查

检查电刷的高度：电刷高度应不低于新电刷高度的 2/3（国产起动机新电刷高度一般为 14mm），即 7～10mm，否则应换新。

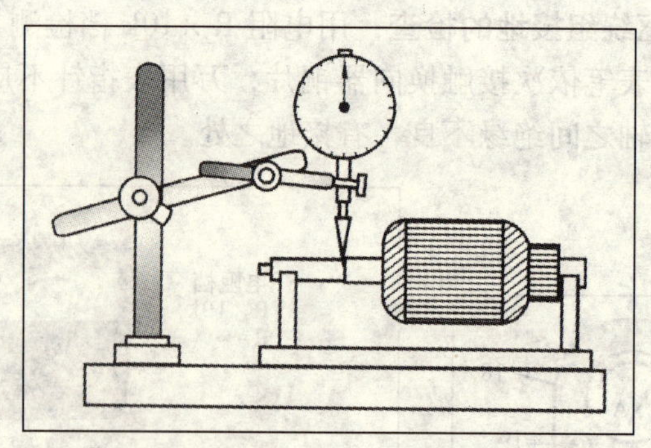

图 5-53　电枢轴弯曲度的检查

检查电刷架的接触面积：电刷与换向器表面之间的接触面积应达到 75% 以上，否则应研磨电刷。

第六章

集成运算放大器

课题向导：

了解集成电路的分类，掌握集成电路的检测与焊接方法；了解集成运算放大器的作用，掌握集成运算放大器组成的几种基本放大器电路；了解电压比较器的特性，掌握分析电压比较电路的方法。

第一节　集成电路的基础知识

任务导向

- 了解集成电路的分类。
- 掌握集成电路脚位序列的判定规则。
- 掌握集成电路的检测方法。
- 掌握集成电路的焊接方法。

学习要求

应知：集成电路的种类，认识各种集成电路，用万用表判定集成电路好坏的方法。

应会：能正确判定集成电路的脚位；能用万用表判定集成电路的好坏；能使用电烙铁和热风枪对集成电路进行拆卸和焊接。

一、集成电路的分类

集成电路简称IC(Integrated Circuit)，是通过特殊的半导体工艺方法，把晶体管、电阻及电容等电路元器件和它们之间的连线，全部集成在同一块半导体基片上，最后再进行封装，做成一个完整的电路。

集成电路按其功能的不同，可以分为数字集成电路和模拟集成电路；按模拟集成电路的类型来分，则又有集成运算放大器、集成功率放大器、集成高频放大器、集成中频放大器、集成比较器、集成乘法器、集成稳压器、集成数/模和模/数转换器以及集成锁相环等。

二、集成电路脚位序列的判定规则

汽车中的集成电路常见的外形有三种：单列直插式、双列直插式、四方扁平式，如图6-1所示。

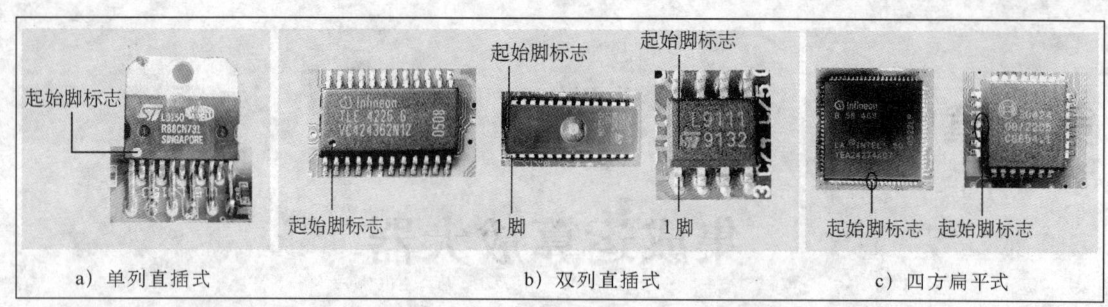

a）单列直插式　　b）双列直插式　　c）四方扁平式

图 6-1　常见集成电路的外形

对于单列直接插式集成电路的脚位识别：打点或带小坑的为 1 脚，按从左到右的顺序数，如图中 6-1a 所示。

对于双列直插式、四方扁平式的脚位识别：从起始脚开始，按逆时针方向数，一般打点或带小坑的为 1 脚，有的集成电路是以缺口槽为起始标志，正对缺口槽，左下脚就为 1 脚，如图 6-1b、图 6-1c 所示。

三、集成电路的检测

集成电路出现故障一般是局部损坏，如击穿、开路、短路等。电源集成电路和功放芯片易损坏，存储器易出现软件故障，其他芯片有时会出现虚焊等。

对于集成电路是否损坏，可通过从各个方面测试集成电路的工作状态，并与正常工作状态进行比较的方法来判断。即测量集成电路各引脚的对地电压值和电阻值，其中测量电压值必须在电路处于工作状态下进行，测量电阻值则应在断电静态状态下进行，具体判断方法如下：

1. 检查集成电路各管脚对地的直流电压

用万用表测量集成电路各脚与地之间的直流电压后，再与正常值相比较，就可发现不正常的部位，但是这种直流电压测量法必须事先知道正常时各脚的直流电压值。

2. 检查集成电路各脚对地电阻值

用万用表测量集成电路各脚对地的电阻值，然后同正常值进行比较，也能判断出不正常的部位。当然，采用电阻测量法必须事先知道正常时集成电路各脚对地的阻值。在测量电阻时应当进行正反两次测量，先用红表笔接地，黑表笔测出一个阻值；再用黑表笔接地，红表笔测出另一个结果。将两次测量得的电阻值同时与正常电阻值进行比较，就可以找出异常的部位。

另外，也可以通过测量集成电路外围相关元器件来判断集成电路是否有故障。但在测量时，应当注意以下几点：

① 测量时要使用低电阻档，例如 R×10Ω 档，这样可以降低外电路对测量数据的影响，也可以较准确地测出二极管、晶体管正反向电阻值。

② 测量元器件的电阻值时，还要考虑其他元器件对被测元器件的影响。

③ 如元器件电阻值差异很大，可更换元器件后再进行电阻值测。

④ 如外围元器件无问题，故障多半在集成电路内部。

3. 用示波器检查集成电路的输入、输出波形

用示波器测量集成电路的输入和输出波形，再与正常波形相比较，可以很容易地对故障

定位，除了注意被测点的波形是否正确之外，还必须观察波形的幅度值、频率等参数。

在实际故障检修中，使用上述一种方法很难判明故障所在位置，最好综合使用各种方法同时检查，再根据电路原理进行分析，才能达到事半功倍的效果。

四、集成电路的焊接

1. 双列直插式集成电路的拆焊方法

汽车电脑主板中采用了较多的小外形封装 SOP 的集成电路，如传感器信号放大器、存储器等。因这种封装的芯片引脚分两边排列且数目不多(28 脚以下)，所以拆卸和焊接都比较方便，但它与两脚的电阻、电容等小元件相比，其拆焊的难度又要大些，下面就把常用的拆卸和焊接方法介绍给大家。

(1) 拆卸方法

可使用热风枪，也可使用电烙铁进行拆卸。

① 用热风枪拆卸。对于脚位数目较多且脚位间距较大的集成电路，用电烙铁拆卸不方便，一般使用热风枪进行拆卸。将热风枪的风力调到 3 档，温度也调到 3 档，喷嘴沿集成电路两边焊脚上移动加热，当焊锡熔化时，就可用镊子取下集成电路了。

② 用电烙铁拆卸。对于有些集成电路，因其在主板上的位置比较特殊，就不能用热风枪拆卸。例如两个焊接距离很近的集成块，吹其中一个时可能将另外一个吹虚焊，这种情况一般用电烙铁采用“连锡法”拆卸。具体操作是：用电烙铁把焊锡熔化加到集成电路两边的焊脚并短路(即左边短接在一起,右边短接在一起,电烙铁温度可调到最高)，焊锡尽量多些，盖住每个焊脚(图 6-2)，然后两边同时轮流加热，即加热一下左边又加热一下右边，等焊锡全部熔化时，用镊子移开集成电路。用电烙铁把主板上多余的焊锡除掉并清理焊盘，把集成电路焊脚上多余的焊锡也清除掉，保证集成电路焊脚平整。

图 6-2 采用“连锡法”拆卸

(2) 安装方法

对于 SOP 封装集成电路的安装，一般采用电烙铁一个脚一个脚地焊，电烙铁温度不宜太高，一般 350℃即可。如采用热风枪焊接，可先用电烙铁把集成电路定好位，然后调节热风枪风力到 2. 5 档，温度到 3 档，吹焊集成电路，焊接牢固即可。

2. 四方扁平芯片拆焊方法

汽车电脑板中，四方扁平封装(QFP)形式的芯片比较常见。目前，随着电脑主板外形的变化和体积的缩小，电路板中也趋向于使用栅格阵列(BGA)引脚封装形式的集成模块，在大部分电脑板中，仍可见到少量的 QFP 封装的芯片。这种封装形式的集成电路引脚在外面，补焊、拆卸、焊接时相对 BGA 封装芯片较容易些，下面就具体介绍 QFP 集成模块的拆卸与焊接方法。

(1) 拆卸操作

① 开启热风枪并调节热风枪的气流与温度，一般温度调节在 300 ~ 400℃之间，而气流

方面根据喷嘴来定，如果是单喷嘴，气流档位设置在1～3档，其他喷嘴，气流可设置在4～6档。如使用单喷嘴，温度档不可设置太高。

② 记下待拆卸集成电路的位置和方向，并在集成电路引脚上涂上适当的助焊剂。

③ 手持热风枪手柄，使喷嘴对准集成电路各脚焊点来回移动加热，喷嘴不可触及集成电路块引脚，一般距离集成电路引脚上方6mm左右，如图6-3所示。

④ 待集成电路引脚焊锡点熔化时，用镊子移开集成电路，如图6-4所示。

⑤ 清除取下集成电路后余锡及焊剂杂质(可用无水乙醇或专用溶剂清除焊剂杂质,用936电烙铁把电路板上的焊盘整理平整)，如图6-5所示。

图6-3　加热拆卸集成电路

图6-4　用镊子移开集成电路

图6-5　整理电路板上的焊盘

（2）焊接操作

① 将拆卸下来的集成电路用无水乙醇或专用溶剂进行清洗，用烙铁将脚位焊平整，并放在带灯放大镜下检查脚位有无离位，有无短路，如有则重新进行处理，若是新买回的集成电路则不需此步处理。

② 将整理好的集成电路按原标志放回电路板上，检查所有引脚是否与相应的焊点对准，如有偏差，可适当移动芯片或整理有关的引脚。

③ 把助焊剂涂在集成电路各引脚上，用烙铁把集成电路芯片四个角位焊接定位。

④ 用热风枪在集成模块各边引脚处来回移动逐一吹焊牢固，吹焊时要控制好风速，防止把模块吹移位，如发现模块位置稍有偏差，可待四周焊锡完全熔化后，用镊子将其轻推一下，即可复位，然后用镊子在集成电路上面轻轻向下压一下，使其与电路板接触良好，如图6-6所示。

⑤ 清洗助焊剂，检查电路板上有无锡珠、锡丝引起的短路现象，待集成电路冷却后方可通电试机。

当然焊接的时候，也可以不用热风枪而用电烙铁焊接，具体方法是：先用烙铁把集成电路芯片四个角位焊接定位，然后电烙铁加足焊锡和焊剂，温度调到450℃，烙铁头接触集成电路引脚并顺着往同一个方向快速拖动，用拖焊的方法，把集成电路焊牢，如图6-7所示。

图 6-6　用热风枪焊接集成电路

图 6-7　用电烙铁拖焊集成电路

第二节　模拟信号运算电路

任务导向

- 了解集成运算放大器的作用。
- 掌握集成运算放大器的基本组成。
- 了解集成运算放大器的电路特点。

学习要求

应知： 集成运算放大器的概念；集成运算放大器的基本工作原理。

应会： 分析集成运算放大器电路。

一、集成运算放大器

我们已经知道晶体管具有放大作用，但是一个晶体管的放大倍数是有限的，为了获得高倍数的放大，必须采用多个晶体管级联的方式构成多级放大电路。同时为了使放大电路稳定工作，还要引入负反馈。

● **术语概念**

反馈： 把电子系统的输出量(电压或电流)的一部分或全部，经过一定的电路送回到它的输入端，称为反馈。如果引入的反馈使放大电路的放大倍数降低，就称为负反馈；如果引入的反馈使放大电路的放大倍数增大，就称为正反馈。

负反馈虽然降低了放大倍数，但是它对提高放大电路的工作稳定性和改善电路性能指标起到了重要作用，一般多级放大电路都要引入负反馈。随着电子技术的不断发展，分立元件的多级放大器已经被集成在一块半导体芯片内，构成了集成运算放大器(简称集成运放)。

集成运算放大器的符号如图 6-8 所示。它有两个输入端和一个输出端，两个输入端中，一个是反相输入端，标有“ - ”符号，表示输出电压 u_0 与该输入电压 $U-$ 相位相反；另外一个是同相输入端，标有“ + ”符号，表示输出电压 u_0 与该输入电压 $U+$ 相位相同。

● **提示：** 实际上在构成集成运放的电路中都需要有连接正负电源的引脚，但在电路图中

一般都略去不画，而在实际电路中是必须有的。

图 6-8a 是新国标符号，图 6-8b 是旧符号。集成运放的外形是塑料封装的双列直插集成电路。不同型号的集成运放，插脚个数不同，从 8 个到 14 个不等。

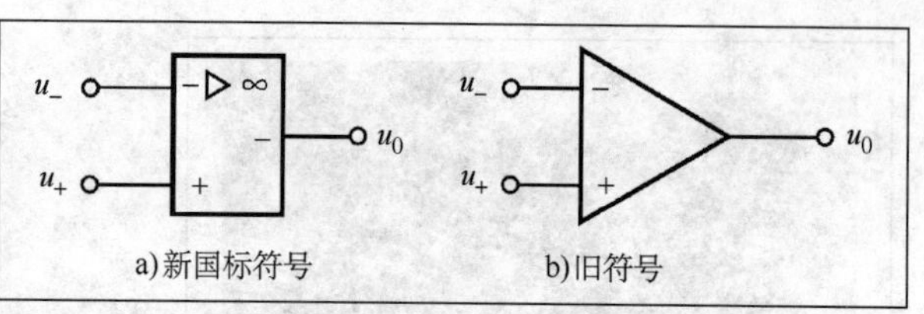

图 6-8　集成运算放大器的符号

• **提示**：在汽车电子电路中集成运放一般都安装在 ECU 模块内部，在外部看不到独立的集成运放。

二、集成运算放大器组成的几种基本放大器电路

通常集成运放必须外接负反馈网络，才能正常工作。根据输入方式的不同，构成三种最基本的实用放大器电路，成为其他各种应用电路的基础。

1. 反相放大器

反相放大器电路如图 6-9 所示。输入信号 u_I 经电阻 R_1 加到反相输入端，同相输入端经 R_2 接地，电阻 R_f 跨接在反相输入端和输出端之间，形成一个负反馈放大器。

反相放大器的放大倍数

$$A_f = -\frac{R_f}{R_1}$$

式中，A_f 为负值，表明集成运放输出电压与输入电压反相，所以叫反相放大器。而且，A_f 仅取决于 R_f/R_1 的比值，而与集成运放本身无关。电阻 R_2 叫平衡电阻，其作用是保证放大器稳定工作。

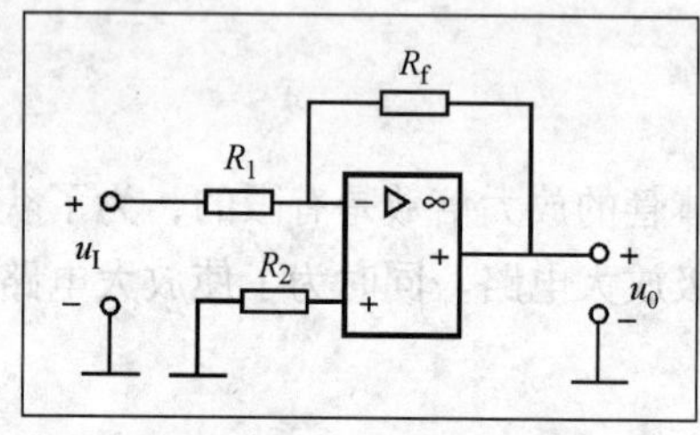

图 6-9　反相放大器

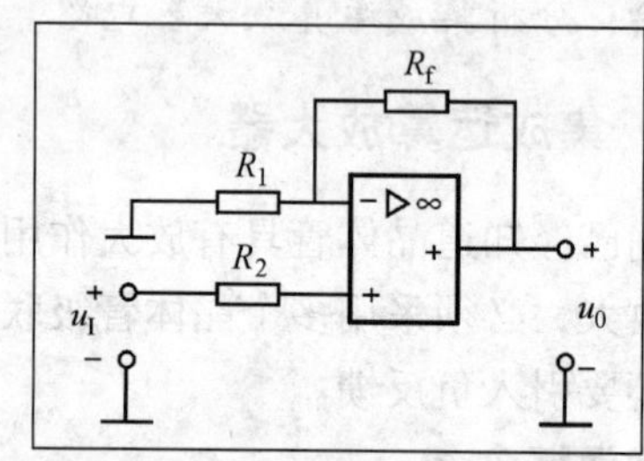

图 6-10　同相放大器

2. 同相放大器

同相放大器电路如图 6-10 所示。输入信号 u_I 经电阻 R_2 加到同相输入端，反相输入端经 R_1 接地，负反馈由电阻 R_f，接到反相输入端而形成。

同相放大器的放大倍数

$$A_f = 1 + \frac{R_f}{R_1}$$

A_f 大于零，表明输出电压 u_0 与输入电压 u_I 同相。如果将 $R_1 = \infty$（开路）或 $R_f = 0$，则 $A_f = 1$。构成的电路称为电压跟随器，如图 6-11 所示。电压跟随器一般作为信号与其负载之间的缓冲隔离。

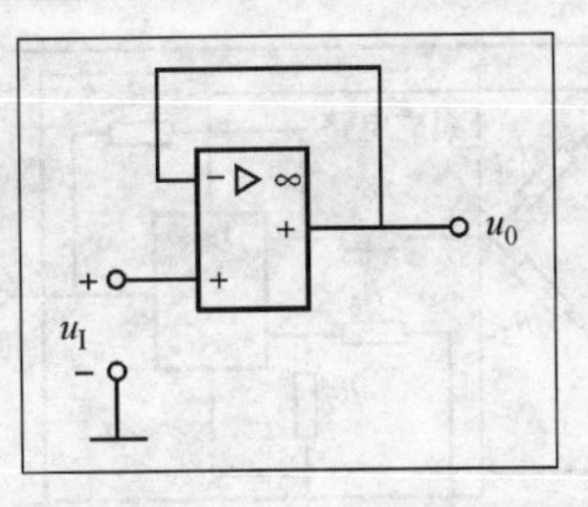

图 6-11　电压跟随器

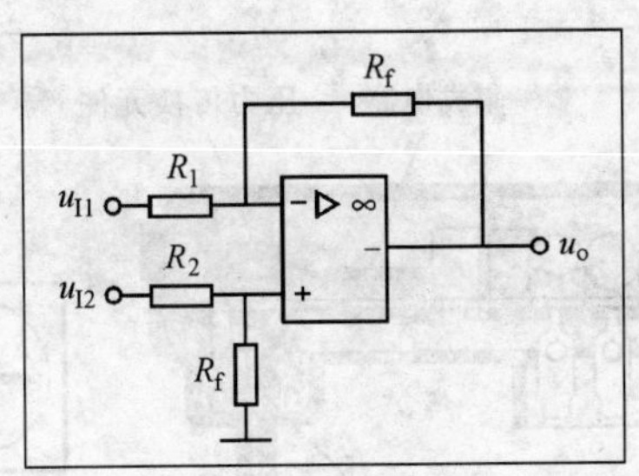

图 6-12　差分放大器

3. 差分放大器

如果两个输入端都有信号输入，就构成了差分放大器，如图 6-12 所示。差分放大器能放大两个输入信号的差，输出电压 u_o 与两个输入电压的关系是

$$u_o = A_f(u_{I1} - u_{I2})$$

差分放大器的放大倍数为

$$A_f = \frac{R_f}{R_1}$$

● **提示**：在汽车电子电路中，差分放大器常被用作传感器信号放大器。将传感器信号放大后，传送到 ECU。

三、集成运算放大器在汽车电子电路中的应用

1. 电桥信号放大电路

如果需要对温度、压力或形变等进行检测，可采用图 6-13 所示的电桥信号放大电路。图中电桥的一个臂是由传感器构成的。

当传感器的阻值没有变化时，即 $\Delta R = 0$ 时，电桥平衡，电路输出电压 $u_0 = 0$；当传感器因温度、压力或其他变化而使传感元件的电阻值发生变化时（用 ΔR 表示），电桥就失去平衡，变化量变成了电信号而产生输出电压 u_0，输出电压 u_0 一般很小，需要经过放大器进行放大。

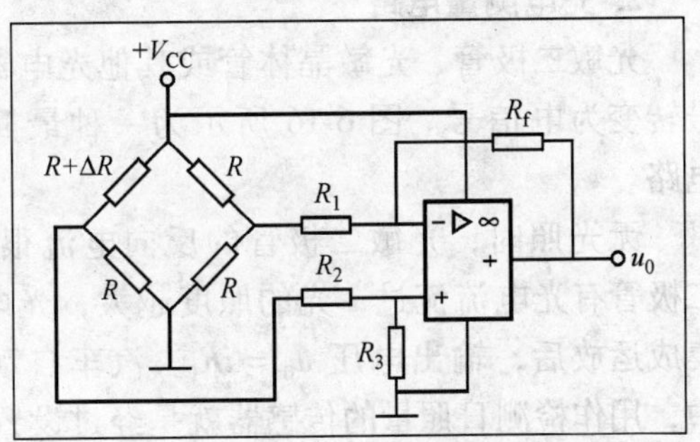

图 6-13　电桥信号放大电路

汽车电喷发动机中，用来测量进气量的进气压力传感器就是由压敏电阻和集成运放制成的。这种传感器被美国通用汽车公司、日本丰田汽车公司等汽车公司广泛采用，捷达型轿车也采用了该传感器。图 6-14 所示为压敏电阻式进气压力传感器的结构示意图和工作原理。

该传感器有一个通气口与进气管相通，进气压力通过该口加到压力转换元件上。压力转换元件是由四个压敏电阻构成的硅膜片。硅膜片受压力变形后，电桥输出信号，压力越大，输出信号越强。该信号经集成运放放大后传送给 ECU，该进气压传感器与进气温度传感器制成一体，它的外形如图 6-15 所示。

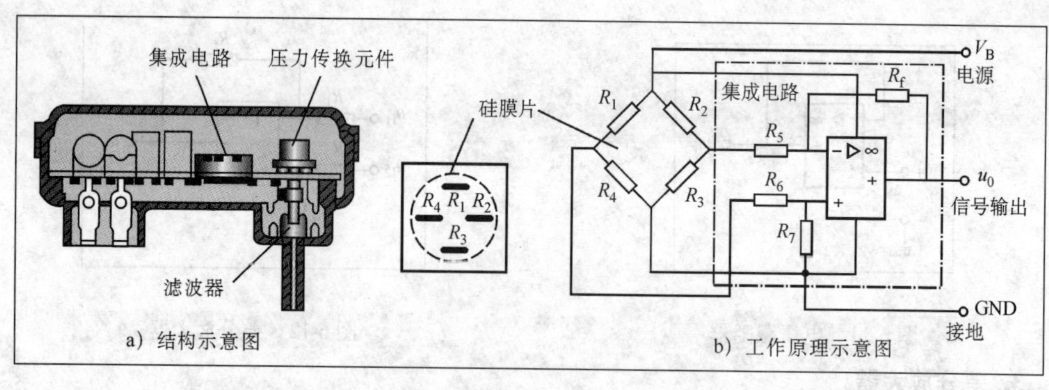

图 6-14　压敏电阻式进气压力传感器

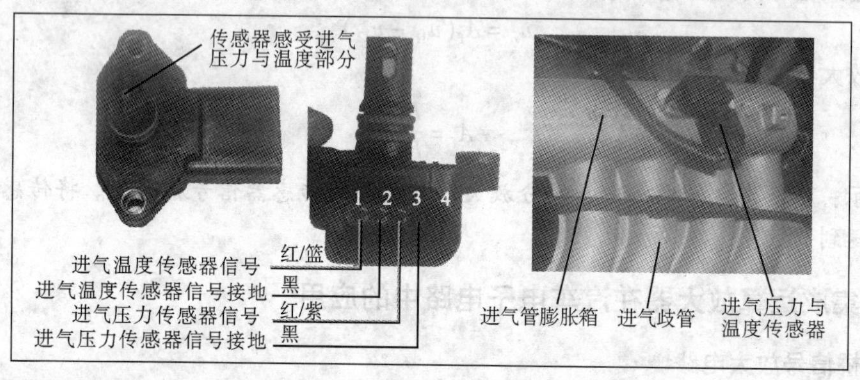

图 6-15　进气压力与温度传感器实物与位置图

2. 光电测量电路

光敏二极管、光敏晶体管或其他光电器件能够将光信号转变为电信号。图 6-16 所示为一种最简单的光电测量电路。

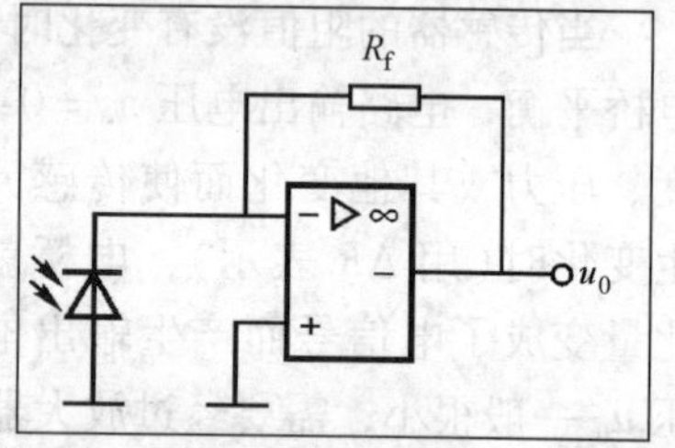

图 6-16　光电测量电路

无光照时，光敏二极管的反向电流很小。有光照时，二极管有光电流流过，光的照度越大，光电流越大，经过集成运放后，输出电压 $u_0 = iR_f$。汽车自动空调控制系统中，用作检测日照量的传感器就是经过设置在 ECU 内部的上述电路进行信号放大的。

第三节　电压比较器

任务导向

- 了解电压比较器的特性。
- 掌握分析电压比较器电路的方法。

学习要求

应知：电压比较器的基本工作原理。

应会：分析电压比较器电路。

一、几种典型电压比较器

集成运算放大器的一个特殊应用就是构成电压比较器。电压比较器是能够对两个输入电压大小进行比较的一种集成运放。它的两个输入电压中，一个是基准电压，另一个是被比较的输入电压，当两个电压不相等时，集成运放输出的电压不是等于正电源电压就是等于零(如果采取正负电源供电,就等于负电源电压)。即在输出端只输出两种电压值，或者正电源电压，或者零。在汽车电路中用于信号测量、越限报警等电路中。

集成运放被用作电压比较器时，常见于汽车电子电路中。最常用的比较器有以下几种：LM741、LM324 和 LM339。

1. LM741

LM741 双电源单集成运算放大器是美国国家半导体公司的产品，国内的相同型号是 F741。引脚如图 6-17 所示。

LM741 是双列直插式封装，一共 8 个引脚。可以做放大器也可以做电压比较器。7 脚接正电源。4 脚接负电源，在放大交流信号时接负电位信号，保证信号的完整性，在汽车电路中作放大器或电压比较器时直接接地。2 脚是放大器的反相输入端，3 脚是同相输入端，6 脚是放大器输出端，1、5 脚是在放大交流信号时的电路调零端，汽车电路中不用，8 脚是空脚。

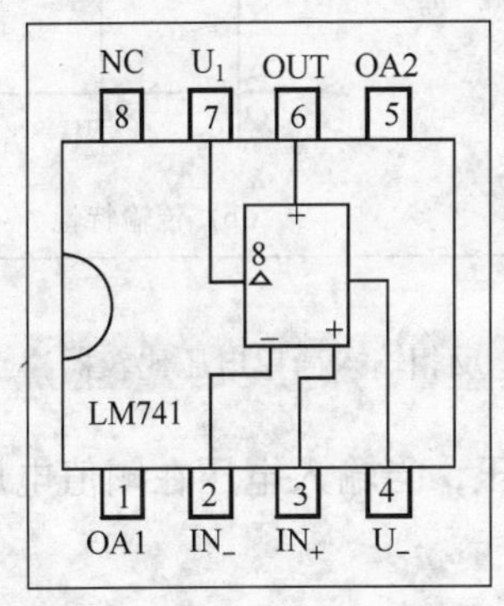

图 6-17 LM741 引脚图

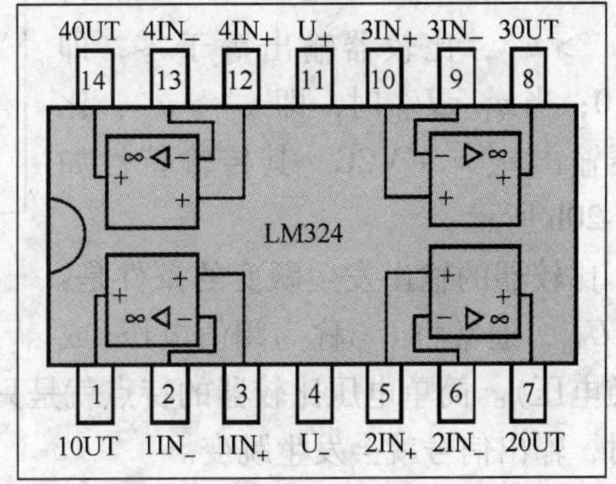

图 6-18 LM324 引脚图

2. LM324

LM324 双电源四集成运算放大器也是美国国家半导体公司的产品，国内的相同型号是 F324。引脚如图 6-18 所示。

LM324 是双列直插式封装，一共 14 个引脚，可以用作放大器和电压比较器。内部是四个独立的运算放大器。11 脚接正电源，4 脚接负电源，在汽车电路中作比较器时，4 脚接地。四个比较器可以单独使用，但使用时一定要加上电源。

3. LM339

LM339 单电源四比较器同样是美国国家半导体公司的产品，国内的相同型号是 F339。引脚如图 6-19所示。

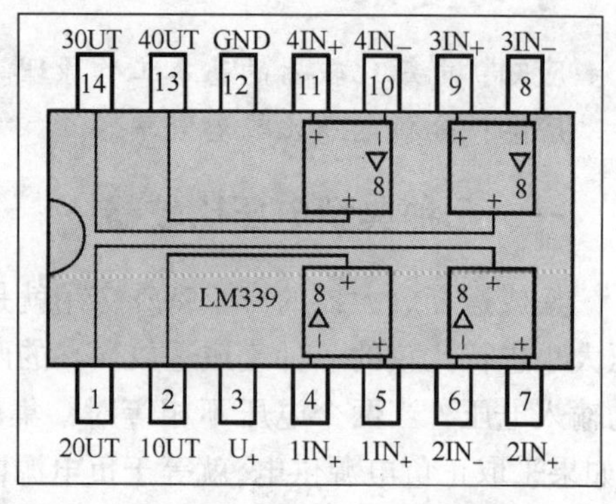

图 6-19 LM339 引脚图

LM339 是双列直插式封装，一共 14 个引脚，它专用作电压比较器。内部是四个独立比较器，而且只需接单电源。3 脚接正电源，12 脚接地。四个比较器可以单独使用。

● **操作规范：** 集成电路的电源一般每一个芯片只引出一对引脚，而一般在电路图中并不标出电源引脚。在实际组装电路时，一定将电源引脚连接好。这一点不仅在比较器电路中，而且在其他集成电路中同样如此。

二、电压比较器在汽车电子电路中的应用

比较器最常见的应用电路有三种形式：简单电压比较器、滞回电压比较器和窗口比较器。

1. 简单电压比较器

（1）基本电路

简单电压比较器的电路如图 6-20a 所示，输入信号加在反相端，是一个反相输入电压比较器。U_{TH} 是基准电压，$u_i = u^-$，$U_{TH} = u^+$。当 $u_i > U_{TH}$ 时，即 $u^- > u^+$，比较器输出等于零，即 $u_o = 0$；当 $u_1 < U_{TH}$ 时，即 $u^+ > u^-$，比较器输出 $u_o = +$VCC，其传输特性如图 6-20b 所示。

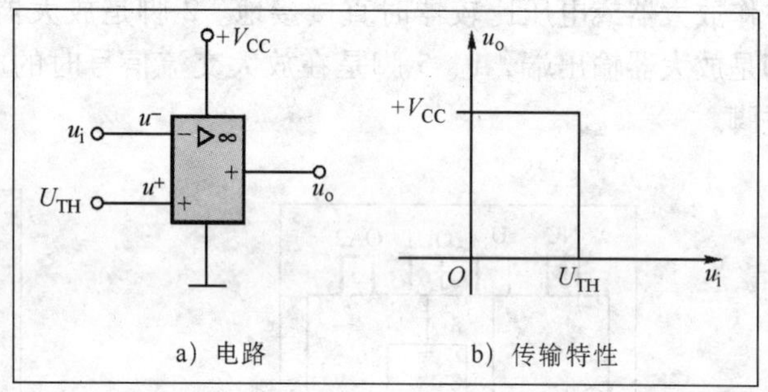

图 6-20 反相输入简单电压比较器

比较器的输出发生跃变的条件是：$u_i = U_{TH}$，通常将 U_{TH} 称为阈值电压（或门槛电压）。简单电压比较器的特点就是只有一个阈值电压，当输入电压在阈值电压附近变化时，输出信号就会发生跳变。

（2）简单电压比较器在汽车电子电路中的应用

电喷发动机的主要目的就是控制发动机在理论空燃比附近工作，保证排放合乎法规要求。在电喷发动机闭环控制系统中，氧传感器承担着向 ECU 传递发动机是否工作在理论空燃比附近的任务。在浓混合气燃烧时（小于理论空燃比），排气中的氧消耗殆尽，氧传感器产生大约 1V 左右的电压；在稀混合气燃烧时（大于理论空燃比），排气中还含有一部分多余的氧气，氧传感器几乎不产生电压。控制系统根据氧传感器的输出信号对喷油量进行修正。控制系统规定，当氧传感器输出电压大于 0.5V 时，认为混合气过浓；小于 0.5V，认为混合气过稀。氧传感器与 ECU 之间就是通过电压比较器进行信号传递的。如图 6-21 所示为氧传感器与 ECU 连线原理图。

ECU 设定 0.5V 为基准电压，当氧传感器信号电压大于基准电压时，比较器输出 $u_o \approx$ 0V，ECU 判断混合气过浓，减少喷油量；当氧传感器信号电压小于基准电压时，比较器输出 $u_o \approx$5V，ECU 判断混合气过稀，增加喷油量。

● **操作：** 如图 6-22 所示为蓄电池电压过低报警电路。该电路由集成运放 LM741、稳压管、发光二极管及一些电阻组成。

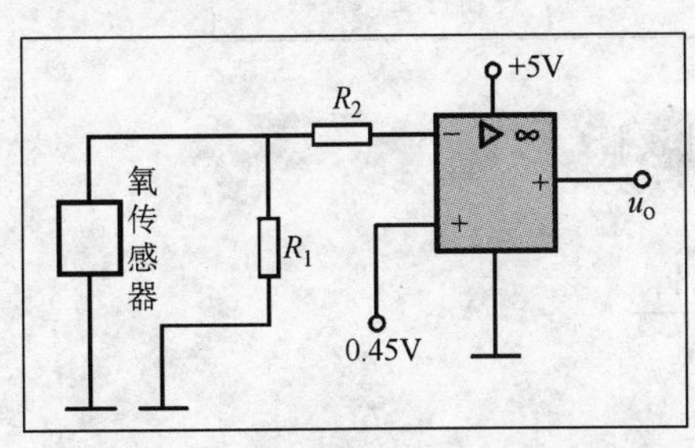

图 6-21　氧传感器与 ECU 的连接

图 6-22　蓄电池电压过低报警电路

电阻 R_2 与稳压管 VZ 组成电压基准电路，向比较器提供5V 的基准电压。R_1、R_3 组成分压电路，中间点作为电压检测点。当蓄电池电压高于 10V 时，比较器输出电压为 12V，发光二极管不发光，指示电压正常；当蓄电池电压低于 10V 时，比较器输出电压为零，发光二极管发光，指示电压过低。

● **操作：** 组装图 6-22 所示的电路，用可调直流电源代替蓄电池。调解输出电压，观察发光二极管变化。

● **进一步：** 如果基准电压 U_{TH} = 0V，那么当输入信号等于零时，输出电压就会发生跃变，这种比较器又称为过零比较器，其电路和传输特性如图 6-23 所示。

当输入信号从集成运放的同相端输入，基准信号从反相端输入时，就构成了一个同相输入电压比较器，其传输特性与反相输入电压比较器正好相反，如图 6-24 所示。

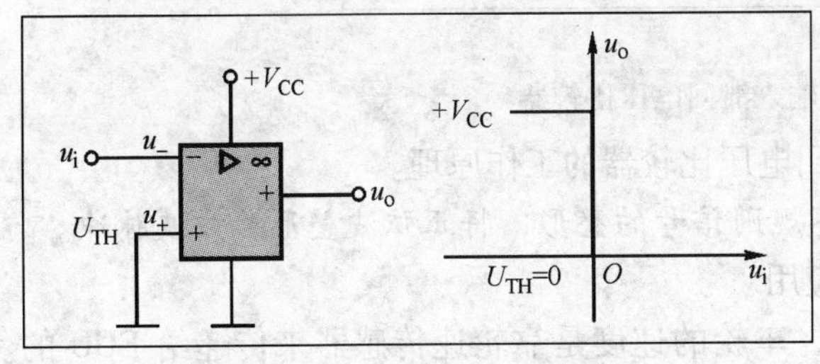

图 6-23　过零比较器

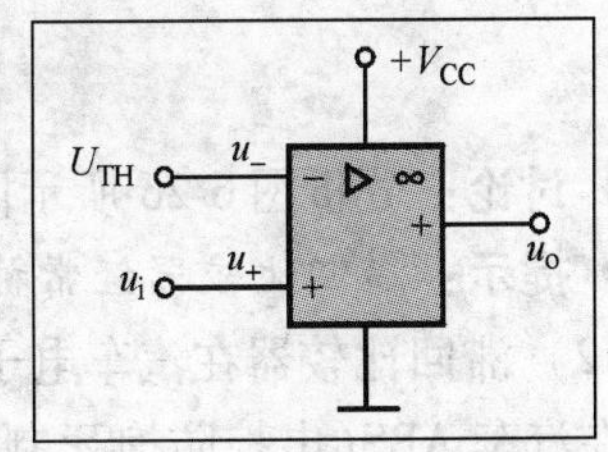

图 6-24　同相输入电压比较器

● **讨论：** 分析图 6-24 所示同相输入简单电压比较器的工作原理，画出传输特性。

2. 滞回电压比较器

（1）基本电路

在简单电压比较器的基础上加上正反馈电路就构成了滞回电压比较器，电路结构如图 6-25a所示。图中输入信号从反相端输入，反馈信号作用于同相端，为反相滞回比较器。

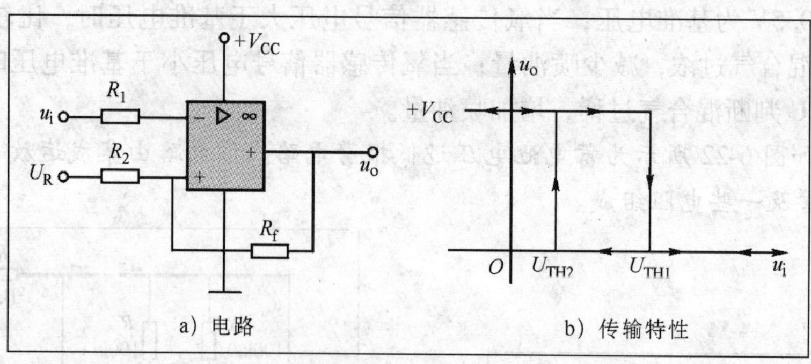

图 6-25　反相滞回比较器

滞回比较器有两个阈值电压

$$U_{TH1}=\frac{R_fU_R+R_2V_{CC}}{R_2+R_f}$$

$$U_{TH2}=\frac{R_fU_R}{R_2+R_f}$$

当输入电压 $U_{TH2}<u_i<U_{TH1}$ 时，输出电压 u_o 保持原来状态不变。传输特性如图 6-25b 所示。

显然，用集成运放也可以构成同相输入滞回电压比较器，它的电路结构和传输特性如图 6-26 所示。

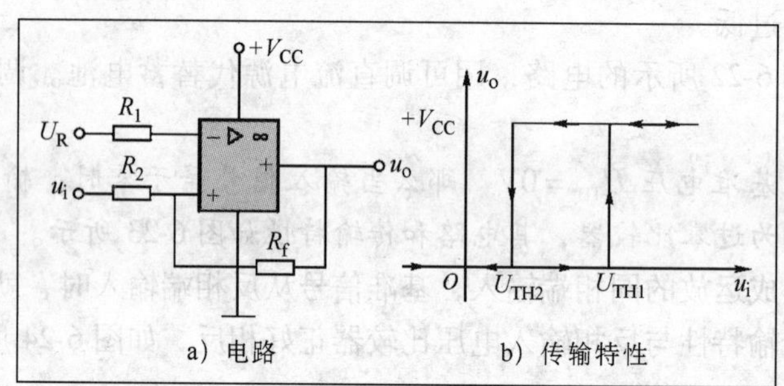

图 6-26　同相输入滞回电压比较器

- **讨论：**分析图 6-26 所示同相输入滞回电压比较器的工作原理。
- **提示：**滞回比较器经常被用来进行不规则信号的整形，将正弦波整形为方波脉冲。

（2）滞回比较器在汽车电子电路中的应用

在汽车 ABS（电控防抱死制动系统）中，车轮的速度是靠轮速传感器来传递给 ECU 的。霍尔轮速传感器就是轮速传感器的一种。它的结构如图 6-27 所示，主要由与车轮或传动系统连接在一起的触发齿圈、霍尔元件、永久磁铁和电子电路等组成。

当触发齿圈随着车轮旋转时，霍尔元件上的磁场会发生周期性变化，霍尔元件就会产生毫伏级的正弦波电压，如图 6-27 所示。将霍尔元件产生的微弱的正弦波信号放大整形为 11.5～12V 的标准脉冲信号，就是通过由集成运放构成的电子电路来实现的。电路原理如图 6-28 所示。

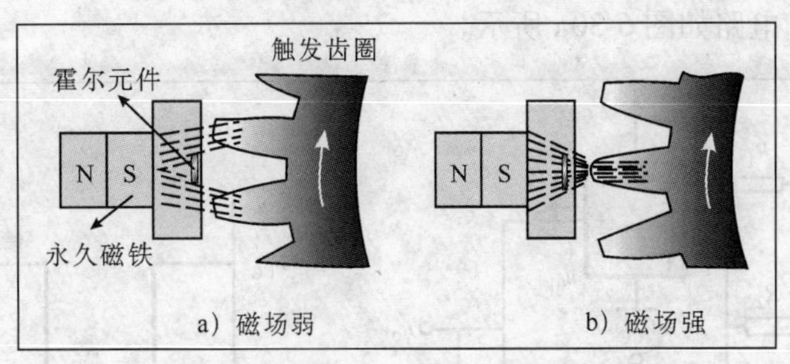

图 6-27　霍尔轮速传感器结构示意图

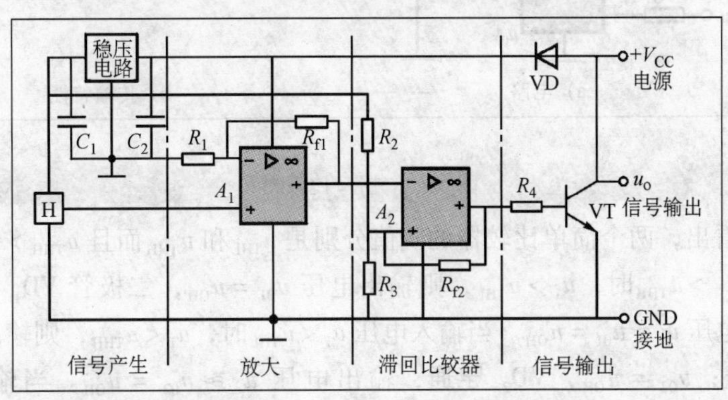

图 6-28　霍尔轮速传感器电子电路原理图

电路分四个部分：由霍尔元件构成的信号产生部分；由 A_1、R_1、R_{f1} 组成的放大部分；由 A_2、R_2、R_3、R_{f2} 组成的滞回比较器和晶体管 VT 构成的输出级。稳压电路保证霍尔元件和比较器基准电压的稳定不变。霍尔元件感受触发齿轮转动带来的磁场变化而产生微弱的正弦波信号(图 6-29)，该信号经 A_1 放大器放大后(图 6-28)，送到比较器 A_2，电阻 R_2、R_3 向比较器 A_2 提供了基准电压，A_2 输出经过滞回整形的脉冲信号(图 6-29)。u_{A2} 控制输出开关晶体管，向外传输幅值达 11.5 ~ 12V 的脉冲信号。二极管 VD 的作用是电源反接时，起保护作用。电容 C_1、C_2 是稳压电路的滤波电容。

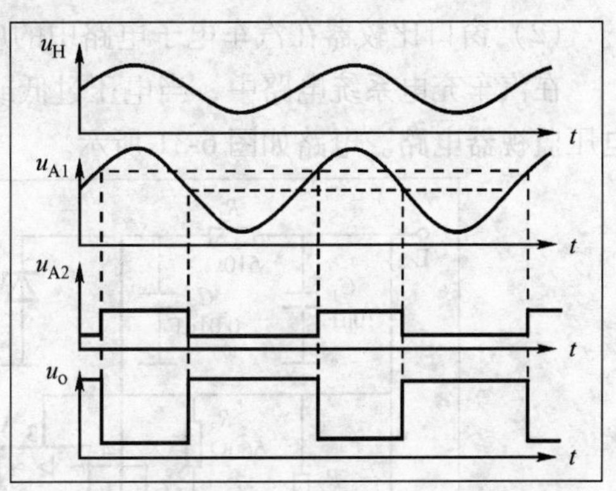

图 6-29　霍尔轮速传感器电路各级波形

3. 窗口电压比较器

(1) 基本电路

简单电压比较器和滞回电压比较器的共同特点是：当输入电压 u_I 单方向变化时，输出电压 u_o 只跃变一次，只能检测一个电平，如果要判断输入电压 u_i 是否在两个电平之间，应该采用窗口比较器。

窗口比较器是由两个阈值电压不等的简单比较器组成的，阈值小的采用反相接法，阈值

大的采用同相接法，电路如图 6-30a 所示。

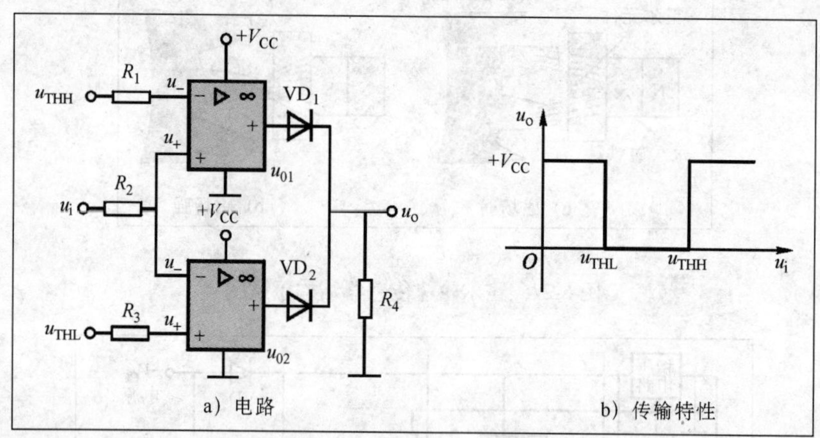

a）电路　　b）传输特性

图 6-30　窗口比较器

由图中可以看出，两个简单比较器的阈值分别是 u_{THL} 和 u_{THH} 而且 $u_{THH} > u_{THL}$。

当输入电压 $u_i > u_{THH}$ 时，$u_i > u_{THL}$，则输出电压 $u_{01} = u_{OH}$，二极管 VD$_1$ 导通；$u_{02} = u_{OL}$，VD$_2$ 截止，输出电压 $u_o \approx u_{01} = u_{OH}$。当输入电压 $u_i < u_{THL}$ 时，$u_i < u_{THH}$，则输出电压 $u_{01} = u_{OL}$，二极管 VD$_1$ 截止；$u_{02} = u_{OH}$，VD$_2$ 导通，输出电压 $u_o \approx u_{02} = u_{OH}$。当输入电压 $u_{THL} < u_i < u_{THH}$ 时，输出电压 $u_{01} = u_{02} = u_{OL}$，二极管 VD$_1$、VD$_2$ 都截止，输出电压 $u_{02} = 0V$。

u_{THL} 和 u_{THH} 是窗口比较器的两个阈值电压。其传输特性如图 6-30b 所示。

（2）窗口比较器在汽车电子电路中的应用

在汽车充电系统电路中，当电压过低或过高时，报警器发出警报，这就是汽车充电系统电压监视器电路。电路如图 6-31 所示。

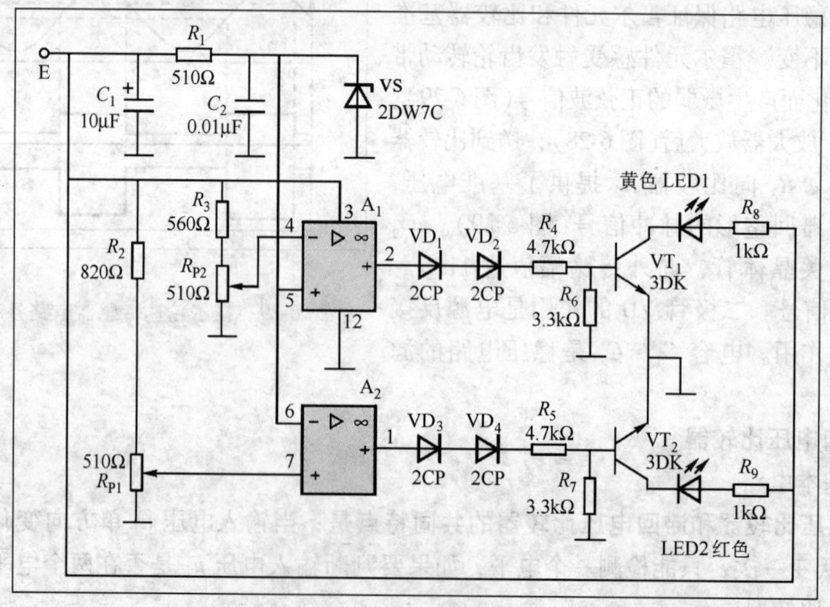

图 6-31　汽车充电系统电压监视器电路

电路主要是由 LM339 构成的一个窗口比较器。基准电压由 R_1 和 VS 组成的稳压电路组成，VS 的稳压值是 6V。基准电压分别接在 A_1 的正向端和 A_2 的反相端。E 接在汽车充电系统电源上。

当充电系统电压大于 14.5V 时，A_1 反相端检测到的电压和 A_2 同相端检测到的电压都大于基准电压，比较器 A_1 输出电压为零，晶体管 VT_1 不能导通，LED1（黄色）不亮；比较器 A_2 输出电压为电源电压，驱动晶体管 VT_2 导通，发光二极管 LED2（红色）发光，指示电压过大。

当充电系统电压小于 12V 时，A_1 反相端检测到的电压和 A_2 同相端检测到的电压都小于基准电压，比较器 A_2 输出电压为零，晶体管 VT_2 不能导通，LED2（红色）不亮；比较器 A_1 输出电压为电源电压，驱动晶体管 VT_1 导通，发光二极管 LED1（黄色）发光，指示电压过低。

当电压介于 12～14.5V 之间时，A_1 反相端检测到的电压大于基准电压，比较器 A_1 输出电压为零，晶体管 VT_1 不能导通。A_2 同相端检测到的电压小于基准电压，比较器 A_2 输出电压为零，晶体管 VT_2 不能导通。LED1（黄色）和 LED2（红色）都不亮，指示电压正常。

电路调试时，先用 14.5V 的电压作电源电压，调整电位器 R_{P2}，使比较器 A_2 正好翻转。然后改用 12V 电源，调整电位器 R_{P1} 使比较器 A_1 正好翻转。

第四节　课 题 实 验

实验　线性集成稳压电源实验

一、实验目的

1. 熟悉和掌握线性集成稳压电源电路的工作原理。
2. 学习线性集成稳压电源电路技术指标的测量方法。

二、实验器材

凌凯汽车电学基础实验箱一台，DT9208A 数字万用表一台。

三、实验原理

本实验以美国国家半导体公司生产的 LM317 为核心元件，实验原理图如图 6-32 所示。

LM317 是一个三端可调正稳压器集成电路，其输出电压范围是 1.2～37V，负载电流最大为 1.5A，它的使用非常简单，仅需两个外接电阻来设置输出电压，此外它的线性调整率和负载调整率比标准的固定稳压电路更好。LM317 内置有过载保护、安全区保护等多种保护电路。

实验箱中用到的 LM317 封装如图 6-33 所示。

在图 6-32 中其 U_{OUT} 满足如下关系式：$U_{OUT}=1.25V\left(1+\frac{R_6}{R_5}\right)+I_{ADJ}R_5$

所以调整 R_5 的大小就能改变 U_{OUT}。

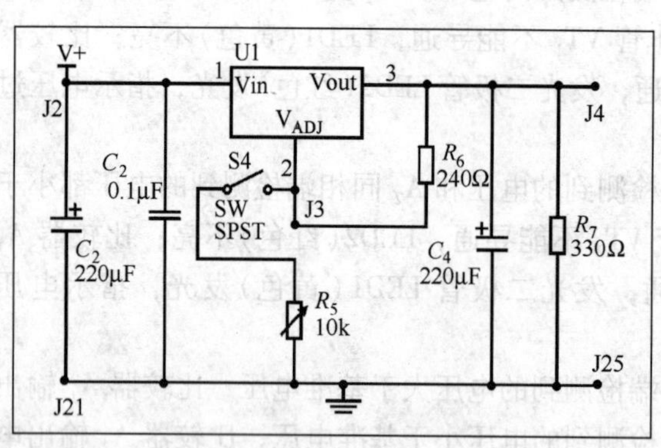

图 6-32　线性集成稳压电源实验原理图

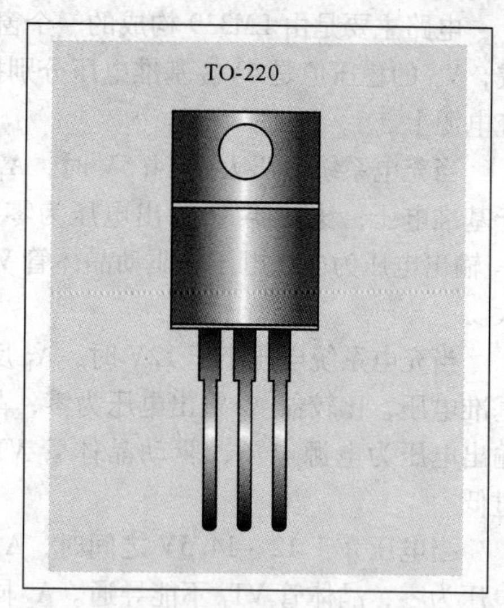

图 6-33　LM317 封装图

四、测验内容及步骤

1. 将可变电阻 R_5 逆时针旋到底，断开 S4，测量 R_5 的电阻，即用万用表测量 R_5 的左下脚和 J21 之间的电阻，记录到表 6-1 中。

表 6-1　实验记录表

R_5	U_{IN}	U_{ADJ}	U_{OUT}

2. 实验箱上电，用万用表测量 U_{IN}（即 J2 和 J21 之间的电压），U_{ADJ}（J3 和 J21 之间的电压）及 U_{OUT}（J4 和 J25 之间的电压）并将测得数据记录到表 6-1 中。

3. 断开 S4，顺时针旋转 R_5，使其约等于 6kΩ，合上 S4，用数字万用表测量 U_{IN}、U_{ADJ} 和 U_{OUT} 并记录到表 6-1。

4. 断开 S4，顺时针旋转 R_5，使其约等于 2kΩ，合上 S4，测量 U_{IN}、U_{ADJ} 和 U_{OUT} 并记录到表 6-1 中。

5. 断开 S4，将 R_5 顺时针旋转到底，测量 R_5 并记录，合上 S4，测量 U_{IN}、U_{ADJ} 和 U_{OUT} 并将其记录到表 6-1 中。

五、实验报告

填写实验报告。

第七章

数字电路

课题向导：

了解数字电路的基本概念，掌握基本门电路的结构和功能；了解触发器；掌握555时基电路的原理及应用；了解A/D和D/A转换电路；掌握常用汽车集成电路在汽车电子电路中的具体应用实例。

第一节 数字电路基础

任务导向

- 了解数字电路基本概念。
- 掌握基本门电路的结构和功能。
- 了解门电路在汽车上的应用。

学习要求

应知：数字电路基本概念，门电路基本知识。

应会：分析汽车电子电路中的数字电路工作原理和功能。

一、数字信号

在汽车电子电路中，电信号主要在传感器、ECU及执行器件之间进行传递。传感器输入ECU的信号大体上可以分两大类：一类信号是连续变化的信号，如发动机的进气压力传感器，输出的信号是随着进气压力变化而连续变化的信号，这类信号被称为模拟信号，如图7-1a所示；另一类信号是电压“高”、“低”间隔变化的脉冲式信号，如光电式曲轴位置传感器，输出的信号是遮光盘不断通过光耦合器而产生的“有”或“无”（透光或遮光）的规律变化的脉冲信号，这类信号被称为数字信号，如图7-1b所示。

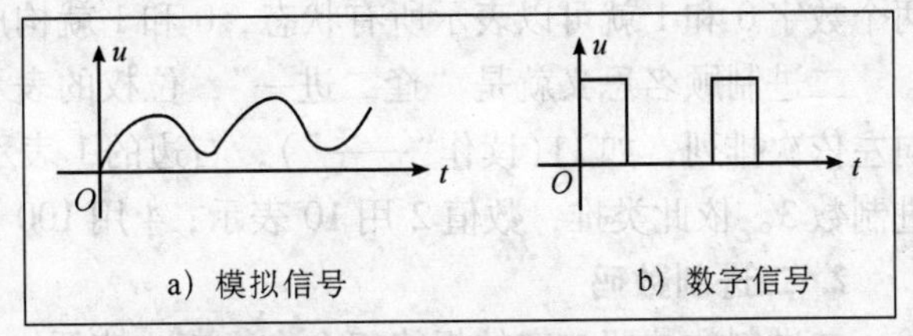

图7-1 模拟信号和数字信号

数字信号与模拟信号不同，它的电压值本身没有什么意义，而我们关心的只是有无电压（脉冲）、间隔电压出现的次数（脉冲数量）、高电压或低电压维持的时间（脉冲宽度）等。数字信号与模拟

信号的特性不同，在检测时一定要区分开，表7-1列出了部分汽车传感器输出信号的类型。

可见汽车上传递的电信号绝大部分都是数字信号。数字信号的特点是只与电平高低的变化有关，而与电平的具体大小关系不大，传递的信息经常是“有”或“无”，“开”或“关”等非此即彼的关系。这种关系被称为“二值逻辑”。

在二值逻辑中用数字1和0代表两个状态，与之对应的电路是晶体管的开或关，或者是电平的高或低。处理数字信号的电路就是数字电路，也称为逻辑电路。由于数字电路处理的是状态变换，所以对元件精度要求不高，易于集成，成本低廉，使用方便。组成的数字系统工作可靠，精度高，抗干扰能力强，在各个领域应用很广。在汽车电路中数字集成电路随处可见，电控单元ECU就是一个典型的数字系统。

表7-1　按输出信号类型划分传感器

输出模拟信号的传感器	输出数字信号的传感器
各种可变电阻式传感器，如： 叶片式空气流量传感器 热丝式空气流量传感器 冷却液温度传感器； 压力传感器 节气门位置传感器 浮子可变电阻式液位传感器	卡门涡旋式空气流量传感器 曲轴位置传感器 各种光电式传感器 各种霍尔式传感器 各种笛簧开关式传感器 各种报警电路的传感器

二、二进制

数字电路只处理1和0两种状态，所以在数字电路中广泛采用二进制。二进制包括二进制数和二进制数码。二进制数表示电路状态和数量大小，二进制数码不仅表示数量大小，还可以表示一定的信息，称为代码。

1. 二进制数

人们日常生活中最常用的是十进制。十进制用0~9共10个数字来表示数量的大小，比如：68，个位上的8表示8个1，而十位上的6表示6个10，即60。所谓“逢十进一”。

概念：位权：6与8表示的数量不同是因为它们所处的位不同，不同的位具有不同的权重，这叫位权。

十进制位权的表示方法是10^i($i=1,2,3\cdots$)。在二值逻辑中，只存在两个状态，那么用两个数字0和1就可以表示所有状态，0和1就构成了二进制。

二进制顾名思义就是“逢二进一”，位权的表示方法是2^i($i=1,2,3\cdots$)。数字也是从右向左依次排列，如11(读作“一一”)，右边的1表示1个1，左边的1表示1个2，相当于十进制数3。依此类推，数值2用10表示；4用100表示；5用101表示等。

2. 二进制数码

二进制数按照一定的规律组合在一起，表示一定的信息，这样的一组二进制数称为二进制数码。最常用的二进制数码是8421BCD码。8421码的含义见表7-2。

表 7-2 8421BCD 码代码表

十进制数	8421BCD 码	十进制数	8421BCD 码
0	0000	6	0110
1	0001	7	0111
2	0010	8	1000
3	0011	9	1001
4	0100	10	0001 0000
5	0101	11	0001 0001

三、常用逻辑门电路

在二值逻辑中，输入和输出信号(称为变量)只能有两个状态 1 或 0，这里它们不再表示数值的大小而只表示两种对立的状态。输入输出之间的关系称为逻辑关系，实现逻辑关系的电路称为逻辑电路。常用真值表来描述逻辑电路的逻辑关系。

逻辑电路中实现最基本逻辑关系的电路称为逻辑门电路，简称为门电路。最基本的门电路有与门、或门、非门、与非门和或非门。

1. 与门

只有决定事物结果的全部条件同时具备时，结果才发生。这种因果关系叫逻辑与，或者叫逻辑相乘。表示的逻辑关系是 Y = AB。如图 7-2a 所示。

当开关 A 与 B 均闭合时，灯 Y 才亮。用真值表表示为图 7-2b。体现的逻辑关系是“全 1 为 1，有 0 为 0”。实现逻辑与关系的门电路称为与门，与门的符号如图 7-3 所示。

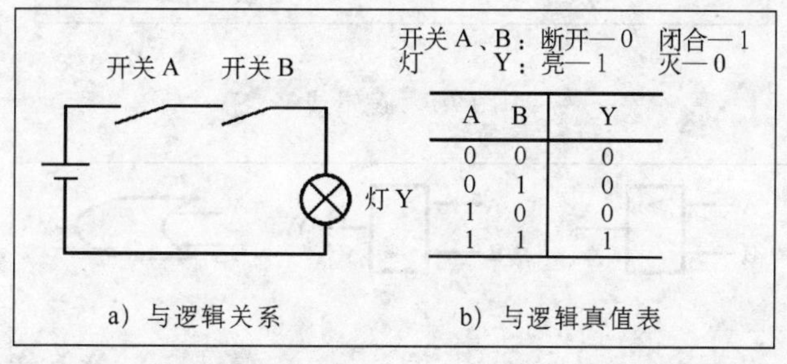

图 7-2 逻辑与

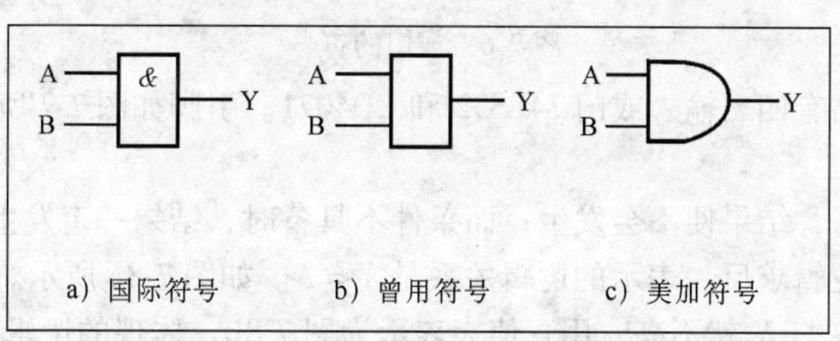

图 7-3 与门的符号

常见的与门电路有四二输入与门 74LS08 和 CD4081，引脚如图 7-4 所示。

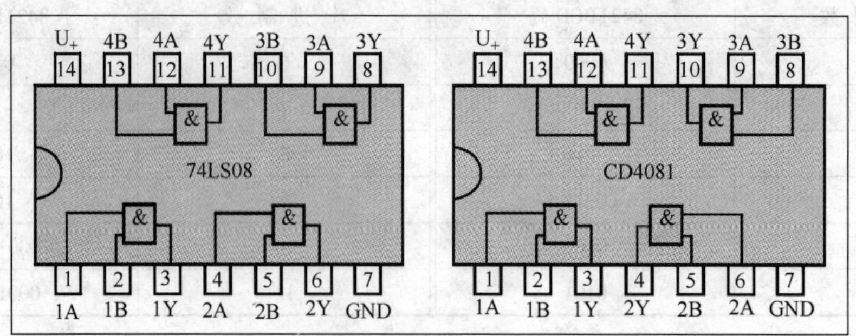

图 7-4　常用与门集成电路引脚图

2. 或门

在决定事物结果的诸条件中只要有任何一个满足，结果就会发生。这种因果关系叫逻辑或，或者叫逻辑相加。表示的逻辑关系是 Y = A + B。如图 7-5a 所示。

当开关 A 与 B 只要有一个闭合，灯 Y 就亮。用真值表表示为图 7-5b，体现的逻辑关系是“有 1 为 1，全 0 为 0”。实现逻辑或关系的门电路称为或门，或门的符号如图 7-6 所示。

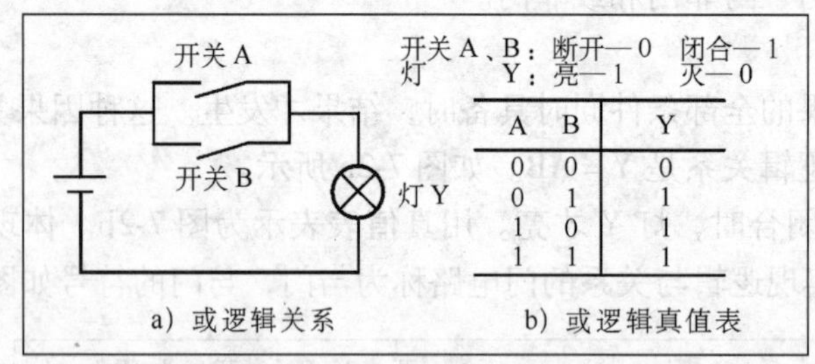

A	B	Y
0	0	0
0	1	1
1	0	1
1	1	1

图 7-5　逻辑或

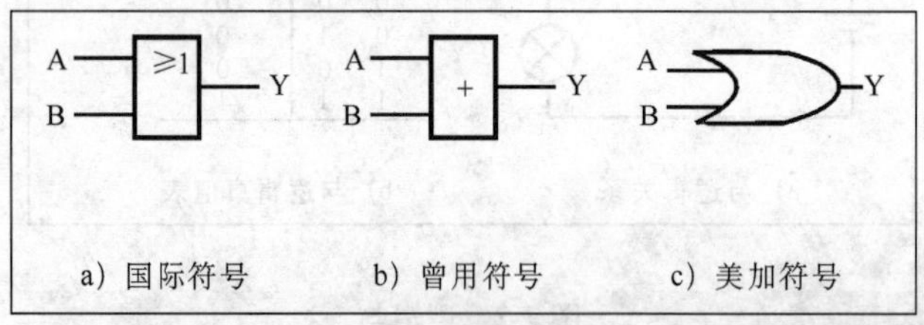

图 7-6　或门的符号

常见的或门电路有四二输入或门 74LS32 和 CD4071。引脚如图 7-7 所示。

3. 非门

只要条件具备了，结果便不会发生；而条件不具备时，结果一定发生。这种逻辑关系叫做逻辑非，也叫做逻辑求反。表示的逻辑关系是 $Y = \overline{A}$。如图 7-8a 所示。

当开关 A 闭合，灯 Y 就不亮。用真值表表示为图 7-8b。体现的逻辑关系是“是 0 则 1，是 1 则 0”。实现逻辑非关系的门电路称为非门，非门的符号如图 7-9 所示。

常用的非门电路有六反相器 74LS04 和 CD4069。引脚如图 7-10 所示。

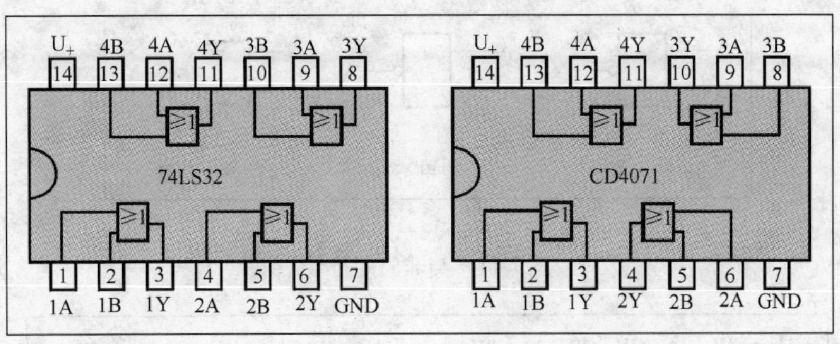

图 7-7 常用或门集成电路引脚图

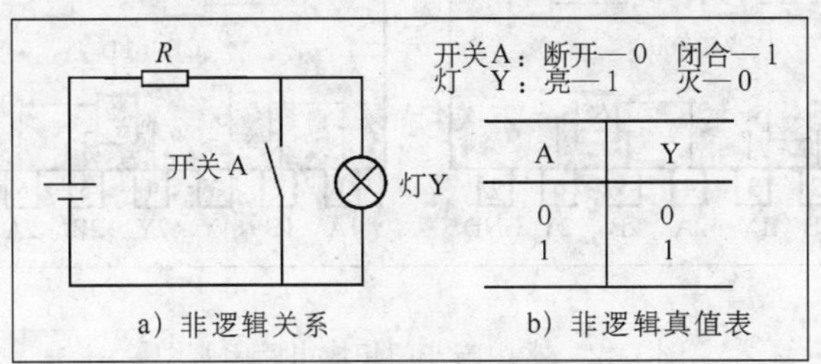

图 7-8 逻辑非

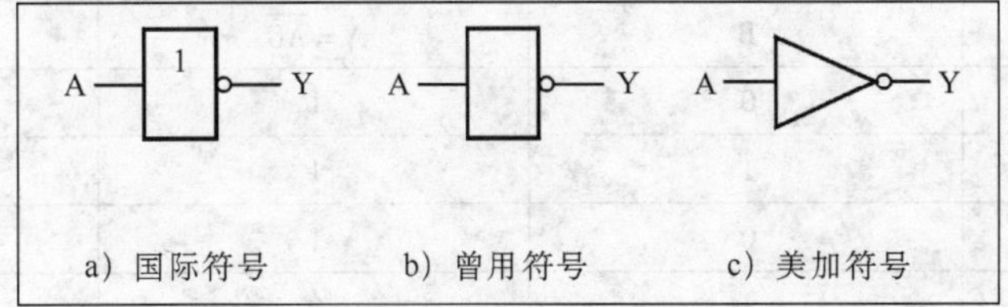

图 7-9 非门的符号

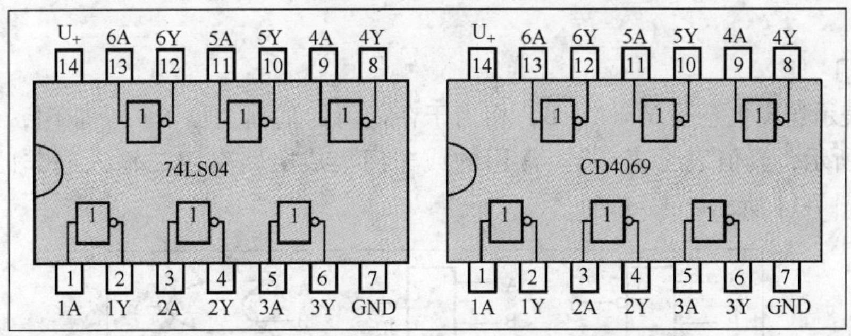

图 7-10 常用非门集成电路引脚图

4. 与非门

与非门表示逻辑关系是 $Y=\overline{AB}$，相当于在与门的基础上加了一个非门，与非门的符号如图 7-11 所示，真值表见表 7-3。常用的与非门集成电路有四二输入与非门 74LS00 和 CD4011，如图 7-12 所示。

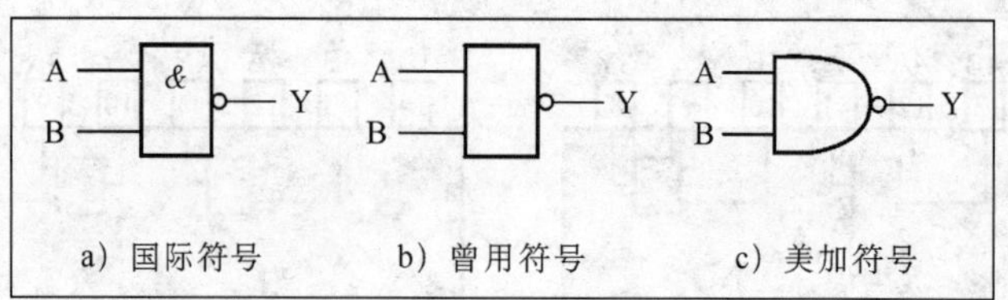

a）国际符号　b）曾用符号　c）美加符号

图 7-11　与非门的符号

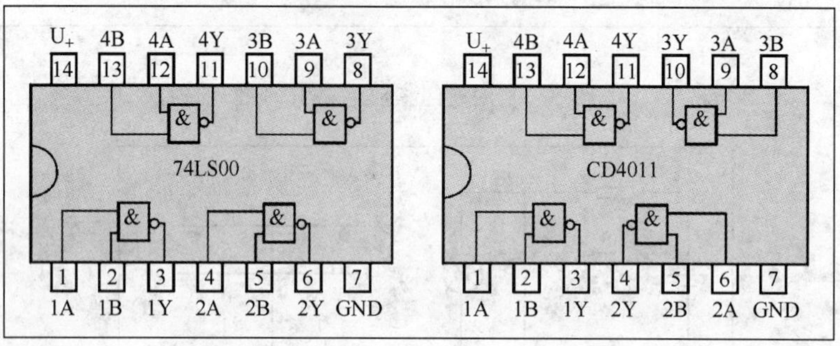

图 7-12　常用与非门集成电路引脚图

表 7-3　与非门和或非门的真值表

输　入		与非门	或非门
A	B	$Y=\overline{AB}$	$Y=\overline{A+B}$
0	0	1	1
0	1	1	0
1	0	1	0
1	1	0	0
体现的逻辑关系		有 0 为 1 全 1 为 0	有 1 为 0 全 0 为 1

5. 或非门

或非门表示逻辑关系是 $Y=\overline{A+B}$，相当于在或门的基础上加了一个非门，或非门的符号如图 7-13 所示，真值表见表 7-3。常用的或非门集成电路有四二输入或非门 74LS02 和 CD4001，如图 7-14 所示。

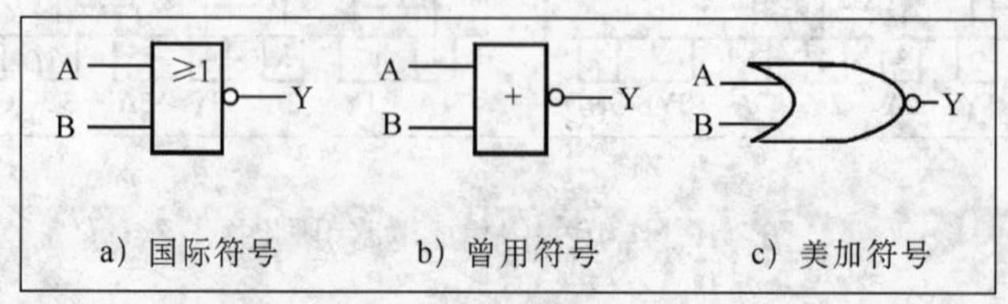

a）国际符号　b）曾用符号　c）美加符号

图 7-13　或非门的符号

● **提示：**门电路的输入可以两个以上，逻辑关系与两输入同理分析。

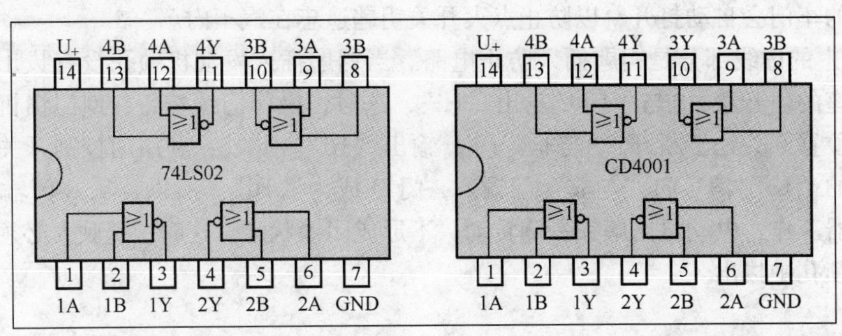

图 7-14　常用或非门集成电路引脚图

● **操作规范：**常用的数字集成电路主要有两大类型 TTL 型 74 系列和 CMOS 型 4000 系列。两个系列的电源电压不同，TTL 为 +5V，CMOS 为 3～30V。而且 CMOS 电路因电源电压不同，输出的高低电平的值是不同的。

四、数字电路在汽车电子电路中的应用

由门电路组成的门锁控制系统的控制电路如图 7-15 所示。为了避免电动机通电时间长引起发热，利用定时器限制通电时间。

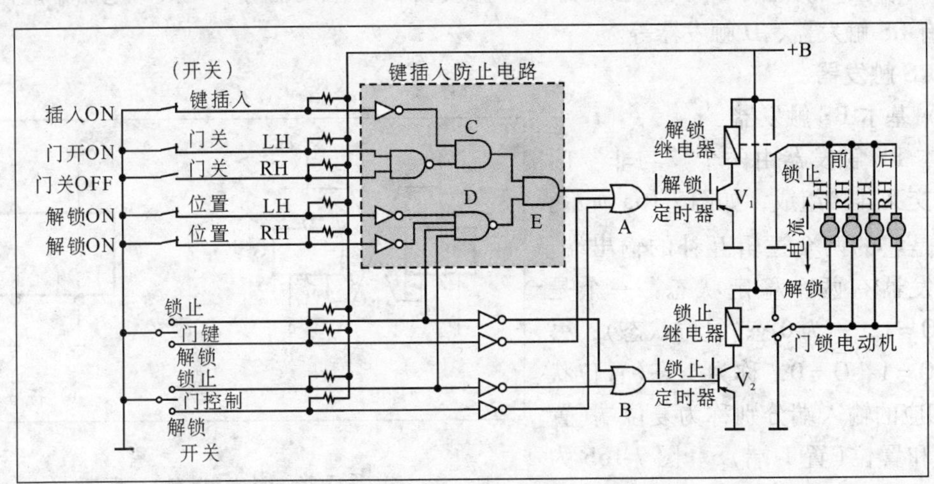

图 7-15　门锁控制系统的控制电路

（1）闭锁/开锁动作

利用门钥匙开关或门控制开关使触点位于开锁侧，则向“或”门 A 输出“Hi”，开锁定时器进行工作，约 0.2s 后晶体管 VT_1 处于接通状态，所有门锁电动机向下转动，开锁(处于脱开状态)。“与”门 E 的输出，只要不把钥匙插入发动机锁孔中，则处于“Lo”位置，所以与“或”门的输出无关。

利用门钥匙开关或门控制开关进行上锁操作，则向“或”门 B 输出“Hi”，闭锁定时器工作，约 0.2s 后晶体管 VT_2 接通，所有门锁电动机向上转动，处于锁闭状态。

（2）防止键锁闭

防止键锁闭是指若已执行了锁门操纵，而一侧前门打开并且点火开关钥匙仍插在锁心

内，则所有的车门会自动打开，以防止点火开关钥匙遗忘在汽车内。

图 7-15 中的虚线部分是钥匙插入防止电路。当钥匙插入发动机锁孔没有拔出时，驾驶座或前乘客座的门开着，“与”门 C 输出“Hi”，这时，操作门锁按钮，使门锁机构处于上锁状态，则位置开关处于断开，“与非”门 D 输出“Hi”。此外，利用门控制开关即使操作上锁，开关的“Lo”信号向“与非”门输入，门 D 成为“Hi”。所以，从 E 门输出“Hi”，使解锁定时器工作，电动机向解锁一侧转动，不形成闭锁状态。这时，驾驶人必须注意把钥匙从发动机锁孔中拔出。

第二节 触 发 器

任务导向

- 掌握 RS、JK、D 触发器逻辑功能及触发方式。
- 了解 RS、JK、D 触发器原理，触发器功能转换方法。

数字电路中除了门电路之外，还有触发器电路。触发器起到信息的接收、存储、传输的作用。触发器按其稳定工作状态可分为双稳态触发器、单稳态触发器、无稳态触发器(多谐振荡器)等；按其功能可分为 RS 触发器、JK 触发器和 D 触发器等。在汽车电路中应用较多的主要有 RS 触发器、D 触发器等。

1. RS 触发器

(1) 基本 RS 触发器

基本 RS 触发器由两个“与非”门 G_1、G_2 交叉连接组成，如图 7-16a 所示。Q 和 $\overline{Q}$ 是它的两个逻辑互补的输出端。这种触发器有两个稳定状态：一个是 Q=0、$\overline{Q}$=1，称为 0 态(复位状态)；另一个是 Q=1、$\overline{Q}$=0，称为 1 态(置位状态)。相应的输入端分别称为复位端(置 0 端)$\overline{R}$ 和置位(置 1 端)$\overline{S}$。图 7-16b 为基本 RS 触发器的符号。

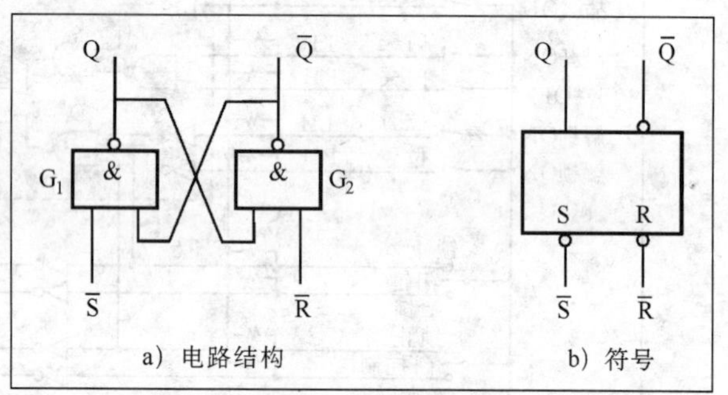

图 7-16 基本 RS 触发器

反映触发器输出与输入之间关系的表叫特性表，是一种特殊的真值表。在表中体现了触发器的输出状态(Q^{n+1})与触发器原状态(Q^n)以及两个输入 $\overline{R}$、$\overline{S}$ 之间的关系。表 7-4 是基本 RS 触发器的特性表。

表 7-4 基本 RS 触发器的特性表

$\overline{R}$ $\overline{S}$	Q^{n+1}	注
1 1	Q^n	保持
0 1	0	置 0

（续）

R	S	Q^{n+1}	注
1	0	1	置 1
0	0	不允许出现	不使用

基本 RS 触发器的主要优点是：结构简单，具有置 0、置 1 和保持功能。存在的问题主要是：RS 直接控制触发器的输出，即只要 RS 信号存在，触发器输出状态就会随之变化，导致电路抗干扰能力下降；$\overline{R}$、$\overline{S}$ 不能同时为 0。

（2）同步 RS 触发器

为了提高基本 RS 触发器的抗干扰能力，设计制作了一种工作状态不仅受输入端（R、S）控制，而且还受时钟脉冲（CP）控制的同步触发器，简称同步触发器。图 7-17 所示为同步触发器的逻辑电路和符号。

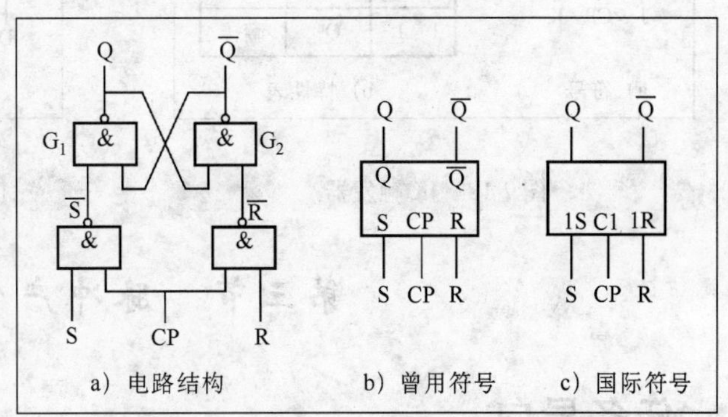

图 7-17 同步 RS 触发器

时钟脉冲（CP）是等周期、等幅的脉冲串，由外部电路产生，用来控制同步触发器的工作。当脉冲为高电平即 CP = 1 期间，触发器接收输入信号，开始工作；当脉冲为低电平即 CP = 0 期间，触发器不工作。表 7-5 为同步 RS 触发器的特性表。

表 7-5 同步 RS 触发器的特性表

CP	R	S	Q^{n+1}	注
0	×	×	×	禁止工作
1	0	0	Q^n	保持
1	0	1	1	置 1
1	1	0	0	置 0
1	1	1	不允许出现	不使用

同步触发器的特点是：时钟电平控制，只有 CP = 1 期间工作，抗干扰能力有所增强；R、S 之间不能同时为 1。

（3）RS 型时钟触发器

在 CP 时钟脉冲作用下，输入信号 R、S 取值不同时，凡具有置 0、置 1 和保持功能的电路，都叫做 RS 型时钟触发器。它的特性表与基本 RS 触发器相同。

2. JK 触发器

在 CP 时钟脉冲作用下，两个输入信号 J、K 取值不同时，具有保持、置 0、置 1、翻转功能的电路，都叫做 JK 型时钟触发器。如图 7-18 所示为 JK 触发器的符号和特性表。

3. D 触发器

在 CP 时钟脉冲作用下，单一输入信号 D 在不同取值时，凡具有置 0、置 1 功能的电路，都叫做 D 型时钟触发器。图 7-19 所示为 D 触发器的符号和特性表。

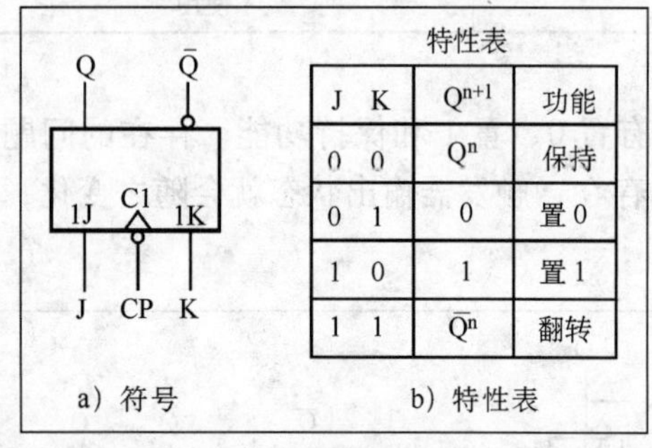

J K	Q^{n+1}	功能
0 0	Q^n	保持
0 1	0	置 0
1 0	1	置 1
1 1	$\bar{Q}^n$	翻转

b）特性表

图 7-18　JK 触发器

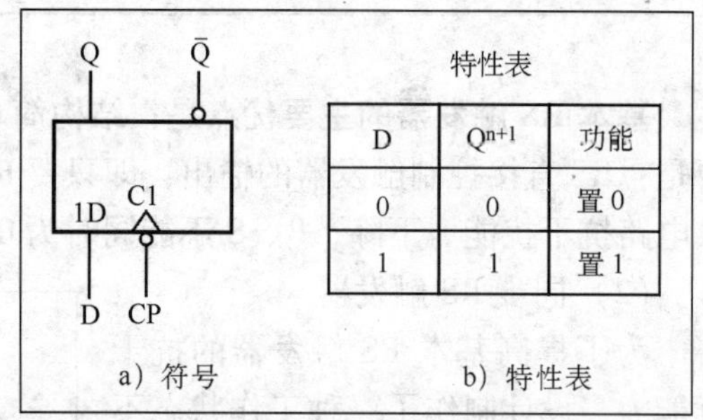

D	Q^{n+1}	功能
0	0	置 0
1	1	置 1

b）特性表

图 7-19　D 触发器

第三节　脉冲产生电路

任务导向

- 掌握 555 时基电路原理与功能。
- 掌握 555 时基电路构成的单稳态触发器及应用。
- 掌握 555 时基电路构成的多谐振荡器及应用。
- 掌握 555 时基电路构成的施密特触发器及应用。

一、555 时基电路

555 时基电路是一种能够产生定时信号(或称时钟信号)，能够完成各种定时或延时功能的中规模集成电路。它将模拟功能和数字逻辑功能巧妙地结合在一起。电路功能灵活，适用范围广，只要在外部配上几个阻容元件，就可以构成性能稳定而准确的方波发生器、单稳态触发器和施密特触发器等。它的应用相当广泛，在汽车电子电路中随处可见。

1. 555 时基电路的基本结构

555 时基电路的原始产品是 NE555，后来又出现了 LM555、μA555、XR555、CA555、RM555、FX555、5G1555 等等，统称为“555”时基电路，它们的等效电路、形式和内电阻值虽然略有不同，但基本结构并无根本差别，按其内部电路、功能结构可简化为图 7-20 的形式。

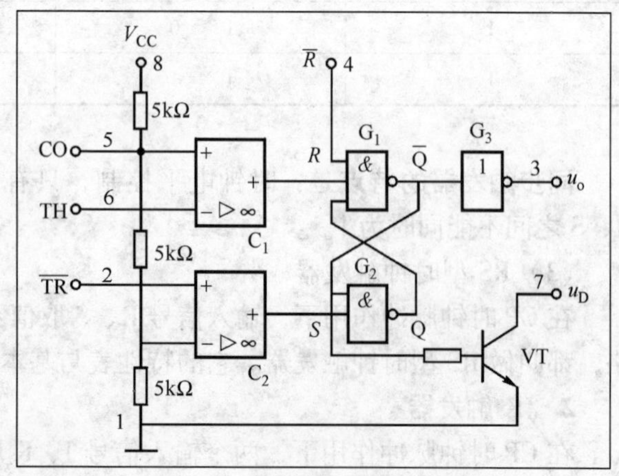

图 7-20　555 时基电路内部结构图

555 时基电路含有两个电压比较器 C_1，C_2，一个由“与非”门组成的基本

RS 触发器，一个放电晶体管 VT 以及由三个 5kΩ 的电阻组成的分压器(集成电路也因此得名)。分压器设定的 $1/3V_{CC}$ 作为比较器 C_2 的基准电压，$2/3V_{CC}$ 作为比较器 C_1 的基准电压。在 5 脚控制端(CO 端)外接控制电压时(CO 端一般通过 0.01μF 电容接地)，两个比较器的基准电压分别是：$U_{C1+}=U_{CO}$，$U_{C2-}=U_{CO}/2$，用以改变上、下触发电平值。比较器 C_1 的输出接基本 RS 触发器的 R 端，C_2 的输出接 RS 触发器的 S 端。因此，加到比较器 C_1 反相端的触发信号电位高于同相端 5 脚的电位时，RS 触发器翻转；而加到比较器 C_2 同相端 2 脚的触发信号电位低于 C_2 反相端的电位 $1/3V_{CC}$时，RS 触发器翻转。由此可见，555 时基电路的输入不一定是逻辑电平，还可以是模拟信号，因此该电路兼有模拟和数字电路的特色。另外，555 时基电路的 7 脚为放电端，当触发器的 $\overline{Q}$ 端为 1 时，放电晶体管导通，外接电容元件通过 VT 放电。而 555 时基电路的 4 脚为强制复位端 R，可由此端输入负脉冲而使触发器直接复位。

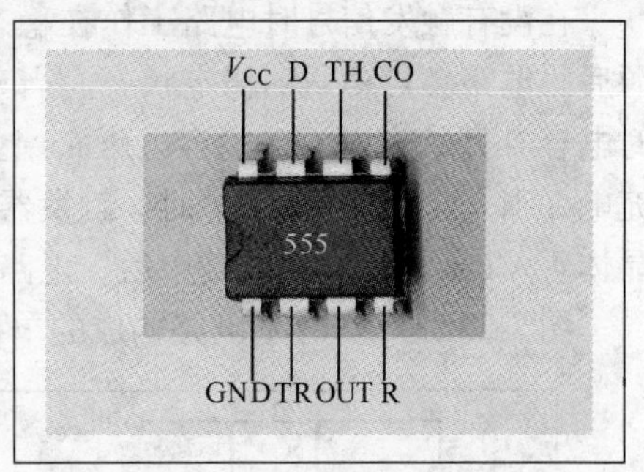

图 7-21 555 时基电路引脚图

通过以上分析，得出 555 时基电路各功能的真值表，见表 7-6，555 时基电路引脚图如图 7-21 所示。

表 7-6 555 时基电路各项功能真值表

2 脚 (置位触发 S 端)	6 脚 (置位触发 R 端)	4 脚 (外部复位端)	3 脚 (输出端 u_0)	7 脚 (放电 u_0)
×	×	0	0	接地
$\leqslant 1/3V_{CC}$	$\leqslant 2/3V_{CC}$	1	1	断路
$\geqslant 1/3V_{CC}$	$\leqslant 2/3V_{CC}$	1	不变	不变
$\geqslant 1/3V_{CC}$	$\geqslant 2/3V_{CC}$	1	0	接地

2. 555 时基电路特点

① 555 时基电路在电路结构上是由模拟电路和数字电路组合而成，它将模拟功能与逻辑功能合为一体，能够产生精确的时间延迟和振荡，拓宽了模拟集成电路的应用范围。

② 该电路采用单电源供电，电源范围宽，可以和模拟运放及 TTL 或 CMOS 数字电路共用一个电源。

③ 555 时基电路可独立构成一个定时电路，且定时精度高。

④ 555 时基电路的最大输出电流达 200mA，带负载能力强，可直接驱动小电动机、喇叭、继电器等负载。

二、555 时基电路的典型应用

555 时基电路的基本应用电路有三种：单稳态触发器、多谐振荡器和施密特触发器。

1. 555 时基电路构成的单稳态触发器

单稳态触发器具有下列特点：

第一：它有一个稳定状态和一个暂稳状态。

第二：在外来触发脉冲的作用下，能够由稳定状态翻转到暂稳状态。

第三：暂稳状态维持一段时间后，将自动返回到稳定状态，而暂稳状态时间的长短与触发脉冲无关，仅决定于电路本身的参数。单稳态触发器一般用于定时、整形以及延时电路。

图7-22是用555时基电路构成的单稳态触发器。R、C是定时元件；u_I是输入触发信号，下降沿有效，接到555时基电路的2脚；3脚u_O是输出信号。

在没有触发信号时电路工作在稳态。即u_I是高电平时，$u_O=0$，VT饱和导通。接通电源后，电路会自动达到稳定状态。当u_I下降沿到来时，电路被触发，$u_O=1$，VT截止，这时电容C开始充电，在电容电压u_C上升到$2/3V_{CC}$以前，电路保持暂态不变。随着电容C的充电，当u_C上升到$2/3V_{CC}$时，触发器翻转，$u_O=0$，VT饱和导通，暂态结束。电容C通过晶体管VT放电，C放电结束后，电路回到稳定状态，等待下一个触发脉冲。

图7-23是555时基电路构成的单稳态触发器工作波形图。

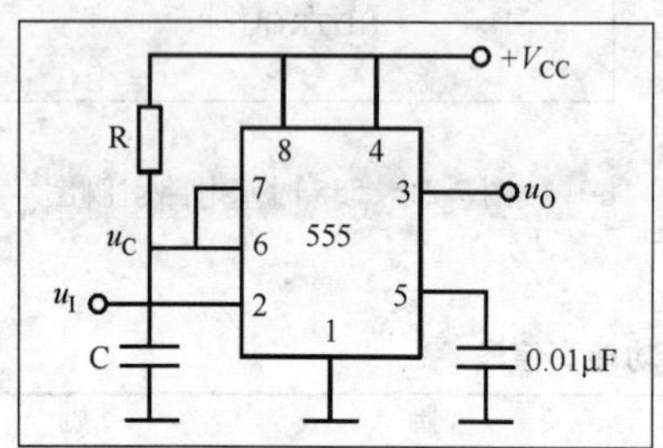

图7-22　555时基电路构成的单稳态触发器

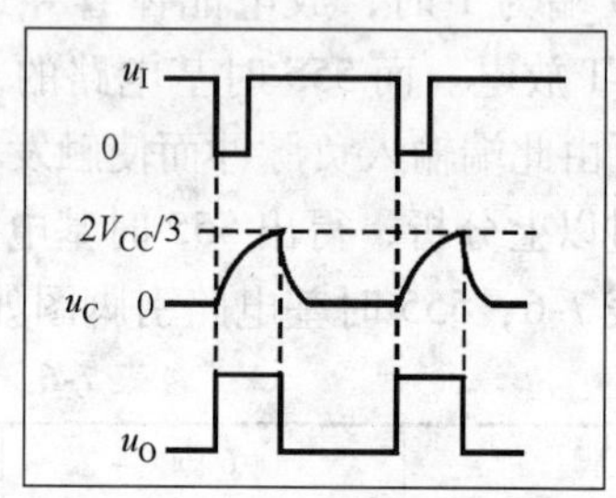

图7-23　555时基电路构成的单稳态触发器的工作波形图

下面以发动机555时基电路转速表为例进行介绍。本转速表实际是一个单稳态触发器，其中，L_{IG}是点火线圈初级绕组，P是继电器触点。电路如图7-24所示。

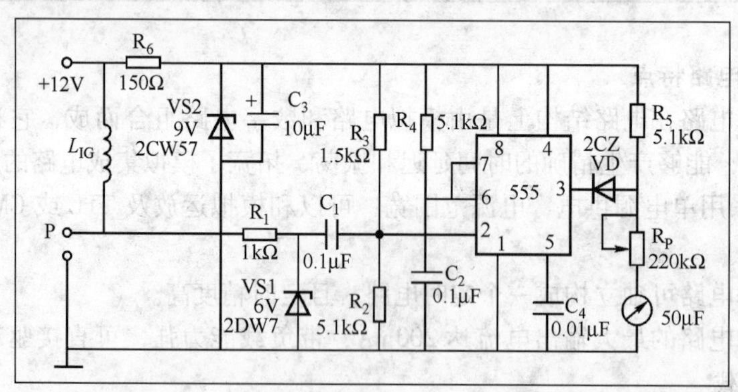

图7-24　发动机555时基电路转速表

每当继电器触点断开而产生一个脉冲时，通过R_1和VS1的钳位限幅，由C_1耦合去触发555时基电路。在555时基电路输出端3脚输出高电平期间，VD反向截止，由R_5及R_P供给指示表。单脉冲过后，555时基电路输出端为低电平，VD将R_5提供的电流旁路，不再经过电位器R_P和指示表。因此，指示表通过的电流平均值与继电器触点P所产生的脉冲频率成正比，这就可以由指示表来指示发动机的转速。

2. 555 时基电路构成的多谐振荡器及其在汽车上的应用

图 7-25 所示为 555 时基电路构成的多谐振荡器。

R_1、R_2、C 是外接定时元件，6、2 脚连接起来(u_C)对地接电容 C，晶体管 VT 集电极 7 脚接到 R_1、R_2 的连接点 P。

接通电源前电容 C 上无电荷，所以接通电源瞬间，C 来不及充电，故 $u_C=0$、$u_O=1$，555 时基电路内部的 VT 截止。随着电容 C 充电、u_C 缓慢上升，当 u_C 上升到 $2/3V_{CC}$时，555 时基电路内部的触发器翻转，$u_O=0$，VT 饱和导通，VT 饱和导通使电容 C 通过 R_2 放电。随着电容 C 放电，u_C 不断下降。当 u_C 下降到 $1/3V_{CC}$时，触发器翻转，$u_O=1$，VT 截止。随后电容 C 又开始充电，进入下一个循环，于是在输出端 3 脚产生了矩形脉冲。电路的工作波形如图 7-26 所示。

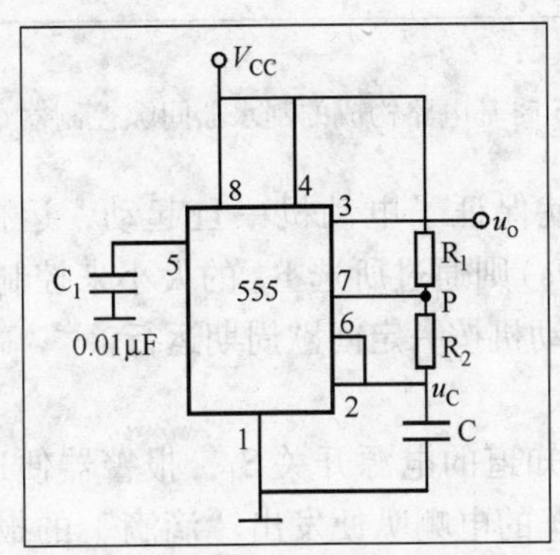

图 7-25 555 构成的多谐振荡器

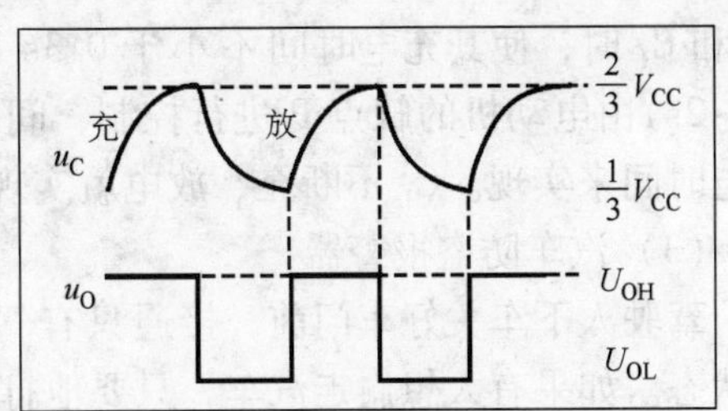

图 7-26 555 构成的多谐振荡器工作波形

(1) 汽车转向灯闪光器

如图 7-27 所示，利用 555 时基电路的输出端 3 接继电器 J 的线圈，使继电器按多谐振荡频率进行工作，继电器的触点接到转向灯的电源回路中，控制电源的通断，使转向灯按一定频率闪烁。闪光器的灯亮时间由 C_1 的充电时间决定：$t_{灯亮}=t_{C1充}\approx 0.7(R_A+R_{VD1})C_1$（式中，$R_{VD1}$为二极管 VD1 的正向电阻）。闪光器的灯灭时间由 C_1 的放电时间决定：$t_{灯灭}=t_{C1放}\approx 0.7R_BC_1$。闪光器的灯亮灯灭周期即多谐振荡器的振荡周期，为 $T=t_{C1充}+t_{C1放}=0.7(R_A+R_B+R_{VD1})C_1$。信号灯的闪烁频率为 $f=1/T\times 60$(次/min)。通过适当选择 R_A、R_B 和 C_1 的值，

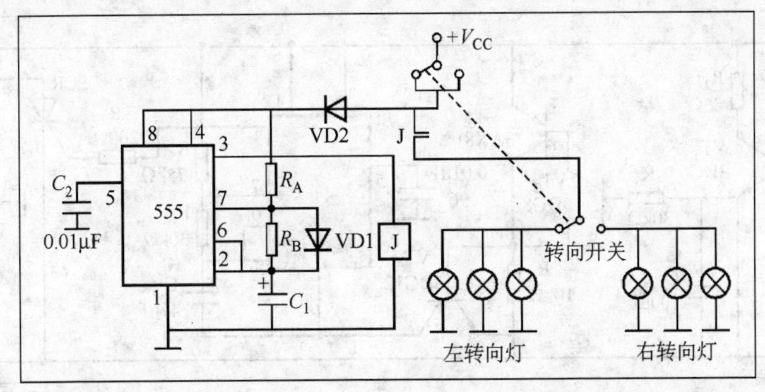

图 7-27 555 时基电路构成的汽车转向闪光器

即可取得一定的闪烁频率。

（2）汽车刮水器间隙控制器

如图 7-28 所示，用作刮水器间隙控制器时，由于刮水器电动机起动电流较大，因此在线路上增加电容 C_1 与 J_1 并联，以保护触点。因一次刮水的间隙时间为 9～11s(电动机运转 1～2s,停 7～9s)，而刮水器电动机的辅助滑动触点 P 脱离电源正极到接地这一过程大约需 0.15s，如果考虑 P 点定位不准，则最长约 0.27s，即继电器的常开触点 J_1 吸合时间可按最大 0.3s 考虑，因此选择 R_A 和 C_1 时，使其充电时间不小于 0.3s 即可。这样就保证了电动机一旦起动，运行时间(1～2s)由电动机的触点 P 进行控制，间隙时间(7～9s)则通过所选 R_B 的大小来控制 C_1 的放电时间来实现。C_1 不断充、放电就实现了刮水器电动机按一定间歇周期运行。

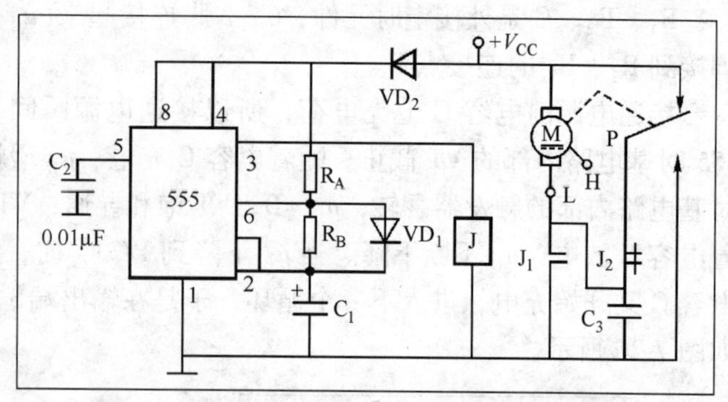

图 7-28　555 时基电路构成的刮水器间隙控制器

（3）汽车防盗报警器

驾驶人下车关好车门前，接通只有驾驶人本人才知道的电源开关 S_1，报警器便进入警戒状态。如果有人想偷走汽车，只要他打开车门，汽车的电喇叭便发出“滴滴”的报警声，这时想以关车门来消除报警也无济于事。本报警器使用的是汽车本身的电喇叭，因而可获得较大的报警音量。

防盗报警电路由触发、延时、报警等单元组成(图 7-29)。闭合 S_1 接通电源，报警器报警，这是因为安在车门上的磁控开关 S_2 吸合时，VT_1 的 b、e 极短路，晶体管截止，致使以后部分均不工作。车门打开时，磁控开关 S_2 失去磁力的吸引而断开，VT_1 导通，复合管 VT_2、VT_3 因获得偏流而导通，并向 VT_4 提供偏流。VT_4 导通，使 555 时基电路组成的多谐振荡器对地接通而工作，3 脚输出频率为 1Hz 的脉冲电流，经 R_7 触发晶闸管导通，汽车电喇叭便发出较明亮的报警声。

即使有人关了车门，响声也会继续，因为在 VT_1 导通的同时 C_1 充电，车门关后，VT_1

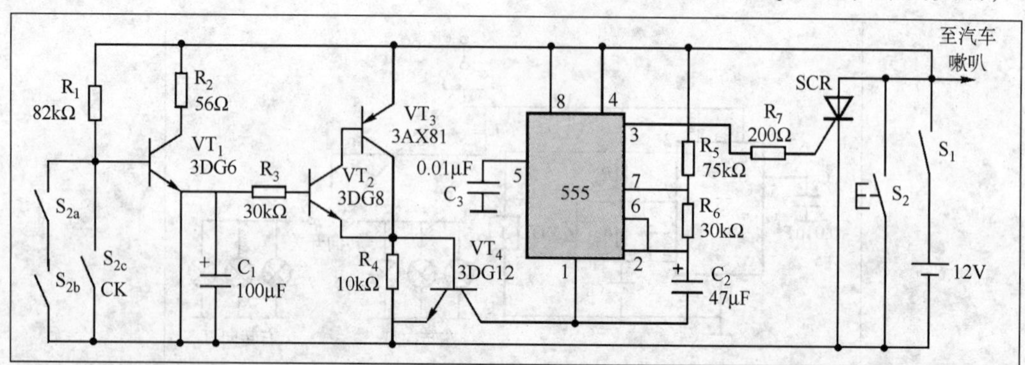

图 7-29　555 时基电路构成的汽车防盗报警器

截止，但 C_1 仍然通过电阻 R_3 放电，继续维持 VT_2、VT_3、VT_4 组成的电子开关的导通，直到 C_1 放电完毕。所以改变 C_1、R_3 的值，可以延长或缩短报警时间；改变 R_5、R_6、C_2 的值，可调报警声的长短和间歇时间。

如想控制双门，可按图 7-29 将 S_{2a}、S_{2b} 两只磁控开关串联。S_2 是汽车本身的电喇叭按钮开关，晶闸管的正极应接在喇叭一端。

3. 555 时基电路构成的施密特触发器及其在汽车上的应用

施密特触发器一个最重要的特点，就是能够把变化非常缓慢的输入脉冲波形，整形成为适合于数字电路需要的矩形脉冲。如图 7-30 所示为 555 构成的施密特触发器。

将 555 时基电路的 2 脚、6 脚连接来作为信号输入端 u_I，7 脚通过电阻 R 接电源 + V_{DD}，成为输出端 u_{01}，输出电平可以通过改变 V_{DD} 进行调制；3 脚是信号输出端 u_{02}。

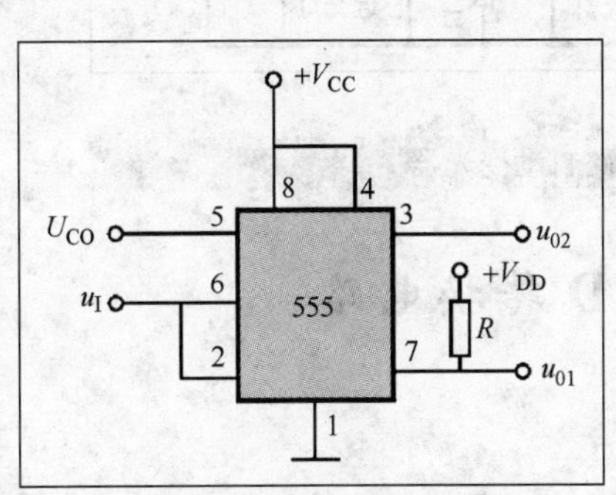

图 7-30 555 时基电路构成的施密特触发器

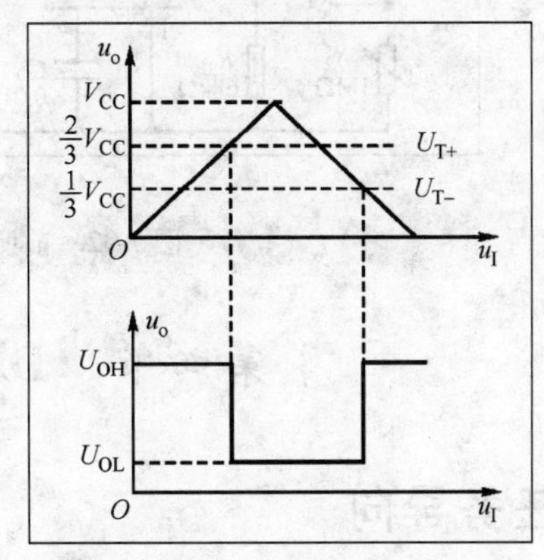

图 7-31 555 时基电路施密特触发器工作波形

如图 7-31 所示为输入信号 u_I 为三角波时施密特触发器的工作波形。

在开始时，$u_I=0V$，555 时基电路内部 RS 触发器工作在 1 状态，晶体管 VT 截止，3 脚输出高电平，u_{01}、u_{02} 均为高电平。随着 u_I 的升高，只要不达到 $2/3V_{CC}$，电路保持状态不变；当 u_I 升高到 $2/3V_{CC}$，555 时基电路内部 RS 触发器翻转，3 脚输出低电平，晶体管 VT 导通，u_{01}、u_{02} 均为低电平。此后 u_I 在上升到 V_{CC} 后又下降，但是没有下降到 $1/3V_{CC}$ 以前，555 时基电路保持输出低电平状态不变；当 u_I 下降到 $1/3V_{CC}$ 时，555 时基电路内部 RS 触发器翻转，晶体管 VT 截止，3 脚输出高电平，u_{01}、u_{02} 均由低电平跃变到高电平，直到 u_I 下降到零时，电路的状态也不会改变。

下面以前照灯 555 时基电路自动变光器为例进行介绍。这种采用 555 时基电路的变光器能使汽车在夜间会车时于相距 100 ~ 150m 内把远光灯自动转换成近光灯，会车后又自动恢复到远光灯照明。从而避免或减少夜间会车时造成的交通事故，提高汽车行驶的安全性。

电路如图 7-32 所示。变光器主要由光电检测电路、施密特触发电路及开关电路等组成。

采用光敏电阻作为光电检测元件，光敏电阻在黑暗的情况下阻值很大，当有光照射时，阻值迅速降低。将光敏电阻安装在汽车头部且在本车前照灯照射不到的部位，当汽车前方没有会车车辆时，光敏电阻没有受光照射，阻值很高，晶体管 VT 的基极处于低电位，晶体管截止，555 时基电路的 2、6 脚为低电平，3 脚输出为高电平，继电器 J 不吸合，常闭触点 J_1

导通，红色发光二极管发光指示远光灯发光。当会车时，光敏电阻阻值降低，晶体管 VT 的基极电位升高，VT 导通，555 的2、6 脚为高电平，3 脚输出低电平，继电器J 吸合，常闭触点断开，常开触点 J_2 闭合，绿色发光二极管发光指示近光灯发光，进行会车。555 时基电路构成的施密特触发器使光照达到一定强度时，继电器才吸合，避免自身前照灯的忽亮忽暗。

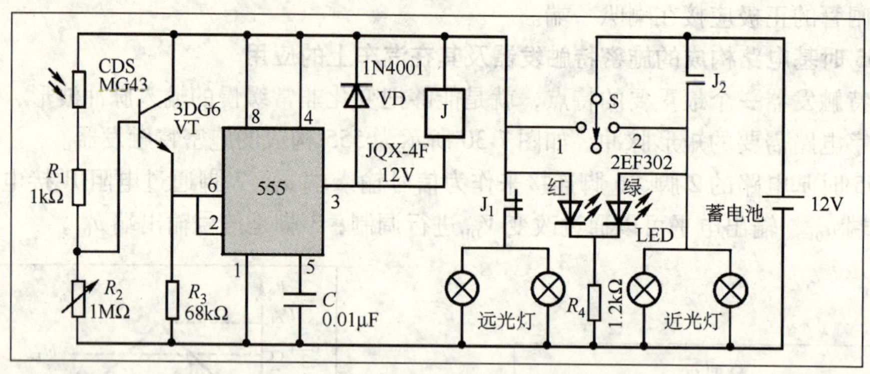

图 7-32　前照灯 555 时基电路自动变光器

第四节　D/A 和 A/D 转换电路

任务导向

- 了解倒置 R-2R T 型网络 D/A 转换结构原理。
- 了解 DAC0832 集成 D/A 转换器。
- 了解逐次逼近型 A/D 转换结构原理。
- 了解 ADC0809 集成 A/D 转换器。

一、概述

随着数字电子技术迅猛发展和计算机的普及应用，各种数字系统日益广泛地用于各个领域，而自然界中出现的大量的物理量多是模拟量，例如语音信号、温度、压力、液位、流量等，通过传感器转换到的电压信号，都属于模拟信号，必须把这些模拟量转换为数字量，经过数字系统进行运算或处理，再将这些信号转换为模拟量，实现对被控制量的控制。

能把数字量转换为模拟量的电路，称为数—模转换器，简称 DAC(Digital to Analog Converter)。能把模拟量转换为数字量的电路，称为模—数转换器，简称 ADC(Analog to Digital Converter)。

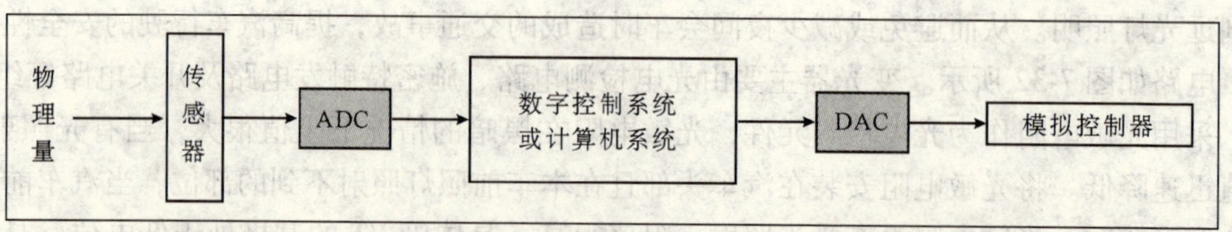

图 7-33　数字计算机控制系统框图

图 7-33 所示是一个数字计算机工业控制系统框图。

本章将对数—模(D/A)转换和模—数(A/D)转换的基本概念和基本原理作一一介绍。

二、D/A 转换电路

数—模(D/A)转换器的种类有多种，本书只介绍目前广泛应用的倒置 R-2R T 型网络数—模转换器。

1. 倒置 R-2R T 型网络 D/A 转换器

图 7-34 所示电路是四位倒置 R-2R T 型网络数—模转换器原理图，其中，U_{REF} 为基准电压，$D_3D_2D_1D_0$ 为四位二进制数码寄存器的输出，即被转换的数字量。由这些数字量分别去控制四个模拟开关 K_3、K_2、K_1、K_0。当某位数字 $D_i=1$ 时，对应的开关 K_i 打打向左边，该支路电流 I_i 流向 $I_{\Sigma 1}$；当某位数字 $D_i=0$ 时，对应的开关 K_i 打向右边，该支路电流 I_i 流向 $I_{\Sigma 2}$。运算放大器将电流输出转换为电压输出。

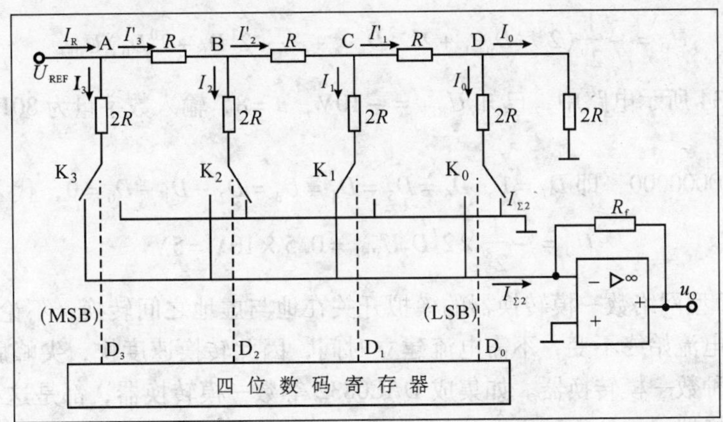

图 7-34　四位倒置 R-2R T 型网络 DAC

由于运算放大器同相端接地，所以其反相端虚地，因此，不管数字 D_i 是 1 还是 0，T 型网络中各 2R 支路的下端电位均为 0V。A、B、C、D 各点左端的等效电阻都是 R，A、B、C、D 各点右端的等效电阻都是 2R，如图 7-35 所示。从对称结构可以求出：

$$I_R=\frac{U_{REF}}{R}\quad I_3=I'_3=\frac{1}{2}I_R\quad I_2=I'_2=\frac{1}{4}I_R\quad I_1=I'_1=\frac{1}{8}I_R\quad I_0=I'_0=\frac{1}{16}I_R$$

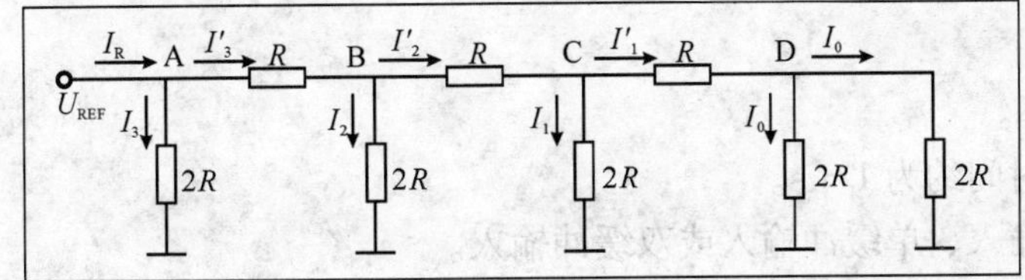

图 7-35　R-2R T 型网络等效电路

由图 7-35 可知：

$$I_{\Sigma}=I_3D_3+I_2D_2+I_1D_1-I_0D_0$$

$$=\frac{1}{2}I_{\mathrm{R}}D_3+\frac{1}{4}I_{\mathrm{R}}D_2-\frac{1}{8}I_{\mathrm{R}}D_1+\frac{1}{16}I_{\mathrm{R}}D_0$$

$$-\frac{1}{16}I_{\mathrm{R}}(8D_3+4D_2+2D_1+D_0)$$

$$-\frac{U_{\mathrm{EEF}}}{R}\frac{1}{2^4}(8D_3+4D_2-2D_1-D_0)$$

$$u_{\mathrm{O}}=-I_{\Sigma}R_1=-\frac{U_{\mathrm{REF}}R_{\mathrm{f}}}{R}\frac{1}{2^4}(8D_3-4D_2+2D_1+D_0) \tag{7-1}$$

若取 $R_{\mathrm{f}}=R$，则

$$U_{\mathrm{O}}=-\frac{1}{2^4}(8D_3+4D_2+2D_1+D_0)U_{\mathrm{REF}}=-\frac{1}{2^4}(2^3D_3+2^2D_2+2^1D_1+2^0D_0)U_{\mathrm{REF}} \tag{7-2}$$

由此可知，电路输出电压与输入数字量成正比。

推广到 n 位数—模转换器，输出电压表达式为

$$U_{\mathrm{O}}=-\frac{1}{2^{\mathrm{n}}}(2^{\mathrm{n}-1}D_{\mathrm{n}-1}+2^{\mathrm{n}-2}D_{\mathrm{n}-2}+\cdots+2^1D_1+2^0D_0)U_{\mathrm{REF}} \tag{7-3}$$

例 在图 7-34 所示电路中，已知 $U_{\mathrm{REF}}=-10\mathrm{V}$，$n=8$，输入数字量为 80H，输出电压为多少?

解: 80H = 10000000，即 $D_7=1$，$D_6=D_5=D_4=D_3=D_2-D_1-D_0=0$，代入式(7-3)得:

$$U_{\mathrm{O}}=-\frac{1}{2^8}\times2^7D_7U_{\mathrm{REF}}=0.5\times10\mathrm{V}=5\mathrm{V}$$

倒置 R-2R T 型网络数—模转换器的模拟开关在地与虚地之间转换，不论开关状态如何变化，各支路的电流始终不变，不需电流建立时间，因此转换速度快，尖峰脉冲干扰较小，是用得最多的一种数—模转换器。如集成 DAC0832 等数—模转换器，都是这种倒置 R-2R T 型网络数—模转换器。

2. DAC0832 集成 D/A 转换器

DAC0830 系列数—模转换器包括 DAC0830、DAC0831、DAC0832。它们可以相互替换，是具有双缓冲功能的数—模转换器。下面介绍目前广泛应用的 DAC0832 集成数—模转换器。

DAC0832 主要特性及引脚说明：DAC0832 是采用 CMOS 工艺制造的 8 位单片数—模转换器。主要由两个 8 位缓冲寄存器(输入寄存器和 DAC 寄存器)和一个 8 位数—模转换器组成，是 20 引脚双列直插式封装结构，能与 MCS-51 单片机直接接口。其内部结构及引脚分布如图 7-36 所示。

主要特性如下:

1）8 位分辨率。

2）电流建立时间约为 1/μs。

3）直接数字输入、单缓冲输入或双缓冲输入。

4）单一电源供电(+5 ~ +15V)。

5）功耗 200mW。

DAC0832 是由 8 位输入寄存器、8 位 DAC 寄存器、8 位 D/A 转换器及转换控制电路构成。

其控制引脚可以直接与微处理器的控制线相连，接受微处理器的控制。其主要引脚功能

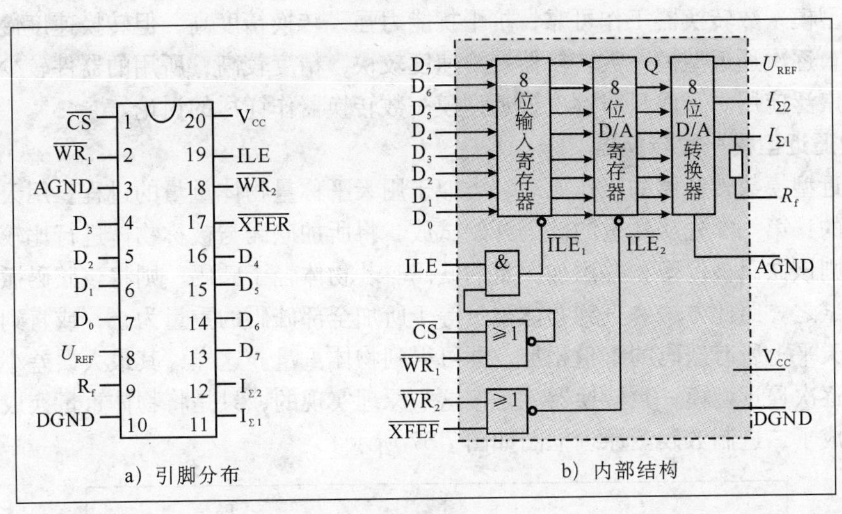

图 7-36　DAC0832 数—模转换器引脚分布及内部结构图

如下：

$\overline{CS}$——输入寄存器选通信号端，低电平有效，与 ILE 组合选通$\overline{WR_1}$。

ILE——数据输入使能端，高电平有效，与$\overline{CS}$合选通$\overline{WR_1}$。

$\overline{WR_1}$——输入寄存器写信号控制端，低电平有效，用来控制将输入数据写入 8 位输入寄存器中。只有当$\overline{WR_1}$和$\overline{CS}$同为低电平，且 ILE 为高电平时，输入寄存器输出状态随输入数据的变化而变化，实现写数据功能。而$\overline{WR_1}$是高电平时，输入寄存器中的数据被锁存，不随输入数据变化而变化。

$\overline{XFER}$——数据传送使能端，低电平有效，它选通$\overline{WR_2}$。

$\overline{WR_2}$——DAC 寄存器写信号控制端，低电平有效，用来控制将输入寄存器中的数据写 8 位 DAC 寄存器中。当$\overline{WR_2}$是低电平，且$\overline{XFER}$为低电平时，DAC 寄存器的输出与输入相同，实现将输入寄存器中的数据写入 DAC 寄存器中。而当$\overline{WR_2}$是高电平时，输入寄存器中的数据被锁存到 DAC 寄存器中。

$I_{\Sigma 1}$——电流输出端 1，它是输入数字为 1 的相应支路上的电流的和。

$I_{\Sigma 2}$——电流输出端 2，它是输入数字为 0 的相应支路上的电流的和。

U_{REF}——DAC 转换器的基准电压，可为正值也可为负值。

R_f——反馈电阻，内部已有电阻且与 R-2R 网络中的电阻相等，该端子可以直接接运算放大器的输出端。

AGND——模拟地端，它是指输出模拟信号与基准电源的参考地端。

DGND——数字地端，它是指电源、输入数字、地址及控制等信号参考地端。

DAC0832 是电流输出型，需外加运算放大器转换为电压输出。

三、A/D 转换电路

模—数(A/D)转换器的种类有很多，如并行比较型，双积分型，逐次逼近型等。它们各有其优点和不足。并行比较型模—数转换器的转换速度快，但用的器件较多，分辨率较

低。双积分型模—数转换器工作可靠，抗干扰能力强，转换精度高，但转换速度慢。多用在测量系统中。逐次逼近型模—数转换器转换速度较快，精度较高，所用的器件较少，在集成电路中得到广泛应用。下面只对逐次逼近型模—数转换器作详尽的讨论。

1. 逐次逼近型模—数转换器

逐次逼近型模数转换器的工作原理，类似于用天平称量物体重量的过程。用天平称重的过程是这样的：第一次先从最重的砝码开始试放，将所加砝码与被称物体进行比较。若物体重于砝码，则该砝码被保留，并添加次重的砝码。若物体轻于砝码，则将该砝码撤去，换为次重的砝码试之。照此方法一直到物体重量等于所加全部砝码的重量为止，或直到最轻的砝码为止，将天平上所有砝码的重量相加，即可得到物体重量。这样，其最大误差小于最轻砝码的重量。逐次逼近型模—数转换器就是按这一原理实现的，只是将物体重量换成模拟电压值，砝码换成了二进制数码。原理框图如图 7-37 所示。

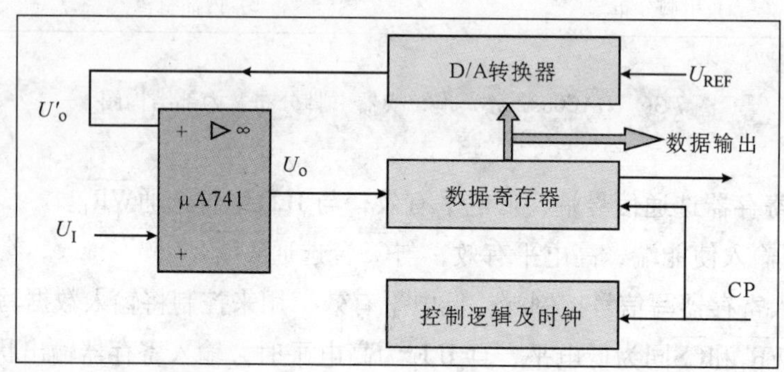

图 7-37　逐次逼近型模—数转换器原理框图

各部分功能如下：

D/A 寄存器：又称作逐次逼近寄存器。转换开始前，先使 D/A 寄存器的最高位置 1，其他位置 0。转换开始，将该数据经 D/A 转换器转换为相应的模拟电压 U'_0，在比较器中与输入电压 U_I 进行比较，根据比较结果决定最高位是被保留还是被清除，然后置次高位为 1，再次转换、比较，所有位比较完毕后统一输出。

D/A 转换器：它将来自数据寄存器中的数字量，转换为相应的模拟电压 U'_0 与被测电压 U_I 进行比较，由 D/A 转换的原理可知：$U'_0=-\frac{1}{2^n}(2^{n-1}D_{2n-1}+2^{n-2}D_{2n-2}+\cdots 2^1D_1+2^0D_0)U_{REF}$

电压比较器：电压比较器将 D/A 寄存器中的数据所对应的电压 U'_0 与输入电压 U_I 比较，输出结果 U_0 用于修改寄存器中的数据。若输出为低电平 0，则说明 U'_0 小于 U_I，即数码小了，应该将该数码保留下来，反之，当输出为高电平，则说明 U'_0 大于 U_I，即该数码大了，应将该数码清除。

控制逻辑及时钟：控制逻辑及时钟就是一个环行移位寄存器构成的顺序脉冲发生器，它能在时钟脉冲作用下在不同输出端顺序发出正脉冲。转换前最高位先置 1，其他输出端均为 0，在第一个 CP 脉冲作用下，次高位置 1，其他各位都为 0，依次类推，每来一个 CP 脉冲，高电平右移一位，实现给 D/A 寄存器放置数码。

2. ADC0809 集成 A/D 转换器

ADC0809 集成模—数转换器，其内部核心电路是逐次逼近型的 8 位 A/D 转换器。是

28 引脚双列直插式封装。片内除了 A/D 转换部分外，还设置了带有锁存功能的 8 路模拟选通开关，以及相应的通道地址锁存和译码电路。可对 8 路 0 ~ 5V 的模拟电压进行分时转换。转换后的数据送入三态输出数据锁存器，在输出有效控制信号 OE 作用下将数据输出。

ADC0809 模—数转换器的内部电路结构及引脚分布如图 7-38 和图 7-39 所示。

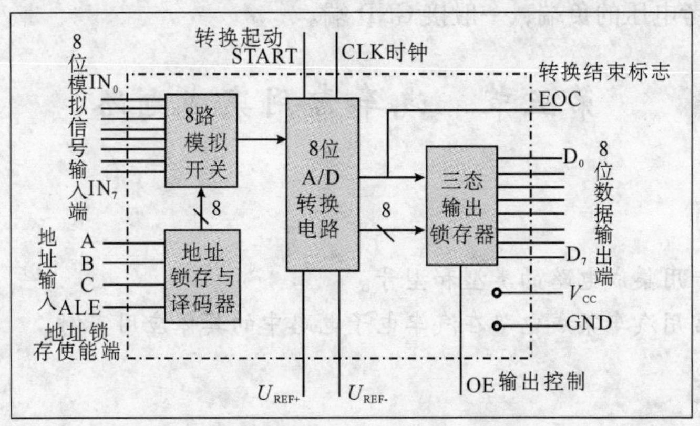

图 7-38　ADC0809 模—数转换器内部结构图

ADC0809 模—数转换器的主要特性如下：

1）分辨率为 8 位。

2）最大不可调误差小于 $\pm U_{LSB}$。

3）可锁存三态输出，能与 8 位微处理器接口。

4）输出与 TTL 兼容。

5）不需要进行零点和满刻度调整。

6）单电源供电，电源电压为 5V。

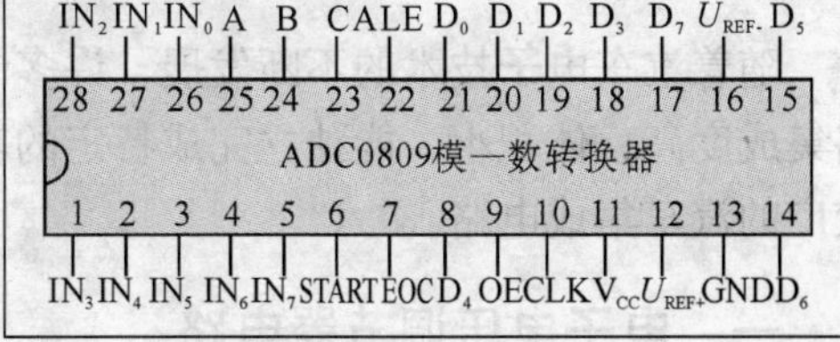

图 7-39　ADC0809 模—数转换器引脚分布图

7）转换速率取决于芯片内部的时钟频率，时钟频率范围是 10Hz ~ 1280kHz。当时钟频率选为 500kHz 时，对应的转换时间为 128μs，当工作时钟频率为 640Hz 时，转换时间为 64μs。

ADC0809 集成模—数转换器的主要引脚功能如下：

IN_0 ~ IN_7——8 路模拟信号输入端。由三位地址变量选通其中一路参与转换。

START——起动转换控制输入端，高电平有效，用于起动 ADC0809 内部的 A/D 转换。

ALE——地址锁存使能端。高电平锁存有效。当 ALE 为高电平时，通道地址被锁存，不再随输入变化。当 ALE 为低电平时，通道地址随输入地址变化。

EOC——转换结束信号输出端，在 A/D 转换期间输出低电平，转换结束时输出为高电平。在与单片机连接时，该端子可作为单片机的中断申请信号或查询信号。

OE——输出允许控制端，用于打开三态输出锁存器。当 OE 为 0 时，输出为高组态，当 OE 为高电平时，三态数据输出锁存器被打开，将转换后的数字量输出到外部电路或数据总线上。应用时可将 EOC 接至 OE 端，当转换结束时，EOC 端输出 1，所以 OE 端为高电平 1，此时可将数据输出。

CLK——时钟信号输入端，输入信号频率在 10Hz ~ 1280kHz 之间，一般接 640kHz 时钟脉冲信号。

A、B、C——地址码输入端，用于选通 IN_0 ~ IN_7 中的其中一路模拟信号进行转换。

U_{REF+}——参考电压的正端，一般接 ±5V。若输入电压的极性是正的，则 U_{REV} 接 -5V，反之接 +5V。

U_{REF-}——参考电压的负端，一般接 GND 端。

第五节 汽车常用集成电路

任务导向

- 了解汽车专用集成电路的类型和型号。
- 掌握一些常用汽车集成电路在汽车电子电路中的具体应用实例。

学习要求

应知：汽车专用集成电路的类型和型号。

应会：分析汽车专用集成电路的典型应用电路。

随着汽车电子技术的不断发展，许多专用集成电路被开发并应用到汽车上，这些集成电路集成度高，体积小，能独立完成特定的功能，而且可靠性高。本单元介绍常用的、应用比较广的汽车集成电路。

一、电子电压调节器电路

汽车发电机发出的交流电经过桥式整流后变为直流电，而汽车电气系统的电压需要保持一定的稳定性。一般利用电压调节器控制交流发电机励磁线圈的通断，达到控制交流发电机输出电压的目的。

电压调节器相当于一个开关，控制励磁线圈通断，电压调节器中还有电压检测、保护等电路。

1. 线性集成电压调节器 L485

L485 是 SGS-Thomson 公司生产的汽车电子电压调节器专用集成电路。它和达林顿管等元件配合，控制发电机励磁线圈的电流通断，调节性能良好。

L485 内具有发电机电压检测比较电路，经过补偿后驱动承担开关任务的达林顿管。它还设有故障检测电路，主要检测充电电路开路或短路故障、蓄电池过电压与不充电故障，并驱动故障指示灯发光。内部还设有过载保护电路，对瞬时的过电压、过电流、过热起保护作用。

实际调压电路如图 7-40 所示，可见该电路外围元件少，连接后不用调整就可投入使用。图中的达林顿管 BDX53C 可用其他型号代替。

2. 汽车电子电压调节器专用集成电路 MC3325

MC3325 是美国 Motorola 公司生产的汽车电子电压调节器专用集成电路。

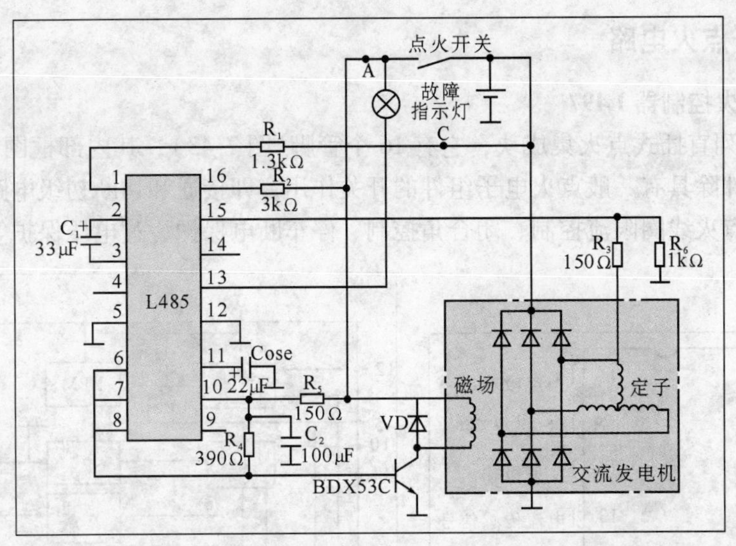

图 7-40 L485 线性集成调压器组成的实际调压电路

MC3325 集成电路采用双列直插 14 引脚封装，引脚如图 7-41 所示，1 脚接地，11、12、13、14 未用。

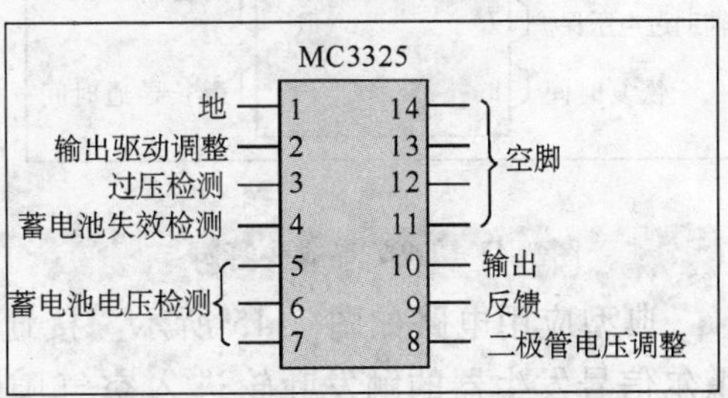

图 7-41 MC3325 集成电路引脚图

MC3325 集成电压调节器的典型应用电路如图 7-42 所示。

R_5 连接在 5、6、7 脚中的一个，作为调节电压值。R_1 控制 MC3325 内部二极管串的电压，确定温度系数。R_2 确定输出电流。R_3 和 R_4 均为限流电阻。R_6 确定过电压动作值。R_7、C_1、C_2 作补偿用。

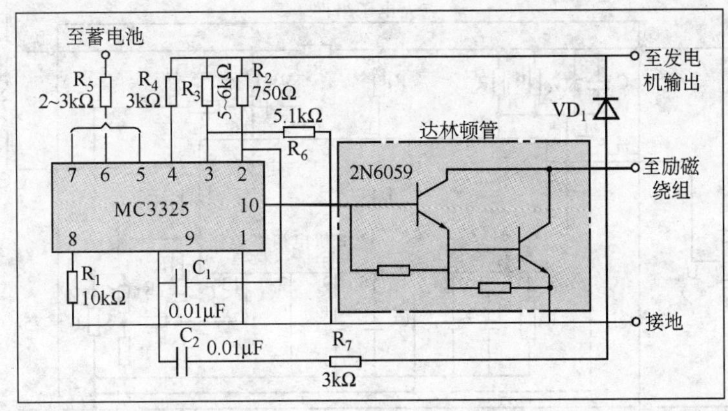

图 7-42 MC3325 集成电压调节器的典型应用电路

二、电子点火电路

1. 电子点火控制器 L497

L497 为双列直插式点火集成块，它有 16 个管脚(图 7-43)，其内部框图如图7-44 所示。该点火电子组件除具有一般点火电子组件的开关作用，即接通和切断初级电路外，还增加了许多功能，如点火线圈限流控制、闭合角控制、停车断电保护、过电压保护等功能。

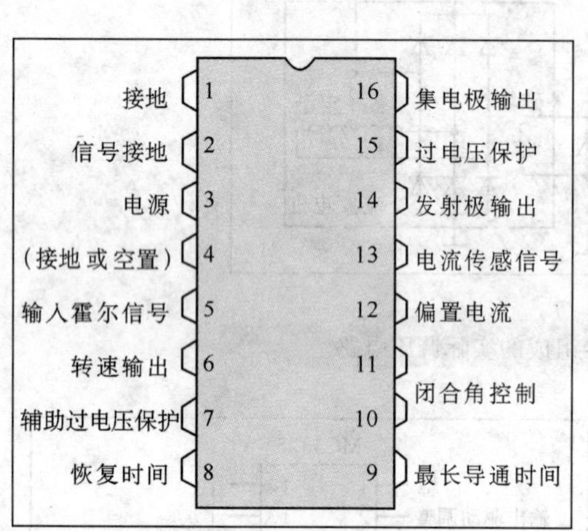

图 7-43　L497 集成块管脚

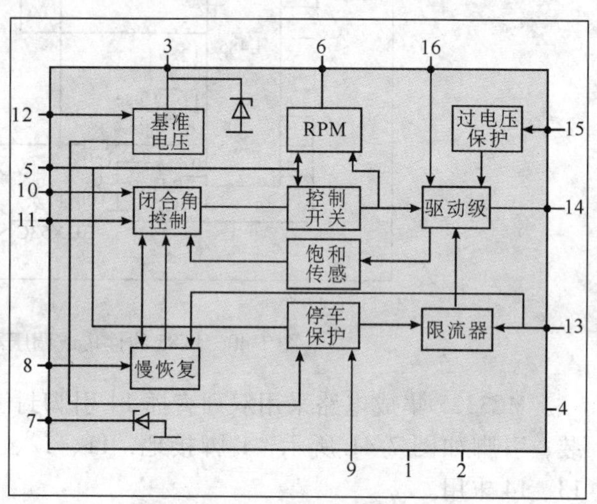

图 7-44　L497 内部框图

典型应用电路如图 7-45 所示。接通点火开关，起动发动机，分电器开始转动，当霍尔信号发生器的触发叶轮进入空气隙时，霍尔信号发生器输出高电位，通过导线 6 和 3 输入点火电子组件。此时，点火电子组件根据发动机的转速、电源电压及点火线圈的特性，适时地使点火电子组件的末级大功率晶体管 VT 导通，接通初级电路。当霍

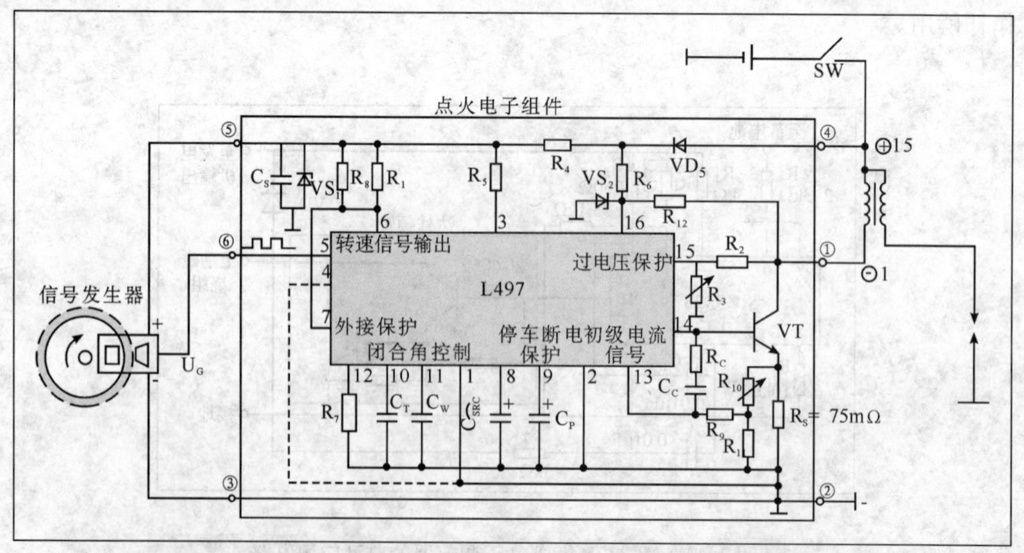

图 7-45　电子点火控制器在桑塔纳轿车上的运用

尔信号发生器的触发叶轮离开空气隙时，霍尔信号发生器输入信号下跃为低电位，点火电子组件末级大功率晶体管 VT 立即截止，切断点火线圈初级电路，次级绕组产生高电压。

2. MC3334 高能电子点火电路

MC3334 是美国 Motorola 公司生产的一种汽车用无触点高能电子点火专用集成电路。该电路具有工作电压范围宽(4 ~ 24V)，输入、输出及电源电压过电压脉冲保护，点火电流外部调节，可低压低温起动，高效节能等特点。

MC3334 为标准双列直插式 8 引脚封装，其引脚功能如图 7-46 所示。

该器件典型应用的外部元件连接方法如图 7-47 所示。由该器件构成的点火器外围元件少，且不需高精度电阻，生产维修都很方便。

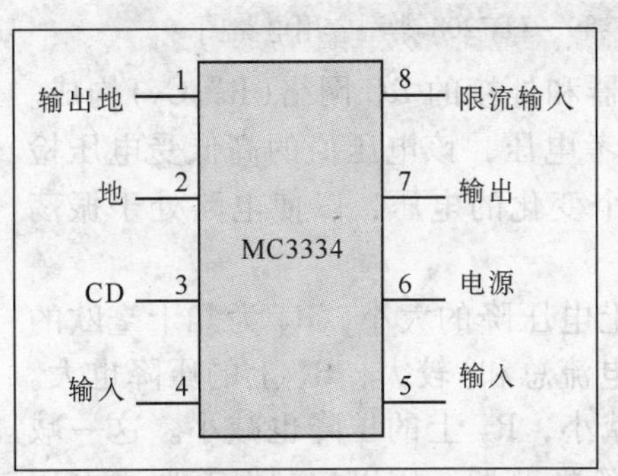

图 7-46　MC3334 引脚图

图 7-47　MC3334 构成的高能电子点火电路的工作原理

三、闪光器电路

1. 汽车闪光器专用集成电路 LD7208

集成电路 LD7208 是用来取代机电式汽车闪光器的新型专用集成电路。由这种新型集成电路组装而成的汽车闪光器电路已大量地使用在客、货汽车上。

(1) LD7208 的功能和特点

由 LD7208 组成的闪光器电路在汽车转弯时作闪光和报警之用。当汽车正常转弯且车灯完好时，转向信号灯和驾驶室监测用的转向指示灯同时闪烁，闪光频率为 80 次/min；当车灯损坏后，转向指示灯的闪光频率加快 1 倍，以示报警。

LD7208 集成电路具有功能齐全、功耗低、精度高、外围元件简单、工作电压范围大(标称工作电压为 12V,实际工作电压为 9 ~ 18V)和无需调整等特点。

(2) 电路工作原理

LD7208 集成电路采用双列 8 引脚塑封结构，其内部主要由输入检测器、电压检测器、振荡器和驱动输出电路四个部分组成，内部结构如图 7-48 所示，典型应用电路如图 7-49 所示。

① 输入检测器。输入检测器是一个电压比较器，主要是用来检测 LD7208 输入电位的

高低，从而输出控制信号去控制振荡器的工作状态(即集成电路外接电容 C_2 的充电和放电状态)。

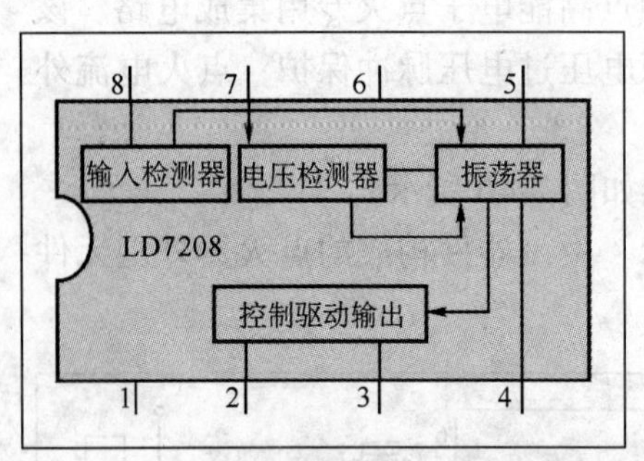

图 7-48 LD7208 内部结构方框图

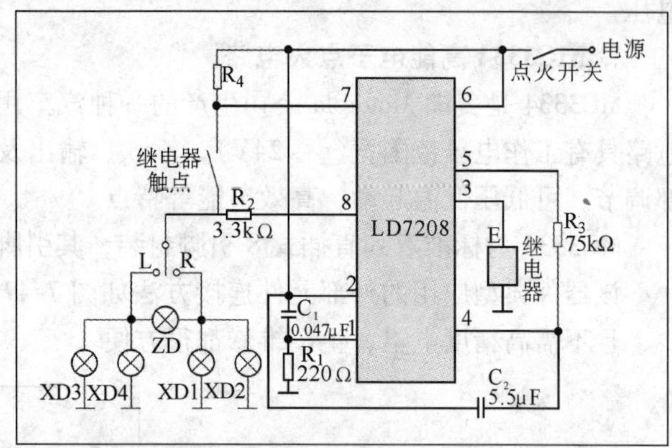

图 7-49 LD7208 典型应用电路图

② 振荡器电路。振荡器电路主要由一个电压比较器和外接的 RC 网络(R_3、G_2)构成。正常工作时。LD7208 内部电路给该比较器提供一个参考电压，该电压值的高低受电压检测器控制。比较器的另一端则由外接 RC 网络提供一个变化的电压，以使电路处于振荡状态。

③ 电压检测器电路。该电路主要是用来识别 R_X 上电压降的大小，R_X 为几十毫欧的电阻丝。当车灯完好时，流过 R_X 上的总电流(各车灯电流总和)较大，R_X 上的压降也大。当车灯中的某一个损坏，使流过 R_X 上的车灯总电流减小，R_X 上的压降也减小。这一减小的电压被电压检测器识别以后，输出一个控制电压给振荡器，用以控制振荡器中电压比较器的参考电压，引起振荡器的振荡频率发生改变，使转向指示灯的闪光频率加快 1 倍，以示报警。

④ 控制驱动输出电路。控制驱动输出电路主要由功率复合管所组成，信号从 LD7208 的 3 脚输出(最大输出电流约为 0.3A)，用以驱动外接继电器的工作状态。

⑤ 其他电路。LD7208 的 6 脚为内部输入检测器、电压检测器和振荡器的供电电源输入端；2 脚为控制驱动电路的电源输入端；1 脚与接地间所接的 R_1 为反馈电阻，用以稳定电路的工作点。

● **维修经验**：LD7208 损坏后，可直接用 TA8027、LZ1040、UAA1041 进行代换。

2. 闪光控制集成电路 LM3909 在汽车闪光器中的应用

LM3909 是美国国家半导体公司生产的，专用于使发光二极管或白炽灯发光的集成电路，经常被用作 LED 闪光器。连接一定的外围元件后，可以作为汽车闪光器使用。它由汽车蓄电池供电，使额定电流为 600mA 的转向信号灯以 1Hz 的频率闪光。当外接 3300μF 的电容器时，可使该闪光器不受电源电压波动的影响，而且把加在集成电路上的电压限制在 7V 左右。图 7-50 所示为 LM3909 集成电路构成的闪光器电路。

● **操作**：按照图 7-50 所示电路组装 LM3909 电子闪光器电路，试验电路效果。

四、仪表显示专用集成电路

1. LM3914

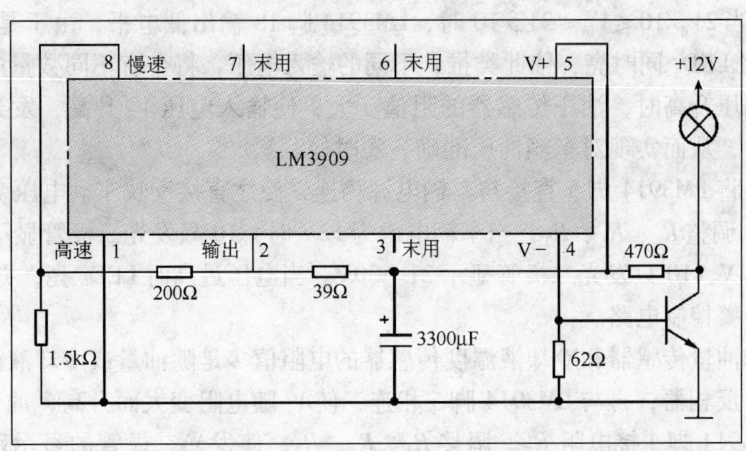

图 7-50 LM3909 的构成的闪光器电路

LM3914 集成电路是美国国家半导体公司生产的能检测模拟电平、驱动 10 位发光二极管 LED 进行线性模拟显示的单片集成电路，10 级分压器浮动可以连接很宽的电压范围，使用者可根据需要使用柱状或点状显示选线接通或断开。接通时为柱状显示，即指示值以下的发光二极管均发亮；断开时为点状显示，即发光二极管 LED_2 亮后 LED_1 熄灭，LED_3 亮后 LED_2 熄灭，依此类推，仅有一个发光二极管亮。在显示图形时，设计者可以根据仪表的面板，设计成横排显示或竖排显示及曲线显示，还可以设计成扇形排列模拟指针式显示。这些优点应用于车用模拟仪表将能发挥良好作用。

图 7-51 所示为模拟油压表的电路原理图，图中选用 MC33063A 集成电路制作稳压电源，具有调压范围宽，抗冲击能力强，输出电流大等优点，而且可以为单片机供电，为将来仪表功能的扩展打下良好的基础。12V/24V 为车辆电源电压通过二极管 VD_1 接入 MC33063A 的电压输入端，稳压电源经电阻 R_2 输出 5V 电压给 LM3914 和 LED 供电。油压传感器 R_4 上的电压为 $V_{in}=5R_3/(R_3+R_4)$，输入 LM3914 第 5 脚。电阻 R_5、R_6 确定 LM3914 加在脚 7 的基准电压：$V_d=1.25(1+R_5/R_6)$。当 $V_d/10 \leqslant V_{in} \leqslant 2V_d/10$ 时，LM3914 脚 1 输出低电平，发光

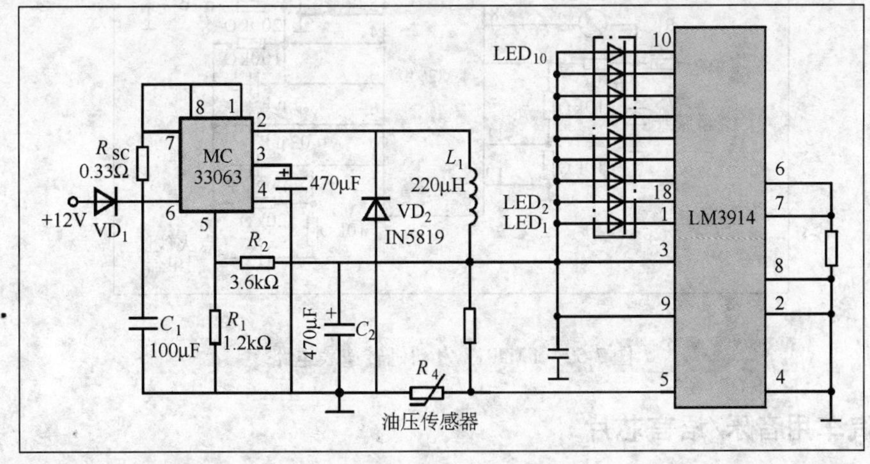

图 7-51 模拟油压表的电路原理图

排中 LED_1 亮，当 $2V_d/10 \leqslant V_{in} \leqslant 3V_d/10$ 时，LM3914 脚 18 输出低电平，由于是线模式显示，发光排中 LED_1、LED_2 同时亮，依此类推，不同的输入电压，将会有不同数量的发光二极管点亮。所以当油压升高时，油压传感器的阻值变大，使输入电压 V_{in} 升高，发光二极管亮的数目也逐渐变多，从而实现对车辆油压准确、实时检测。

电压表则要将 LM3914 脚 5 直接与车辆电源相连，使之直接反映车辆电压变化。LM3914 脚 4 接电阻 R_7。调整 R_5、R_6、R_7，当车辆电源为 12V 时，10 只发光二极管显示 10.5 ~ 15V；当车辆电源为 24V，10 只发光二极管显示 21 ~ 30V。当电压过高时 LED_9 亮，并且脚 11 输出低电平，驱动报警控制电路。

由于常用的油量传感器和冷却液温度传感器的电阻值多是随油量或冷却液温度的升高而减小，应先接入反相器，再与 LM3914 脚 5 相连，使 V_{in} 随电阻变大而升高，油量表和冷却液温度表要将 LM3914 脚 4 接电阻 R_7。调整 R_5、R_6、R_7，使发光二极管的显示范围与所要求的一致，并能产生报警控制信号。

2. LM2907/2917

LM2907/2917 为美国国家半导体公司生产的单片集成频率/电压转换器，芯片中包含了一个高增益的运算放大器/比较器，当输入频率达到或超过某一给定值时，输出可用于驱动开关、指示灯或其他负载。内含的转速计使用充电泵技术，对低纹波具有频率倍增功能。另外 LM2917 还带有完全的输入保护电路。在零频率输入时，LM2917 的输出逻辑摆幅为零。

图 7-52 所示为发动机转速表电路。LM2917 将分电器送来的转速脉冲信号，经过频率/电压线性变换后，由电压表表头直观地指示出来。

在测量多缸发动机时，转速表可以汽油发动机的气缸数(4 缸、6 缸、8 缸)来进行转换。用 500Ω 的微调电位器作校正转速用，电阻 R_1 和稳压管构成保护电路。该表元件少，体积小，可直接将元件装于转速表壳内。

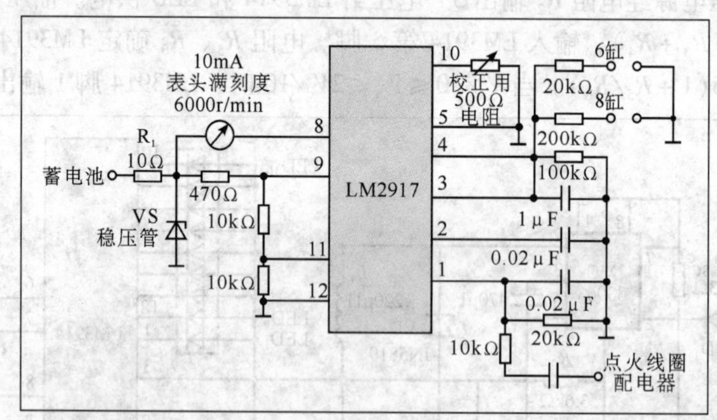

图 7-52　LM2917 发动机转速表电路

五、汽车用音乐/语言芯片

汽车用音乐/语言集成电路是一种根据需要将人的语音固化在电路内部，在需要的场合由电平触发而发出人类语言声音的集成电路。在汽车上经常用来作为转向提示、盗车报警提

示等。

1. SR8808

SR8808 是一种 3s 语言电路。集成电路生产厂家将语音固化在电路内，使用时只需外接一个电阻、一个电容及喇叭驱动电路即可。应用 SR8808 最成功的例子是汽车倒车时用的“倒车，请注意；倒车，请注意”“倒车，倒车”等语音报警芯片。典型应用电路如图 7-53 所示。

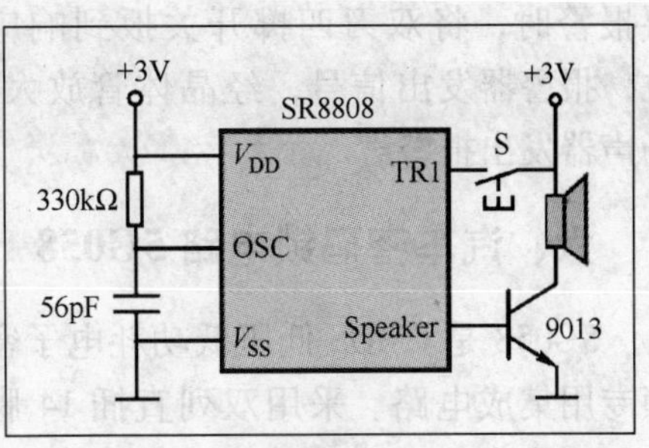

图 7-53 SR8808 的典型应用电路图

● **操作**：按照图 7-53 所示电路组装倒车报警电路，组装完毕后，按下按键 S，喇叭发出警报声。将按键 S 分别连接在 SR8808 的 8、6、2 脚上，注意声音有何不同。

2. WWS-888 语音倒车警报器

WWS-888 专用语音集成电路的语言输出端输出信号，送至功率放大电路 LM386，推动扬声器发出“嘟嘟，请注意倒车！请注意倒车！”的警告声。WWC-888 的工作电源电压为 3V，由 VS 提供；电阻 R_5 和电容 C_6 组成振荡电路，为外接元件，可根据实际需要适当调整；VD 能防止因电源极性反接而损坏元件，起保护作用。电路如图 7-54 所示。

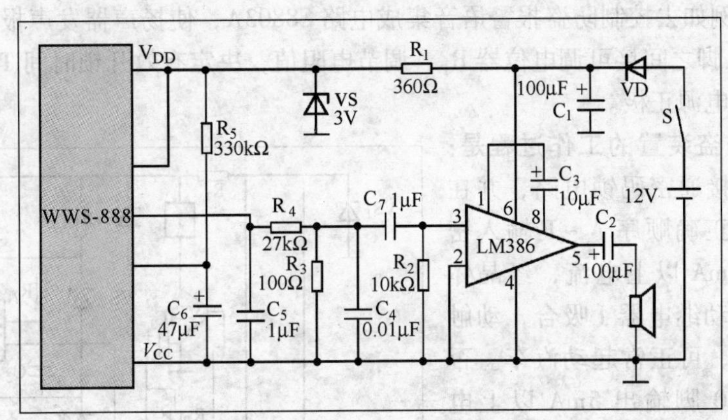

图 7-54 WWS-888 语音倒车报警器电路

3. CW9561 音乐报警电路

CW9561 内部固化了救护车、消防车和警车等车辆报警声音，根据外部触点的不同触点发组合可以选取其中一种声音作为车辆报警声，所以它适用于多种特殊车辆。图 7-55 为 CW9561 语音报警电路。

CW9561 语音集成电路的工作电压为 3 V，采用 C_1、C_2、R_1、R_2 和稳压管 VS 组成的稳

压电路提供工作电压。二极管 VD 防止电源极性接反而损坏元件，保护电路。当需要报警时，将双刀四掷开关扳到响应档位，报警器发出信号，经晶体管放大后，扬声器发出报警声。

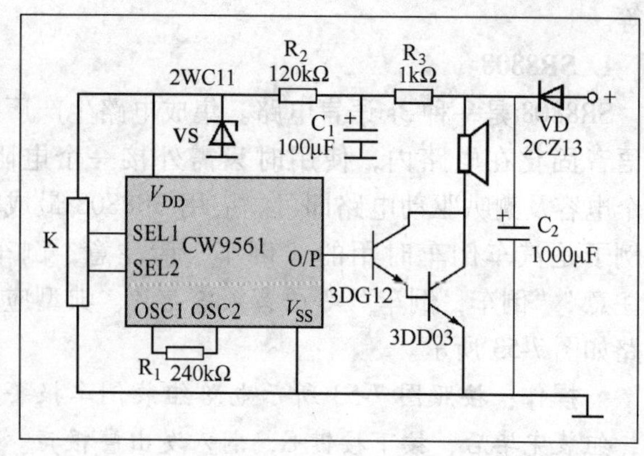

图 7-55　CW9561 语音报警电路

六、汽车密码锁电路 5G058

5G058 是 CMOS 低压低功耗电子密码锁专用集成电路。采用双列直插 14 脚封装，工作电压范围 $V_{DD}=3\sim5V$，静态空载电流最大 5 μA。其特点是开锁必须遵照一定顺序键码输入，开锁时间可设置在某一固定值内，违反这些规定都不能开锁，还会产生声光报警。

图 7-56 所示是 5G058 集成电路构成的电子密码锁电路。1～6 脚分别外连键开关 A～F 到电源正极，这是 6 个有效键输入，开锁必须遵照 A～F 这一顺序。7 脚为负极，8 脚是无效假输入键，外连无效键开关随意混插在键盘中以假乱真。9 脚是按键指示端，外接 LED，每一次按键都会发光指示，以便确认操作有效。10 脚是报警输出端，如果不是按 A～F 顺序按键或超过有效开锁时间，则该引脚为高电平。可外接发光二极管指示报警。还可用作声报警的控制信号，例如去控制防盗报警语音集成电路 S8803A，使扬声器发声报警。11 脚外接电容 C_1，11、12 脚之间接可调电位器 R_P，调节电阻值，决定有效开锁时间 T。13 脚为开锁输出端，14 脚接电源正极。

- **密码式防盗装置的工作过程是：** 当驾驶人用钥匙接通密码锁电路，并在规定时间内按照正确顺序 A～F 输入密码，13 脚输出 5mA 以上电流，经晶体管 VT_1 放大，驱动继电器 J 吸合，动触点接通点火装置，可正常起动汽车。否则报警输出端 10 脚输出 5mA 以上电流，触发防盗报警语音集成电路 S8803A，使扬声器发出“有小偷偷车，快抓偷车小偷!”之类的预先设定的语音。

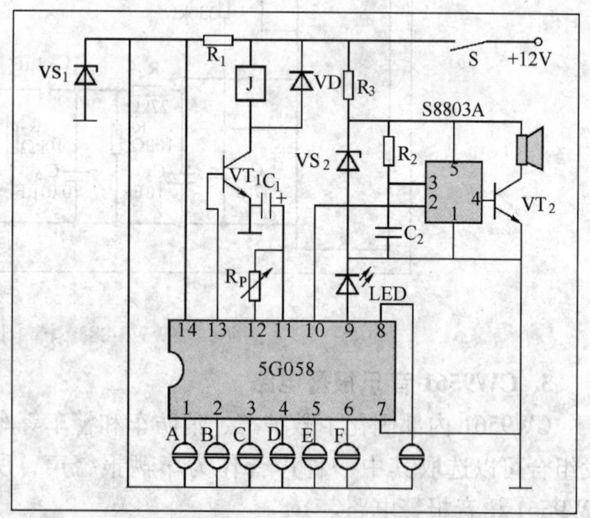

图 7-56　5G058 集成电路构成的电子密码锁电路

- **键码的应用提示：** 5G058 开锁必须是依照 A～F 顺序按下键开关(可以是触摸开关形式)，但是 A～F 连接键盘的具体位置(按键)是可以任意设置的。A～F 对应的每一键开关名称可按自己的爱好任意定义。例如 A～F 对应的名称标志可以是自己最熟悉的一个 6 位数电话号码。

第六节 课题实验

实验一 汽油机喷油器驱动电路实验

一、实验目的

1. 学习并掌握执行器功率接口电路的设计基本方法和电路参数匹配。
2. 经过逻辑电路和功率电路的混合调试，进一步提高对于汽车电子机电结合的认识。
3. 了解汽油机喷油器的喷油量控制方式及影响因素等。

二、实验器材

凌凯汽车电学基础实验箱一台，EXCEL V-252 模拟示波器一台，音频信号发生器 TAG-101 一台。

三、实验原理

该喷油器驱动电路采用 TIP41C 作为核心功率驱动器件，TIP41C 是一个中功率的 NPN 晶体管，其参数如下：

1. U_{CBO}(发射极开路时集电极-基极间的反向击穿电压)： 100V。
2. U_{CEO}(基极开路时集电极-发射极间的反向击穿电压)： 100V。
3. U_{EBO}(集电极开路时发射极-基极间的反向击穿电压)： 5V。
4. I_C(集电极最大允许电流(DC))： 6A。
5. I_{CP}(集电极最大允许电流(PULSE))： 10A。
6. I_B(基极最大允许电流)： 2A。
7. P_{CM}(集电极最大允许功率损耗，$T_C=25℃$)： 65W。

实验箱上使用的 TIP41C 封装形式如图 7-57 所示。

实验箱上的实验电路如图 7-58 所示。

在电路图中，喷油器线圈电阻就是 R_{10} 和 R_{14}，控制信号由 J_5 接入，控制两个 TIP14C 晶体管交替饱和导通，使 R_{10}、R_{14} 交替接地，VD_2、VD_4 为续流二极管，VD_1、VD_3 为相应喷油器接地指示灯。

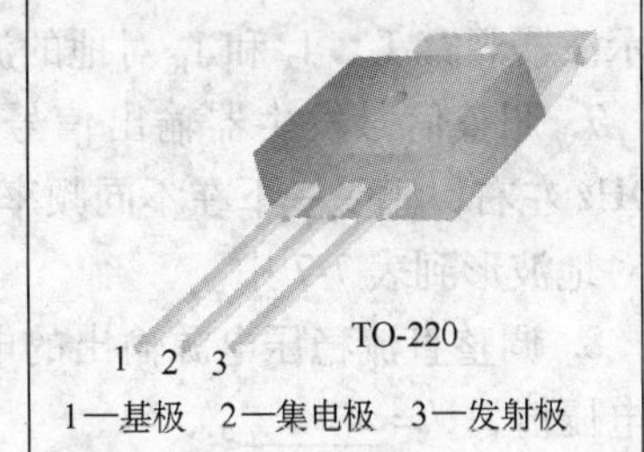

图 7-57 TIP41C 封装形式

四、实验步骤和内容

1. 打开直流稳压电源，调电源输出到 12V 左右，将电源插头插入实验箱上的电源插孔。

2. 观察直流稳压电源上的电流显示，并记录下来(此时实验箱上的 VD_1、VD_3 喷油器动作指示灯应熄灭)。

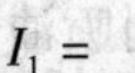

$$I_1 = \underline{\qquad\qquad}$$

3. 调节音频信号发生器 TAG-101，使其输出 10Hz 左右幅值最大的方波信号并接入到

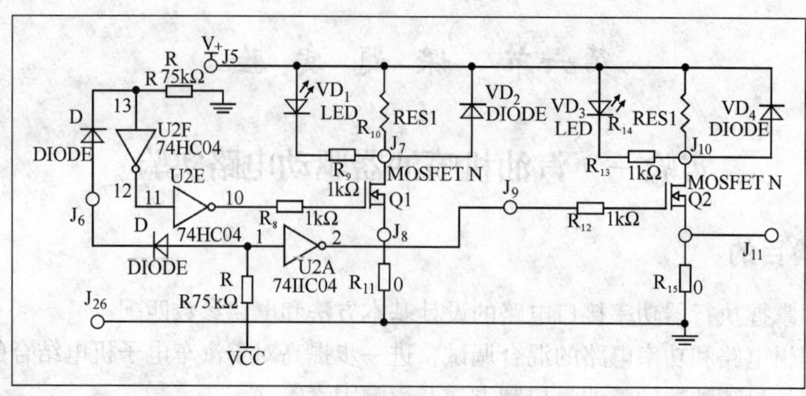

图 7-58　汽油机喷油器驱动实验电路图

J_6，即红色鳄鱼夹接 J_6，黑色鳄鱼夹接 J_{26}，此时应听到喷油器电磁阀打开和关闭时的敲击声，可以用手握喷油器，感受其振动的频率，同时 VD_1、VD_3 也交替闪烁，闪烁频率跟输入信号一致。

4. 观察直流稳压电源上的电流显示，并记录下来。

$$I_2 = \underline{\qquad\qquad}$$

5. 用示波器观察 J_6 和 J_7 及 J_{10} 对地（与 J_{26}）之间的波形，比较它们之间的相位有何不同，并记录到表 7-7 中。

表 7-7　实验记录表

	J_6	J_7	J_{10}
步骤 5 波形			
步骤 6 波形			
步骤 7 波形			

6. 调整信号发生器输出信号的幅值，使其慢慢变小，直到听不到喷油器动作的声音，用示波器观察 J_6、J_7 和 J_{10} 对地的波形，并记录到表 7-7 中。

7. 调整信号发生器输出信号的幅值，使其变到最大，慢慢提高输出信号的频率，到 300Hz 左右，感受一下在不同频率下，喷油器的动作敲击声有何差异，并记录此时 J_6、J_7 和 J_{10} 对地波形到表 7-7 中。

8. 调整直流稳压电源输出的电压值，使其慢慢变小，直到听不到喷油器动作，记下此时电压值，$U = \underline{\qquad}$。

9. 实验结束后，取掉音频信号发生器 TAG-101 的红色鳄鱼夹和黑色鳄鱼夹，拔掉实验箱电源接头，并将各仪器的电源关掉。

五、实验报告

1. 真实报告测量结果，并计算单个喷油器工作时的电流大小和实测结果进行比较。
2. 分析步骤 6 中信号发生器输出幅值变小时喷油器为什么不工作。
3. 分析步骤 5 中 J_6、J_7 和 J_{10} 对地波形的相位相差多少。

4. 思考一下在实际汽车电路中影响喷油量的因素。

实验二 转速信号测量处理实验

一、实验目的

1. 掌握转速测量的基本原理和磁电式转速传感器信号处理的基本方法。
2. 掌握四运放芯片 LM324 和施密特反相器 74HC14 的使用方法及工作特性。
3. 掌握将正弦波信号转换到直流方波信号的工作原理。

二、实验器材

凌凯汽车电学基础实验箱一台，EXCE V-252 模拟示波器一台，音频信号发生器 TAG-101 一台，高精度直流稳压电源一台，DT9208A 数字万用表一台。

三、实验原理

本实验电路以四运放 LM324 和六施密特反相器 71HC14 为核心，其原理图如图 7-59 所示。

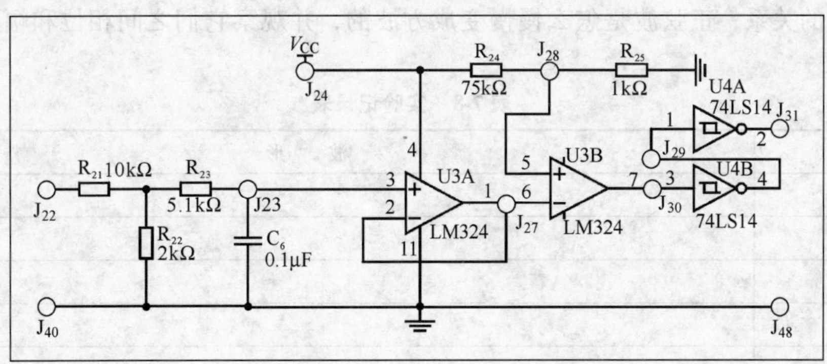

图 7-59 转速信号测量处理实验原理图

磁电式转速传感器输出的是正弦交流信号，而 ECU 内部微处理器只能接收和处理直流方波信号，所以只能将两者进行转换，图 7-59 就是将其进行转化的电路，它分为分压滤波，限幅、跟随比较和整形等几部分。

1. LM324 四运放放大器内含四个特性相同的高增益、内补偿的单电源(也可以是双电源)运算放大器，其功耗低，每个运放静态功耗约为 0. 8mA，但驱动电流可达 40mA。

LM324 主要参数：

(1) 电压增益：100dB。

(2) 单位增益带宽：1MHz。

(3) 单电源工作范围：3V ~30V(DC)。

(4) 双电源工作范围：±1. 5V ~ ±16V。

(5) 输入共调电流：5 ~50mA。

(6) 输入偏宽电流：50 ~150mA。

(7) 输入共模电压范围：为电源提供的电压范围。

（8）输出电压幅度：0V ~ VCC-1.5V。

（9）输出最大电流：40mA。

2. MC74HC14AN 是安森美半导体公司生产的六施密特反相器，其特性如下：

（1）输出带负载能力：10 个 LSTTL。

（2）输出能直接和 CMOS、NMOS 和 TTL 电路连接。

（3）工作电源范围：2 ~ 6V。

（4）低输入电流：1.0uA。

（5）良好噪声抑制特性。

四、实验内容及步骤

1. 将直流稳压电源调节到 12V 输出，并接到实验箱电源插孔上。

2. 用数字万用表测量 J_{28} 对地之间的电压，并记录之：V_{REF} = ________。

3. 调节信号发生器 TAG-101 的频率转盘，使其输出 1kHz 左右的正弦波，衰减档打到 −20，将输出信号接到实验箱中，红色鳄鱼夹接 J_{22}，黑色鳄鱼夹接 J_{40}。

4. 用示波器观察 J_{22}、J_{23}、J_{27}、J_{30}、J_{29}、J_{31}、对地（J_{40}）的波形，并记录到表 7-8 中，分析它们之间的关系，正弦波是怎么慢慢变成方波的，并观察它们之间相位和幅值有些什么变化。

表 7-8 实验记录表

测试点	波　形
J_{22}	
J_{23}	
J_{27}	
J_{30}	
J_{29}	
J_{31}	

5. 观察并计算最后输出的方波信号频率是不是和信号发生器输出的频率一致。

五、实验报告

1. 真实填写测量结果。

2. 根据测量结果分析电路的工作原理，理解每一个元件在电路中的作用并填写表 7-9。

表 7-9 元件表

作　用	所用元件
分压	
滤波	
跟随	
比较	
整形	

3. 思考一下磁电式转速传感器的处理是否也适用于霍尔式转速传感器，为什么？

实验三 水箱水位过低报警实验

一、实验目的

1. 学习并掌握用 HEP4096 六反相器构成多谐振荡器的原理和方法。
2. 理解水箱水位过低报警电路的工作原理。

二、实验器材

凌凯汽车电学基础实验箱一台，EXCEL V-250 示波器一台、直流稳压电源一台，数字万用表 DT9208A 一台。

三、实验原理

本实验电路是以 PHILIPS 公司的 HEP4069UBP 芯片为主要核心部件，其实验原理图如图 7-60 所示。

电路中 HEP4069UBP 为六反相器，MK1 为压电陶瓷蜂鸣器。R_{32} 为两根导线的引出端子，它延伸到水箱中但不能与水箱体接触。

当水箱水位符合要求时，两根引出铜线浸在水中。由于水的导电作用，使得 HEP4069UBP 第 1 脚为高电平，2 脚为低电平，4、5 脚为高电平，6、9 脚为低电平，使得绿色 LED 发光，指示水位正常。8 脚为高电平，使晶体管 NPN 型饱和导通，使 11 脚被固定在低电平，导致后面的 U5E、U5F 构成的多谐振荡器不工作，蜂鸣器不响。

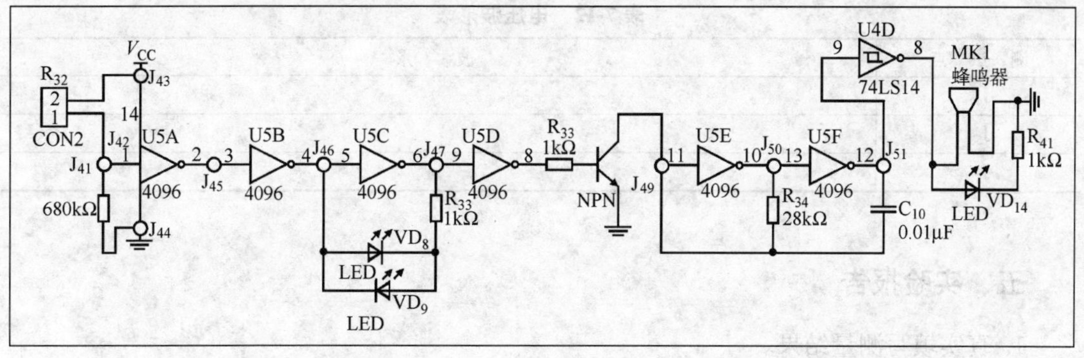

图 7-60 水箱水位过低报警实验原理图

水箱水位低于最低水位时，两根引线离开冷却液悬空，使 HEP4069UBP 的 1 脚为低电平，2 脚为高电平，4、5 脚为低电平，6、9 脚为高电平，使得红色 LED 发光，指示水位低于最低限止水位，8 脚为低电平，NPN 型晶体管截止，11 脚被悬空，所以谐振器开始振荡，蜂鸣器发出鸣叫声，提醒驾驶人加水。

四、实验内容及步骤

1. 打开直流电源开关，调节电压输出旋钮，使其输出 12V 左右电压，并接到实验箱电源插孔中。

2. 断开 R_{32} 上的两根引线连接，这时应该听到蜂鸣器报警声，且 VD_9 和 VD_{14} 两个红色 LED 闪亮。

3. 准备一杯水，将两根引线插入水中，则蜂鸣器停响 VD_9 和 VD_{14} 熄灭，只有 VD_8 绿色 LED 常亮。

4. 用数字万用表测量表 7-10 中的各测试点电压，并记录到表中。

5. 将引线提出水中，这时应听到蜂鸣器报警，用数字万用表测量表 7-11 中各测试点的电压值，并记录。

表 7-10　电压值表一

测试点	电压值/V	测试点	电压值/V
J_{43}		J_{46}	
J_{41}		J_{47}	
J_{45}		J_{49}	

表 7-11　电压值表二

测试点	电压值/V	测试点	电压值/V
J_{43}		J_{46}	
J_{41}		J_{47}	
J_{45}		J_{49}	

6. 用 EXCEL V-252 示波器观察 J_{49}、J_{50}、J_{51} 测试点的电压波形并描述于表 7-12 中。

表 7-12　电压波形表

测 试 点	波　形
J_{49}	
J_{50}	
J_{51}	

五、实验报告

1. 真实填写测量结果。

2. 对比表 7-10 和表 7-11 中的数据，分析报警电路中监测部分的工作原理。

3. 根据表 7-12 的测量结果，分析多谐振荡器的工作原理。

4. 在电容 C_{10} 的值不变的情况下，如果增大多谐振荡器的频率，应调整原理图中的哪个元件，怎样调整？

实验四　转向闪光器实验

一、实验目的

1. 学习并掌握 NE555 构成多谐振荡器的原理和调试方法。

2. 理解 NE555 构成的汽车转向闪光器的工作原理。

二、实验器材

凌凯汽车电学基础实验箱一台，EXCEL V-252 模拟示波器一台，直流稳压电源一台。

三、实验原理

本实验是以美国德州仪器公司生产的 NE555 为核心部件，NE555 是一种中规模的集成定时器，在波形产生、变换整形、定时以及控制系统等方面已得到广泛应用。

本实验以 NE555 定时器构成多谐振荡器，其电路原理如图 7-61 所示。

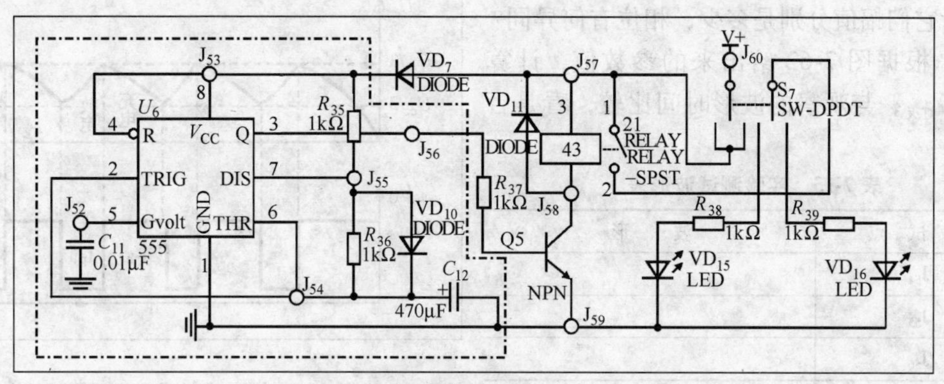

图 7-61　转向闪光器实验电路图

电路图中的左边虚线框就是多谐振器，右边是继电器执行机构，当实验箱刚上电时，$U_c=0$，即测试点 J_{54} 电压等于 0，则 U_O（J_{56} 电压）$=U_{OH}$，NE555 内部放电管截止。

U_{cc} 通过 R_{35}、VD_{10} 对电容充电，使 U_c 上升。当 U_c 上升到阀值电 $2/3U_{cc}$ 时，触发器置 0：$U_O=U_{OL}$，NE555 内部晶体管导通，此时电容通过 R_{36} 和（7 端）放电管（接地）放电，使 U_c 下降。当 U_c 下降到触发电平 $U_{cc}/3$ 时，触发器置 1，$u_O=U_{OH}$，NE555 内部放电管截止，U_{cc} 又通过 R_{35}、D_{10} 对电容充电。如此周而复始（进行充电与放电），则产生多谐振荡，其波形如图 7-62所示。

利用 NE555 定时器的输出端 3 接晶体管 Q5 控制继电器，使继电器按多谐振荡频率进行工作，继电器的触点接到转向灯的电源回路中，控制电源的通断，使转向灯按一定频率闪烁。闪光器的灯亮时间由 C_{12} 的充电时间决定：$t_{灯亮}=t_{C12充}\approx 0.7(R_{35}+R_{D10})C_{12}$（式中 R_{D10} 为二极管 VD_{10} 的正向电阻）。闪光器的灯灭时间由 C_{12} 的放电时间决定：$t_{灯灭}=t_{C12放}\approx 0.7R_BC_{12}$。闪光器的灯亮灯灭周期即多谐振荡器的振荡周期为 $T=t_{c1充}+t_{c1放}=0.7(R_{35}+R_{36}+R_{D10})C_{12}$，信号灯的闪烁频率一般为 $f=1/T\times 60$（次/min）。通过适当选择 R_{35}、R_{36} 和 C_{12} 的值，即可取得一定的闪烁频率。

四、实验步骤

1. 打开直流稳压电源开关，调整输出电压为 12V 左右，接入实验箱。

2. 将转向开关 S_7 拨到左边，则左边的 VD_{15} 灯会闪烁，拨到右边，右边的 VD_{16} 灯会闪烁。

3. 用示波器观察 J_{54}、J_{56}两测试点的波形，并记录到表 7-13 中，分析理解二者的关系。

4. 用示波器观察 J_{55}、J_{58}、J_{56}测试点的波形，并记录到表 7-13 中，分析并理解它们之间的关系。

5. 用数字万用表测量 J_{53}上的电压，并记录：

$$V_{j53} = \underline{\qquad\qquad}$$

五、实验报告

1. 分析表 7-13 中 J_{54}、J_{56}两测试点的波形，看是否和图 7-62 中的波形一致。

2. 分析表 7-13 中 J_{56}、J_{58}两测试点的波形，看它们幅值分别是多少，相位有何异同？

3. 根据图 7-62 给出来的参数值，计算 $t_{灯亮}$和 $t_{灯灭}$，与观察的波形时间比较，看是否一致。

表 7-13　实验测试波形表

测　试　点	波　　形
J_{54}	
J_{55}	
J_{56}	
J_{58}	

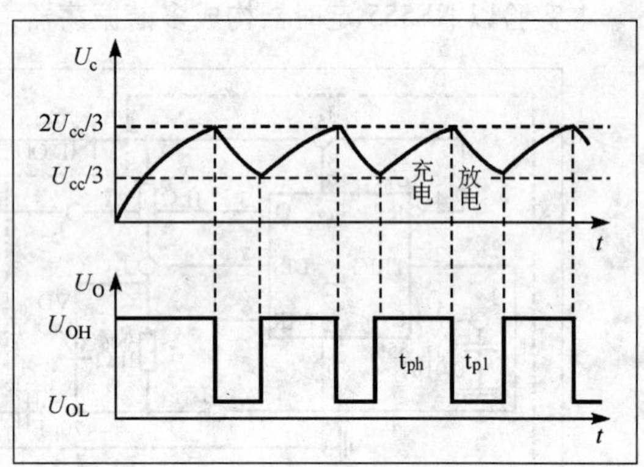

图 7-62　多谐振荡波形

第八章

汽车微机基础

课题向导：

了解单片机的组成和分类；了解汽车电脑控制系统的运用；了解发动机电控系统的构成及主要控制功能。

第一节　单片机的组成和分类

任务导向

- 了解单片机的概念。
- 掌握单片机的组成。
- 了解单片机的分类。

一、什么是单片机

单片机是将中央处理器 CPU（Central Processing Unit）、存储器（Memory）、定时器/计数器、输入/输出（I/O）接口电路等主要计算机部件集成在一块集成电路芯片上的微型计算机，基本结构如图 8-1a 所示。虽然单片机只是一块芯片，但其已经具有微型计算机的组成与功能，故称之为单片微型计算机，简称单片机或微机。目前，汽车电控系统采用的单片机均为数字式单片机。

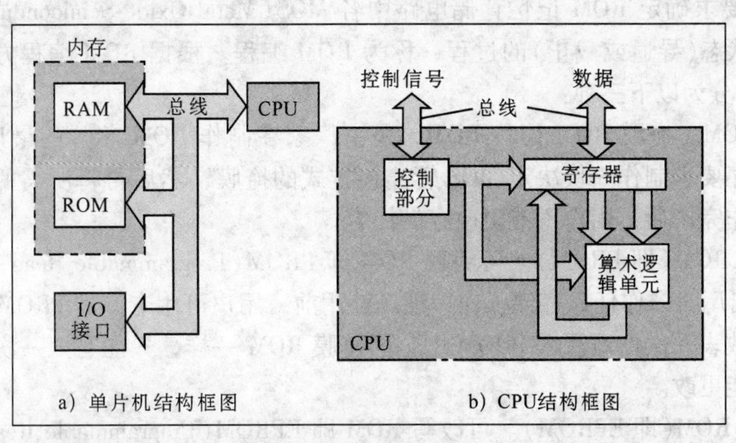

图 8-1　单片机基本结构框图

二、单片机的组成

1. 中央处理器

中央处理器(CPU)是具有译码指令和数据处理能力的电子部件，是汽车电子控制单元的核心，基本结构如图8-1b所示，由运算器(Calculator)、寄存器(Register)和控制器(Controller)组成。

运算器是计算机的运算部件，用于实现数学运算和逻辑运算。汽车上各种电控系统(燃油喷射系统EFI、防抱死制动系统ABS、安全气囊系统SRS、自动变速器ECT控制系统)ECU内部的数据运算与逻辑判断都在这里进行。

寄存器用于暂时存储数据或程序指令。

控制器是计算机的指挥控制部件，其功用是按照监控程序和应用程序使计算机各部分协调工作。

2. 存储器

在单片机或微型计算机中，存储器(Memory)是用来存储程序指令和数据的部件。存储器是由许多具有记忆功能的存储电路构成的，每个记忆存储电路存储1个二进位信息(0或1)，称为存储器的存储位(Bit)。每8个记忆存储电路构成存储器的一个基本单元，存储8位二进制信息，称为存储字节(Byte)。

存储器按读写操作原理可分为：只读存储器ROM(Read Only Memory)和随机存取储存器RAM(Random Access Memory)。按功能可分为程序存储器和数据存储器。按构成材料可分为半导体存储器和磁质存储器。

(1) 只读存储器

只读存储器(ROM)是一种一旦信息写入就不可更改，而只能读出的存储器。实质上，ROM是一次性写入、可随机读出的存储器。

一般说来，写入ROM的信息不会由于断电而被破坏，也不会由于断电而丢失。

在汽车电控系统中，ROM用来存储制造厂家编制的控制程序、运行程序和原始试验数据(如喷射系统最佳混合气空燃比的喷油三维脉谱图数据，最佳点火提前角三维脉谱图数据等等)，即使点火开关切断电源，ROM中存储的这些信息也不会丢失。

按照程序要求确定ROM记忆存储电路中各MOS(Metal-Oxide-Semiconductor，金属-氧化物-半导体)管状态(导通或截止)的过程，称为ROM编程。根据ROM编程方式不同，只读存储器ROM可分为以下三种：

① 掩膜ROM。掩膜ROM简称ROM，是由厂家在制作ROM芯片的最后一道工序时，根据用户和程序要求制作一块决定MOS管连接方式的掩膜，然后再将所需的存储内容制作于芯片中。制作完毕后，用户不能更改存储内容。

② 可编程ROM(即PROM)。可编程ROM即PROM(Programmable Read Only Memory)。PROM芯片在出厂时未作任何存储操作，现场使用前，用户可用专门的PROM编程器将自己编制的程序或数表一次性地写入PROM中。同掩膜ROM一样，只能写入一次，其存储内容一旦写入就不能更改。

③ 可改写ROM(即EPROM)。可改写ROM即EPROM(Programmable Read Only Memory with Erasable Contents)，又称为可改写可擦除ROM。EPROM芯片存储的内容也是由用户自

己采用专门的编程方法写入的，允许反复擦除重新写入。根据擦除信息的方法不同，EPROM 分为两类：一类是用紫外线照射擦除，称之为可改写可擦除只读存储器，用 UVEPROM 表示；另一类是用电擦除，称之为电可擦除可编程只读存储器，用 UVPROM 或 EEPROM 表示。

UVEPROM 是用电信号写入而用紫外线擦除的 ROM 芯片。EEPROM(电可擦除可编程只读存储器)是一种既用电信号写入也用电信号擦除的 ROM 芯片。可以通过读写操作进行逐个存储单元的读出和写入，且读写操作十分简单，与随机存储器 RAM 几乎没有差别，不过写入速度比 RAM 慢一些。EEPROM 在断电后仍能保存数据。

(2) 随机存储器(RAM)

随机存储器(RAM)与只读存储器(ROM)相比有两点不同：一是 RAM 中的信息既可随时写入或读出，也可随时改写，改写时不必先擦除原有内容；二是半导体 RAM 中的信息会因突然断电而丢失。因此在汽车上，RAM 通常用来存储单片机工作时暂时需要存储的数据(如输入/输出数据、单片机运算得出的结果、故障码、空燃比修正数据等等)，这些数据根据需要可随时调用或被新的数据改写。

由此可见，RAM 起到一个寄存器的作用。为了保证故障码、空燃比修正数据等能够较长时间保存，汽车电控系统都将 RAM 的电源与专用的后备电源电路或蓄电池直接连接，不受点火开关控制。但是，当后备电源电路中断、蓄电池正极或负极端子断开时，存入 RAM 中的数据仍会丢失。因此在检修或更换蓄电池之前，必须事先调取故障码或采取必要的不断电措施。

3. 输入/输出接口

输入/输出(I/O,Input/Output)接口是 CPU 与传感器或执行器之间进行数据交换和下达控制指令的通道。由于传感器和执行器种类繁多，它们的信号速度、频率、电平、功率和工作时序等都不可能与 CPU 完全匹配，因此必须根据 CPU 的指令，通过 I/O 接口进行协调和控制。

4. 总线(BUS)

总线是微机内部传递信息的电路连线。在单片机内部，CPU、ROM、RAM 与 I/O 接口之间的信息交换都是通过总线来实现的。按传递信息的不同，总线可分为数据总线、地址总线和控制总线三种。

数据总线主要用于传送数据与指令。数据总线的导线数与数据的位数一一对应。例如 16 位微机，其数据总线就有 16 根导线。

地址总线用来传递地址数码。在微机内，各器件之间的通信主要是靠地址数码进行联系。例如，当需要存入或读出存储器中某个单元的数据时，必须先将该单元的地址数码送到地址总线上，然后才能送出读取指令或写入指令完成读出或写入操作。地址总线的导线数与地址数码的位数及地址数码的传送方式(并行或串行传送)有关。

微机中的器件都与控制总线连接，CPU 可通过控制总线随时掌握各个器件的状态，并根据需要随时向某个器件发出控制指令。

5. 输出回路

输出回路是单片机与执行器之间的中继站，其功用是根据微机发出的指令，控制执行器动作。微机对采样信号进行分析、比较、运算后，由预定的程序形成控制指令并通过输出端

子输出。图 8-2 所示为 MCS-51 单片机的基本结构。

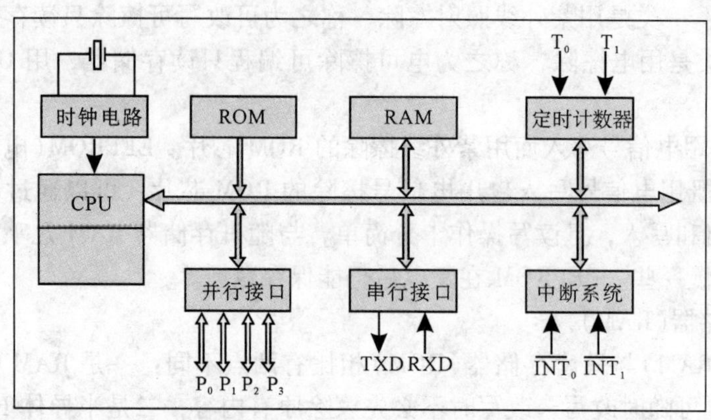

图 8-2　MCS-51 单片机结构图

三、单片机的分类

单片机分为通用型单片机和专用型单片机，我们通常所说的单片机就是指通用型单片机。从基本操作处理的数据来看，单片机又可分为 4 位单片机、8 位单片机、16 位单片机和 32 位单片机。目前汽车上用的主要是 8 位单片机和 16 位单片机，也有一些轿车上开始使用 32 位单片机。

1. 4 位单片机

4 位单片机的主要生产国是日本，如 SHARP 公司的 SM 系列、东芝公司的 TLCS 系列、NEC 公司的 μCOM75 ×× 和 μPD75 ××系列等。此外，美国 TI 公司的 TMSl000 和 NS 公司的 COP400 系列也占一定的市场。国内已能生产 COP4000 的 4 位单片机。4 位单片机的特点是价格便宜，但功能不弱，只是 CPU 为 4 位。

2. 8 位单片机

8 位单片机已成为单片机的主要机型。8 位单片机又可分为低档的 8 位单片机，如 Intel 公司的 MCS-48 系列和 Fairchild 公司的 F8 就属于此类；高档 8 位单片机，如 Intel 公司的 MCS-51 系列、Motorola 公司的 MC6801、Zilog 公司的 z8 等即是；超 8 位单片机，如 Intel 公司的 UPI-452，83C152、Zilog 公司的 super8、Motorola 公司的 MC68HC11 等。由于 8 位单片机的功能强，价格低廉，因而被广泛应用，特别是高档 8 位单片机，已成为目前单片机的主要机型。

3. 16 位单片机

目前主要的 16 位单片机有 Intel 公司 8096、Thomson 公司的 68200、NS 公司的 HP-CI6040、NEC 公司的 783x ×等，而得到实际应用的 16 位单片机主要是 Intel 公司的 MCS-90 单片机系列。

4. 32 位单片机

32 位单片机首推英国 Inmos 公司的 IMST414 单片机，它是目前并行处理位数最高的单片机。

第二节 汽车电脑原理

任务导向

- 了解汽车电脑的组成及特点。
- 熟悉汽车电脑控制系统的应用。
- 了解发动机电控系统的构成及主要控制功能。
- 熟悉燃油喷射系统中传感器的构造与原理。
- 熟悉燃油喷射系统中执行器的构造与原理。

一、汽车电脑控制系统概述

1. 汽车电脑控制系统的组成

汽车控制系统在硬件结构上一般可分为三部分：外部传感器、汽车电脑和执行机构，如图 8-3 所示。汽车电脑一般被称为 ECU(Electronic Control Unit)，是控制系统的核心。ECU 主要由输入接口、微处理器和输出接口组成。

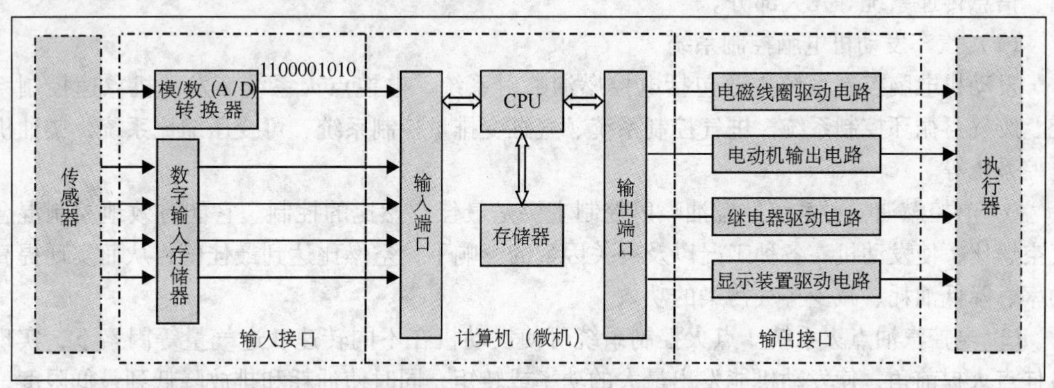

图 8-3 汽车电脑控制系统基本组成

汽车在运行时，各传感器不断检测汽车运行的工况信息，并将这些信息实时地通过输入接口传送到 ECU。ECU 接收到这些信息时，根据内部预先存储的数据和编写好的控制程序，通过数学计算和逻辑判断，进行相应的决策和处理。确定出适应发动机工况的点火提前角、喷油时间等参数，并将这些数据转变为电信号，通过输出接口输出控制信号给相应的执行器，执行器接收到控制信号后，执行相应的动作，实现某种预定的功能。

ECU 除了具有控制功能外，还具有故障自诊断功能。在发动机运行过程中，ECU 对部分传感器传输的信号进行监测与鉴别。当发现某只传感器传输信号超过规定的范围时，ECU 将判断该传感器或相关线路产生故障，并将故障码储存在存储器中，以便维修和调用，与此同时还以一个预先设定的数据或用其他传感器提供的信号，对发动机实施控制，使发动机进入故障应急运行状态。

2. 汽车电脑控制系统的特点

① 具有高的工作可靠性。高的工作可靠性是汽车控制系统工作的基本保证，是确保电控系统精确控制的基础。

② 具有良好的抗振性。汽车电脑控制系统必须承受汽车行驶中产生的强烈冲击和振动，要求系统能承受较大的动载荷。

③ 能在温度大范围变化的情况下正常工作。汽车电脑控制系统的环境温度可能会出现偏高或偏低，且变化幅度较大的情况，要求电控系统的元件能够耐受较大的热负荷，在较宽温度范围内能够稳定工作。

④ 具有抗强电磁干扰的能力。汽车发动机运转过程中会产生强电磁干扰，汽车电控系统能够屏蔽这些干扰，确保输入、输出的信号准确无误。

⑤ 能在电压波动较大的情况下正常工作。汽车行驶过程中，输出电压波动较大，电控系统必须能在输入电压不稳定的情况下正常工作，保证工作的可靠性。

⑥ 具有较强的抗腐蚀、抗污染的能力。汽车电控系统不可避免地会经常处于腐蚀性介质和污染环境中，必须能够确保系统具有抵抗腐蚀的能力。

3. 汽车电脑控制系统的应用

目前比较普遍的汽车电脑控制系统主要有发动机电子控制、底盘电子控制、车身电子控制、信息传递系统等几大部分。

(1) 汽车发动机电脑控制系统

发动机电脑控制系统主要包括电控燃油喷射系统、电控点火系统、发动机怠速控制系统、废气再循环控制系统、进气控制系统、气缸变排量控制系统、可变压缩比系统，柴油机电控系统等。

① 电控燃油喷射系统。燃油喷射控制主要是最佳空燃比的控制。它能有效地控制混合气空燃比，使发动机在各种工况以及有关因素的影响下，空燃比达到最佳值，从而实现提高功率、降低油耗、减少排气污染的功效。

② 电控汽油点火系统。点火控制系统可使发动机在不同转速、进气量等因素下，实现最佳点火提前角，使发动机能发出最大的功率或转矩，同时使油耗和排放降低到最低限度。

③ 怠速控制。怠速控制系统能根据发动机冷却液温度及其他有关参数，如空调开关信号、动力转向开关信号等，使发动机的怠速转速处于最佳状态。

④ 排放控制。排放控制包括废气再循环控制、三元催化转化控制和活性炭罐控制等。排放控制可以确保把汽车排放污染降低到最低程度。

⑤ 进气控制。电控进气系统包括进气通道控制和可变配气相位控制，可以使发动机在任何工况和转速下均保持最佳的进气量，动力充沛，耗油低。

(2) 汽车底盘电控系统

底盘电控系统包括防抱死制动系统(ABS)、电子防滑系统(ASR)、悬架系统控制、电子控制动力转向、四轮转向控制、巡航控制系统等。

① 防抱死制动系统和电子防滑系统。防抱死制动系统和电子防滑系统都是汽车的主要安全装置，防抱死制动系统可防止汽车制动时车轮被抱死而产生侧滑，提高车辆制动的稳定性和可操纵性；电子防滑系统用来防止汽车起步和加速时驱动轮打滑，提高车辆起步或加速时的稳定性和可操纵性。

② 电控自动变速器。电控自动变速器能根据发动机节气门开度和车速等行驶条件，由ECU按照换档特性和换档规律，精确控制传动比，使汽车达到最佳档位。它与机械系统比较，具有高精度动力传动效率、低油耗，改善换档舒适性和延长使用寿命等优点。

③ 电控悬架系统。电控悬架系统可根据不同的路面状况和车辆运行的工况，自动控制车身高度，调整悬架的弹性、刚度和阻尼特性，改善车辆行驶的稳定性、平顺性、操纵性和乘坐舒适性。

④ 电控动力转向系统。电控动力转向系统可根据车速、转向角、转矩等传感器信号自动控制施加在转向盘上的转向力矩，使汽车在停车或低速行驶时转动转向盘所需的力矩减小，而汽车在高速行驶时转动转向盘所需的力矩增大，即在各种行驶条件下实现转向上所需的力矩都是最佳值。

⑤ 电控巡航系统。电控巡航系统根据车速传感器、巡航控制开关及定速取消开关信号，通过进气管的真空度或直流电动机控制节气门开度来保持预先设定车速，而驾驶人不需脚踩加速踏板。汽车在高速公路上长时间行驶时，闭合该系统的控制开关。设定巡航车速后，ECU将根据行车阻力自动增减节气门开度，使汽车行驶速度保持一定，以减轻驾驶人驾车的疲劳。

(3) 汽车车身电控系统

汽车车身电控系统包括车用空调控制、车辆信息显示、风窗玻璃的刮水器控制、灯光控制、汽车门锁控制、汽车车窗控制、电动座椅控制、安全气囊与安全带控制、防撞与防盗安全系统等。

① 汽车空调控制系统。车用全自动空调的电子控制器是根据各种温度传感器(车内温度、车外温度、太阳辐射强度等)输入的信号，计算出经过空调热交换器后送入车内应该达到的出风温度。对冷暖风调节风门开度、风扇驱动电动机转速、制冷风门、压缩机等进行控制，自动地将车内温度保持在设定的温度范围内。

② 信息显示系统。车辆信息显示系统也称驾驶人信息系统。该系统正处于发展和完善阶段，由车况监测部件、车载计算机和电子仪表三部分组成。汽车车况监测是传统仪表板报警功能的发展，主要通过液位、压力、温度、灯光等传感器，检测发动机系统、制动系统和电源系统。车载计算机提供的信息能提高行车安全性，燃油经济性和乘坐舒适性等。

③ 汽车电子灯光控制系统。汽车电子灯光控制系统可根据光传感器检测到的车外天气光亮情况的信号，自动地将后灯和前灯接通和切断，以提高汽车使用的便利性和行驶安全性。

④ 安全气囊控制系统。安全气囊控制系统是一种被动安全保护装置。其功用是当传感器检测到撞车事故发生时，即向控制器发送信号，而当判断电路根据传感器送来的信号值判断为严重撞车情况时，即触发装在转向盘内的引爆器，点燃气体发生剂，产生高压氮气迅速吹胀气囊。吹胀的气囊将驾驶人与转向盘和风窗玻璃隔开，以防止撞车过程中，驾驶人的头部和胸部直接撞在转向盘或风窗玻璃上发生伤亡事故。

(4) 汽车信息传递

汽车信息传递系统通常包括多路信息传递、汽车导航和蜂窝式移动电话三部分。

① 多路信息传递系统。多路信息传递系统由显示器电子控制器、具有操作开关的显示器和其他各种电子控制器组成。每个电子控制器通过通信网络与其他电子控制器相连。显示

器电子控制器作为主控制器，通过多路通信网络进行通信及整个系统的控制，由显示器显示诸如行车用的交通地图信息资料、汽车耗油情况以及车辆行驶过程的信息等。

② 汽车导航系统。汽车导航系统由 GPS 接收机、电子地图等组成。

导航系统通过 GPS 接收机接收卫星信号，解算出自身经纬度坐标，然后与系统内的电子地图匹配，在屏幕上动态显示车辆运行轨迹，驾驶人便可以对当前行车位置一目了然。

GPS 系统和地理信息系统可提供大量有用信息，满足车辆定位与导航、交通管理与监控的需要，并为驾驶人提供旅馆、加油站、修车厂等信息。

③ 移动通信系统。移动电话与常规电话不同。首先，蜂窝式移动电话的话机及拨号的按键直接与无线电发射接收器相连，不采用电话线；其次，使电话可随汽车移动。当通信开始时，移动电话需要选择一个合适的无线电波的频道，且必须通过基站的程控电子开关板来控制蜂窝式移动电话与基站链接。由于蜂窝式移动电话是四处移动的，因此还必须了解移动电话所处的位置，这样蜂窝式移动电话才能被覆盖该地区的基站所接通。

二、发动机电控系统

自 1967 年德国博世(Bosch)公司开发的 D-Jetronie 电控燃油喷射系统面世以来，经过几十年的发展，发动机电子控制技术经历了从模拟电路到数字电路、从普通电子控制到微型计算机控制、从单一功能控制到综合功能控制的过程。下面主要介绍汽油发动机的电控系统，如果没有特殊说明均指汽油发动机。

1. 发动机电控系统的构成

现代发动机电控系统尽管种类繁多，但作为一个控制系统，它们具有与其他控制系统相同的三个基本组成部分：传感器、电控单元(Electronic Control Unit 简称 ECU)和执行元件。然而，以发动机作为特定控制对象，以实现某些控制功能为目标的发动机电控系统，在具体构成上则有明显的特点，其系统构成如图 8-4 所示。

传感器的作用是将反映发动机运行状况的机械动作、热状态等物理量信息，转换成相应的模拟或数字电信号，并输送到电控单元。传感器传输的信息，是电控系统做出各种控制决策的依据。一台发动机的电控系统应用多少个传感器，取决于控制功能的简繁和需要达到的控制精度。

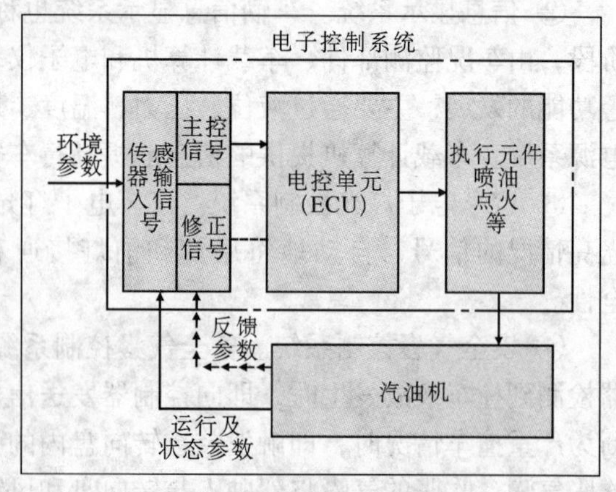

图 8-4 发动机电控系统的构成

传感器包括有：空气流量计(MAFS)、进气歧管绝对压力传感器(MAPS)、节气门位置传感器(TPS)、凸轮轴位置传感器(CMPS)、曲轴位置传感器(CKPS)、进气温度传感器(IATS)、冷却液温度传感器(ECTS)、车速传感器(VSS)、氧传感器(O2S)、爆燃传感器(KS)、起动开关(STA)、空调(A/C)开关，档位开关、制动灯开关、动力转向开关、巡航控制开关等。

电控单元(ECU)是电控系统的核心。它的主要任务是：向各种传感器提供它们所需的

基准电压(如:2V、5V、9V、12V等)；接收传感器或其他装置输入的信号，并将它们转换为微机能够处理的数字脉冲信号；储存输入的信息、输出执行命令；根据发动机性能的变化，自动修正预置的标准值；将输入信息与设定的标准值进行比较，如发现数据异常，确定故障位置。并把故障信息储存在存储器中。

执行元件的作用是在电控单元控制下，完成特定功能的电气装置。在电控系统中，ECU对执行元件的控制，一般通过控制执行元件电磁线圈接地回路来实现。**执行元件包括有：**喷油器、点火器、怠速控制阀、巡航控制电磁阀、节气门控制电动机、EGR阀、进气控制阀、二次空气喷射阀、活性炭罐清污阀、燃油泵继电器、风扇继电器、空调压缩机继电器、自诊断显示与报警装置、仪表显示器等。

2. 发动机电控系统的主要控制功能

发动机微机控制系统的控制功能，视发动机的生产年份、制造商、发动机类型等有很大的差异。一般而言，生产年份较早的发动机，控制功能相对较少，而近年生产的发动机，电控系统的控制功能已有很大的扩展。发动机电控系统**主要控制功能讨论如下**。

(1) 燃油喷射控制

燃油喷射控制是发动机电控系统最主要的控制功能，燃油喷射控制的内容主要有喷油正时控制、喷油持续时间控制、停油控制和电动燃油泵控制等。

喷油正时控制，即喷油开始时刻控制，包括根据曲轴转角位置进行控制的同步喷射控制和根据发动机运行工况进行控制的异步喷射控制两种方式。

喷油持续时间控制，即喷油量控制。包括发动机起动时的喷油持续时间控制、发动机起动后的喷油持续时间控制两种控制程序。

停油控制包括减速停油控制、超速停油控制及停油后的恢复供油控制。

电动燃油泵控制包括发动机起动前电动燃油泵的预运转控制、发动机正常运转时和发动机停机时电动燃油泵运转控制。

(2) 点火控制

点火控制是发动机电控系统的第二个主要控制功能。电控系统对点火的控制包括点火正时控制、闭合角控制和爆燃反馈控制三个内容。

点火正时控制，即最佳点火提前角控制。包括基本点火提前角的确定、基本点火提前角的修正及点火控制。

闭合角控制，即点火线圈初级通电时间控制。包括初级线圈接通时间确定和通过电流的控制。

爆燃反馈控制是汽油机电控系统特有的控制功能。包括爆燃的检测和反馈修正控制。

(3) 怠速控制

当发动机处于怠速工况时，ECU根据怠速转速的变化或附属装置接入与否(如空调压缩机)，通过控制怠速控制装置，调整怠速工况的空气供给，使发动机保持最佳的怠速转速。

(4) 排气净化控制

发动机电控系统的排气净化控制功能包括氧传感器的反馈控制、废气再循环控制(EGR)、二次空气喷射控制、活性炭罐清污控制等控制内容。

氧传感器的反馈控制：当ECU根据发动机的运行工况确定对空燃比实行闭环控制时，ECU根据氧传感器的反馈信号，修正喷油持续时间，把空燃比精确控制在14.7:1附近，使

三元催化转化装置具有最高的转化效率。

废气再循环控制：在采用废气再循环的发动机中，ECU 根据发动机的运行工况，通过真空电磁阀对废气再循环过程及再循环废气量进行控制，以降低 NO_x 的生成量。

二次空气喷射控制：在采用二次空气喷射装置的发动机中，ECU 根据发动机运行工况及工作温度，向排气管或三元催化转化器喷入新鲜的空气，以减少某些特殊工况下 CO 和 HC 的排放量。

活性炭罐清污控制：在装有活性炭罐清污控制装置的发动机中，ECU 定时打开炭罐清污控制电磁阀，抽走吸附的燃油，恢复活性炭的吸附功能。

(5) 进气控制

汽油机电控系统的进气控制功能包括进气谐振增压控制、进气涡流控制、配气定时控制及增压控制等内容。

配气定时控制：在采用可变配气定时的发动机中，ECU 根据发动机的负荷和转速，通过改变配气定时，提高发动机的充气效率，改善发动机的动力性和经济性。

(6) 故障自诊断和带故障运行控制

故障自诊断控制：当电控系统的组成元件发生故障时，ECU 使故障警报装置及时发出警报信号，同时将故障信息储存到存储器中，供维修时调用和参考。

带故障运行控制：在微机控制系统的组成元件发生故障后，ECU 根据故障类型做出最适当的应急处理，在大多数情况下，使汽车仍能以稍差的性能行驶到汽修厂进行检修。

3. 燃油喷射系统中的传感器

(1) 空气流量计

在 L 型电控燃油喷射系统中，由空气流量计（MAF）测量发动机的进气量，并将进气量信号输入 ECU。根据空气流量计测量原理不同，**空气流量计可分为叶片式、热式和卡门旋涡式三种类型**。

① 叶片式空气流量计。叶片式空气流量计基于力学原理对发动机进气量进行测量，其工作原理如图 8-5 所示，电路原理图见图 8-6。发动机工作时，ECU 给电位计电阻提供一个

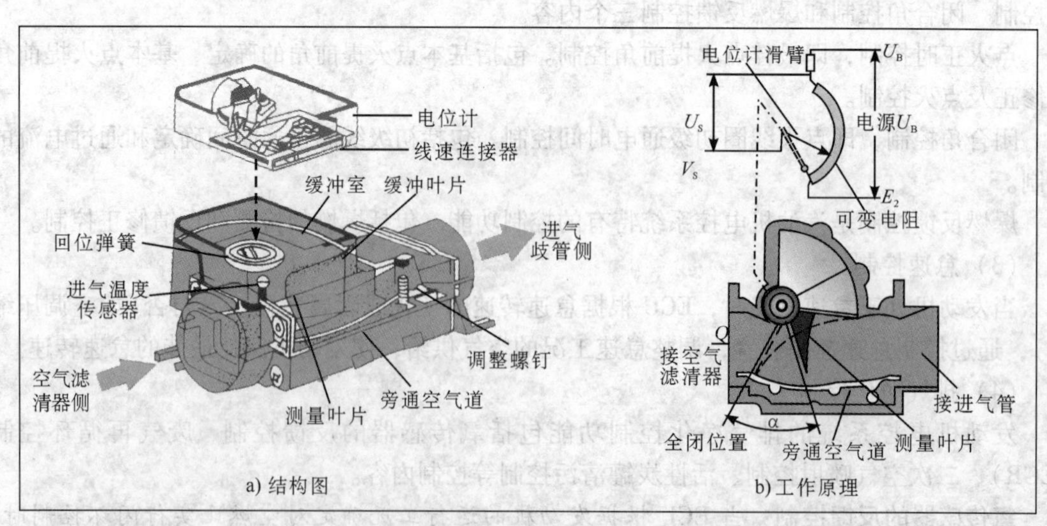

图 8-5 叶片式空气流量计

标准电源电压 V_B，使其电流保持恒定，此位置产生的电压信号 U_s（或 U_B-U_s）输送给 ECU，以确定发动机进气量的大小。

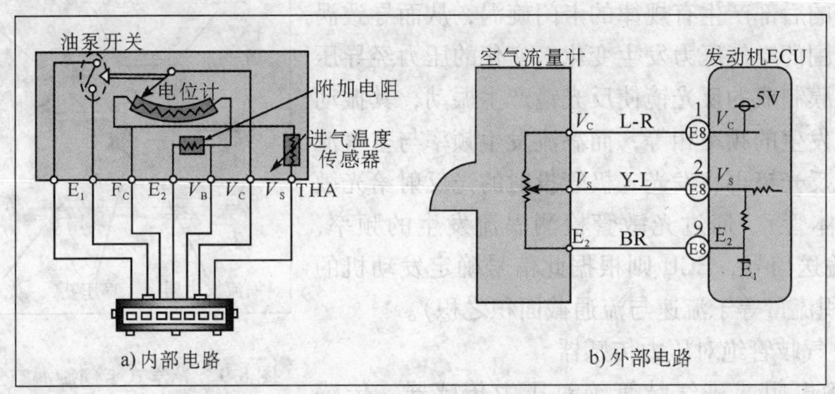

图 8-6 叶片式空气流量电路原理图

② 热式空气流量计。**热式空气流量计的主要元件是热线电阻，可分为热线式和热膜式两种类型，其结构和工作原理基本相同。**

按其测量元件的安装位置不同，热线式空气流量计可分为两种：第一种是将热线电阻安装在主进气道中，称为主流测量方式的热线式空气流量计；第二种是将热线安装在旁通气道中，称为旁通测量方式的热线式空气流量计。图 8-7 所示为主流测量方式的热线式空气流量计，空气流量计主要由防护网、采样管、热线电阻、温度补偿电阻和控制电路等组成。热线电阻和温度补偿电阻安装在主进气道中，控制电路板安装在流量计下方。进气管连接侧的防护网用于防止回火和脏物进入空气流量计。

热线式空气流量计的工作原理如图 8-8 所示。当空气流经热线电阻 R_h 时，使热线温度降低，电阻减小，使电桥失去平衡，若要保持电桥平衡，就必需增加流经热线电阻的电流，以恢复其温度和阻值，精密电阻 R_A 两端的电压也相应增加。流经热线的空气量（质量流量）不同，热线的温度变化量不同，其电阻变化量也就不同，为保持电桥平衡，需增加流经热线电阻的电流也不同，从而使精密电阻 R_A 两端的电压发生相应的变化，控制电路将电阻 R_A 两端的电压输送给 ECU，即可确定进气量。

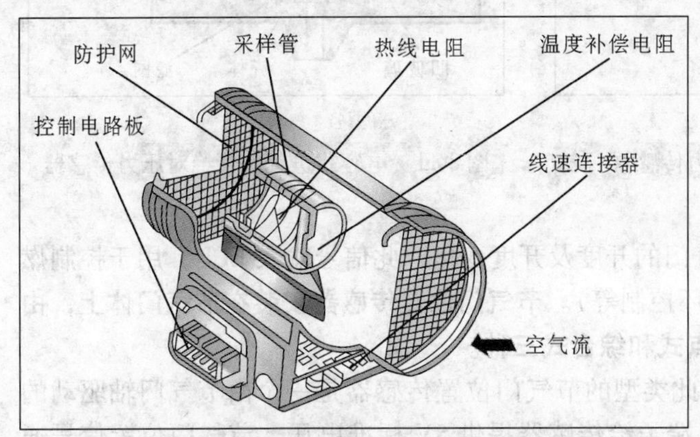

图 8-7 热线式空气流量计结构

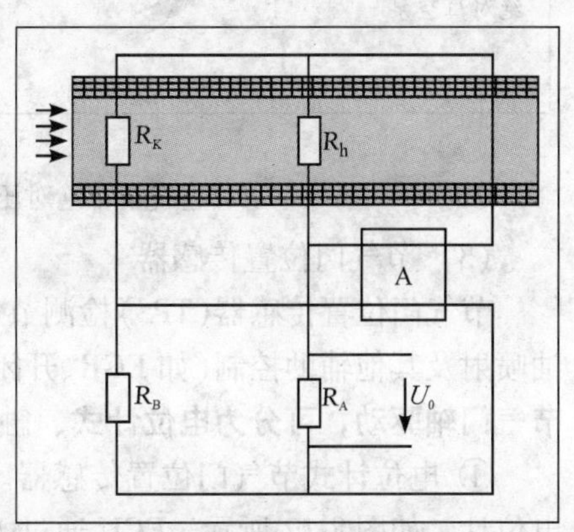

图 8-8 热线式空气流量计工作原理

③ 卡门旋涡式空气流量计。光学式卡门旋涡空气流量计的结构如图 8-9 所示。在进气道内设一锥形涡流发生器，当空气流经进气道时，会在涡流发生器的后部产生有规律的卡门旋涡，从而导致涡流发生器周围的空气压力发生变化。变化的压力经导压孔引向金属膜制成的反光镜使反光镜产生振动，其振动频率与涡流发生的频率相等，而涡流发生频率与空气流速成正比；反光镜再将发光二极管投射的光反射给光敏管（光敏晶体管），通过光敏管检测涡流发生的频率，并向 ECU 输送信号，ECU 则根据此信号确定发动机的进气量（体积流量等于流速与流通截面积之积）。

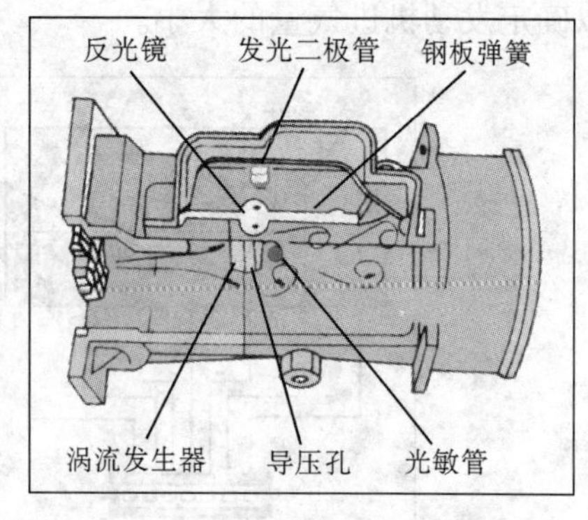

图 8-9 光学式卡门旋涡空气流量计

（2）进气歧管绝对压力传感器

① 压敏电阻式进气歧管绝对压力传感器。传感器的结构如图 8-10 所示，主要由真空室、硅片和 IC 放大电路组成。硅片的一侧是真空室（绝对压力为 0），而另一侧承受进气歧管内的压力，在此压力作用下使硅片产生变形；由于真空室的压力是固定的，进气歧管绝对压力变化时，硅片的变形量不同；硅片是一个压力转换元件（压敏电阻），其电阻值随其变形量而变化，导致硅片所处的电桥电路输出电压发生变化，电桥电路输出的电压（很小）经 IC 放大电路放大后输送给 ECU。

② 电容式进气歧管绝对压力传感器。传感器结构示意图如图 8-11 所示，位于传感器壳体内腔的弹性膜片用金属制成，弹性膜片上、下两个凹玻璃的表面也均有金属涂层，这样在弹性膜片与两个金属涂层之间形成两个串联的电容。

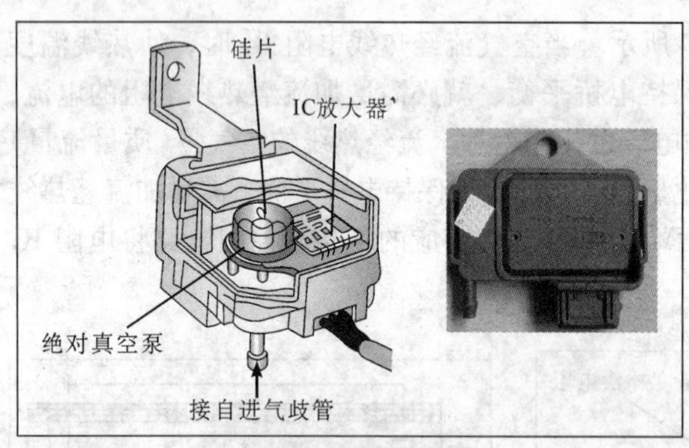

图 8-10 压敏电阻式进气歧管绝对压力传感器

弹性膜片
金属涂层
输出端子
C_1
G_2
空腔
凹玻璃
壳体
滤网

图 8-11 电容式进气歧管绝对压力传感器

（3）节气门位置传感器

节气门位置传感器（TPS）检测节气门的开度及开度变化，此信号输入 ECU，用于控制燃油喷射及其他辅助控制（如 EGR、开闭环控制等）。**节气门位置传感器安装在节气门体上，由节气门轴驱动，可分为电位计式、触点式和综合式三种。**

① 电位计式节气门位置传感器。此类型的节气门位置传感器是一个由节气门轴驱动的电位计，如图 8-12 所示。ECU 通过 A 端子给传感器提供 5V 标准电压，节气门位置信号通过 B 端子输送给 ECU，端子 C 接地。电位计式节气门位置传感器输出的电压信号：节气门

全关时应约为0.5V；节气门开度逐渐增大时，输出信号电压相应增加；节气门全开时应约为5V。

② 触点式节气门位置传感器。此传感器主要由一个滑动触点和两个固定触点组成，如图8-13所示，滑动触点(TL)随节气门轴一起转动，滑动触点在节气门全关(怠速)时与怠速固定触(IDL)闭合，而在节气门接近全开时与全开触点(PSW)闭合；节气门开度在中间位置时，滑动触点与两个固定触点均断开。ECU根据触点的闭合情况确定发动机处于怠速、中等负荷或全负荷工况。

图8-12　电位计式节气门位置传感器

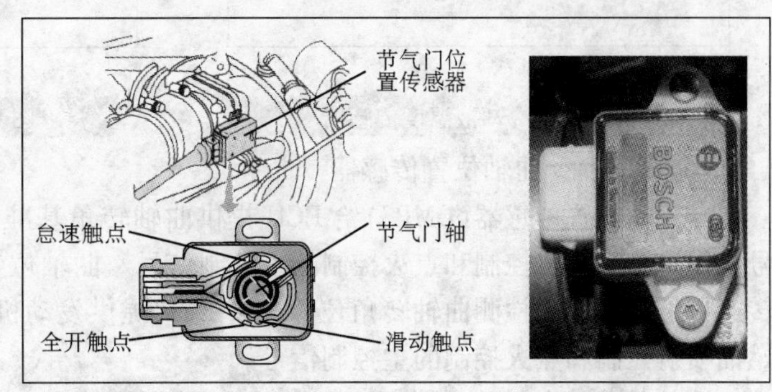

图8-13　触点式节气门位置传感器

(4) 进气温度传感器

在D型EFI中，进气温度传感器一般安装在空气滤清器内或进气总管内。在L型EFI中，进气温度传感器一般安装在空气流量计内。进气温度传感器如图8-14所示，传感器壳体内装有一个热敏电阻，进气温度变化时，热敏电阻的阻值发生变化。

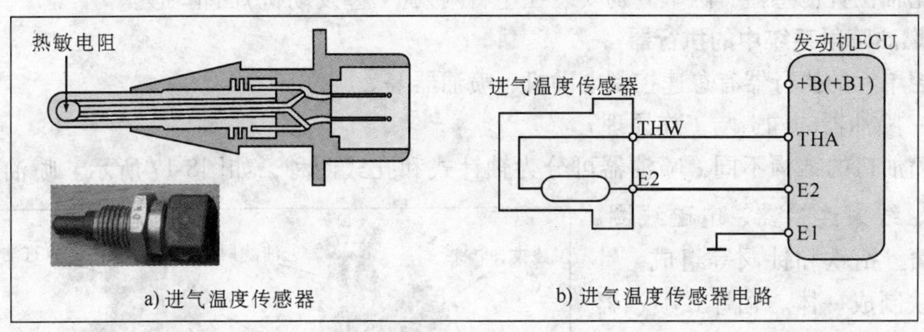

a) 进气温度传感器　b) 进气温度传感器电路

图8-14　进气温度传感器

(5) 冷却液温度传感器

冷却液温度传感器(ECTS)给ECU提供发动机冷却液温度信号，作为燃油喷射和点火正时控制的修正信号。冷却液温度传感器信号也是其他控制系统(如EGR等)的控制信号。

冷却液温度传感器一般安装在气缸体水道上或冷却液出口处。冷却液温度传感器的结构和电路如图8-15和图8-16所示，其工作原理与进气温度传感器相同。同一车型装用的冷却液温度传感器与进气温度传感器特性一般完全相同。

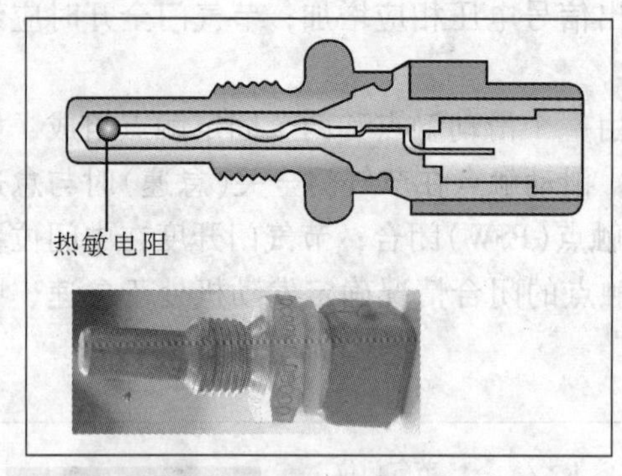

图 8-15　冷却液温度传感器

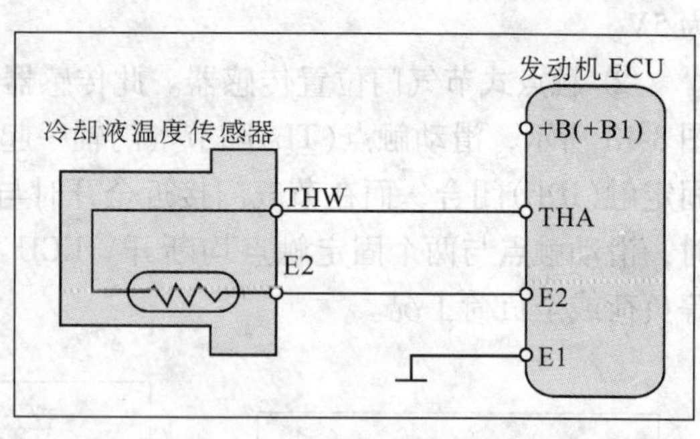

图 8-16　冷却液温度传感器电路

（6）凸轮轴/曲轴位置传感器

凸轮轴位置传感器(CMPS)给 ECU 提供曲轴转角基准位置(第一缸压缩行程上止点)信号，作为燃油喷射控制和点火控制的主控制信号。曲轴位置传感器(CKPS)有时称为发动机转速传感器，用来检测曲轴转角位移，给 ECU 提供发动机转速信号和曲轴转角信号，作为燃油喷射控制和点火控制的主控制信号。

凸轮轴位置传感器和曲轴位置传感器的结构和工作原理基本相同，而且通常安装在一起，只是各车型安装位置不同，但必须安装在与曲轴有精确传动关系的位置处，如曲轴、凸轮轴、飞轮或分电器处。韩国大宇、美国通用等轿车的曲轴位置传感器通常安装在曲轴处，美国克莱斯勒等轿车曲轴位置传感器一般安装在飞轮处，日本丰田皇冠 3.0、凌志 ES300 等轿车将曲轴位置传感器通常安装在分电器内。也有些车型将凸轮轴位置传感器与曲轴位置传感器分开并安装在不同位置上，如日本丰田凌志 LS400 轿车的曲轴位置传感器安装在曲轴处，凸轮轴位置传感器有两个分别安装在左右两列(V 型发动机)凸轮轴处。

4. 燃油喷射系统中的执行器

电控单元的执行器有怠速控制电动机、喷油器等。

（1）喷油器的构造与工作原理

按喷油口的结构不同，喷油器可分为轴针式和孔式两种，如图8-17 所示。喷油器主要由滤网、线束连接器、电磁线圈、回位弹簧、衔铁和针阀等组成，针阀与衔铁制成一体。轴针式喷油器的针阀下部有轴针伸入喷油口。

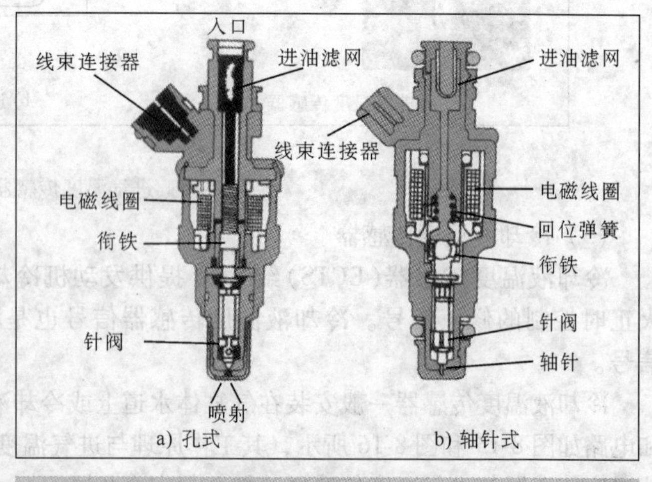

图 8-17　喷油器

喷油器不喷油时，回位弹簧通过衔铁使针阀紧压在阀座上，防止滴油。当电磁线圈通电时，产生电磁吸力，将衔铁吸起并带动针阀离开阀座，同时回位弹簧被压缩，燃油经过针阀并由轴针与喷油口的环隙或喷孔中喷出。当电磁线圈断电时，电磁吸力消失，回位弹簧迅速

使针阀关闭，喷油器停止喷油。在喷油器的结构和喷油压力一定时，喷油器的喷油量取决于针阀的开启时间，即电磁线圈的通电时间。回位弹簧弹力对针阀密封性和喷油器断油的干脆程度会产生影响。

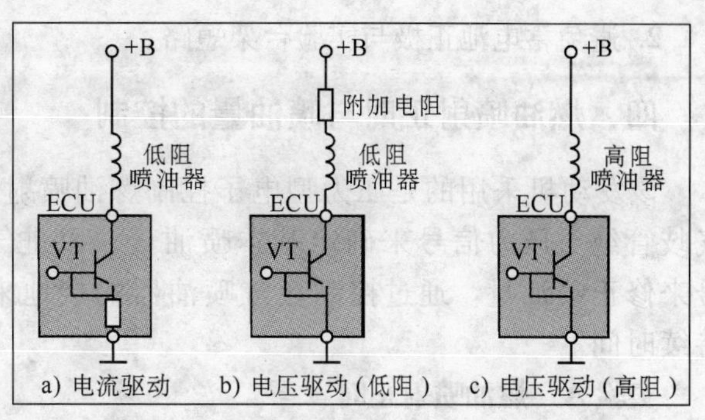

图 8-18　喷油器驱动方式

（2）喷油器的驱动方式

喷油器的驱动方式可分为电流驱动和电压驱动两种方式，如图 8-18 所示。电流驱动方式只适用于低阻值喷油器，电压驱动方式对高阻值和低阻值喷油器均可使用。

① 电流驱动方式。在采用电流驱动方式的喷油器控制电路中，不需附加电阻，低阻喷油器直接与蓄电池连接，通过 ECU 中的晶体管对流过喷油器线圈的电流进行控制，电路图见图 8-19。

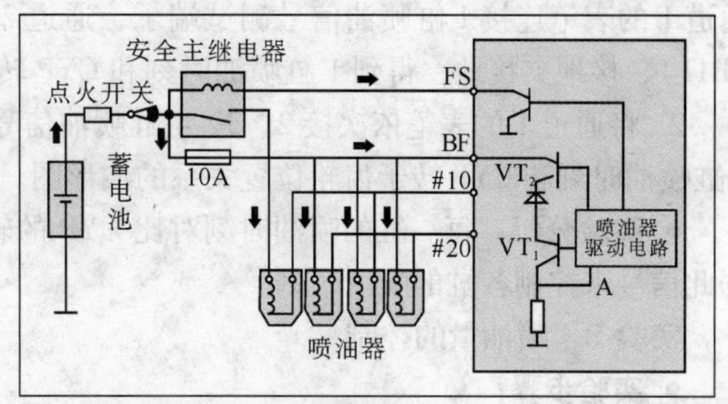

图 8-19　喷油器电流驱动电路

② 电压驱动方式。低阻喷油器采用电压驱动方式时，必须加入附加电阻。因为低阻喷油器线圈的匝数较少，加入附加电阻，可减小工作时流过线圈的电流，以防止线圈发热而损坏。

电压驱动方式中的喷油器驱动电路较简单，但因其回路中的阻抗大，喷油器的喷油滞后时间长。其中，电压驱动高阻喷油器的喷油滞后时间最长，电压驱动低阻喷油器次之，电流驱动的喷油器最短。

第三节　课　题　实　验

实验　本田电喷发动机控制功能检测

一、实验目的

1. 了解电喷发动机各系统的功能及在不同工况下，ECU 控制的异同点。
2. 掌握相关经验数据、参数。

二、实验器材

本田雅阁发动机实验台、数字示波器、万用表、电阻。

三、注意事项

1. 保证数字示波器规范性的操作。

2. 避免蓄电池正极与实验台架短路。

四、燃油喷射正时与喷油量的控制

该发动机采用的是压力型电子控制燃油喷射系统，即 ECM/PCM 以发动机转速和进气歧管绝对压力信号来确定基本喷油量，以进气温度、排气氧含量、节气门开度等信号来修正喷油量。通过控制各缸喷油器的接地来控制各缸喷油的开始和停止时刻以及持续时间。

实验 A　燃油喷射正时

● **实验步骤：**

1. 打开点火开关，起动发动机，待怠速稳定后，将示波器的两通道表笔连接到面板上，通道 1 的表笔连接 1 缸喷油信号测试端子，通道 2 的表笔连接 CYP 传感器的信号测试端子（B11），接地夹接地，得到 1 缸喷油时刻和 CYP 转子齿轮的位置关系波形图。

2. 将通道 1 的表笔依次接 2、3、4 缸喷油信号的测试端子 A3、A5、A2，分别有 2、3、4 缸喷油时刻和 CYP 转子齿轮位置关系的波形图。

● **实验分析：**每一缸的喷油时刻对比 CYP 的转子齿轮的位置都不一样。相反，ECU 根据此信号来控制各缸的喷油时刻。

实验 B　喷油量的控制

● **实验步骤：**

1. 打开点火开关、起动发动机，待怠速稳定后，将示波器的通道 1 的测试探头连接到面板的“A1”处，接地夹接地。冷车起动时和起动后冷却液温度上升时的喷油波形，ECU 控制的脉冲占空比是不一样的。

2. 点火开关 OFF，拔掉进气温度传感器接头，在接头的两端子间接一个 3000Ω 的电阻，让 ECU 误以为进气温度比较低，待怠速稳定后，观察示波器显示的喷油信号脉宽。

● **实验分析：**发动机在刚起动后，由于发动机本身的温度较低，一部分的燃油沾附在进气歧管和气缸壁上，这时 ECU 将根据温度传感器的信号，适当地控制喷油时间的占空比，增加喷油量。当温度传感器的阻值下降，发动机温度上升时，将适当地减小喷油量，以控制空燃比趋于理论值 14.7:1 附近。

五、实验报告

1. 思考题

（1）如何理解喷油时刻？

（2）发动机根据哪些信号来调喷油时刻？

2. 记录所测相关数据

记录实验 B 步骤 2 所得的实测波形，并标注有效脉宽在图 8-20 中。

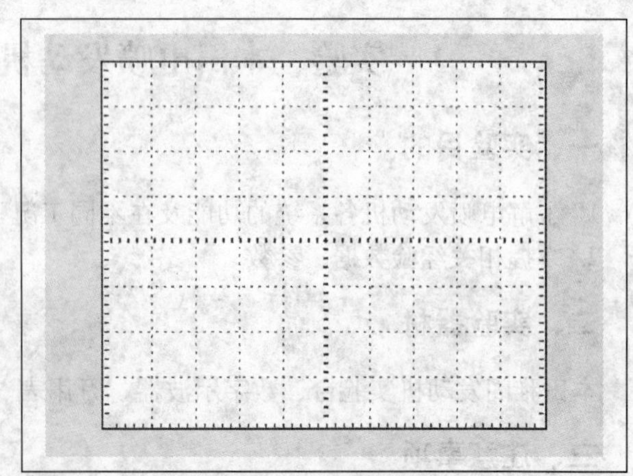

图 8-20　实测波形图

3. 实验体会

填写实验体会。

第九章

汽车电路图识读

课题向导：

了解汽车电路图特殊的表达方式，掌握识读汽车电路图的方法，能识读常见车型的简单电路图。

第一节　概　　述

任务导向

- 了解电路图中各电路的表达方式（电路符号及文字标注等）。
- 了解图中标注、代码及缩略语含义。
- 了解图中特殊的表达方式，如粗、细实线或虚线在不同情况下不同含义，不同车型电路图中某些独特标志等。

一、电器符号

在电路原理图中，各电器元件均采用图形符号表示。其中某些图还表达出电器元件的内部工作原理。如图9-1，从图中可以清楚地识别出励磁线圈、定子线圈、整流元件、电压调节器以及它们之间的线路连接。在各电器元件中，比较难表达清楚的是电子控制单元，尽管维修时不需要知道电控单元内的电路，但必须要知道各插脚的作用。对各插脚的说明有以下几种形式：

（1）电控单元各插脚处写出较详细说明文字，见图9-2a。

（2）电控单元各插脚处有缩略语、字母或数字，并于图后附表对各插脚进行说明，见图9-2b。

（3）简单绘出电控单元各插脚的内部电路，见图9-2c。

以上三种方法都要结合电控单元插脚外部的电路进行分析，以最终明确各插脚的作用。

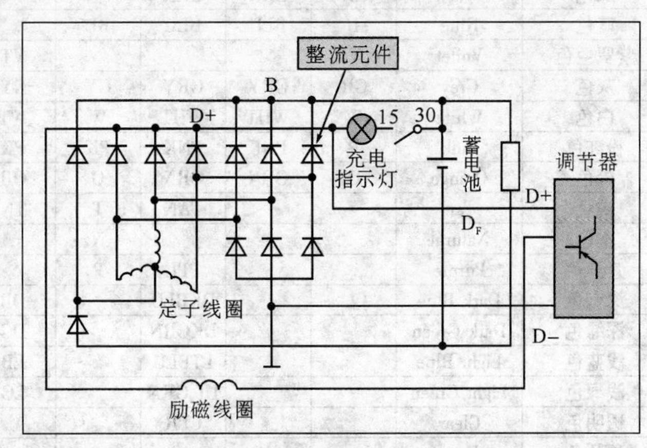

图9-1　发电机电器符号

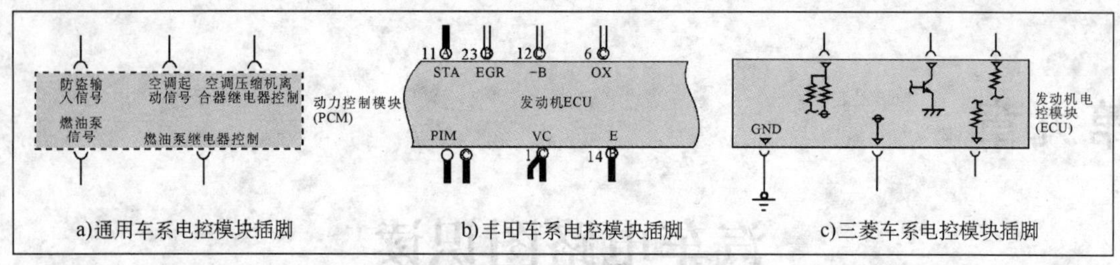

图 9-2　电子控制单元插脚形式

二、导线标注

为便于在线束中查找导线，在电路原理图中，一般要对导线的线径、颜色甚至所属的电气系统做出标注。

线径：一般用数字表示，数字大小代表导线的横截面积(单位：mm^2)。

导线颜色：一般用字母做代码(见表 9-1)。为便于识别各导线属于哪个电气系统，日本车系的各电气系统都有基准色。如黑色一般用于起动、预热及接地线路，白色用于充电系统；红色用于照明系统；绿色用于信号系统；黄色是仪表系统；蓝色是其他辅助系统等。不同辅助色的条纹则表达了该系统内的分支。也有的车系标注了导线线径和颜色时，还标注了其所属系统或线路的代码。

由于日久、高温会使导线绝缘层老化、褪色，此时，黄、白、粉、灰不易分辨，蓝、绿也易混淆，所以某些车会在导线绝缘层上印刷出颜色代码，以便查找导线。

表 9-1　主要汽车制造公司导线颜色代码

车型 / 颜色	全称	丰田	本田	通用	福特	克莱斯勒	宝马	奔驰	三菱	米切尔	米切尔选用
黑色	Black	B	BLK	BLK	BK	BK	BK	SW	B	BLK	BK
棕色	Brow	BR	BRN	BRN	BR	BR	BR	BR	BR	BRN	BN
红色	Red	R	RED	RED	R	RD	RD	RT	R	RED	RD
黄色	Yellow	Y	YEL	YEL	Y	YL	YL	GE	Y	YEL	YL
绿色	Green	G	GRN	GRN	GN		GN	GN	G	GRN	GN
蓝色	Rlue	L	BLU	BLU	BL		BU	BL	L	BLU	BU
紫罗兰色	Voilet	V				VT	VI	VI	V	VIO	VI
灰色	Grey	GR	GRY	GRY	GY	GY	GY	GR	GR	GRY	GY
白色	White	W	WHT	WHT	W	WT	WT	WS	W	WHT	WT
粉红色	Pink	P	PNK	PNK	PK	PK	PK		P	PNK	PK
橙色	Orange	O	ORN	ORN	O	OR	OR		O	ORN	OG
褐色	Tan			TAN	T	TN	TN			TAN	TN
本色	Natural				N						
紫红色	Purple			PPL	P					PPL	PL
深蓝色	Dark Blue			DKBLU		DB				DKBLU	DK BU
深绿色	Dark Green			DKGRN		DG				DKGRN	DK GN
浅蓝色	Light Blue			LTBLU		LB			SB	LT BLU	LT BU
浅绿色	Light Green			LT GRN		LG			LG	LTGRN	LT GN
透明色	Clear			CLR						CLR	CR
象牙色	Ivory							EI			
玫瑰色	Rose							RS			

注：“奔驰”一栏中的代码为奔驰、大众等德国车系共用的电线颜色代码。

三、缩略语

由于电路图幅面有限，对各元器件的注释大量采用缩略语。有许多常见的缩略语已众所周知，如ABS(防抱死制动系统)、SRS(安全气囊系统)等。又如美国汽车公司的电路图中各接头插接器一般用字母“C”加数字做代码，铰接点用字母“S”，接地点用字母“G”表示。但要注意到各公司甚至同一个公司的不同车型的缩略语往往会有很大不同。

正确理解电路图中缩略语、才能正确阅读电路图。可查阅英汉汽车缩略语词典，也可从该电路图所在的说明书上了解图中的缩略语的含义。

四、接线柱标注

当给接线柱的标注赋予一定含义时，不用知道电器的内部结构也能方便地知道各接线柱的用途。我国在1989年参照德国标准制定《汽车电器接线柱标记》的专业标准(ZBH 36009—1989)。

原联邦德国1971年3月制定了关于汽车电器接线柱的德国标准DIN725527，共中基本标志59个，带下标的标志100个，常用标志30个。常用代码见表9-2。

表9-2　德国车型接线柱代码

端子	说　明	端子	说　明
1	点火线圈负极端(转速信号)	86	继电器电磁线圈供电端
4	点火线圈中央高压线输出端	87	继电器触点输入端
15	点火开关在“ON”“ST”时的有电的接线端	87a	当继电器线圈没有电流时，继电器触点输出端
30	接蓄电池正极的接线端，还用31a、31b、31c……表示	87b	当继电器线圈有电流时，继电器触点输出端
31	接地端，接蓄电池负极	88	继电器触点输入端
49	转向信号输入端	88a	继电器触点输出端
49a	转向信号输出端	B+	交流发电机输出端，接蓄电池正极
50	起动机控制端，当点火开关在“START”时有电	B-	接地，接蓄电池负极
53	刮水器电动机接电源正极端	D+	发电机正极输出端
53a-e	其他刮水器电动机接线端	D	同D+
54	制动灯电源端	D-	接地，接蓄电池负极
56	前照灯变光开关正极端	DF	交流发电机励磁电路的控制端
56a	远光灯接线端	DYN	同D+
56b	近光灯接线端	E	同DF
58	停车灯正极端	EXC	励磁端，同DF
61	发电机接充电指示灯端	F	励磁端，同DF
67	交流发电机励磁端	IND	指示灯，同61
85	继电器电磁线圈接地端	+	辅助的正极输出

第二节　汽车电路图识读方法与技巧

任务导向

- 掌握汽车电路图的识读方法。
- 掌握汽车位置图的识读方法。

学习要求

应知：掌握识读汽车电路图和位置图的一般方法。

应会：能读懂汽车基本的简单电路。

一、汽车电路原理图

1. 电路原理图的识读方法

（1）判断该电气系统的控制方式

若属于电子控制系统，则要把该系统的线路分成三部分，即：

① 电控单元与电源的连接电路。

② 信号输入电路。

③ 执行器工作电路。

若该用电器电路中使用了继电器，则要区分主电路及控制电路。注意，无论主电路还是控制电路，往往都不止一条。

（2）识图从用电器入手

在电路图中，从其他部分处入手，不利于掌握各电器的工作原理，而从用电器入手，很容易把与之相关的控制器件查找出来。

（3）运用回路原则

通过运用回路原则，找出用电器与电源正负极构成的回路。

2. 电路原理图识读技巧

① 电路按其作用来分，可分为电源电路、接地电路、信号电路、控制电路。

② 直接连接在一起的导线（也可经由熔丝、铰接点连接）必具有一个共同的功能，如都是电源线、接地线、信号线、控制线等。即凡不经用电器而连接的一组导线若有一根接电源或接地，则该组导线都是电源线或接地线。与电源正极连接的导线在到达用电器之前是电源电路；与接地点连接的导线在到达用电器之前为接地电路。

③ 在分析各条电路（电源电路、信号电路、控制电路、接地电路等）的作用时，经常会用到排除法判断电路，即对不易判断功能的电路，通过排除其不可能的功能来确定其实际功能。如分析某一具有三根导线的传感器电路时，已经分析出其电源电路、接地电路，则剩余的电路必然为信号电路。

④ 注意各元器件的串、并联关系，特别要注意几个元器件共用电源线、共用接地线和共用控制线的情况。

⑤ 传感器经常共用电源线、接地线，但决不会共用信号线。执行器会共用电源线、接地线、控制线。

二、汽车位置图的识读

位置直观地反映了各电器及线路在车上的具体位置。有绘制和照片两种形式。按照作用可以分为以下几类。

1. 线束图

线束是电路的主干，通过连接器、铰接点与车内电器或车体连接（见图9-3），可从线束图中了解线束的走向及线束各部连接器的位置。

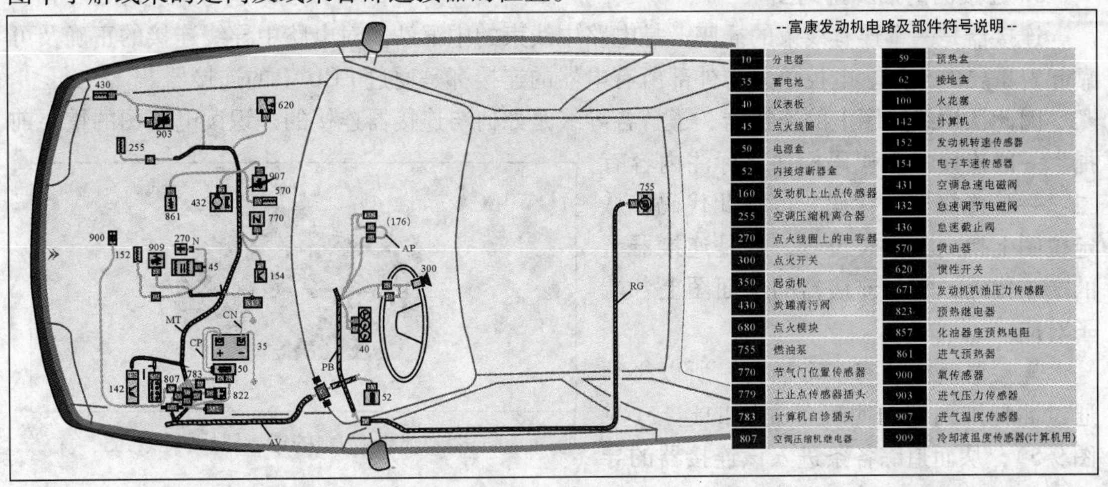

--富康发动机电路及部件符号说明--

符号	说明	符号	说明
10	分电器	59	预热盒
35	蓄电池	62	接地盒
40	仪表板	100	火花塞
45	点火线圈	142	计算机
50	电源盒	152	发动机转速传感器
52	内接熔断器盒	154	电子车速传感器
160	发动机上止点传感器	431	空调怠速电磁阀
255	空调压缩机离合器	432	怠速调节电磁阀
270	点火线圈上的电容器	436	怠速截止阀
300	点火开关	570	喷油器
350	起动机	620	惯性开关
430	炭罐清污阀	671	发动机机油压力传感器
680	点火模块	823	预热继电器
755	燃油泵	857	化油器座预热电阻
770	节气门位置传感器	861	进气预热器
779	上止点传感器插头	900	氧传感器
783	计算机自诊插头	903	进气压力传感器
807	空调压缩机继电器	909	冷却液温度传感器(计算机用)

图 9-3　线束图

2. 电器定位图

显示用电器、控制器件(包括传感器、电控单元、开关、继电器等)、连接器、接线盒、熔丝盒、继电器盒等在车上的具体位置(见图 9-4)，可以帮助我们迅速准确地找到各电器元件在车上的安装位置。

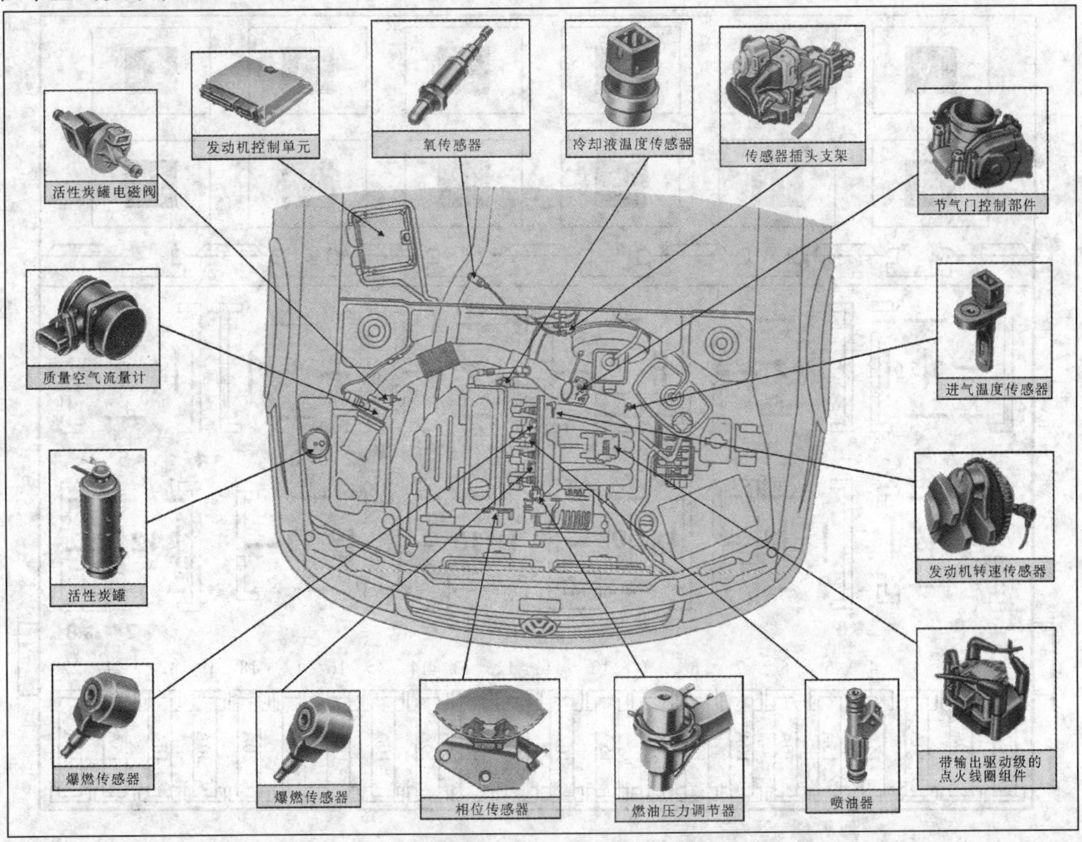

图 9-4　桑塔纳 Gsi 发动机管理系统各组件的安装位置图

3. 连接器的插脚排列图

连接器是一个连有线束的插座，是电路中线束的中继站。对电路中导线连接的正确及可靠起着重要的作用。电控单元与外部所有电器的连接都是通过 ECU 上的连接器。

因此认识线路图上的连接器，了解各导线是如何与连接器连接的是识读电路图的重要前提。一般连接器用代码标注。标注内容有二：一是连接器的代码。可据此代码，从定位图上找到其安装位置。二是连接器上的端子代码，它与连接器的平面图上各端子对应。

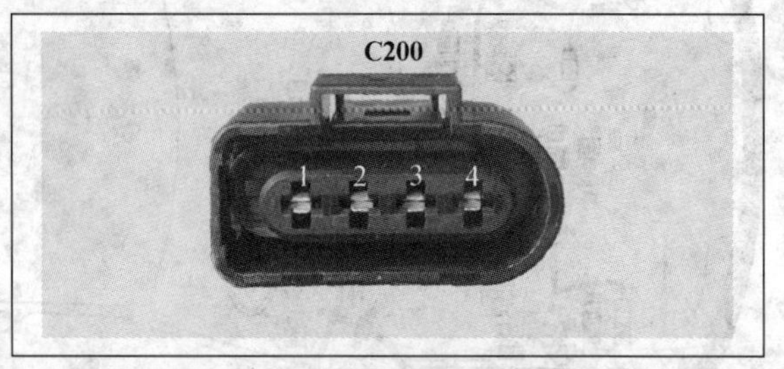

图 9-5　代码 C200 的连接器插脚排列图

连接器上往往有多个插脚，所以必须通过插脚排列图来明确各插脚的连接（见图 9-5），从而追踪各条进入该连接器的导线。丰田、马自达、克莱斯勒等车型常将连接插脚排列图附在原理图上。

4. 熔丝盒、继电器盒及接线盒的内部线路图

为便于检修，熔丝、继电器及导线的铰接点往往集中安装在熔丝盒、继电器盒及接线盒中。在读图时先从电器定位图了解各盒在车上的安装位置后，再通过各盒的内部线路图了解盒内的连接关系（见图 9-6）。许多车上把这三种盒组合在一起成为熔丝/继电器盒、中央接线盒等。

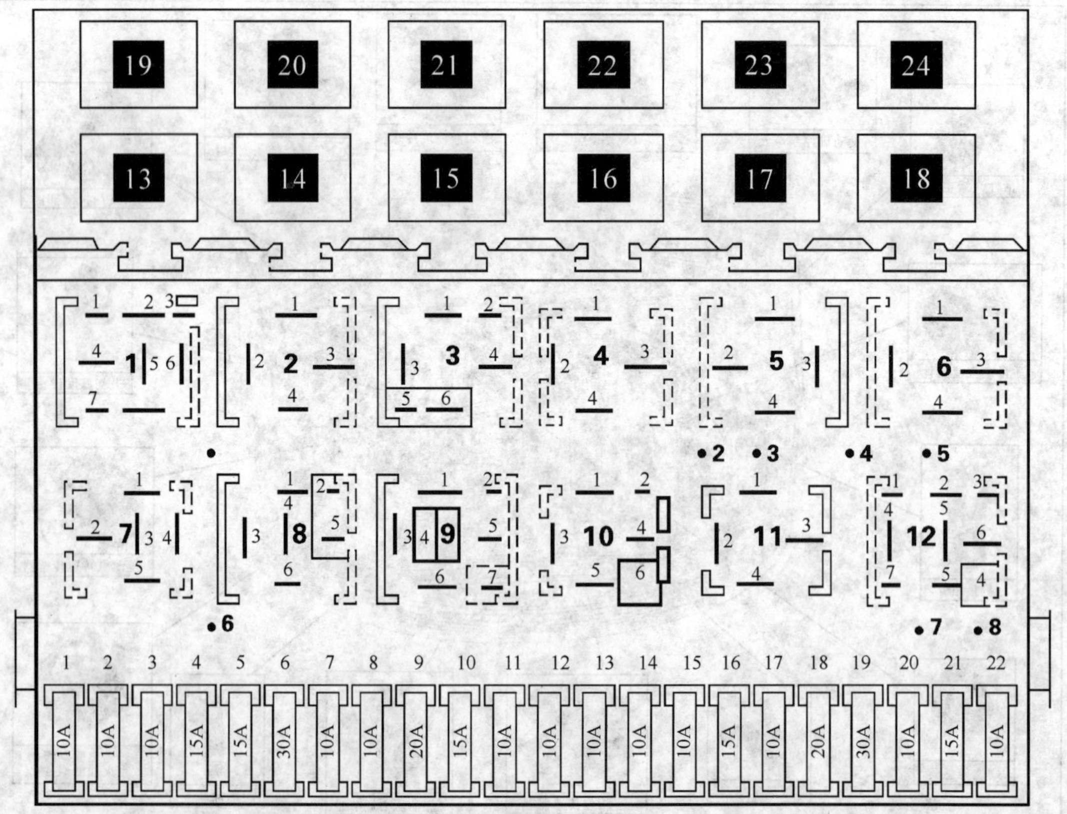

图 9-6　捷达轿车熔丝/继电器盒正面布置

综上所述，在识读电路原理图掌握了电路工作原理后，再根据图上的电器代码，综合查阅各定位图，即可确定电器及导线在车上的位置。

三、其他电路资料

通过电路原理图和定位图可以掌握电路原理并在车上找到各电器和导线。但在实际电路检修时，还需要其他的信息，所以在电路图后面还有文字说明及各种表格等辅助资料。常见的相关信息有：

① 在集中控制的电子控制系统中，一个电子控制单元同时连接多个信号输入装置，控制多个执行器，在维修时需要知道各执行器分别与哪些传感器有关，这在电路图中是看不出的，需要有相应的文字资料说明。

② 对电子控制系统，在检修时需要知道电控单元各插脚的检测条件及数据，这可以通过对插脚的说明来了解。

③ 对复杂的电气系统，某些车系会提供检修流程图。

④ 对仅靠电路图难以清晰表达的复杂工作原理（如电控单元之间的数据总线的数据传输），仅用图无法说明，还需专门的文字来说明。

图 9-7 及表 9-3 为一组显示福特汽车头灯开关的资料。图 9-7a 显示了头灯开关接线柱与

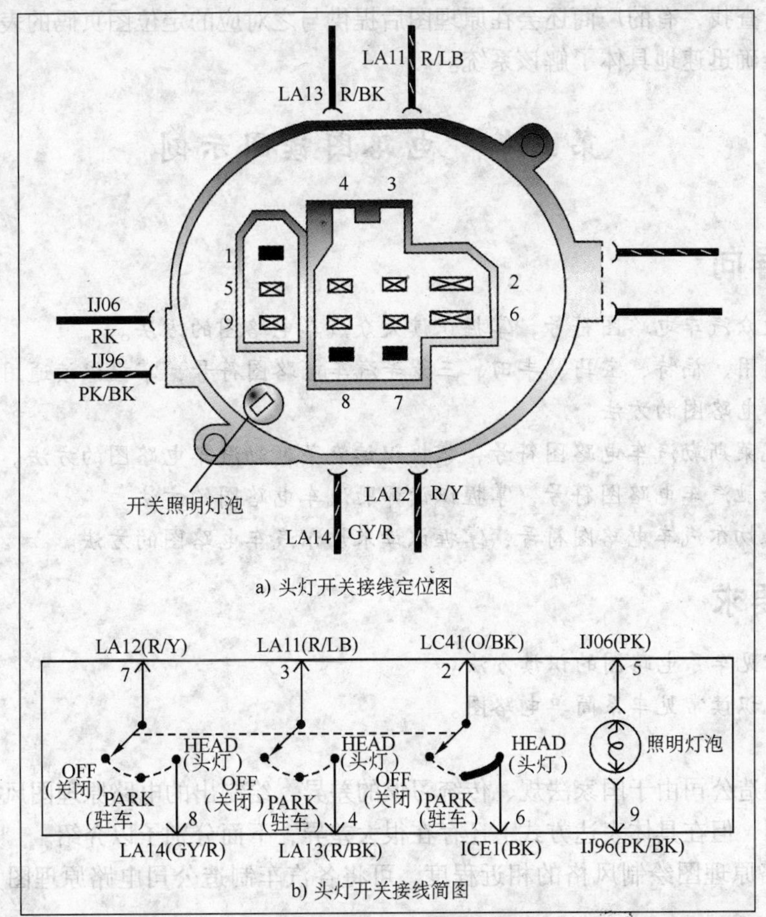

a) 头灯开关接线定位图

b) 头灯开关接线简图

图 9-7 福特汽车头灯开关电路图

外部导线的连接，其简图见图 9-7b。

表 9-3　福特汽车头灯开关测试步骤

测试项目	将欧姆表或带电试灯接到该接线柱	将开关转到下一位置	正常开关应指示
前照灯线路	LA12(R/Y)以及 LA14(GY/R) LA11(R/LB)以及 LA13(R/BK)	Off(关闭) Park(驻车灯) Hoad(前照灯)	开路 开路 通路
驻车灯线路	LC41(0/BL)以及 CE1(BK)	Off Park Head	开路 通路 通路
指示灯线路	IJ06(PK)以及 IJ96(PK/BK)	将开关转到 Park(驻车灯)或 Head(前照灯)位置	

要了解某个电气系统的工作或要检查某条线路时，要学会综合利用生产厂商提供的电路图及相关图表资料。首先通过电路原理图，了解电流的通路，即电流流经的各类电器(如熔丝、开关、继电器、电控单元及用电器等)、各电器间连接的导线、连接器及接地点等。然后根据电器的名称及代码找到电器在车上的安装位置，从线束图及连接器定位图上找到对应的导线。为便于查找，有的厂商还会在原理图后提供与之对应的定位图页码的表格或索引，这能帮助我们准确迅速地具体了解该系统。

第三节　电路图读图示例

任务导向

- 了解大众汽车电路图符号，掌握识读大众汽车电路图的方法。
- 了解通用、福特、宝马、丰田、三菱等汽车电路图符号，掌握识读通用、丰田、三菱等汽车电路图的方法。
- 了解克莱斯勒汽车电路图符号，掌握识读克莱斯勒汽车电路图的方法。
- 了解奔驰汽车电路图符号，掌握识读奔驰汽车电路图的方法。
- 了解米切尔汽车电路图符号，掌握识读米切尔汽车电路图的方法。

学习要求

应知：常见车系电路图的识读方法。
应会：能识读常见车系简单电路图。

各汽车制造公司由于国家法规、传统习惯的差异，绘制出的电路原理图风格各异。尽管识图原则相同，但在具体表达方式上还存在很大差异，下面分别予以介绍。

按照电路原理图绘制风格的相近程度，可将各汽车制造公司电路原理图大致分为五种类型：

- 大众、大宇(部分车型)。

- 通用、福特、宝马、丰田、三菱、本田、马自达、现代、富康、大宇(部分车型)。
- 克莱斯勒、日产。
- 奔驰。
- 美国汽车维修资料供应商米切尔。

在以下对各车型电路图的介绍中，我们将通过该车电路图符号表了解电路图上各符号的含义，并通过对样图的标注了解电路图中具体细节的表达，从而掌握识读方法。

一、大众汽车电路图

大众车系电路图遵循德国工业标准 DIN725527。特点是图上部的灰色区域表示汽车的中央接线盒的熔丝与继电器。灰色区域内部水平线为接电源正极的导线，有 30、15、X 等。其中 30 线直接接蓄电池正极，称为常火线。15 线接点火开关，当点火开关处于“ON”及“STAR”档时有电，给小功率用电器供电。X 线的电路如图 9-8 所示，当点火开关接至“ON”或“ST”档时，中间继电器闭合，通过触点给大功率用电器供电。31 线为接地线。图最下端是标注图中各线路位置的编号，各线路平行排列，每条线路对准下框线上的一个编号。线路如在图中中断，断口处标注与之连接的另一段线路所在的编号。同时也在线上注出各接地点。所有电器件均处于图中间的位置。图中起连接作用的细实线表示接线柱、接线铜片及铰接等的非导线连接方式。

二、通用、福特、宝马、丰田、三菱等汽车电路图

通用、福特、宝马、丰田、三菱、本田、马自达、现代、富康等电路原理图绘制风格非常相近，下面就以通用、丰田、三菱汽车电路图的识读为例进行介绍，其他系列车型电路图的识读可以此做参考。

1. 通用汽车电路图

通用车型电路图通常分为四类：电源分配简图(见图 9-9)、熔丝盒详图(见图 9-10)、系统电路图(见图 9-11)和接地电路图(见图 9-12)。系统电路图中电源线从图上方进入，通常从熔丝处开始，并于熔丝上方用黑线框标注此处与电源之间的通断关系；用电器在中部，接地点在最下方。如果是由电子控制的系统，电路图中除该系统的工作电路外还会包括与该系统工作有关的信号电路(如传感器等)。

通用汽车的系统电路图上方常用粗黑框内的文字标注与电源的通断情况，一般为“常通电”(常火线)式、“在 ON 或 ACC 时通电”(指点火开关在 ON 或 ACC 的位置时接通电源)。通用汽车电路图中用黑三角内的图案表示电路中需予注意的内容。图 9-13 表示此电路对静电敏感，操作时要注意人体放电等操作规程。图 9-14 表示此电路与安全气囊电路有关联，不规范操作会引爆安全气囊。图 9-15 说明电路在 OBD Ⅱ(车载电脑诊断Ⅱ)的范围内，如有故障时，“维修发动机”灯会亮。这类三角标注的底面往往标有相关内容具体说明的页码。

2. 丰田汽车电路图

丰田汽车电路图读图示例如图 9-16、图 9-17 所示。

3. 三菱汽车电路图

三菱汽车电路图读图示例如图 9-18 所示。

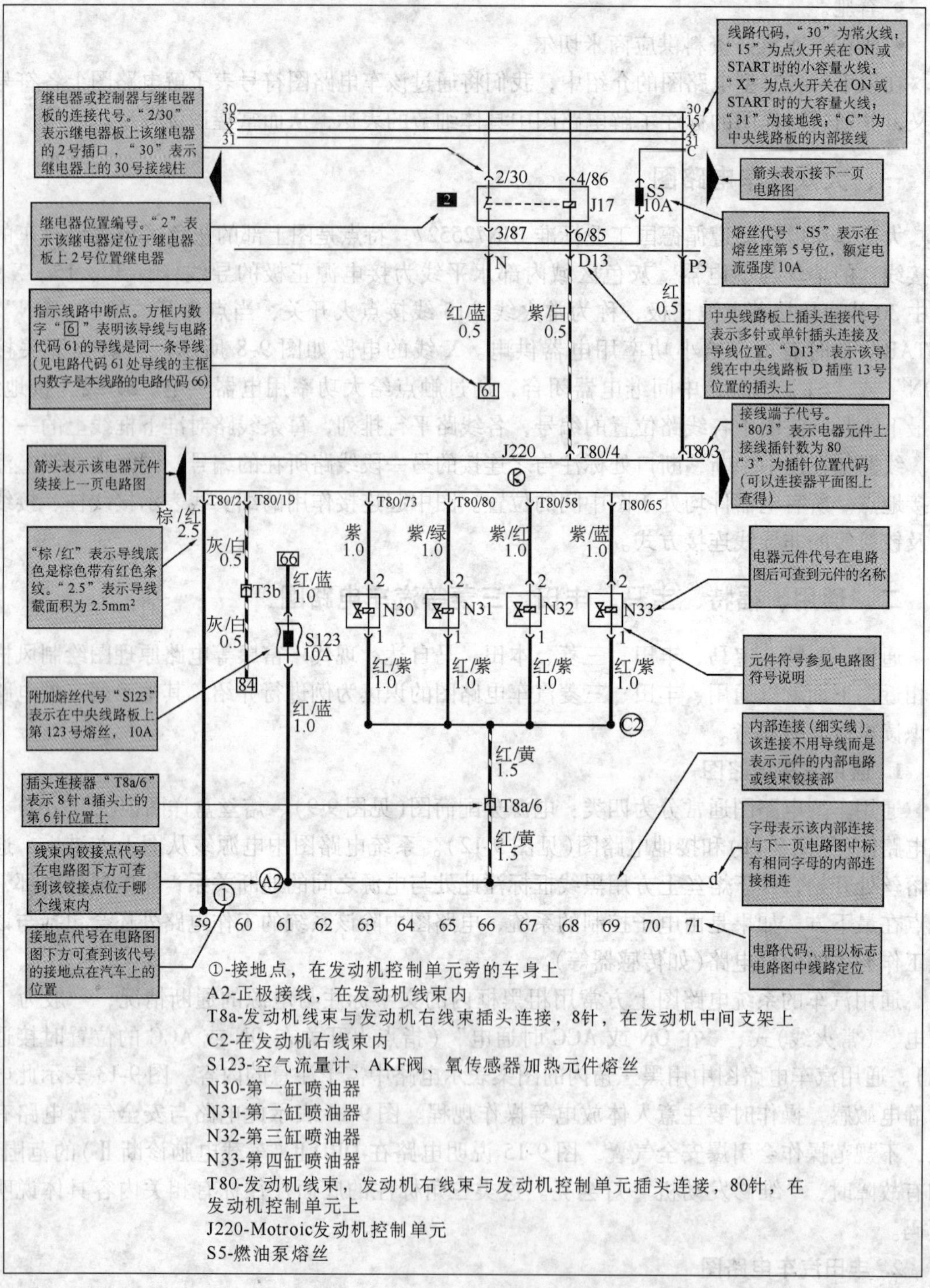

继电器或控制器与继电器板的连接代号。"2/30"表示继电器板上该继电器的2号插口，"30"表示继电器上的30号接线柱

继电器位置编号。"2"表示该继电器定位于继电器板上2号位置继电器

指示线路中断点。方框内数字"6"表明该导线与电路代码61的导线是同一条导线（见电路代码61处导线的主框内数字是本线路的电路代码66）

箭头表示该电器元件续接上一页电路图

"棕/红"表示导线底色是棕色带有红色条纹。"2.5"表示导线截面积为2.5mm²

附加熔丝代号"S123"表示在中央线路板上第123号熔丝，10A

插头连接器"T8a/6"表示8针a插头上的第6针位置上

线束内铰接点代号在电路图下方可查到该铰接点位于哪个线束内

接地点代号在电路图图下方可查到该代号的接地点在汽车上的位置

线路代码，"30"为常火线；"15"为点火开关在ON或START时的小容量火线；"X"为点火开关在ON或START时的大容量火线；"31"为接地线；"C"为中央线路板的内部接线

箭头表示接下一页电路图

熔丝代号"S5"表示在熔丝座第5号位，额定电流强度10A

中央线路板上插头连接代号表示多针或单针插头连接及导线位置。"D13"表示该导线在中央线路板D插座13号位置的插头上

接线端子代号。"80/3"表示电器元件上接线插针数为80，"3"为插针位置代码（可以连接器平面图上查得）

电器元件代号在电路图后可查到元件的名称

元件符号参见电路图符号说明

内部连接（细实线）。该连接不用导线而是表示元件的内部电路或线束铰接部

字母表示该内部连接与下一页电路图中标有相同字母的内部连接相连

电路代码，用以标志电路图中线路定位

30 15 X 31 C

2/30 4/86 S5 10A J17 3/87 6/85 N D13 P3

红/蓝 0.5 紫/白 0.5 红 0.5 61

J220 T80/4 T80/3 K

T80/2 T80/19 T80/73 T80/80 T80/58 T80/65

棕/红 2.5 灰/白 0.5 T3b 灰/白 0.5 84 66 红/蓝 1.0 S123 10A 红/蓝 1.0

紫 1.0 紫/绿 1.0 紫/红 1.0 紫/蓝 1.0

N30 N31 N32 N33

红/紫 1.0 红/紫 1.0 红/紫 1.0 红/紫 1.0 C2

红/黄 1.5 T8a/6 红/黄 1.5 d A2 ①

59 60 61 62 63 64 65 66 67 68 69 70 71

①-接地点，在发动机控制单元旁的车身上
A2-正极接线，在发动机线束内
T8a-发动机线束与发动机右线束插头连接，8针，在发动机中间支架上
C2-在发动机右线束内
S123-空气流量计、AKF阀、氧传感器加热元件熔丝
N30-第一缸喷油器
N31-第二缸喷油器
N32-第三缸喷油器
N33-第四缸喷油器
T80-发动机线束，发动机右线束与发动机控制单元插头连接，80针，在发动机控制单元上
J220-Motroic发动机控制单元
S5-燃油泵熔丝

图 9-8　大众汽车电路原理图识读示意图

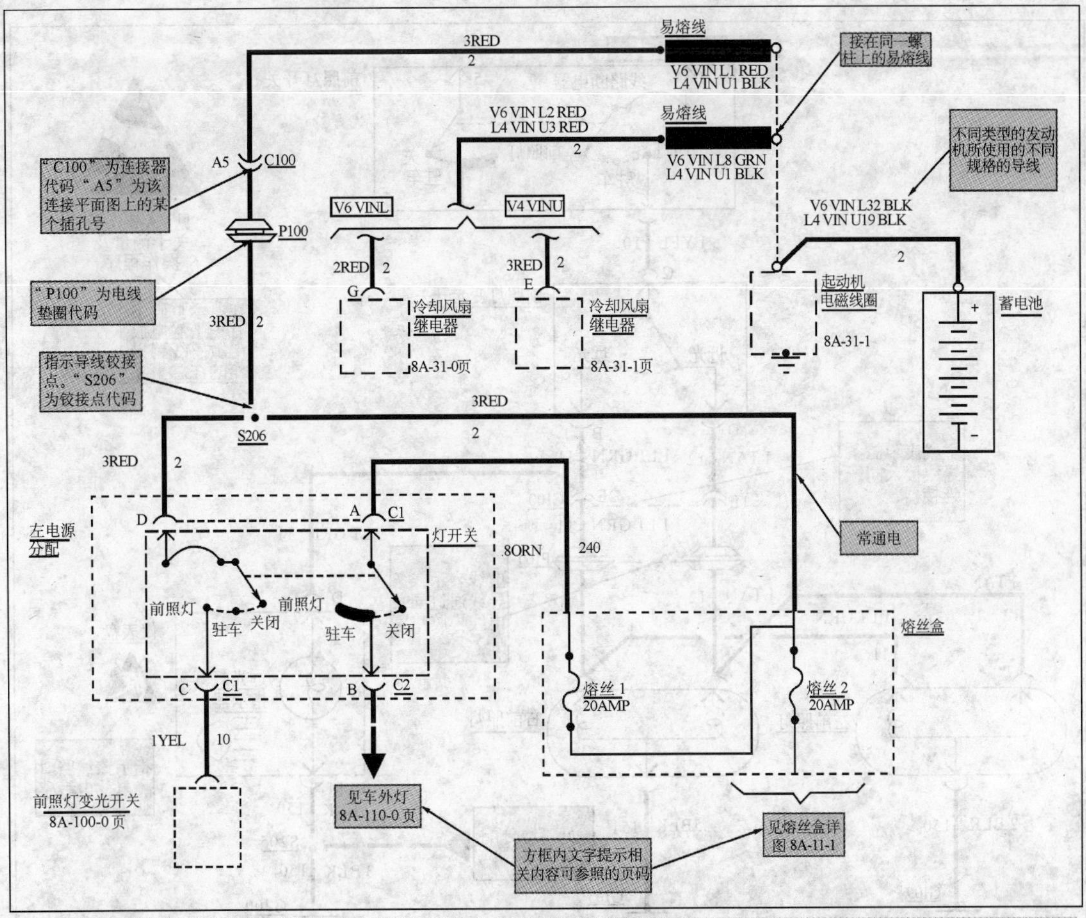

易熔线
3RED
2
V6 VIN L1 RED
L4 VIN U1 BLK
接在同一螺柱上的易熔线
V6 VIN L2 RED
L4 VIN U3 RED
易熔线
2
V6 VIN L8 GRN
L4 VIN U1 BLK
不同类型的发动机所使用的不同规格的导线
V6 VIN L32 BLK
L4 VIN U19 BLK
A5
C100
“C100”为连接器代码“A5”为该连接平面图上的某个插孔号
V6 VINL
V4 VINU
P100
2RED 2
G
冷却风扇继电器
8A-31-0页
3RED 2
E
冷却风扇继电器
8A-31-1页
2
起动机电磁线圈
8A-31-1
蓄电池
“P100”为电线垫圈代码
3RED 2
指示导线铰接点。“S206”为铰接点代码
3RED
2
S206
3RED
2
D
A
C1
左电源分配
灯开关
.8ORN
240
常通电
前照灯
前照灯
驻车
关闭
驻车
关闭
熔丝盒
熔丝 1
20AMP
熔丝 2
20AMP
C
C1
B
C2
1YEL
10
前照灯变光开关
8A-100-0 页
见车外灯
8A-110-0 页
见熔丝盒详图 8A-11-1
方框内文字提示相关内容可参照的页码

图 9-9　通用汽车电源分配简图识读

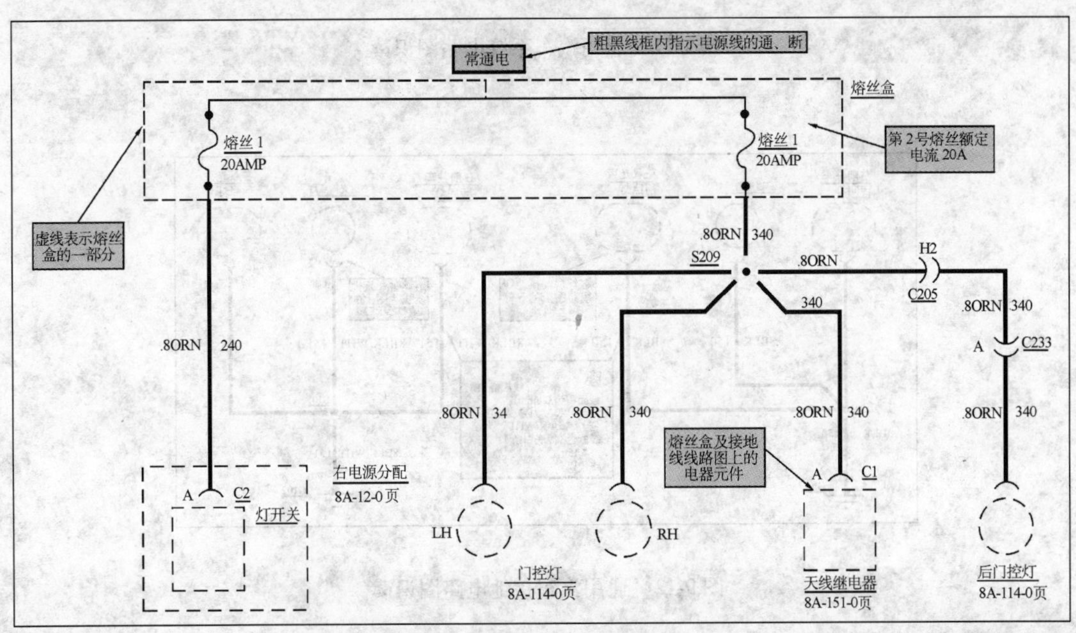

图 9-10　通用汽车熔丝盒详图识读

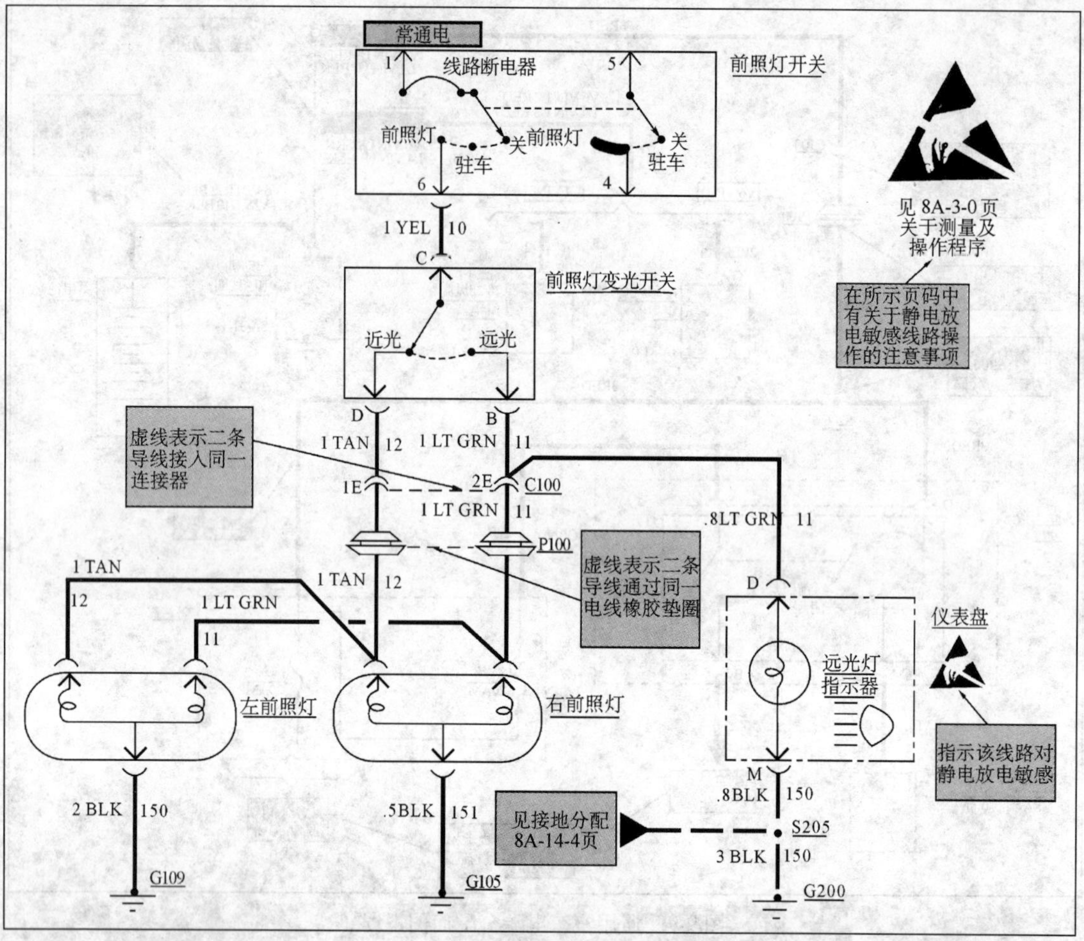

常通电
线路断电器
前照灯开关
前照灯
关
前照灯
驻车
关
驻车
1
5
6
4
1 YEL
10
C
前照灯变光开关
近光
远光
D
B
1 TAN
12
1 LT GRN
11
虚线表示二条导线接入同一连接器
1E
2E
C100
1 LT GRN
11
.8LT GRN
11
P100
虚线表示二条导线通过同一电线橡胶垫圈
1 TAN
12
1 LT GRN
11
1 TAN
12
D
仪表盘
远光灯指示器
左前照灯
右前照灯
M
.8BLK
150
2 BLK
150
.5BLK
151
见接地分配8A-14-4页
S205
3 BLK
150
G109
G105
G200
见 8A-3-0 页关于测量及操作程序
在所示页码中有关于静电放电敏感线路操作的注意事项
指示该线路对静电放电敏感

图 9-11 通用汽车系统电路图识读

左前驻车/转向灯
左远光前照灯
左双光束前照灯
右前驻车/转向灯
右远光前照灯
右双光束前照灯
熔丝盒及接地线线路图上的双灯丝灯泡
熔丝盒及接地线线路图上的单灯丝灯泡
.8BLK 150
.8BLK 150
.8BLK/WHT 151
.8BLK/WHT 151
线路标志：
“8”表示导线规格（横截面积为 0.8mm）；
“BLK”为导线颜色（黑色）；“BLK/WHT”为导线颜色（黑底白条）；
“150”、“151”等为线路代码
S100
.8BLK 150
S105
.8BLK/WHT 151
G101
G102

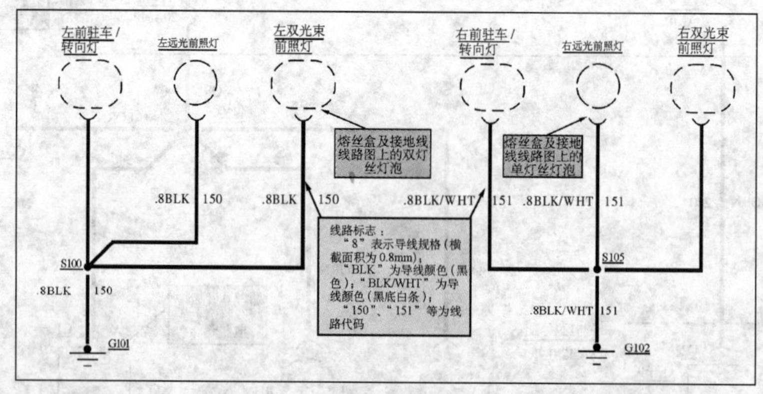

图 9-12 通用汽车接地电路图识读

图 9-13 静电敏感符号

图 9-14 安全气囊符号

图 9-15 OBD Ⅱ 符号

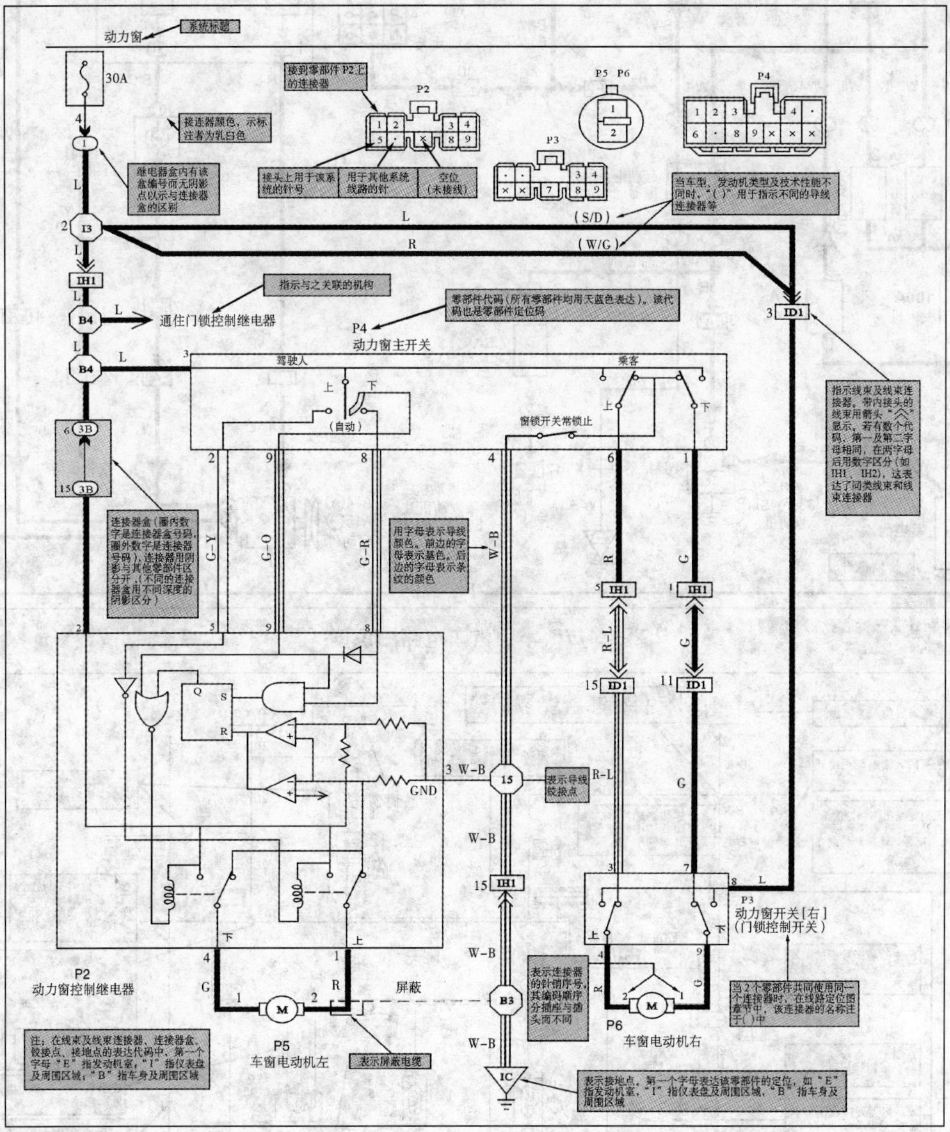

动力窗
系统标题
30A
接到零部件 P2 上的连接器
P2
接连器颜色，示标注者为乳白色
继电器盒内有该盒编号而无阴影点以示与连接器盒的区别
接头上用于该系统的针号
用于其他系统线路的针
空位（未接线）
P5 P6
P3
P4
当车型、发动机类型及技术性能不同时，“( )”用于指示不同的导线连接器等
(S/D)
(W/G)
指示与之关联的机构
通住门锁控制继电器
零部件代码（所有零部件均用天蓝色表达）。该代码也是零部件定位码
P4
动力窗主开关
驾驶人
乘客
上 下
（自动）
窗锁开关常锁止
指示线束及线束连接器。带内接头的线束用箭头“≪”显示，若有数个代码，第一及第二字母相同，在两字母后用数字区分（如 IH1、IH2），这表达了同类线束和线束连接器
连接器盒（圈内数字是连接器盒号码，圈外数字是连接器号码）。连接器用阴影与其他零部件区分开，（不同的连接器盒用不同深度的阴影区分）
用字母表示导线颜色。前边的字母表示基色，后边的字母表示条纹的颜色
3 W-B
GND
表示导线铰接点
R-L
P3
动力窗开关［右］
（门锁控制开关）
P2
动力窗控制继电器
屏蔽
表示连接器的针销序号，其编码顺序分插座与插头而不同
当 2 个零部件共同使用同一个连接器时，在线路定位图章节中，该连接器的名称注于( )中
P6
车窗电动机右
P5
车窗电动机左
表示屏蔽电缆
注：在线束及线束连接器、连接器盒、铰接点、接地点的表达代码中，第一个字母“E”指发动机室，“I”指仪表盘及周围区域，“B”指车身及周围区域
表示接地点，第一个字母表达该零部件的定位，如“E”指发动机室，“I”指仪表盘及周围区域，“B”指车身及周围区域

图 9-16 丰田汽车电气系统图识读

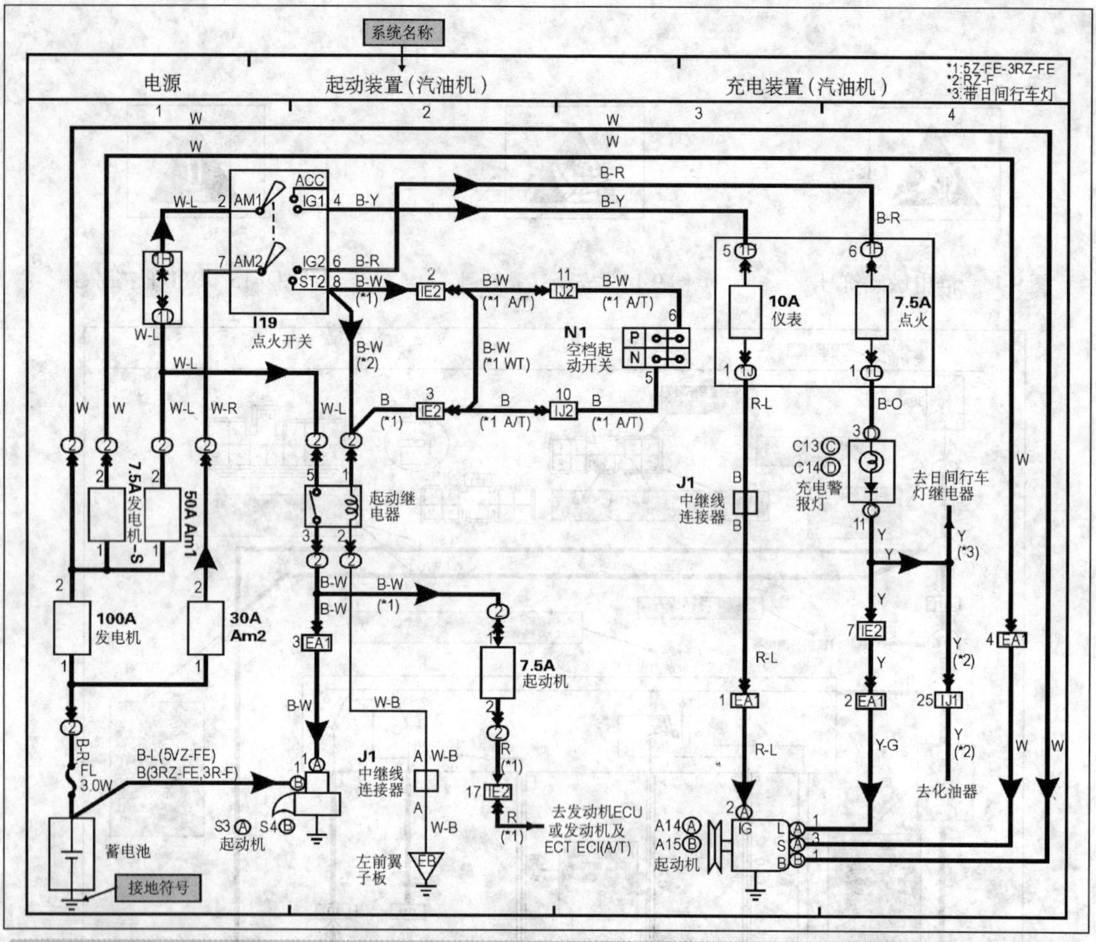

图 9-17　丰田汽车电路图识读

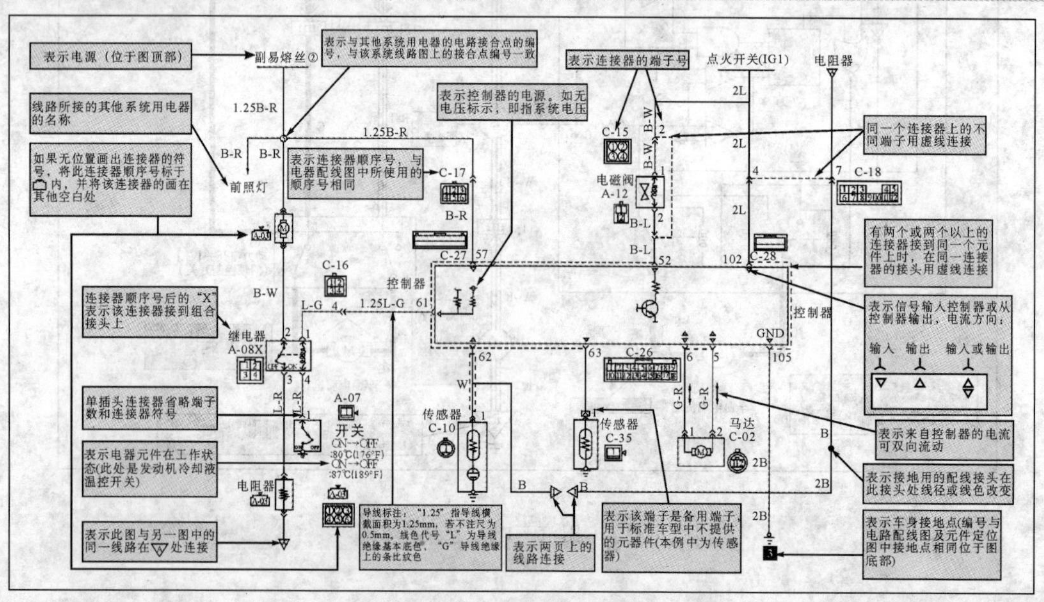

图 9-18　三菱汽车电路图识读

三菱车电控单元各插脚处画有代表其内部电路的符号。具体说明如下：

“▽”、“△”代表电流流向，“~”代表下面连接的电路省略。

① 外部给电控单元供电见图 9-19。

② 电控单元接地见图 9-20。

③ 电控单元给外部器件供电，未注明电压值的为 5V，见图 9-21。

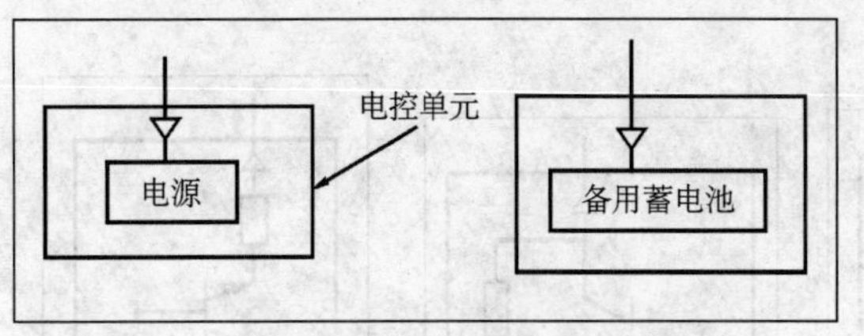

图 9-19　外部电源向电控单元供电

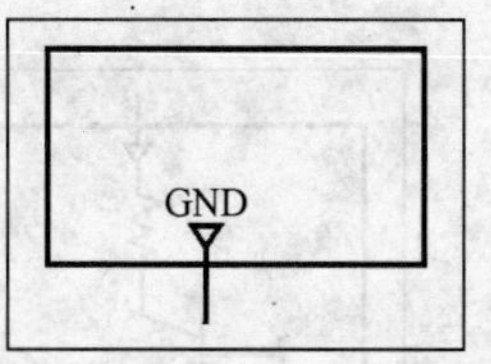

图 9-20　电控单元接地

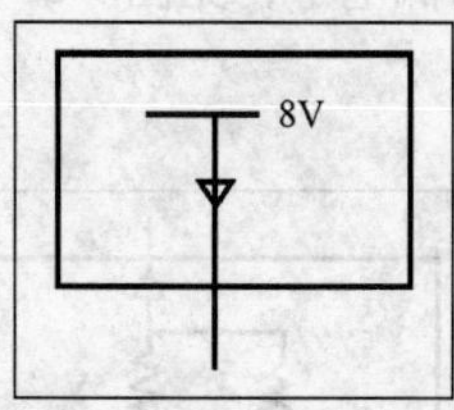

图 9-21　电控单元向外供电

④ 外部器件经电控单元接地，见图 9-22。

⑤ 电控单元的信号输入端一般画法见图 9-23。

由电控单元提供电源，外部一般为可变电阻(压敏、热敏、光敏元件等)或开关，见图 9-24。

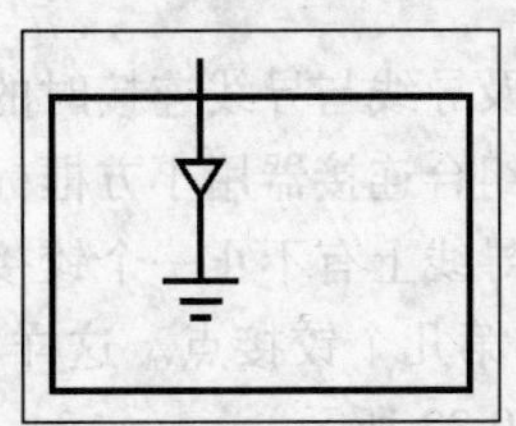

图 9-22　外部经电控单元接地

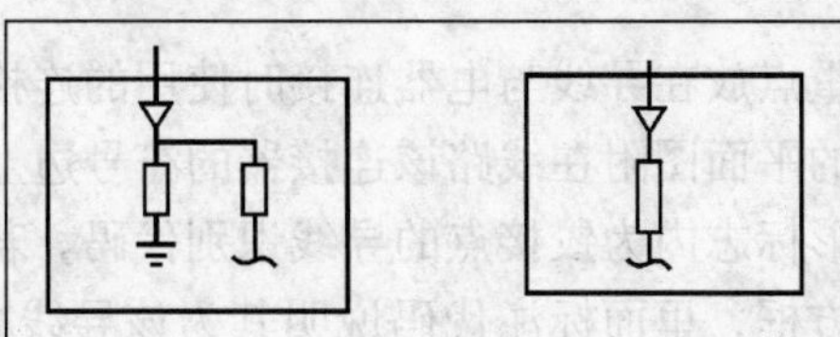

图 9-23　信号输入端

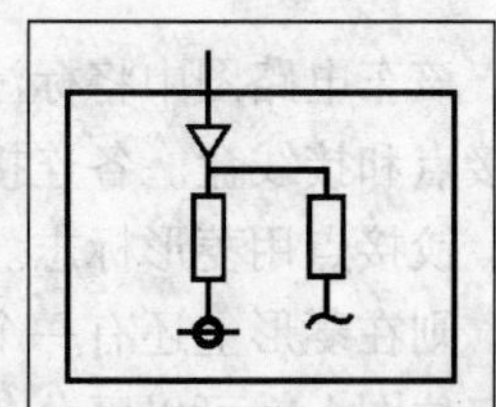

图 9-24　电控单元提供电源

外部元件以触发电控单元内电子开关的形式向电控单元输入信号，见图 9-25。

电控单元供给电源，外部元件与电控单元内电阻构成串联电路，外部元件以触发电控单元内电子开关的形式向电控单元输入信号，见图 9-26。

⑥ 电控单元控制外部器件工作，电控单元通过电子开关控制外部元件电路的接通和断开，外部元件到电控单元接地，见图 9-27。

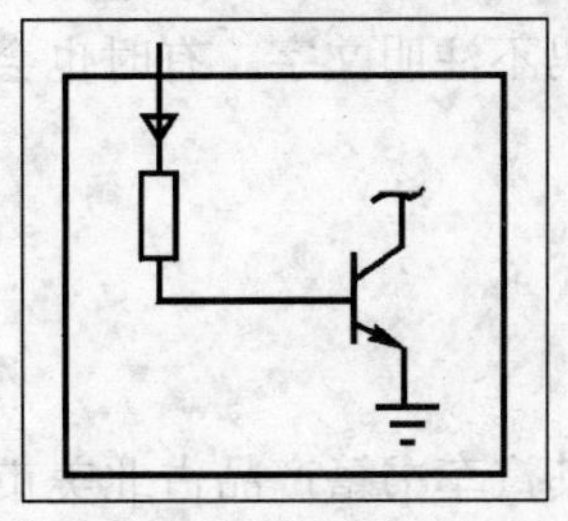

图 9-25　电控单元内部电子开关

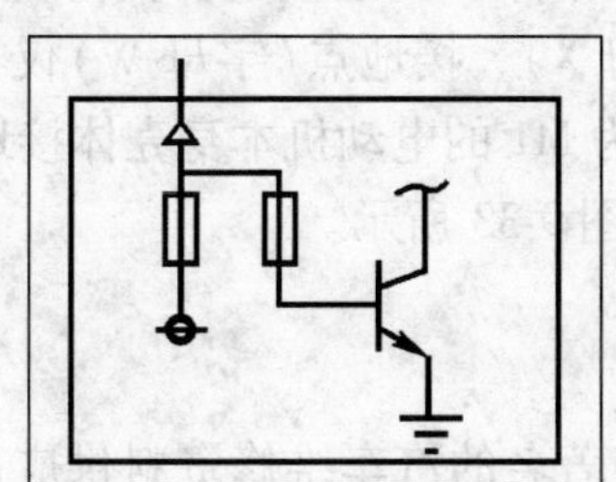

图 9-26　电子开关接受输入信号

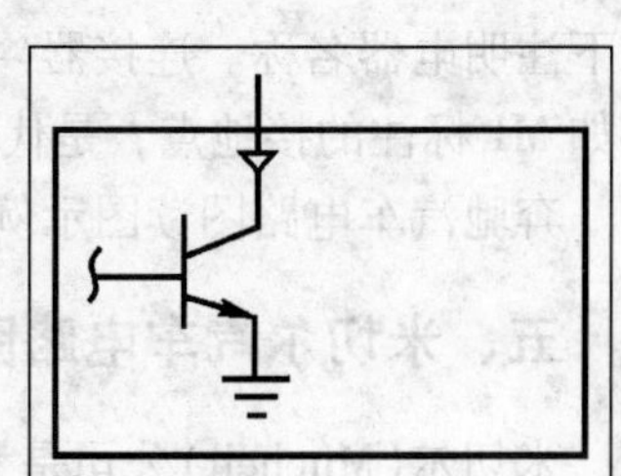

图 9-27　电控单元提供接地线路

电控单元控制信号输出见图 9-28。

外部元件和电控单元内电阻串联，受电子开关的控制，见图 9-29。

由电子开关控制供给外部元件电源，电子开关导通时，输出低电压；电子开关截止时，输出高电压，见图 9-30。

电子开关控制供给外部元件电源，电子开关导通时，输出高电压；电子开关截止时，输出低电平，见图 9-31。

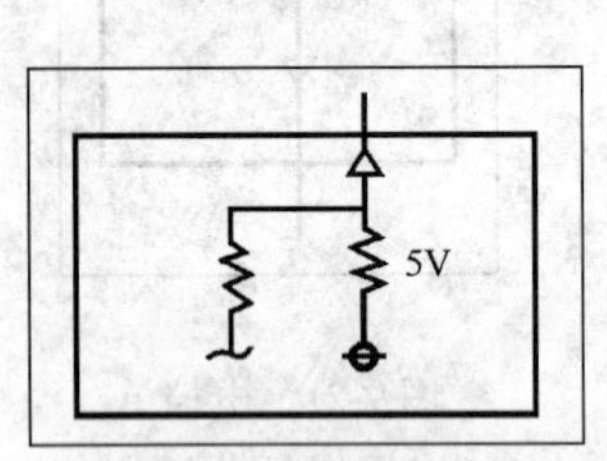

图 9-28 电控单元控制信号输出

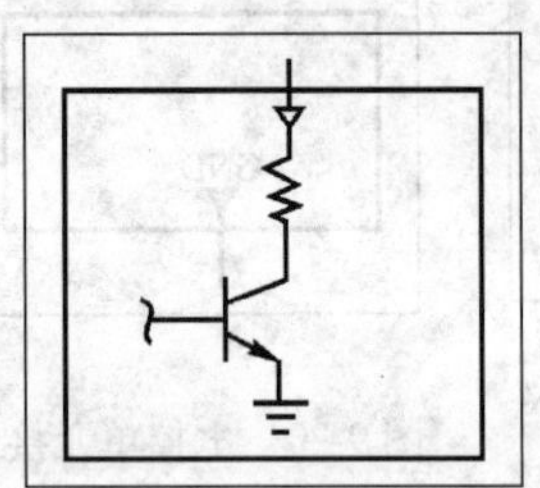

图 9-29 电控单元控制电路电阻

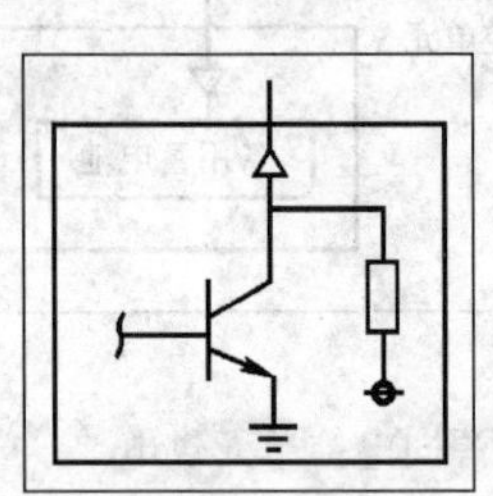

图 9-30 电控单元控制电路电压

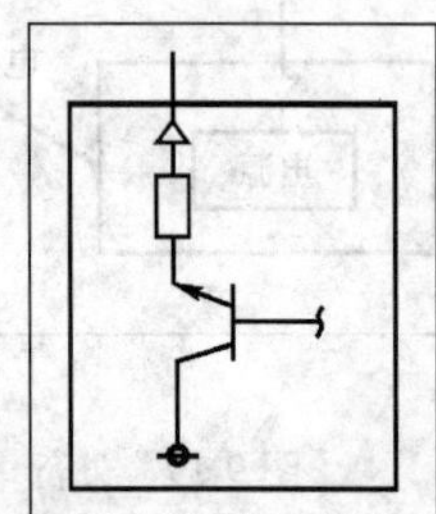

图 9-31 电控单元控制电路电压

三、克莱斯勒汽车电路图

该车电路图中将标注的重点放在导线与电器连接时使用的连接器及导线与导线连接时的铰接点和接线盒。各连接器的平面图附在线路该连接器的符号边上，组合连接器用小方框标志。铰接点用菱形标志。菱形标志内为铰接点的导线识别代码。若该导线上有不止一个铰接点，则在菱形上还有一个小方框，里面标注代码说明其为该导线上的第几个铰接点。这样，在定位图上就可以区分各铰接点，克莱斯勒汽车电路图读图示例如图 9-32 所示。

四、奔驰汽车电路图

该车电路图用数字做横坐标，字母做纵坐标来确定电器在电路图中的位置。电器符号用代码及文字标注。代码前部是字母，表示电器种类如：A 为仪表，B 为传感器，C 为电容，E 为灯，F 为熔丝，G 为蓄电池、发电机，H 为喇叭、扬声器，K 为继电器，L 为转速、速度传感器，M 为电动机，N 为控制单元，R 为电阻、火花塞，S 为开关，T 为点火线圈，W 为接地点，X 为连接器，Y 为电磁阀，Z 为连接套。代码后部数字代表编号。一般电器代码之下注明电器名称。连接器(字母 X)、接地点(字母 W)仅有代码不注明文字。有时也会出现如 M1 标注的接地点，是代码为 M1 的电动机本身壳体接地。

奔驰汽车电路图读图示例如图 9-33 所示。

五、米切尔汽车电路图

米切尔(Mitchell)公司是北美著名的汽车维修资料供应商，其汽车书籍产品占北美市场的 70%，数据库光盘产品占北美市场的 50%，中国车检中心在 1997 年与米切尔公司签订了数据库转让许可合同，并建造了全中文的 CVIC 汽车维修数据库。米切尔的电路图已成为国内汽车维修的重要资料，所以本书也对其给出说明。

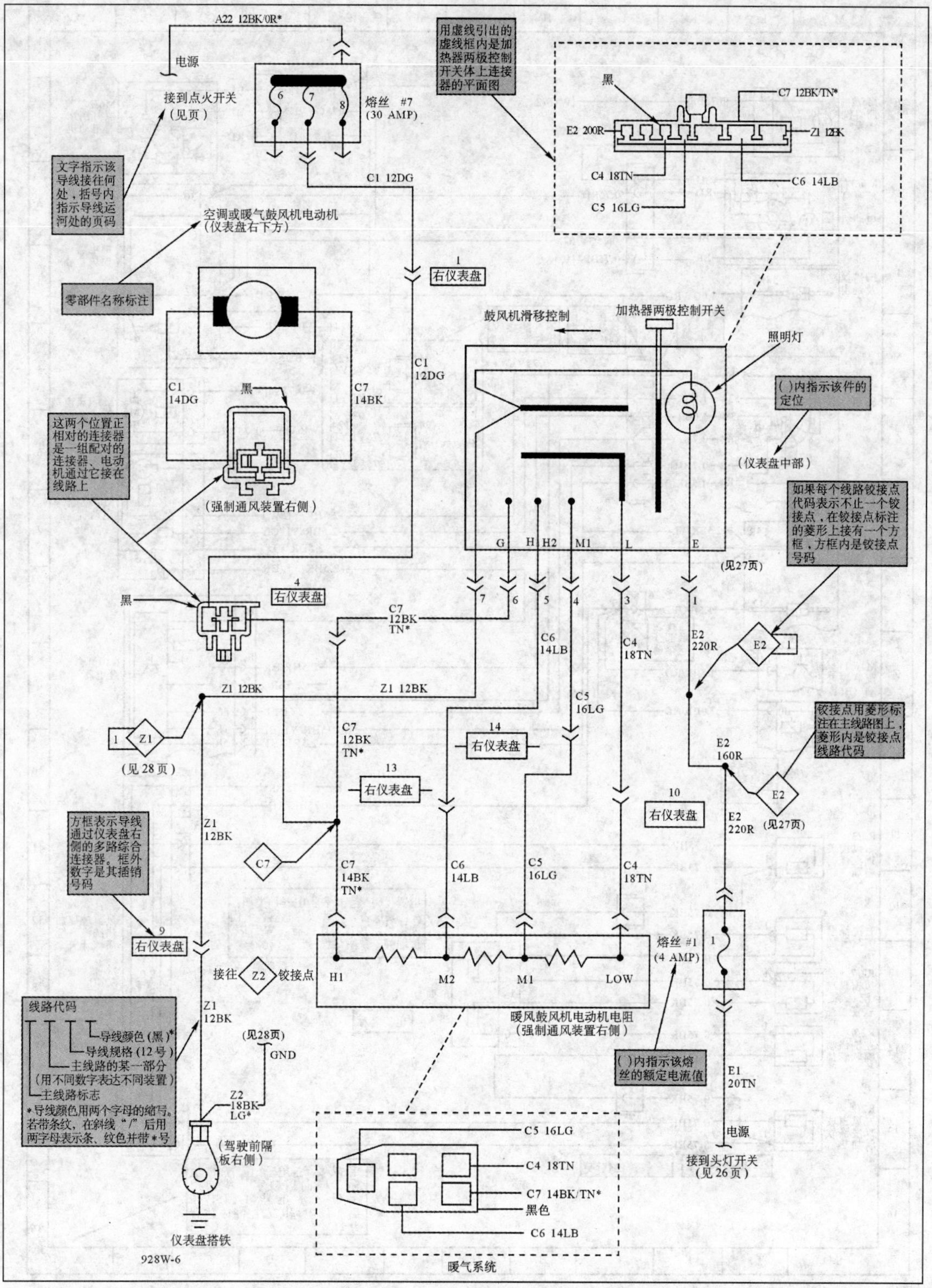

A22 12BK/0R*

电源

接到点火开关
（见页）

熔丝　#7
(30 AMP)

6 7 8

C1 12DG

文字指示该导线接往何处，括号内指示导线运河处的页码

空调或暖气鼓风机电动机
（仪表盘右下方）

零部件名称标注

用虚线引出的虚线框内是加热器两极控制开关体上连接器的平面图

黑

C7 12BK/TN*

E2 200R

Z1 12BK

C4 18TN

C6 14LB

C5 16LG

1
右仪表盘

鼓风机滑移控制

加热器两极控制开关

照明灯

( )内指示该件的定位

（仪表盘中部）

C1
12DG

C1
14DG

黑

C7
14BK

这两个位置正相对的连接器是一组配对的连接器，电动机通过它接在线路上

（强制通风装置右侧）

如果每个线路铰接点代码表示不止一个铰接点，在铰接点标注的菱形上接有一个方框，方框内是铰接点号码

G　H　H2　M1　L　E

（见27页）

7　6　5　4　3　1

4
右仪表盘

黑

C7
12BK
TN*

C6
14LB

C4
18TN

E2
220R

E2　1

Z1 12BK

Z1 12BK

1　Z1

（见 28 页）

C5
16LG

铰接点用菱形标注在主线路图上，菱形内是铰接点线路代码

C7
12BK
TN*

14
右仪表盘

E2
160R

13
右仪表盘

10
右仪表盘

E2

E2
220R

（见27页）

方框表示导线通过仪表盘右侧的多路综合连接器。框外数字是其插销号码

Z1
12BK

C7

C7
14BK
TN*

C6
14LB

C5
16LG

C4
18TN

9
右仪表盘

熔丝 #1
(4 AMP)

1

接往　Z2　铰接点

H1　M2　M1　LOW

线路代码

导线颜色（黑）*

导线规格（12号）

主线路的某一部分
（用不同数字表达不同装置）

主线路标志

*导线颜色用两个字母的缩写。若带条纹，在斜线“/”后用两字母表示条、纹色并带*号

Z1
12BK

（见28页）
GND

暖风鼓风机电动机电阻
（强制通风装置右侧）

( )内指示该熔丝的额定电流值

E1
20TN

Z2
18BK
LG*

（驾驶前隔板右侧）

C5 16LG

C4 18TN

C7 14BK/TN*

黑色

C6 14LB

电源

接到头灯开关
（见 26 页）

仪表盘搭铁

928W-6

暖气系统

图 9-32　克莱斯勒汽车电路图识读

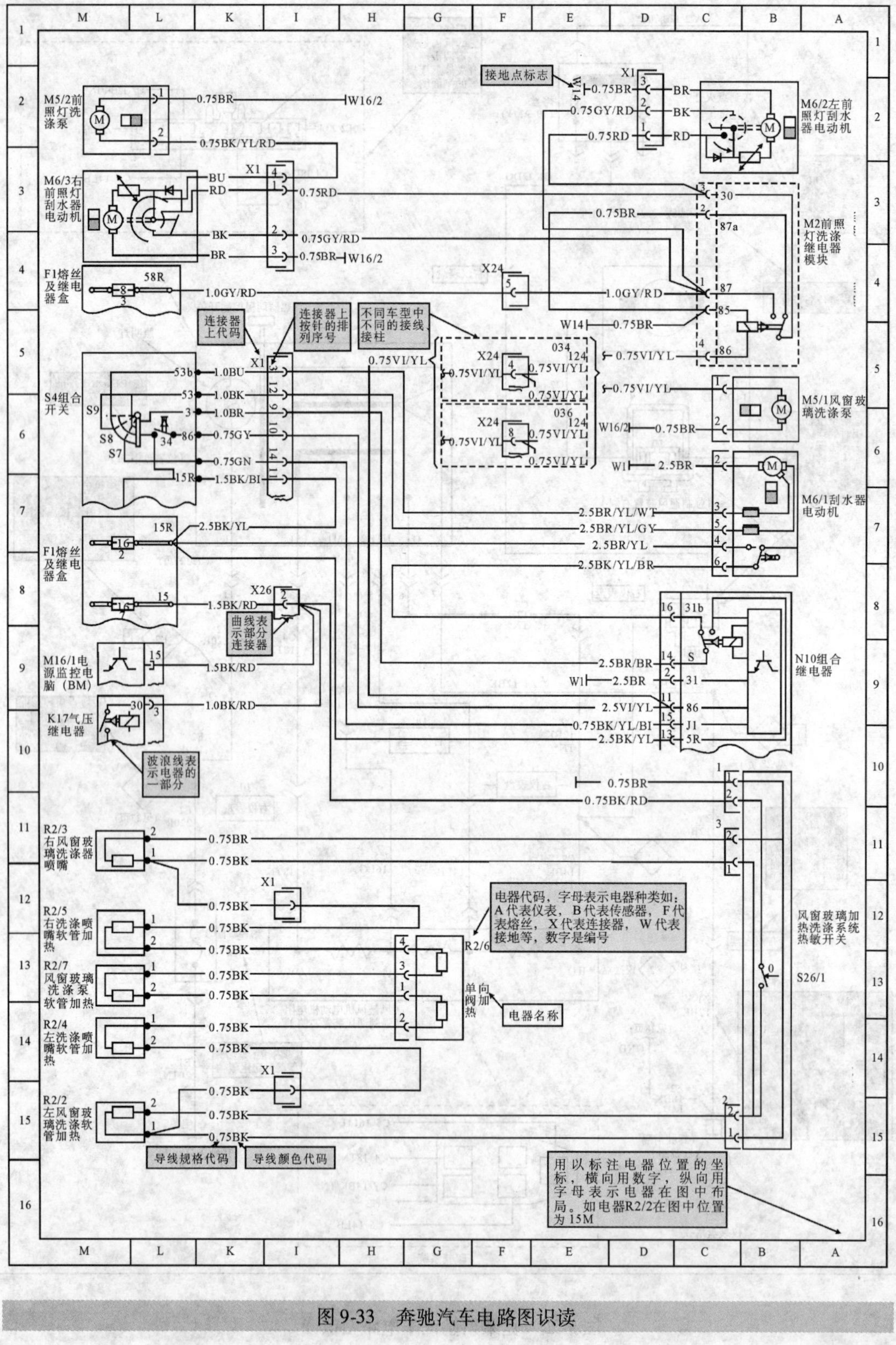

M L K I H G F E D C B A

M5/2前照灯洗涤泵
1 0.75BR W16/2
2 0.75BK/YL/RD

M6/3右前照灯刮水器电动机
BU RD BK BR
X1 4 1 0.75RD 2 0.75GY/RD 3 0.75BR W16/2

F1熔丝及继电器盒
58R 8 3 1.0GY/RD

接地点标志
W14 0.75BR
X1 3 BR 2 0.75GY/RD BK 1 0.75RD RD

M6/2左前照灯刮水器电动机

M2前照灯洗涤继电器模块
3 30 2 0.75BR 87a 1 87 85 4 86
X24 5 1.0GY/RD
W14 0.75BR 124 0.75VI/YL

连接器上代码

连接器上按针的排列序号

不同车型中不同的接线接柱

S4组合开关
S9 S8 S7 34
53b 1.0BU
53 1.0BK
3 1.0BR
86 0.75GY
0.75GN
15R 1.5BK/BI
X1 13 12 9 10 14 11

0.75VI/YL
X24 4 0.75VI/YL 034 124 0.75VI/YL 0.75VI/YL
X24 8 0.75VI/YL 036 124 0.75VI/YL 0.75VI/YL

M5/1风窗玻璃洗涤泵
1 0.75VI/YL
2 W16/2 0.75BR

M6/1刮水器电动机
W1 2.5BR 2
2.5BR/YL/WT 3
2.5BR/YL/GY 5
2.5BR/YL 4
2.5BK/YL/BR 6

F1熔丝及继电器盒
15R 16 2 2.5BK/YL
16 15 1.5BK/RD

X26 2

曲线表示部分连接器

M16/1电源监控电脑（BM）
15 1.5BK/RD

K17气压继电器
30 3 1.0BK/RD

波浪线表示电器的一部分

N10组合继电器
16 31b
2.5BR/BR 14 S
W1 2.5BR 2 31
2.5VI/YL 11 86
0.75BK/YL/BI 15 J1
2.5BK/YL 13 5R

1 0.75BR
2 0.75BK/RD

R2/3右风窗玻璃洗涤器喷嘴
2 0.75BR
1 0.75BK

X1 0.75BK

R2/5右洗涤喷嘴软管加热
1 0.75BK
2 0.75BK

电器代码，字母表示电器种类如：A代表仪表，B代表传感器，F代表熔丝，X代表连接器，W代表接地等，数字是编号

R2/6 4 3 1 2
单向阀加热

电器名称

R2/7风窗玻璃洗涤泵软管加热
1 0.75BK
2 0.75BK

R2/4左洗涤喷嘴软管加热
1 0.75BK
2 0.75BK

X1 0.75BK

R2/2左风窗玻璃洗涤软管加热
2 0.75BK
1 0.75BK

导线规格代码

导线颜色代码

风窗玻璃加热洗涤系统热敏开关
S26/1

用以标注电器位置的坐标，横向用数字，纵向用字母表示电器在图中布局。如电器R2/2在图中位置为15M

M L K I H G F E D C B A

图9-33 奔驰汽车电路图识读

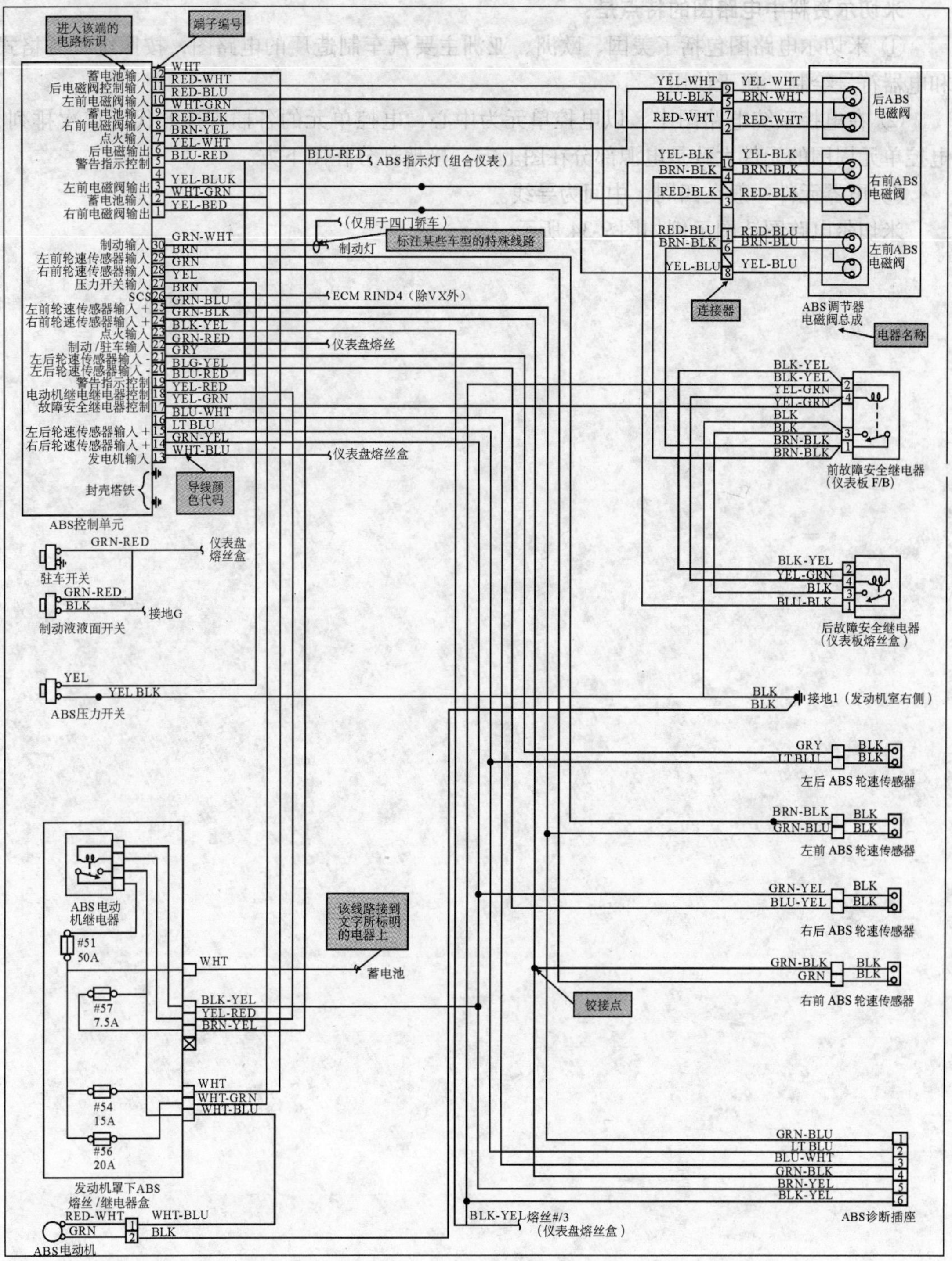

进入该端的电路标识
端子编号
ABS控制单元
12 蓄电池输入 WHT
11 后电磁阀控制输入 RED-WHT
10 左前电磁阀输入 RED-BLU
9 蓄电池输入 WHT-GRN
8 右前电磁阀输入 RED-BLK
7 点火输入 BRN-YEL
6 后电磁输出 YEL-WHT
5 警告指示控制 BLU-RED
4
3 左前电磁阀输出 YEL-BLUK
2 蓄电池输入 WHT-GRN
1 右前电磁阀输出 YEL-BED
30 制动输入 GRN-WHT
29 左前轮速传感器输入 BRN
28 右前轮速传感器输入 GRN
27 压力开关输入 YEL
26 SCS BRN
25 左前轮速传感器输入 + GRN-BLU
24 右前轮速传感器输入 + GRN-BLK
23 点火输入 BLK-YEL
22 制动/驻车输入 GRN-RED
21 左后轮速传感器输入 - GRY
20 左后轮速传感器输入 - BLG-YEL
19 警告指示控制 BLU-RED
18 电动机继电器控制 YEL-RED
17 故障安全继电器控制 YEL-GRN
16 BLU-WHT
15 左后轮速传感器输入 + LT BLU
14 右后轮速传感器输入 + GRN-YEL
13 发电机输入 WHT-BLU
封壳搭铁
导线颜色代码
BLU-RED ABS指示灯（组合仪表）
（仅用于四门轿车）
制动灯
标注某些车型的特殊线路
ECM RIND4（除VX外）
仪表盘熔丝
仪表盘熔丝盒
GRN-RED 仪表盘熔丝盒
驻车开关
GRN-RED
BLK 接地G
制动液液面开关
YEL
YEL BLK
ABS压力开关
YEL-WHT 9 YEL-WHT
BLU-BLK 5 BRN-WHT
RED-WHT 7 RED-WHT
2
后ABS电磁阀
YEL-BLK 10 YEL-BLK
BRN-BLK 4 BRN-BLK
RED-BLK 3 RED-BLK
右前ABS电磁阀
RED-BLU 1 RED-BLU
BRN-BLK 6 BRN-BLU
YEL-BLU 8 YEL-BLU
左前ABS电磁阀
连接器
ABS调节器电磁阀总成
电器名称
BLK-YEL
BLK-YEL 2
YEL-GRN 4
YEL-GRN
BLK
BLK 3
BRN-BLK 1
BRN-BLK
前故障安全继电器（仪表板F/B）
BLK-YEL 2
YEL-GRN 4
BLK 3
BLU-BLK 1
后故障安全继电器（仪表板熔丝盒）
BLK
BLK 接地1（发动机室右侧）
GRY BLK
LT BLU BLK
左后ABS轮速传感器
BRN-BLK BLK
GRN-BLU BLK
左前ABS轮速传感器
GRN-YEL BLK
BLU-YEL BLK
右后ABS轮速传感器
GRN-BLK BLK
GRN BLK
右前ABS轮速传感器
铰接点
该线路接到文字所标明的电器上
ABS电动机继电器
#51 50A
WHT 蓄电池
#57 7.5A
BLK-YEL
YEL-RED
BRN-YEL
#54 15A
WHT
WHT-GRN
WHT-BLU
#56 20A
发动机罩下ABS熔丝/继电器盒
GRN-BLU 1
LT BLU 2
BLU-WHT 3
GRN-BLK 4
BRN-YEL 5
BLK-YEL 6
ABS诊断插座
RED-WHT 1 WHT-BLU
GRN 2 BLK
ABS电动机
BLK-YEL 熔丝#3（仪表盘熔丝盒）

图9-34 米切尔电路图识读

米切尔资料中电路图的特点是：

① 米切尔电路图包括了美国、欧洲、亚洲主要汽车制造厂的电路图，按照统一的格式和电器符号绘制，便于使用。

② 在电控系统电路图中，以电控单元为中心，电控单元的各插脚按照代码依次排列，电控单元周围的元件大致是电源部分在图上方，接地部分在图下方。

③ 电器元件一般在四周，中间为导线。

米切尔电路图读图示例如图 9-34 所示。

课题设计

装配 DT830 型数字万用表

一、性能特点

1. 采用 TSC 7106 型 A/D 转换器，配字高 12.5mm 的液晶显示器。

2. 具有自动调零和自动显示信号极性之功能。通过 6 刀 28 掷开关完成测试功能及量程的转换。

3. 仪表共设计 30 个量程，除测量 DCV、ACV、DCA、ACA、Ω 之外，还能测量二极管正向压降 V_D、NPN 及 PNP 型小功率晶体管的 h_{FE} 和检查线路通断(蜂鸣器档)。

4. 具有低电压指示功能，保护电路完善。

5. 采用一节 6F22(或 006P)型 9V 叠层电池供电，总电流约 2.5mA，整机功耗约为 17.5 ~25mW(与电池电压及测量种类有关)。一节叠层电池可连续使用 200h，断续使用半年至一年。工作温度范围是 0 ~40℃，保证准确度的温度范围是(23 ±5)℃，环境湿度≤80%。外形尺寸是 160mm ×84mm ×26mm，重量约 200g(不包括电池)。

二、数字万用表的工作原理

仪表的心脏是一片大规模集成电路，该芯片(7106)内部包含双积分 A/D 转换器、显示锁存器、七段译码器和显示驱动器。

输入进仪表的电压或电流信号经过一个开关选择器转换成一个 0 ~ 199mV 的直流电压。例如输入信号 100VDC，就用 1000∶1 的分压器获得 100mVDC；输入信号 100VAC，首先整流为直流信号，然后再分压成 100mVDC。电流测量则通过选择不同阻值的分流电阻获得。

输入 7106 IC 的直流信号被接入一个 A/D 转换器，转换成数字信号，然后送入译码器转换成驱动 LCD 的 7 段码。A/D 转换器的时钟是由一个振荡频率约 48kHz 的外部振荡器提供的，它经过一个四分之一分频器分频获得计数频率，这个频率获得 2.5 次/秒的测量速度。四个译码器将数字转换成七段码的四个数字，小数点由选择开关设定。

具体电路介绍如下。

1. A/D 转换电路

如图 1 所示，电路元件包括 A/D 转换器 IC_1(TSC7106)，振荡电阻 R_{28}，振荡电容 C_7，积分电阻 R_{32}，积分电容 C_{12}，基准电容 C_9，自动调零电容 C_{11}，高频滤波器 R_{31}、C_{10}，R_{29}、R_{30} 和 C_8，基准电压分压器 R_{18}、R_{19}、RP_3(供调整用,调整范围是 95.1 ~ 107.3mV,应调至

100.0mV）、R_{20}、R_{48}。

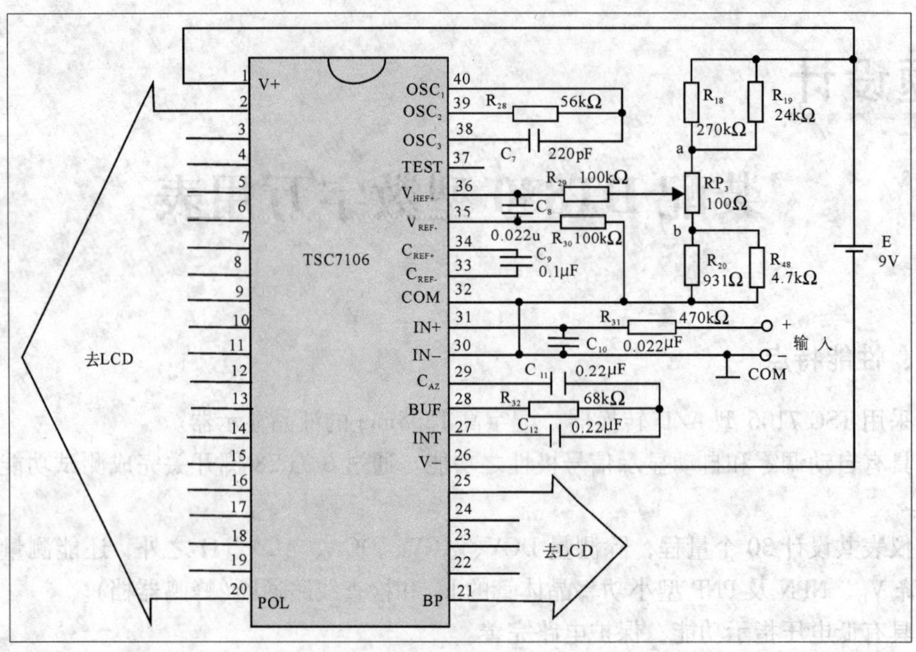

图1　双积分 A/D 转换电路

2. 直流电压测量电路

如图2所示，电路元件包括分压器：R_7 ~ R_{12}，RP_2（调整用，使 $R_7 + RP_2 = 9M\Omega$）；限流电阻 R_6；消噪电容 C_{17}。

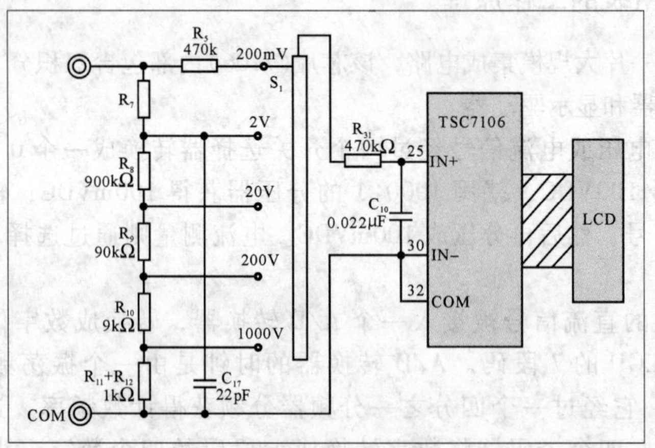

图2　直流电压测量电路

3. 直流电流测量电路

如图3所示，电路元件包括分流器：R_2 ~ R_4（金属膜电阻，误差 ±0.5%），R_5（绕线电阻）；R_{49}（锰铜丝电阻）；熔丝管 FU(0.5A/250V)；双向限幅二极管 VD_1、VD_2。

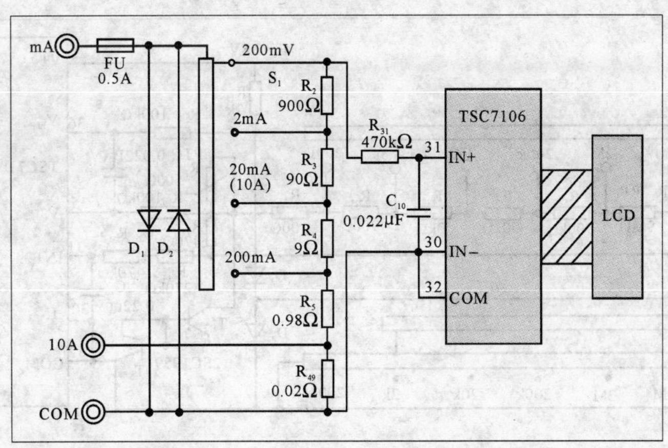

图 3 直流电流测量电路

4. 交流电压测量电路(AC/DC 转换器)

如图 4 所示，电路元件包括线性放大器 IC_{28}(1/2TL062)；整流二极管 VD_6；保护二极管 VD_7；隔直电容 C_5、C_2；耦合电容 C_1；输入端过电压保护电路 VD_5、VD_6、VD_{11}、VD_{12}；负反馈电阻 R_{23}；频率补偿电容 C_{40}；输出分压电路：R_{25}、R_{27}、RP_4(校准 ACV 档用)；平滑滤波器 R_{26}、C_6；输入分压器 R_7 ~ R_{12}、RP_2。

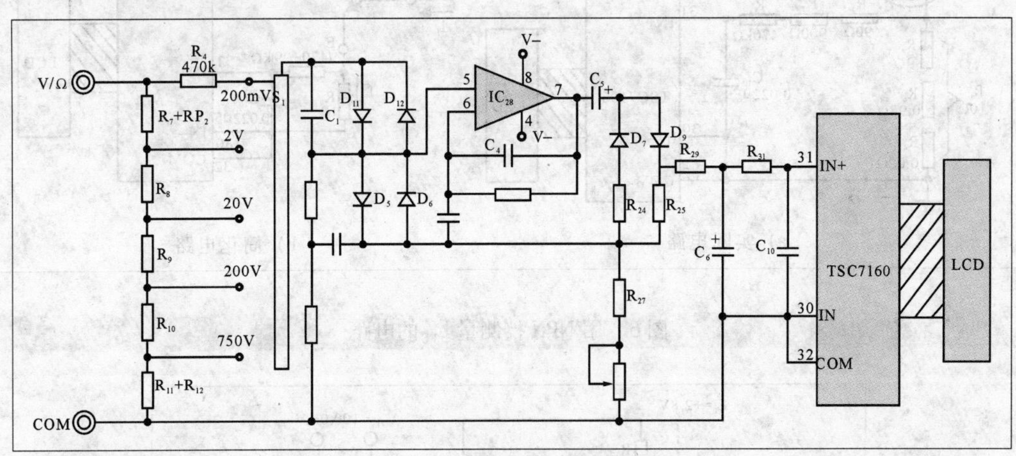

图 4 交流电压测量电路

5. 电阻测量电路

如图 5 所示，具体电路包括测试电压供给电路 E_0、R_{13}、VD_3、VD_4；标准电阻：R_7、RP_2、R_8 ~ R_{12}；保护电路 PTC(Rt)、R_{16}、T_1、T_2。

6. 测量晶体管 h_{FE} 的电路

如图 6 所示，电路元件包括基极偏置电阻 R_1、RP_1(调整用，使 $I_B = 10\mu A$)；取样电阻 R_4、R_6、R_{49}；4 芯 h_{FE} 插口。

7. 二极管测试电路

如图 7 所示，具体电路包括测试电压供给电路 E_0、R_{17}、PTC、R_{16}；分压器 R_{14}、R_{15}；保护电路 RTC、T_1、T_2。

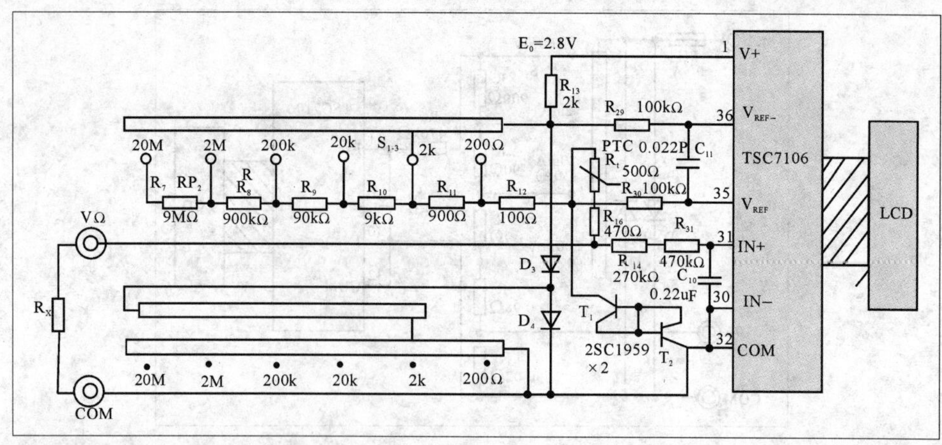

图5　电阻测量电路

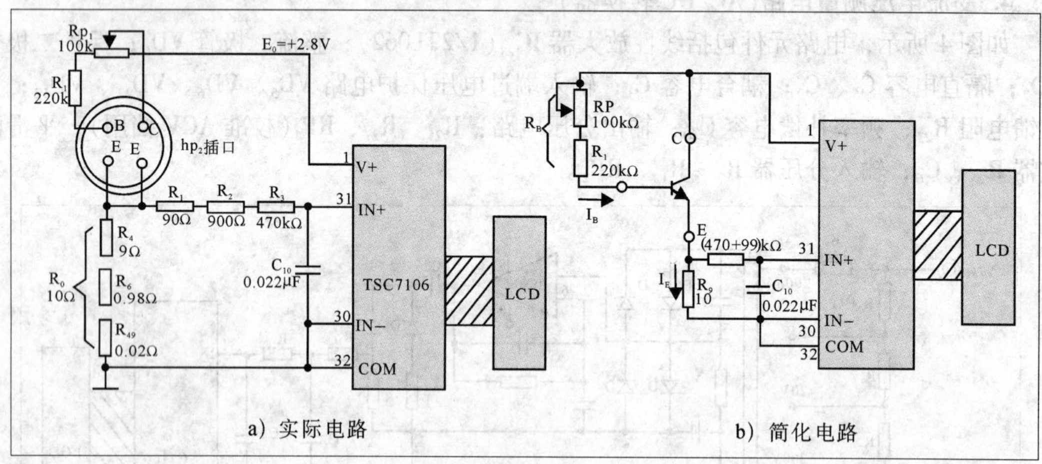

a）实际电路　　b）简化电路

图6　用NPN档测量h_{FE}的电路

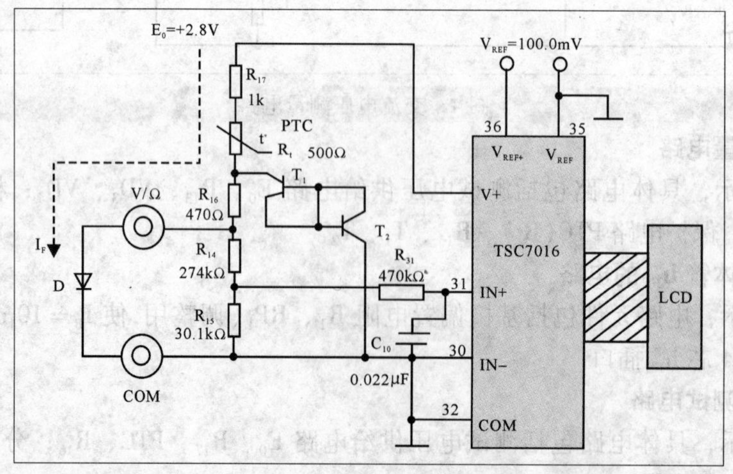

图7　测量二极管正向压降的电路

8. 蜂鸣器电路

如图 8 所示，具体电路包括电压比较放大器 IC_{26}（1/2TL062）；参考电压分压电路 R_{38}、RP_5（调整用），R_{39}；分压器 R_{36}、R_{37}、D_9；门控振荡器 IC_4（LC4011）；振荡电阻 R_{43}；振荡电容 C_{15}；偏置电阻 R_{42}；压电陶瓷蜂鸣片 BZ（Φ20）。

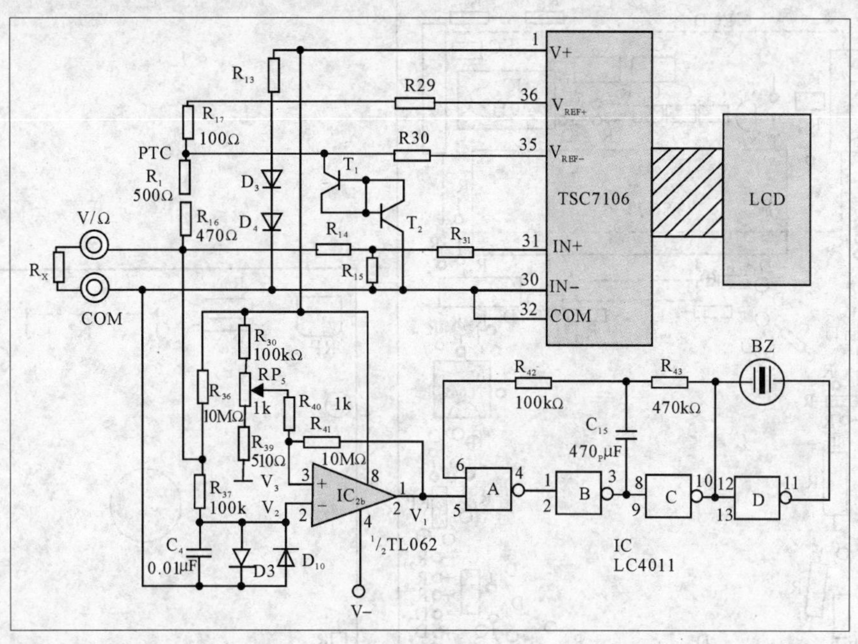

图 8　蜂鸣器电路

9. 小数点驱动及低电压指示电路

小数点驱动电路：四个异或非门 IC_3（HD14077B 或 CD4077），量程转换开关 S1～6；上拉电阻 R_{33}～R_{35}。

低电压指示电路：四个异或非门Ⅰ～Ⅳ；晶体管 VT_3；稳压二极管 DZ（HZ6B3）（如图 9 所示）。

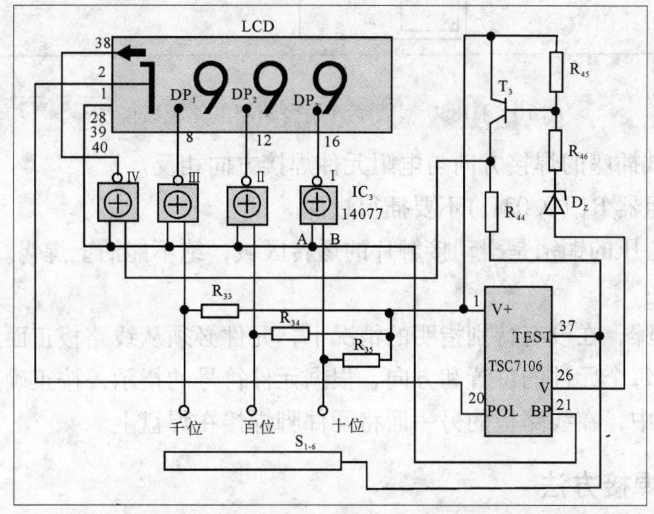

图 9　小数点驱动及低电压指示电路

三、数字万用表焊接工艺

① 按图 10 所示安装元器件。

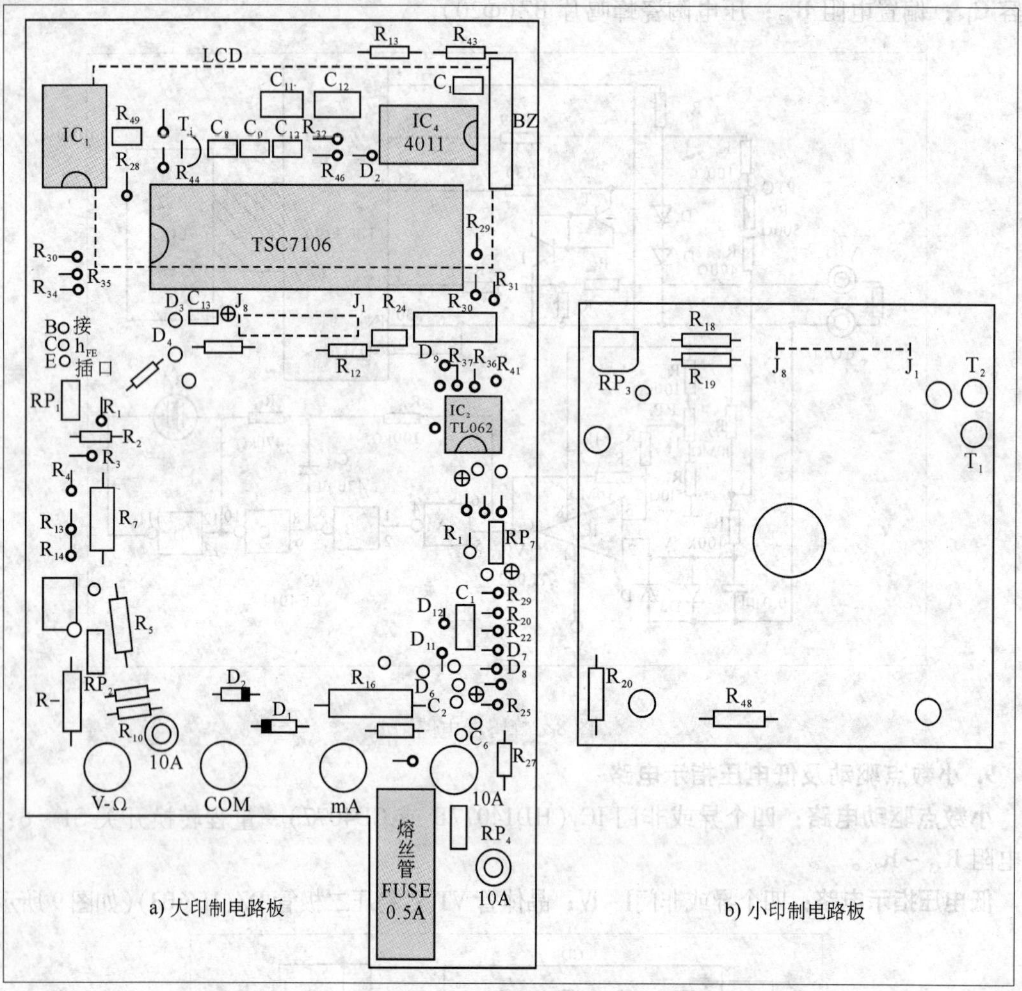

a) 大印制电路板　　b) 小印制电路板

图 10　DT830 型数字万用表印制电路板装配图

② 晶体管测试插座的焊接方向与电阻元件焊接方向相反。

③ 锰铜丝电阻器 R_{49}(0.02Ω)不要插得过深。

④ 电路板中心压的铜箔是滑动接触片的运转区域，绝不能沾上焊锡。

元件安装要求：

所有的安装步骤，在没有特别指明的情况下，元件必须从线路板正面装入，线路板上的元件符号图指出了每个元件的位置和方向，根据元件符号的指示，按正确的方向将元件脚插入线路板的焊盘孔中，在线路板的另一面将元件脚焊接在焊盘上。

四、正确的焊接方法

① 将电烙铁头靠在元件脚和焊盘的结合部。

② 加热温度足够高，焊锡向被焊金属扩散生成焊点。

③ 若烙铁头上带有少量焊料，可使烙铁头的热量较快传到焊点上。将焊接点加热到一定温度后，用焊锡丝触到焊接件处，熔化适量的焊料；焊锡丝应从烙铁头的对称侧加入。

④ 焊锡量不够：造成焊点不完整，焊接不牢固。

⑤ 焊锡过量：容易将不应连接的端点短接。

⑥ 焊锡桥接：焊锡流到相邻通路，造成线路短路。

⑦ 当焊锡丝适量熔化后，迅速移开焊锡丝；当焊接点上的焊料流散接近饱满，助焊剂尚未完全挥发，也就是焊接点上的温度最适当、焊锡最光亮、流动性最强的时刻，迅速移开电烙铁。

五、组装注意事项

① 用润滑脂将两个弹簧分别粘于转钮上的两个装孔内。

② 电路板插于外壳的第二个突出点之下。

③ 其他组装细节见装配图 10。

④ 从液晶片表面揭去透明保护膜(注意:不要揭去背面的银色衬背)。

⑤ 在面盖里边依次放入液晶片、斑马条框架以及斑马条，确保液晶片的小突头方向与示意图一致。

六、初步检测

如果仪表各档位显示有误，则检测：

① 检查电池电量是否充足，连接是否可靠。

② 检查电阻 R_{18} ~ R_{20}、R_{48}、R_{23} ~ R_{25}的值是否正确。

③ 检查电容 C_7 ~ C_{12}的值是否正确。

④ 检查线路板焊接是否有连接、虚焊、假焊。

⑤ 检查滑动连接片是否接触良好。

⑥ 检查液晶片、斑马条、线路板是否正确连接。

七、校准

1. A/D 转换器校准

将被测仪表的拨盘开关转到 20V 档位，插好表笔；用另一块已校准仪表做监测表，监测一个小于 20V 的直流电电源(例如 9V 电池)，然后用该电源校准装配好的仪表，调整电位器 VR1 直到被校准表与监测表的读数相同(注意不能用被校准表测量自身的电池)。

当两个仪表读数一致时，套件安装表就被校准了，将表笔移开电源，拨盘转到关机位。

2. 直流 10A 档校准

直流 10A 档校准需要一个负载能力大于 5A，电压 5V 的直流标准源和一个 1Ω，25W 的电阻。将被校准表的拨盘转到“10A”位置，连接好仪表，如果仪表显示高于 5A，焊接锰铜丝使锰铜丝电阻在 10A 和 COM 输入端之间的长度缩短，直到仪表显示 5A；如果仪表显示小于 5A，焊接锰铜丝使锰铜丝电阻在 10A 和 COM 输入端之间的长度加长，直到仪表显示 5A。

如果校准后仍达不到标准：

① 检查线路板是否有焊锡桥接，焊接不良。

② 检查电阻 $R_2 \sim R_5$，电容 C_3 的数值。

3. 电压测量

① 连接黑色测试棒到“COM”端。

② 连接红色测试棒到“VMA”端。

③ 设置量程开关到“V -”或“V ~”位置，如果被测电压是未知的，应将开关设置到最高量程。

④ 连接测试棒到测试点并在显示屏上读数，如果量程太高，应逐步减小到合适的量程。

4. h_{FE} FE 测试

① 将拨盘转到 h_{FE} 档位，用一个小的 NPN 或 PNP 晶体管，并将发射极、基极、集电极分别插入相应的插孔。

② 被测表显示晶体管的 h_{FE} 值，晶体管的 h_{FE} 值范围较宽，可获得大约 100 ~ 300 的读数。

如果上面的测量有问题：

① 检查晶体管测试座是否完好，焊接是否正常。

② 检查电阻 R_1、R_4、R_6 的数值及焊接是否正常。

5. 直流电压测试

如果你有一个直流电压源，只要将电源分别设置在 DCV 量程各档的中值，然后对比被测表与监测表测量各档中值的误差，DCV 精度要满足相应的要求。

如果上面的测量有问题：

① 重新检查前面的仪表校准。

② 检查以下电阻和电容的焊接和数值：$R_6 \sim R_{12}$、R_{31}、R_{17}、C_{10}。

6. 直流电流测量

将拨盘转到 200μA 档位，连接仪表，当 RA 等于 100kΩ 时回路电流约为 90μA，对比被测表与监测表的读数。

如果上面的测量有问题：

① 检查熔丝管。

② 检查电阻 R_2、R_3、R_4、R_5 的数值和焊接情况。

7. 大电流测量(200mA 到 10A)

① 连接黑色测试棒到“COM”端。

② 连接红色测试棒到“10ADC”端。

③ 设置量程开关到“10A⁻”位置。

④ 断开被测电路，将测试棒串联在被测电路中。

⑤ 读出显示值，如果显示值小于 200mA，按下面的小电流测试步骤测量。

⑥ 在将测试棒连接到被测电路之前，应切断被测电路中的电源并将所有电容放电。

8. 小电流测量(小于 200mA)

① 连接黑色测试棒到“COM”端。

② 连接红色测试棒到“VmA”端。

③ 设置量程开关到“A^{-}”位置，如果被测电流是未知的，应将开关设置到最高量程。

④ 断开被测电路，将测试棒串联在被测电路中。

⑤ 在显示屏上读数，如果量程太大，应逐步减小到合适的量程。

⑥ 在将测试棒连接到被测电路之前，应切断被测电路中的电源并将所有电容放电。

9. 电阻/二极管测试

① 用每个电阻档满量程一半数值的电阻测试电阻档，对比安装表与监测表，各自测量同一电阻的值。

② 用一个好的硅二极管测试二极管档，读数应为 700mV 左右。对于功率二极管和功率晶体管的基射极间导通电压，显示数值要低一些。

如果上面的测量有问题：

检查电阻 $R_6 \sim R_{12}$、R_{31} 的数值及焊接是否正常。

参 考 文 献

[1] 周泳敏，朱洪波. 汽车电路图识读指南[M]. 北京：机械工业出版社，2004.

[2] 刘森. 怎样识读汽车电路[M]. 北京：金盾出版社，2004.

[3] 张美娟. 汽车电器与电控系统简明教学图解[M]. 北京：电子工业出版社，2004.

[4] 舒华，姚国平. 汽车电子控制技术[M]. 北京：人民交通出版社，2002.

[5] 孙余凯，项绮明. 汽车电器维修入门[M]. 北京：人民邮电出版社，2003.

[6] 张春化，蹇小平. 汽车电器与电路[M]. 北京：人民邮电出版社，2003.

[7] 周建平. 汽车电气设备构造与维修[M]. 北京：人民交通出版社，2002.

[8] 毛峰. 汽车电器设备与维修[M]. 北京：机械工业出版社，2005.

[9] 宁海春. 汽车电脑原理与维修精华[M]. 北京：机械工业出版社，2007.

[10] 张美娟，廖学军，等. 高级汽车维修电工培训教材[M]. 北京：电子工业出版社，2004.

[11] 朱传琴. 数字电子技术[M]. 北京：中国电力出版社，2007.